KB119373

교양인의 동양 고전

논어와 삼국유사에서 세계사편력까지

교양인의 동양 고전

초 판 1쇄 2020년 07월 28일

지은이 박지선
펴낸이 류종렬

펴낸곳 미다스북스
총괄실장 명상완
책임편집 이다경
책임진행 박새연 김가영 신은서 임종익
본문교정 최은혜 강윤희 정은희 정필례

등록 2001년 3월 21일 제2001-000040호
주소 서울시 마포구 양화로 133 서교타워 711호
전화 02) 322-7802~3
팩스 02) 6007-1845
블로그 http://blog.naver.com/midasbooks
전자주소 midasbooks@hanmail.net
페이스북 https://www.facebook.com/midasbooks425

ISBN 978-89-6637-825-8 03100

값 38,000원

논어와 삼국유사에서 세계사편력까지

교양인의 동양 고전

/

박지선 지음

미다스북스

머리말

『교양인의 동양 고전』과 『교양인의 서양 고전』은 역사 속에서 치열하게 당대를 살았던 저자들이 남긴 저술을 시대적으로 지역적으로 배열한 고전 안내서이다. 여기에 수록된 작품들은 한 작품 한 작품의 그 무게와 깊이가 엄청난 것이다. 그것은 대부분의 고전 작가들은 일신상의 불행을 작품 저술에 희망을 걸었던 결실이기 때문이다. 그들의 시대적 역경과 경험 세계를 전달하는 것이 부족한 필자에게는 그대로 또 하나의 창작의 여정이나 다름이 없는 것이었다.

또한 고전 작품의 저술가들은 한 시대의 대변자들이었다. 그들의 작품들을 한 권의 책으로 모으고 보면 시대의 연대기가 된다. 동양 고전에는 동양의 역사가 있고 서양 고전에는 서양의 역사가 있고 그리고 인류의 역사가 있다. 인류에게는 역사만이 참된 가르침을 전해 준다고 한다. 그런 의미에서 고전은 우리의 진정한 스승이 될 것이다.

우리는 오늘날 'Cronavirus pandemic'이라는 전염병의 위기 상황에 직면하고 있다. 인류 문명이 시작하는 것과 함께 전염병은 시작되었다고 한다. '전염병과의 전쟁'이라 말하기도 하는 이번 재앙은 인간에게 새로운 의식과 세계관을 가져 올 것이며 인문학에는 새로운 장이 마련될 것이다. 유럽 인구의 3분의 1에 해당 되는 2,500만 명을 희생 시킨 흑사병은 인류 역사상 르네상스라는 새로운 장르의 문화 세계를 잉태하는 계기가 되었다. 구원자로 의지하고 죄의 사함을 구원하였던 신 중심의 의식 세계는 보편적인 인간의 삶이 중요하다는 의식이 깨어나게 한 것이다.

아무리 척박한 땅에도 수선화가 피어나듯이 코로나 바이러스 팬데믹 역시 진정이 되는 시기가 올 것이다. 시간이 흐른 후에는 사회적 갈등을 배경으로 과학적 해석을 더하는 기록물이 등장하게 될 것이다. 모든 문학 작품이 모험이야기가 아니면 전쟁의 기록이라고 정의한다면 이 또한 작품의 소재가 될 것이다. 아울러 이번 기회에 죽음이 먼 미래의 이야기가 아니라 우리 앞에 높인 절대적 운명으로 성찰될 것이다.

고전 작품에는 작가들이 남긴 명언들이 있다. 우리는 그들이 남긴 말들을 삶의 길잡이로 삼는다. 최근에 필자에게 가장 공감을 불러 온 말은, “Life is 10% what happens to us, and 90% how we react to it.”이다. 삶에 있어서 사건은 다양하게 일어나기 마련이다. 그러나 그 사건에 대한 반응은 사람마다 각기 다르다. 각기 다른 반응의 결과가 인간의 삶인 것이다. 인간의 삶에 대하여 사람들은 흔히 말한다.

“사람은 제 하기 나름이다.”
“생각하기 나름이다. 생각을 바꿔 봐!”
“시련은 축복이다.”

모두 나름대로 좋은 의미를 지닌 말들이지만, 생각이 저절로 바뀌지는 것은 아니다. 시련이 저절로 축복이 되는 것도 아니다. 고통과 다양한 경험을 통해 자기반성 과정을 거치고 긍정적으로 행동할 때, 생각을 바꿀 수도 있고 시련을 축복으로 만드는 기회를 만날 수도 있다. 여기서 자기반성의 과정과 삶을 지혜로 이끄는 경험의 세계를 고전 작품에서 찾을 수 있을 것이다.

우리는 스마트폰으로 모든 것이 손바닥 안에서 해결되는 최첨단 시대에 살고 있다. 그러나 인간의 감성은 기술적인 첨단 기기가 접근할 수 없는 인간만의 고유영역이다. 좋아하고 싫어하는 감성의 문제는 시간과 공간을 넘어 근원적으로 변하지 않는 것이다. 우리는 고전 작품에서 변하지 않는 인간 감성을 읽을 수 있다. 이것이 무엇보다도 우리가 고전을 읽어야 하는 이유이다.

고전 작품을 통하여 당대에 유행하였던 감성적 언어들을 접할 수 있다. 한 가지 예를 들어 본다면, 세익스피어의 『햄릿』에서 ‘햄릿’은 ‘오필리아’가 죽고 그녀의 오빠 ‘레어

티스'와 격투 가운데 "오빠의 사랑이 넘친다 하여도 내 사랑은 500배는 더 하고도 남는다."고 외친다. 400년 전에 남긴 이 해학적인 표현은 오늘날 연인들의 감성도 흔드는 말이다. 이러한 말들이 고전에 넘쳐나고 있다.

우리는 일상생활에서 글을 쓰며 살아간다. 논술 시험, 상사 혹은 경쟁 상대를 설득하기 위한 글을 쓰게 된다. 이때, 고전에 수록된 명언을 인용한다면 나의 글은 더욱 강력한 힘을 얻게 될 것이다. 우리가 '유식한 척', '잘난 척'할 수 있는 장치가 고전이라는 저장고에 무제한으로 수록되어 있다. 불경스러운 표현을 빌려서 말한다면 공자도 '잘난 척' 대마왕이었다고 한다. 여기서 중요한 것은 인간이라는 존재란 잘난 척, 유식한 척하다 보면 진짜로 유식해진다는 점이다. 인간은 부족한 부분을 채워가는 학습 능력이 있기 때문이다.

이번에 출간하게 된 『교양인의 동양 고전』과 『교양인의 서양 고전』은 20여 년 전 두 책 모두 출간 예정이었지만 『동양 고전의 이해』가 출간된 이후에 『서양 고전의 이해』는 출간하지 못하였던 것이다. 깊은 동면 상태에 있던 원고가 빛을 보게 된 계기는 우연하게 찾아왔다. 필자는 『임진록』 영역본 출간과 관련된 방송을 보게 되었다. 그 때 필자는 박사 학위 논문 김창업의 『노가재연행일기』 연구를 영역본으로 발간하는 것이 어떨까 하는 생각을 하게 되었다. 오늘날과 같은 글로벌 시대에 후학들은 국제 학술 대회에서 영어로 발표할 기회가 올 것이다. 여기에 영역본 고전문학 자료는 필수적이다. 후학들에게 연구 자료 제공자의 역할을 하고자 함이었다.

그리하여 오랜 학연이 있는 우응순 선생님에게 그 뜻을 의논하게 되었다. 그 논의 과정에서 기억에 묻어두었던, 『동양 고전의 이해』, 『서양 고전의 이해』의 원고가 긴 잠에서 깨어나게 되었다. 결과적으로 학위논문 영역본에 관련된 작업은 잠시 뒤로 미루게 되었고, 두 고전 원고의 출간을 기획하게 되었다. 원고도 정해진 운명이 있다는 말이 헛말이 아닌 듯도 하다. 두 책의 출간도 이런 예상하지 않았던 과정의 결실이다.

아울러 이번 『교양인의 동양 고전』과 『교양인의 서양 고전』을 출간할 수 있도록 수고로움을 아끼지 않으셨던 미다스북스 출판사 류종렬 사장님과 이다경 팀장님, 명상완

실장님 그리고 기획실 식구들 모두에게 감사의 말씀을 드린다.

『교양인의 동양 고전』에서는 김창업의 『노가재연행일기』를, 『교양인의 서양 고전』에서는 마키아벨리의 『군주론』과 몽고메리의 『빨강머리 앤』을 추가하였다. 『노가재연행일기』는 조선 후기 연행록의 백미로 한국 고전문학사에서 그 위상이 확립되기를 바라는 마음이 있기 때문이다. 『군주론』은 마키아벨리즘이라는 다소는 부정적 측면으로 알고 있지만 거기에는 르네상스를 꽃 피운 독보적인 예술 후원가 메디치 가(家)가 자리한다. 마키아벨리는 조국, 피렌체(Firenze=Florence)를 자신의 영혼보다 더 사랑하는 마음을 담아 군주의 덕목을 설파하였다. 지금의 정치 상황에도 시사하는 바가 크다고 보았기에 추가하였다.『빨강머리 앤』은 필자가 소녀시절부터 사랑하는 애독서이다. 필자의 삶에는 항상 굳센 앤의 용기가 함께하였다. 사랑스런 앤의 매력이 많은 독자에게 전해지기를 바라는 마음이다.

그 사이 많은 시간이 흘러 『동양 고전의 이해』를 출간할 당시 추천사를 써주신 두 은사님들은 고인이 되셨다. 세월이 흐를수록 두 분 선생님께 향한 그리움은 깊어가기만 한다. 석사 과정을 지도해주신 서정범 교수님과 박사 과정을 지도해주신 정규복 교수님, 두 교수님은 한국문학학계의 거목이셨다. 부족한 제자에게 아낌없는 용기를 주셨던 두 분께 고마운 마음을 담아 이 책을 헌정하고자 하는 바이다.

아울러 긴 잠을 자고 있던 원고를 출간할 수 있도록 필자에게 영감을 주고 격려를 아끼지 않은 인문학당 상우 우응순 대표에게도 고마운 마음을 전하고자 한다.

2020년 7월, 박지선

목 차

II부 중국 고전 강의

Ⅲ부 일본 고전 강의

Ⅳ부 인도 고전 강의

I부

한국 고전 강의

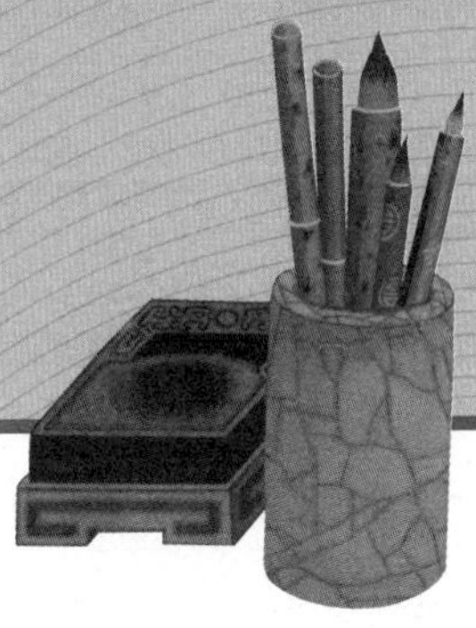

『삼국사기(三國史記)』는 고려 중기 17대 왕 인종 23년(1145)에 김부식이 왕명을 받들어 저술한 정사(正史)이다. 이것은 신라, 고구려, 백제의 역사 사실을 기록한, 현존하는 최고(最古)의 역사서이다. 뿐만 아니라 문학적 측면에서도 설화문학서라는 관점에서 그 가치가 인정되고 있다.

『삼국사기』는 국가적 사업으로 편찬한 관찬서(官撰書)이기 때문에 편찬을 위한 자료 수집, 분석, 서술에 많은 학자들이 참여하였다. 그들은 대부분 과거에 급제하여 문장에 통달한 인물들이었다. 그러나 김부식이 『삼국사기』 저술의 책임자였기에 그의 의식과 사상이 가장 크게 반영되었을 것으로 추정된다.

『삼국사기』 이후에도 『삼국유사』와 같이 고대의 설화를 중요시하는 사서(史書)가 편찬되었으나, 조선 시대의 많은 사서들은 대부분 『삼국사기』를 모범적 지침서로 인용하였다고 추정된다.

1. 저술 배경과 김부식

(1) 「진삼국사기표」

옛날 중국의 여러 나라에서는 각각 사관을 두어 그 시대의 사실을 기록하였습니다. 그러므로 맹자는 말했습니다.

"진(晉)나라의 사승(史乘)이나, 초(楚)나라의 도올(檮杌)이나, 노(魯)나라의 춘추(春秋)가 한가지이다."

생각해보면 우리나라, 삼국은 왕조의 누린 햇수가 오래이니 마땅히 그 사실을 책으로 지어놓아야 할 것입니다. 그러므로 노신에게 명하여 이를 편집하게 하였으나, 스스로 자신을 돌아보면 모든 점이 부족할 뿐이므로 어찌할 바를 알지 못하겠습니다.

엎드려 생각하면 성상 폐하께서는 요(堯) 임금의 문사(文思)를 바탕으로 삼고 우(禹) 임금의 근면과 검소를 본받으시어 밤낮으로 틈나시는 대로 널리 옛날의 책을 보시고 말씀하셨습니다.

"요즘의 학자와 관원들은 오경과 제자백가의 책이나 진(秦)나라, 한(漢)나라 때의 역사에 널리 통달하고 자세히 설명하는 사람들이 많다. 그러나 우리나라의 사실에 이르러서는 도리어 막연하게 그 전말을 알지 못하니, 심히 통탄할 만한 일이다. 신라, 고구려, 백제가 나라를 세우고 서로 정립하여 능히 예의로써 중국과 교통해 왔다. 그러나 범엽(范曄)의 『후한서』나 송기(宋祁)의 『당서』에는 다 「열전(列傳)」이 있지만, 국내의 것을 자세하게 쓰고 국외의 것을 간략하게 써서 자세하게 실리지 않았다. 또한 그 고기(古記)는 글자가 거칠고 잘못되고, 사적이 빠져 있다.

그러므로 임금의 선악과 신하의 충사(忠邪)와 나라의 안위와 백성의 치란을 잘 드러내어 뒷사람에게 좋은 점을 권장하고 나쁜 점을 경계할 수 없으니, 마땅히 삼장(三長: 재, 학, 식)의 인재를 구하여 힘써 한 나라의 역사를 이룩하여 이를 만대에 남겨 해와 별처럼 빛내고 싶다."

신(臣)과 같은 사람은 본래 장재(長才: 삼장지재)도 아니고, 또한 깊은 학식도 없으며, 늙을 무렵에 이르러서는 날로 더욱 정신이 혼몽해져서 독서는 비록 부지런히 해도 책을 덮어놓으면 곧 잊어버립니다. 그리고 붓을 잡아도 힘이 없고 종이를 대해도 뜻대로 써 내려가기가 어렵습니다. 신의 학술이 모자라고 천박하기가 이와 같고, 앞의 말과 지나간 행적의 어둡기가 이와 같습니다. 이런 까닭으로 정신을 가다듬고 힘을 다하여 겨우 그 편집을 이룩하였으나 끝내 볼 만한 것이 없어서 다만 스스로 부끄러울 따름입니다.

엎드려 바라옵건대, 성상 폐하께서는 경망하고 소홀하게 마련한 점을 헤아려주시고, 망령되게 만든 죄를 용서하여주십시오. 비록 이 책이 유명한 산 중에 간직할 만한 것은 못 되더라도, 간장을 담는 작은 항아리의 덮개와 같이는 되지 말게 하옵소서.

〈해설〉

「진삼국사기표(進三國史記表)」는 『삼국사기』가 찬술된 후 인종에게 올리는 김부식의 글로서, 『동문선』에 수록되어 전한다. 김부식은 중국이 각 시대마다 사관이 있어 역사의 기록이 있는 것처럼, 장구한 역사를 가진 우리나라도 마땅히 역사서를 써서 후세에 교훈으로 삼고자 한다는 저술의 동기와 목적을 밝히고 있다.

이 글에서는 '고려의 학자와 관원들이 오경과 제자백가 등에는 널리 통달한 사람이 많으나 우리나라 사실에는 그 전말을 잘 알지 못하니 통탄할 만하다'고 기록하고 있다. 이를 통해 중국의 사서오경과 제자백가가 우리의 정신세계에 자리한 비중이 얼마나 지대하였던 것인가를 말한다.

『삼국사기』는 조선이 건국된 이후 1394년 개간되었고, 이어서 1512년 다시 재간을 완성하였다. 『삼국사기』는 찬술된 지 3~4세기가 흐른 후 그 역사성과 가치가 재조명되었기 때문에 국가적 사업으로 재간되었던 것으로 짐작된다. 『삼국사기』는 후대의 지배층이나 문인 사대부들이 지나간 역사와 치란흥망을 읽음으로써 다가올 역사를 준비할 수 있는 지침서가 되었다. 아울러 후학들에게 바른 삶의 방향을 제시하는 역할을 하였다.

(2) 김부식의 생애

김부식

『삼국사기』의 찬자 김부식(金富軾, 1075~1151)의 본관은 경주이고, 자는 입지(立之), 호는 뇌천(雷川)이다. 아버지 김근(金覲)은 좌간의대부를 역임하였으며, 김부식의 다섯 형제는 승려가 된 경우를 제외하고 모두 과거에 합격하였다. 당시 법령에는 세 아들이 과거에 급제하게 되면 그 어머니에게 해마다 쌀 30석을 주었다. 김부식의 어머니는 네 아들이 급제하는 영광을 안고 더하여 쌀 40석씩을 받았다 한다.

김부식의 아버지 근은 일찍이 문종 34년 시랑 박인량(朴仁亮)이 송(宋)나라로 사행을 갈 때 동행하며, 송나라 문인들로부터 그 문장력을 칭송받았다고 한다. 또한 과거에 급제한 김부식의 형들이 이미 중요한 직책을 역임하고 있었으니 당대 최고의 벌열 가문으로 유명하였다.

김부식은 숙종 때 문과에 급제하여 안서대도호부의 사록이 되었다. 이어서 참군사, 직한림, 우사간을 거쳐 중서사인에 이르렀다.

인종이 즉위하였을 때 김부식은 보문각대제로 재임하고 있었다. 그러나 이때 이자겸(李資謙)이 왕의 외할아버지라는 명목을 이용하여 권세를 남용하자 김부식은 군신의 예를 논하여 자기의 충고에 따르게 하였다. 이어서 박승중(朴昇中), 정극영(鄭克永)과 함께『예종실록』을 수찬하였다.

1124년 예부시랑이 되었고 1126년 어사대부, 호부상서 한림학사승지, 평장사 등을 거쳐 수사공이 되었다.

1134년 인종 12년, 묘청(妙淸), 정지상(鄭知常) 등의 서경(西京) 천도(遷都)를 극력 반대하였다. 그러나 1135년 묘청 등이 서경에서 반란을 일으키자 김부식은 반란자들이 피로하여 안일(安逸)하게 된 다음에 치자는 평서십책(平西十策)을 상소하여 원수로 임명된다. 자신은 중장군이 되어 아우인 김부의를 좌장군으로 이주연을 우장군으로 하여 서경을 진격하여, 묘청과 정지상을 비롯하여 백수한, 김안 등을 제거하고 묘청의 난을 평정한다. 이때 개선의 공(功)으로 금으로 된 허리띠를 하사받는다.

1138년 집현전 태학사가 되어 태자태사를 겸하여 태자의 스승의 강의를 담당하였다.

1142년 한직에서 물러나서는 동덕찬화공신(同德贊化功臣)의 호를 하사받았다.

1145년 인종 23년 71세 때, 최초의 관찬 사서인『삼국사기』를 편찬하였다. 이 저술은 인종의 명령에 의하여 최산보(崔山甫) 등 11명의 편사관이 참여하여 이룩한 것이다. 그러나 김부식이 이 편찬의 책임자였기 때문에 그의 편찬 의도가 중심이 되었다고 하겠다. 여기서「열전」은 문학자 김부식의 면모를 읽을 수 있는 부분이다.

1146년 의종(毅宗)이 즉위하자, 낙랑군개국후로 봉해졌으며,『인조실록』의 편찬을 주재하였다. 이즈음 송나라 사신 노윤적을 맞아 접반사 역할을 하였다. 이때 함께 수행하여 온 서긍(徐兢)이 송도(松都)에서 견문한 바를 그림을 곁들여 기록한 『고려도경』을 송 황제에게 바쳤다. 여기에 김부식의 집안이 소개되었으며 이를 계기로 김부식의 이름이 송나라에서도 널리 알려지게 되었다. 김부식은 의천대사(義天大師)의 비문을 지었고, 죽은 뒤에는 중서령에 추증되어 인종 묘정에 배향되었다.

김부식은 문학 소양과 유학 지식을 바탕으로 순탄한 관료의 길을 걸어, 문종, 선종 이후 인종, 의종 등 7왕을 섬기고 77세에 생을 마친다. 그의 문집 20권이 있었다고 하나 지금 전하지는 않는다.

김부식이 활동하였던 고려 중기는 귀족 사회가 그 절정기를 거쳐 붕괴를 알리는 혼돈의 시기였다. 윤근, 이자겸, 김부식, 정지상 등으로 대표되는 문벌 세력 내부의 갈등 심화로 인한 이자겸의 난과 묘청의 난이 일어났으며, 외부적으로는 몽고족의 압력으로 인하여 왕권은 무너지고 민심이 떠나가고 있었다.

이러한 사회적 변동과 정치적 혼란에 대응하여 지배 질서를 재정립해야 할 필요성이 요구되었으며, 이때 인종과 김부식 세력은 역사 바로 세우기의 일환으로 『삼국사기』 저술에 착수하게 된다. 그들은 관료와 지식층이 우리나라 역사보다 중국 역사에 더 통달하는 것을 개탄하였고, 또한 이전에 만들어진 역사책이 없었던 것은 아니지만 그것만으로는 정치를 밝혀 권장하고 교훈을 얻을 수 없다고 판단하여 새로운 역사책을 편찬하고자 하였던 것이다.

이러한 역사적 배경을 바탕으로 서술된 『삼국사기』에서는 유교 정치 이념을 바탕으로 국가를 다스리는 데는 인정(仁政)을, 신하에게는 충절을, 자식에게는 효행을 더욱 강조하며 서술하고 있다.

2. 『삼국사기』 개관

『삼국사기』

『삼국사기』 편찬 양식은 중국 사마천(司馬遷)의 『사기(史記)』의 서술 양식인 기전체(紀傳體)를 취하고 있다. 『삼국사기』는 모두 50권 10책으로 구성되어 있으며 「진삼국사기표」와 「본기(本紀)」 28권, 「연표(年表)」 3권, 「지(志)」 9권, 「열전(列傳)」 10권으로 편집되었다.

「본기(本紀)」에는 신라, 고구려, 백제 삼국의 정치, 전쟁, 외교에 관한 것을 주로 기록하였다. 왕을 하늘의 명령을 대리하는 존재로 인식하고 왕은 나라의 근본이요, 주인이라는 의식을 피력하고 있다. 이는 『논어』의 "왕은 바람이요 민은 풀이라, 바람이 불면 풀은 눕게 마련이다."라는 구절을 인용하여 사회 기강을 확립하려는 데서 잘 나타난다. 그리고 자연현상을 정치적 사건과 관련시켜 서술하고, 정치가 순조롭지 않을 경우에 혜성의 출현, 일식, 월식 등 자연 질서에 이변이 생긴다고 보았다.

「연표(年表)」는 상권, 중권, 하권으로 구성되어 있으며, 중국, 신라, 고구려, 백제를 나란히 하여 그 제왕의 즉위 원년(元年)과 훙어(薨御) 연대를 기록하고 있다.

「지(志)」에는 제사(祭祀), 악(樂), 색복(色服), 거기(車騎), 기용(器用), 옥사(屋舍) 등으로 분류하여 신라시대의 골품제도에 따른 생활과 풍물을 기록하고 있다. 그리고 신라, 고구려, 백제의 지리(地理)를 기록하여 삼국시대 지명의 유래와 변천 과정을 기록하고 있다. 「지」 마지막에는 상 · 중 · 하의 직관 이름을 실어 당시 신라 문무관의 관직과 그 실무와 인원을 상세히 기록하고 있으므로 국가 경영의 실상을 알 수 있다. 이상의 「지」에 기록된 제도 문물은 신라 중심으로 기록하고 있어 편찬자의 신라에 대한 비중을 읽을 수 있는 부분이다.

「열전(列傳)」에는 충효와 정절을 강조하여 그에 해당하는 인물들의 행적을 기록하였다. 예컨대 승려였지만 백제가 침공하여 신라가 위기에 봉착하자 승복을 벗고 전쟁에 뛰어들어 온몸에 고슴도치처럼 화살이 꽂혀 죽은 취도와, 고구려와의 전투에서 전사한 그의 형제들의 행적을 높이 평가하였다. 또한 미모에 반한 임금의 수청을 거부하고 온갖 고난을 겪으면서도 끝까지 남편과 운명을 같이한 도미 부인의 기록에서는 여자의 정절을 강조하였다. 그리고 자신의 몸을 부잣집의 노비로 팔아 부모를 봉양한 효녀 지은에서는 부모에게 효도를 다하는 모습을 기록하였다. 그밖에 「열전」에 기록한 많은 인물들의 사례를 통하여 유교의 기본 사상인 삼강오륜의 실천을 중시하고 그에 바탕을 둔 사회질서가 확립될 수 있기를 바랐던 것이다.

『삼국사기』는 인간의 능력을 초월하여 일어나는 초자연적이고 신비한 사실에 대해 가능한 서술을 피하고 있기 때문에, 『삼국유사』에 비하여 합리적이라고 평가한다. 그리고 삼국을 모두 '우리'라고 기록하여 우리의 독자성과 특수성을 인정하려는 국가의식을 강조하였다. 물론 이 책은 중세 국가의 공식적인 역사서로 편찬되었기 때문에 지배층을 중심으로 기록하고 백성들의 삶의 모습은 별로 다루고 있지 않다. 이 책은 '서술은 하되 편찬자가 창작하지는 않는다(述而不作)'는 원칙에 입각하며 객관적으로 편찬하였기 때문에 오늘날 우리들에게는 사료적 가치가 높은 귀중한 역사책이다.

그러나 『삼국사기』가 유교적 합리주의 역사관에 입각하여 고대사를 정리했기 때문에 갖는 태생적 한계도 있다. 신화를 비판하고 증거주의를 강조한 나머지 단군조선(檀

君朝鮮)과 가락국과 삼한(三韓)의 역사를 누락하였으며, 전통 문화를 축소시켰다는 점이 그것이다. 일찍이 일제 침략에 대항하여 고유의 전통을 살려 민족의식을 고취시키려고 애썼던 신채호 같은 역사가는 이 책을 사대주의에 입각하여 편찬한 역사책이라고 혹평하였다. 그는 이 책이 우리의 고유 사상에 바탕을 둔 화랑도의 인물들은 기록하지 않은 대신 당나라 문화에 동화한 최치원(崔致遠)을 높이 평가하였으며, 당나라에 대항하여 혈전을 벌인 백제의 무신(武臣) 복신(福信)은 열전에 기록하지 않고 오히려 투항한 흑치상지(黑齒常之)를 기록한 것 등을 지적하였다.

『삼국사기』의 편찬자들이 당시 사회의 변동 속에서 유교 이념으로 지배질서를 재정립하고 대외적으로 온건한 외교 관계를 유지하려 했던 결과 그러한 한계를 보인 것으로 볼 수도 있다. 다음으로 『삼국사기』에 수록된 「본기」의 내용과 「열전」의 내용을 살피기로 한다.

3. 「본기」

(1) 신라

① 시조 혁거세 거서간

신라 시조의 성은 박씨(朴氏)요, 이름은 혁거세(赫居世)다. 그는 전한(前漢) 효선제(孝宣帝) 오봉(五鳳) 원년 갑자 4월 병진(기원전 57년 1월 15일)에 즉위하여 거서간(居西干)이라고 불렸다. 이때 그의 나이는 13세요, 국호는 서나벌(徐那伐)이라 하였다.

국학원 역사문화공원 내에 있는 박혁거세상

이보다 먼저 조선의 유민들이 이곳에 산골짜기에 헤어져 살면서 여섯 마을을 이루었다. 첫 번째 마을은 알천양산촌(閼川楊山村)이고, 두 번째 마을은 돌산고허촌(突山高墟村)이고, 세 번째 마을은 취산진지촌(嘴山珍支村)이라고도 하고 혹은 간진촌이라고도 한다. 네 번째 마을은 무산대수촌(茂山大樹村)이고, 다섯 번째 마을은 금산가리촌(金山加利村)이고, 여섯 번째 마을은 명활산고야촌(明活山高耶村)이다.

이를 진한(辰韓: 경북지방) 육부(六部: 경주읍 일대)라고 한다.

어느 날 고허촌장 소벌공(蘇伐公)이 양산 기슭을 바라보니 나정(蘿井: 경주 혁거세의 탄생지) 곁 숲 사이에 말 한 마리가 무릎을 꿇고 울고 있었다. 그곳으로 가보니 갑자기 말은 보이지 아니하고 다만 큰 알만이 남아 있으므로 이를 깨 보니 그 속에서 한 어린아이가 나왔다. 소벌공은 그 아이를 데리고 돌아와서 잘 길렀다. 10여 세가 되자 유달리 숙성하여, 육부 사람들은 그 아이의 출생이 신기하므로 모두 우러러 받들게 되었다. 이때에 이르러 그를 세워 임금으로 삼았다.

진한 사람들은 표주박을 박(朴)이라 말하였다. 혁거세가 난 큰 알의 모양이 표주박같이 생겼으므로, 이때문에 '박(朴)'으로써 성을 정하였다. 그리고 '거서간'이란 진한 사람들의 말로서, 왕 또는 귀인을 이른다고 한다.

4년(기원전 54) 4월 1일에 일식이 있었다.

5년(기원전 53) 정월에 용(龍)이 알영정(閼英井)에 나타나서 오른쪽 겨드랑이 갈빗대 밑으로 여자아이를 낳았다. 한 노파가 이를 보고 이상하게 여겨 데리고 와서 기르며 그 우물 이름을 따서 알영이라고 이름 지었다. 알영이 자랄수록 그 덕과 용모가 뛰어나다는 말을 듣고 시조가 그를 왕비로 맞이하였다.

알영 왕비는 마음이 어질고 행실이 착하여 안으로 모든 일을 잘 도와 그때 사람들은 시조 혁거세와 아울러 두 성인(聖人)이라고 말하였다.

8년(기원전 50)에 왜인(倭人)들이 군사를 이끌고 변경을 침범하려 하였으나, 시조의 신덕(神德)이 있다는 말을 듣고 곧 돌아갔다.

17년(기원전 41)에 왕이 육부를 돌아다니면서 알영 왕비와 함께 민정을 보살폈다. 이때 농업과 양잠을 장려하며 토지를 잘 다루어 생산에 힘쓰도록 하였다.

19년(기원전 39) 정월에 변한(卞韓)이 나라를 들어 항복하여 왔다.

21년(기원전 37)에 경주에 성을 쌓아 금성이라고 이름하였다.

이해에 고구려 시조 동명이 나라를 세웠다.

30년(기원전 28) 4월 그믐날에 일식이 있었다. 이때 낙랑 사람들이 군사를 이끌고 침입하였다. 이 지방 사람들이 밤에도 문을 닫지 아니하고 노적가리를 그대로 들에 쌓아 둔 것을 보고 말하기를, "이 지방 사람들은 서로 도둑질하지 않으니 가히 도의가 있는 나라다. 그런데 우리들이 몰래 군사를 이끌고 와서 이를 습격하는 것은 도둑놈과 다름이 없으니 어찌 부끄럽지 않겠는가." 하며 곧 군사를 이끌고 돌아갔다.

38년(기원전 20) 2월에 호공(瓠公)을 마한(馬韓)으로 파견하여 수교하니 마한 왕이 호공을 꾸짖어 말하기를, "진(辰), 변(卞)은 우리의 속국이었는데 근년에는 공물을 보내지 아니하니, 대국을 섬기는 예의가 이와 같을 수 있겠는가?" 하므로 호공은 대답하기를, "우리나라는 혁거세와 알영 왕비 두 성인이 나라를 이룩한 후로부터 인사(人事)가 바로잡히고, 천시(天時)가 고르고 곡식이 창고에 가득하여 백성들이 서로 공경하고 사양하므로, 진한 유민으로부터 변한, 낙랑, 왜인들에 이르기까지 두려워하는 마음을 품지 아니하는 자가 없습니다. 그러나 우리 임금께서는 겸허하셔서 저를 파견하여 수교하시니 이는 가히 과분한 예의라고 할 수 있겠습니다. 대왕께서는 도리어 노하시고 군사로써 위협하니 이는 어떠한 뜻입니까?" 하자, 마한 왕은 더욱 성을 내며 호공을 죽이려고 하였다. 그러나 좌우에서 간하는 사람들이 있어 죽이지 아니하고 귀국을 허락하였다.

이보다 앞서 진(秦)나라의 난리에 시달려 우리나라로 망명한 사람들이 많았다. 그들은 마한 동쪽에 자리를 잡고 진한 사람과 섞여 살았으며, 이때에 이르러 극성하였으므로 마한에서는 이를 꺼려 책망한 것이었다. 호공은 그 족성(族姓)이 상세하지 않으나, 본래 왜인으로 처음에 표주박을 허리에 차고 바다를 건너온 까닭으로 호공이라고 이름하였다고 한다.

39년(기원전 19)에 마한 왕이 돌아가셨다. 이때 어떤 사람이 임금에게 말하기를, "서한왕(西韓王: 마한왕)은 전에 우리나라의 사신을 욕보인 일이 있습니다. 지금 그들이 국상을 당하고 있을 때에 마한을 정벌하면 그 나라는 힘들이지 않고 평정할 수 있겠습니다." 하니, 임금은 말하기를, "남의 불행한 것을 다행으로 여기는 것은 매우 어질지 못한 일이다." 하며 그 말을 따르지 않고 곧 사신을 파견해 그들을 위로하였다.

40년(기원전 18) 백제 시조 온조가 나라를 세웠다.

53년(기원전 5) 동옥저(東沃沮: 함흥 지방)의 사신이 좋은 말 20필을 바치며 말하기를, "우리 임금이 남한에 성인이 나셨다는 말을 듣고, 사신을 파견하여 이 예물을 올립니다." 하였다.

61년(4) 3월에 혁거세 임금이 돌아가시므로 사릉(蛇陵: 경주 오릉)에 장사지냈다. 이 능은 담암사 북쪽에 있다.

〈해설〉

『삼국사기』 권 제1의 신라 「본기」에 수록된 신라 시조 혁거세 거서간조(條)이다. 여기에는 신라의 건국신화와 알영정 전설이 나란히 기록되어 있을 뿐만 아니라 신라 건국이 기원전 57년, 고구려 건국이 기원전 37년, 백제 건국이 기원전 18년이라는 기록이 있어 전문을 옮겼다.

『삼국사기』는 유교적 합리주의 역사관에 입각하여 우리의 고대사를 정리하였기 때문에 신비한 기록이 제외되었다는 것이 그 한계성이라고 지적한 바가 있다. 그러나 신라 혁거세 신화와 고구려 동명왕 신화를 수록하고 있다는 것은 이 사서의 설화문학적 가치를 입증하는 자료가 된다. 사실 신화는 그 전승 집단의 성원들에게 진실하고도 신성하다고 믿어지는 것으로 일상적인 합리성을 넘어서는 이야기이다.

『삼국사기』는 모두 50권으로 구성되어 있다. 그 중에서 28권이 「본기」라는 사실에서 드러나듯이 김부식은 「본기」 서술에 많은 비중을 두었다. 이 점은 대개 「열전」 위주로 편찬된 중국의 사서들과 비교할 때 이 역사서가 가지는 특징 가운데 하나이다. 「본기」에 나타나는 또 하나의 특징은 「열전」, 「지(志)」에서 보이는 신라 중심의 서술과는 달리 고구려에 10권, 백제에 6권, 신라에 12권을 안배하여 삼국(三國)의 군왕 중심의 기록을 비교적 공평히 기록하였다는 것이다.

「본기」에는 정치, 천재지변, 전쟁, 외교의 네 항목으로 나누어 기록하고 있다. 이러한 기록 가운데 자연 변화에 관한 기사가 차지하는 비중이 적지 않다. 그것은 고대 사회에서는 천재지변을 정치적으로 해석하였으며 아울러 천재지변에 대응하는 인간 활동이 군왕과 일반 민중에게 있어 삶의 큰 비중이었다는 것도 확인할 수 있다.

(2) 고구려

① 시조 동명성왕

고구려(高句麗) 시조 동명성왕(東明聖王)의 성은 고씨(高氏)이고 이름은 주몽(朱蒙)이다. 또는 추모(鄒牟), 또는 상해(象解)라고도 한다.

부여왕 해부루가 늙도록 아들이 없어서 산천에 제사를 드리고 사자(嗣子)를 구하였다. 하루는 왕이 탄 말이 곤연(鯤淵)에 이르러서 큰 돌을 보고 눈물을 흘리므로, 왕은 이를 괴이하게 여겨 사람을 시켜 그 돌을 굴려 보니 그 밑에 한 어린아이가 있었다. 그 빛은 금빛 같고 모양은 개구리와 같았다. 왕은 크게 기뻐하여, "이는 하늘이 나에게 후계자를 주신 것이다." 하고 곧 거두어 기르며 이름을 금와(金蛙)라 하였고, 장성하자 태자로 세웠다. 뒤에 부여의 재상 아란불(阿蘭弗)이 왕에게 말하였다.

"요사이 하늘에서 나에게 이르기를, 장차 나의 자손으로 하여금 여기에 나라를 세울 것이니 너희들은 여기를 피하라. 동해 바닷가에 가섭원(迦葉原)이라는 땅이 기름져 오곡(五穀)을 심기에 적당하니, 가히 도읍할 만하다고 하였습니다."

아란불은 드디어 왕에게 권하여 가섭원으로 도읍을 옮기고 나라 이름을 동부여(東扶餘)라 하였다. 이때 그 옛 서울에는 한 사람이 어디로부터 왔는지 알지 못하나, 스스로 천제의 아들 해모수라 하며 곧 도읍하였다. 동부여 해부루왕이 돌아가자 금와가 왕위를 이었다. 이때에 금와왕은 태백산 남쪽 우발수(優渤水)에서 한 여자를 만난다. 그녀는 말하였다.

"나는 본래 하백(河伯)의 딸로서 이름은 유화(柳花)라고 합니다. 여러 아우들과 더불어 놀고 있을 때 한 남자가 와서 스스로 천제의 아들 해모수라고 소개하였습니다. 해모수는 나를 웅심산 밑 압록강 가에 있는 집으로 유인하여 정을 통하고 가서는 다시 돌아오지 않았습니다. 우리 부모는 내가 중매도 없이 남에게 몸을 바쳤다고 책망하고 내쫓아 끝내는 우발수에 와서 살고 있습니다."

금와왕은 이상하게 여겨 그녀를 데려다가 깊숙한 방에 가두어 두었더니, 햇빛이 그녀의 몸을 따라다니더니 드디어는 아이를 배고 알 하나를 낳았는데 그 크기가 닷 되들이나 되었다. 금와왕은 이를 개와 돼지에게 주게 하였지만 먹지 않고, 또 길 가운데 버렸지만 소와 말이 이를 피하였다. 나중에는 들에 버렸더니 새들이 모여들어 날개로 이를 덮어주었다. 금와왕이 이것을 갈라보려고 하였으나 결국 깨뜨릴 수 없어 드디어는 유화에게 돌려주었다. 유화가 그 알을 싸서 따뜻한 곳에 두었더니 한 사내아이가 껍질을 깨뜨리고 그 속에서 나왔다. 사내아이는 골격이 준수하며 모습이 영특해 보였다.

그 아이 나이 7세 때에는 남달리 뛰어나서 스스로 활[弓]과 화살[矢]을 만들어 쏘는데 백발백중이었다. 부여의 말에 활 잘 쏘는 사람을 주몽이라 하므로 그 까닭으로 그를 주몽이라고 이름하였다.

금와왕에게는 일곱 아들이 있어 항상 주몽과 놀았지만 그 재주가 모두 주몽에게 미치지 못하였다. 그 장자 대소(帶素)는 왕에게 말했다.

"주몽은 여느 사람 같이 출생한 바가 아니고 그 사람됨이 용맹하니 만약 일찍 도모하지 않으면 후환이 있을까 두렵습니다. 일찍 제거함이 좋겠습니다."

그러나 왕은 이를 듣지 않고 그로 하여금 말을 기르게 하였다. 주몽이 날랜 말은 먹이를 적게 먹여 여위게 만들고 둔한 놈은 잘 먹여 살찌게 하니, 왕은 살찐 놈만 골라 타고 여윈 놈은 모두 주몽에게 주었다. 사냥하러 갔을 때에는 주몽은 활을 잘 쏘므로 그에게는 화살을 적게 주었다. 그러나 주몽이 잡은 짐승이 많으므로 왕자 및 모든 신하들은 그를 죽이고자 꾀하였다. 어머니 유화 부인은 몰래 이 사실을 알고 주몽에게 말하였다.

"나라 사람들이 장차 너를 죽이려 하니 너의 재주로 어디 간들 못 살겠느냐? 그대로 머물러 있다가 욕을 당하느니보다는 차라리 멀리 가서 큰일을 도모하는 것이 좋을 것이다."

주몽은 곧 오이(烏伊), 마리(摩離), 협보(陜父) 등 3인으로 벗을 삼고 길을 떠나 엄체

수(淹滯水), 현재 압록강 동북쪽에 이르러 강을 건너고자 하였으나 다리가 없었다.
그는 자신을 쫓는 군사에게 잡힐까 염려하여 물을 향해 빌었다.

"나는 천제의 아들이고 하백의 외손입니다. 오늘 도망하다가 병사에게 쫓기니 이를 어찌하면 좋겠습니까?"

곧 물고기와 자라가 물위로 떠올라서 다리를 만들어 주므로 주몽 일행은 강을 건널 수 있었다. 이어서 곧 어별들이 흩어지자 쫓아오는 군사들은 건널 수 없었다.
주몽이 모둔곡(毛屯谷)에 이르러서 세 사람을 만났다. 그 한 사람은 베옷을 입고, 다른 한 사람은 장삼 옷을 입고, 나머지 한 사람은 마름 옷을 입고 있었다. 주몽이 그들에게 묻기를, "그대들은 어떤 사람이며 성명은 무엇인가?" 하니, 베옷을 입은 사람은 재사(再思)라 하고, 장삼 옷을 입은 사람은 무골(武骨)이라 하고, 마름옷을 입은 사람은 묵거(默居)라 하였다.

그러나 성을 말하지 않으므로 주몽은 재사에게는 극씨(克氏)를 주고, 무골에게는 중실씨(仲室氏)를 주고, 묵거에게는 소실씨(少室氏)를 준 다음 그 무리에게 말하였다. "나는 지금 천명을 받들고 나라를 세우고자 하노라. 마침 세 어진 사람을 만났으니, 이 어찌 하늘이 보내준 것이 아니랴." 하고 드디어는 그들의 재능에 따라 각각 일 할 것을 맡기고 함께 졸본천에 이르렀다. 졸본천의 땅이 기름지며 아름답고 산하가 높고 험하므로 마침내 여기에 도읍을 정하려 하였다. 그러나 아직 궁실을 지을 겨를이 없어 다만 비류수(沸流水) 상류에 집을 짓고 살았다. 나라 이름을 고구려라 하고, 이로 인하여 '고(高)'로써 성으로 삼았다.

또는 말하기를, 주몽이 졸본부여에 이르렀을 때 그 왕은 아들이 없었다. 주몽을 보고 비상한 사람임을 알고 그는 딸을 아내로 주었으며 왕이 죽자 주몽이 왕위를 이었다고도 한다. 주몽의 나이 22세였다. 당시는 한나라 효원제 건소 2년(기원전 37)이었고, 신라 시조 혁거세 21년 갑신세(甲申歲)였다. 이때 사방에서 고구려로 옮겨오는 사람이 많았다. 그러나 인접한 말갈(靺鞨) 부락이 자주 침범하여 그 피해가 적지 않았다. 드디어 고주몽이 말갈족을 물리치니 모두 그를 두려워하고 숭상하였다.

왕은 비류수(沸流水)에 채소 잎이 떠내려 오는 것을 보고 그 상류에 사람이 살고 있는 것을 알고, 사냥을 떠나 찾아가서 비류국(沸流國)에 이르렀다. 그 국왕 송양(松讓)이 왕을 접견하며 말했다.

"과인은 바다 모퉁이에 치우쳐 사는 까닭으로 아직 군자를 만나지 못하였습니다. 오늘 우연히 만나게 되니 또한 다행한 일이지만, 그대가 어디로부터 왔는지 알지 못하겠습니다."

이에 주몽은 답하기를, "나는 천제의 아들로서 아무 데에 와서 도읍하였습니다." 하였다. 송양이 다시 말했다.

"나는 대대로 여기서 왕 노릇을 하였는데 땅이 적은 것을 두 임금이 가를 수는 없습니다. 그대는 도읍을 정한 지 아직 오래 되진 않았으니 나에게 양보함이 옳을까 합니다."

왕은 그 말에 크게 노해 논쟁하기도 하고 서로 활쏘기를 겨누기도 하였다. 송양은 능히 대항할 수 없었다.

2년(기원전 36) 6월에 결국 송양왕이 나라를 들어 항복하므로 왕은 그 땅을 다물도라 하고 송양을 봉하여 다물도주(多勿都主)로 삼았다. 고구려의 말에 복구한 땅을 다물이라고 말하는 까닭으로 이와 같이 이름 붙여진 것이다. 이듬해 3월에 황룡이 골령에 나타나고, 7월에 그 빛이 푸르고 붉은 경운(慶雲: 상운)이 골령의 남쪽에 나타났다. 그 다음해 4월에 구름과 안개가 사방에서 일어났으며 7일 동안 햇빛을 볼 수 없었다. 7월에 성곽을 쌓고 궁실을 지었다.

6년(기원전 32) 8월에 신비로운 참새들이 궁정으로 모여들었다. 10월에 왕은 오이와 부분노(扶芬奴)에게 명하여 태백산의 동남쪽에 있는 행인국(荇人國)을 정벌하고 그 땅을 취하여 성읍으로 만들었다.

10년(기원전 28) 9월에 봉황새가 왕대(王臺)로 모여들었다. 11월에 왕은 부위염에게 명하여 북옥저를 정벌하여 이를 멸망시키고, 그 땅을 성읍으로 만들었다.

14년(기원전 24) 8월에 왕의 어머니 유화 부인이 동부여에서 돌아가셨다. 동부여 금와왕은 태후의 예로써 이를 장사지내고, 드디어는 신의 사당을 건립하였다. 10월에 왕은 사신을 부여로 파견하여 방물을 드림으로써 그 덕에 보답하였다.

19년(기원전 19) 4월에 왕자 유리(類利)가 부여로부터 그 어머니와 더불어 도망쳐 오자, 왕은 이를 기뻐하고 유리를 태자로 세웠다.

9월에 왕이 40세로 돌아가시자, 용산에 장사지내고 시호를 동명성왕이라 하였다.

② 유리명왕

기원전 19년 유리왕(琉璃王)이 즉위하였다. 왕의 이름은 유리 혹은 유류(孺留)라고 하였다. 이는 주몽의 원자(元子)로서 어머니는 예씨(禮氏) 부인이다. 주몽이 망명하기 전 동부여에서 출생한 아들이 곧 유리다. 유리가 어릴 때 거리에 나와 새를 쏘며 놀다가 잘못하여 물 길어 오던 부인의 물동이를 깨뜨렸다. 부인은 꾸짖어 말하기를, "이 아이는 아버지가 없는 까닭으로 이와 같이 거칠기만 하구나."라고 하였다.

유리는 부끄러워하면서 집으로 돌아와 어머니에게 물었다. "우리 아버지는 어떤 사람이며 지금 어느 곳에 있습니까?"

그 어머니 예씨 부인은, "너의 아버지는 보통 사람이 아니다. 나라에서 용납되지 않으므로 남쪽 땅으로 도망하였으며 지금은 나라를 세우고 왕이 되셨다. 그런데 망명할 때에 나에게 말하기를, 만약 남자를 낳으면 유물을 일곱 모가 난 돌[七稜石]의 소나무 아래 감추어 두었으니 이것을 찾아 가지고 오면 아들로 맞이하겠다고 하였다." 하고 답하였다. 유리는 그 말을 듣고 곧 산골짝으로 돌아다니면서 이를 찾았으나 찾지 못하였다.

어느 날 아침, 집의 소나무 기둥의 주춧돌 사이에서 소리가 나는 것 같아 살펴보니 주춧돌이 일곱 모로 되어 있었다. 곧 그 기둥 밑을 찾아보니 거기에서 끊어진 칼 도막

하나가 나왔다. 드디어 이것을 가지고 옥지(屋智), 구추(句鄒), 도조(都祖) 3명과 더불어 길을 떠났다.

졸본(卒本)에 이르러 부왕을 만난 유리는 끊어진 칼을 바쳤다. 고주몽이 자신이 가지고 있던 칼 도막을 맞추어보니 비로소 한 자루의 칼이 되었다. 왕은 크게 기뻐하며 유리를 태자로 삼았으며, 이때(기원전 19)에 왕위를 계승하였다.

2년(기원전 18) 7월에 다물후(多勿侯)인 송양의 딸을 맞아 비(妃)로 삼았다. 9월에 서쪽으로 사냥을 나가 흰 노루를 잡았다. 10월에 신기한 참새들이 궁정의 뜰 안으로 모여들었다. 이때 백제 시조 온조가 즉위하였다.

3년(기원전 17) 7월에 다른 궁을 골천(鶻川)에 지었다. 10월에 왕비 송씨가 죽자 왕은 다시 두 여자를 후실로 얻었다. 그 하나는 화희(禾姬)로 골천 사람의 딸이고, 하나는 치희(雉姬)로 한(漢)나라 사람의 딸이었다. 그러나 두 여자가 사랑을 다투어 화목하지 못하였으므로, 왕은 양곡(涼谷)의 동서에 두 궁을 짓고 각각 살게 하였다. 어느 날 왕은 기산(箕山)에 사냥을 나가서 7일 동안 돌아오지 않았다. 이때 두 여자는 서로 다투어 화희는 치희를 꾸짖어 말하였다. "너는 한나라의 비첩으로써 무례함이 어찌 이다지도 심하단 말인가?" 하니, 치희는 부끄러워하면서 원한을 품고 집으로 돌아가버렸다.

왕은 이 소식을 듣고 곧 말을 달려 쫓아갔으나 치희는 노하여 돌아오지 않았다. 유리왕이 나무 밑에서 잠시 시름을 달래다가, 꾀꼬리들이 모여들어 지저귀는 것을 보고 자신의 심정을 노래하였다. 이 노래가 현존하는 최고의 개인적 서정시 황조가(黃鳥歌)이다.

편편황조(翩翩黃鳥) 펄펄 나는 저 꾀꼬리는
차웅상의(雌雄相依) 암수 서로 정다운데,
념아지독(念我之獨) 외로울사 이 내 몸은
수기여귀(誰其與歸) 뉘와 함께 돌아갈꼬.

11년(기원전 9) 4월에 왕이 군신들에게 말하기를, "선비(鮮卑)들은 험한 데 의지하여 우리와 화친하지 않고 이로우면 나와서 약탈을 일삼고 불리하면 들어가서 지키므로 나라의 우환거리가 되니, 만약 누구든지 이 자들을 꺾는 사람이 있으면 내 큰 상을 내릴 것이다." 하였다.

이에 부분노(扶芬奴)가 답하기를, "선비는 높고 험한 나라로서 사람들은 용맹스러우나 어리석으므로 이를 힘으로써 싸우기는 어렵지만 꾀로써 굴복시키기는 쉽습니다." 라고 하였다. 왕은 부분노에게 그 계책을 물으니, "사람을 시켜 고구려를 배반하는 것처럼 꾸며 선비에 들여보내서 거짓으로 말하기를, 고구려는 작고 군사는 약하고 겁이 많아 움직이기를 싫어한다고 하면, 선비는 반드시 우리를 업신여기고 방비를 하지 않을 것입니다. 신은 그 틈을 기다려 정병을 거느리고 사잇길로 들어가 산림(山林)을 의지하여 그 성(城)을 주시하고 있을 것이오니, 대왕께서 앞에는 약한 군사를 거느리고 성남으로 나가서 싸움을 걸면 그들은 반드시 성을 비워 두고 멀리 추격할 것입니다. 그때 신은 정병을 거느리고 그 성으로 달려 들어갈 것이오니 대왕께서 친히 날랜 기병을 거느리고 이를 몰아치면 가히 이길 수 있을 것입니다."라고 하였다. 왕은 이 전략을 따랐다.

선비들은 과연 성문을 열어 놓고 군사를 내어 원이 앞세운 약한 군사를 추격하였다. 이때 부분노가 정병을 거느리고 그 성으로 달려 들어가니 선비들이 이를 보고 크게 놀라 돌아오지만 부분노는 성의 관문을 막고 싸워 크게 선전하였다. 이때 왕이 깃발을 높이 들고 북을 울리면서 앞으로 쳐들어오니, 선비는 앞뒤로 대적을 만나 계책이 궁하고 힘이 다하여 드디어는 항복하여 속국이 되었다.

왕은 부분노의 공을 생각하여 식읍으로 상을 주니 그는 이를 사양하며, "이는 대왕의 덕이옵지 어찌 신의 공이오리까."라고 말하였다. 왕은 곧 황금 30근과 좋은 말 11필을 주었다.

21년(2) 3월에 제사지낼 돼지를 놓쳐 버렸으므로 왕은 희생을 맡아보는 설지(薛支)에게 명하여 이를 쫓아 잡게 하여 국내위나암에서 찾았다. 국내 사람이 이를 잡아 집에서 기르고 있었던 것이다. 설지(薛支)는 돌아와서 왕에게 아뢰기를, "신이 제사지낼 돼지를 쫓아 국내위나암에 이르러 그 산수의 깊고 험한 형세를 보니, 땅이 오곡을 심기에 마땅하고 또한 사슴과 물고기, 자라가 많이 자라고 있었습니다. 왕께서 만약 그곳으로 도읍을 옮기시면 곧 백성들의 이익이 무궁할 뿐만 아니라 또한 가히 전쟁의 환난을 면할 것으로 생각됩니다." 하였다. 4월에 왕은 위중림(尉中林)에서 사냥하였다. 8월에 지진이 일어났다. 9월에 왕은 국내(國內)로 가서 그 지세를 살피고 돌아오는데, 한 장부가 연못 위에 앉아서 왕에게 말하였다. "대왕의 신하가 되기를 원합니다." 하므로 왕은 기뻐하며 이를 허락하고 위씨(位氏)라는 성과 사물(沙勿)이란 이름을 주었다.

22년(3) 10월에 왕은 국내로 도읍을 옮기고 위나암성을 축조하였다. 12월에 왕은 질산(質山) 북쪽에서 사냥하느라고 5일 동안 돌아오지 않았다. 대보(大輔)인 협보가 간하기를, "대왕께서 새로 도읍을 옮기고 아직 민심이 안정되지 않았으니 마땅히 정사에 부지런히 힘써야 하실 일입니다. 그러나 사냥하기 위하여 오래 성을 비우고 돌아오지 않으시니, 만약 이 과오를 고치지 않고 스스로 새롭게 하지 않을 것 같으면 신의 생각에는 정치가 거칠어지고 백성들이 거스르게 될까 염려됩니다. 나아가 선왕의 창업이 그만 땅에 떨어질까 두렵습니다."라고 하였다. 왕은 그 말을 듣고 크게 노하며 협보의 벼슬을 파하고 관원의 일을 맡아보게 하니, 협보는 분격하여 남한으로 떠났다.

27년(8) 정월에 태자 해명(解明)은 고도(古都: 졸본)에 남아 있었다. 해명은 힘이 세고 무용(武勇)을 좋아하였다. 황룡국왕이 이 말을 듣고 사자를 파견하여 강궁(强弓)을 그에게 보내주었는데, 해명이 그 사자를 만나보고 그 앞에서 활을 당겨 꺾으며 말하였다.

"내 힘이 세서 그런 것이 아니라 활 자체가 굳세지 못하다." 황룡왕은 이 말을 듣고 매우 부끄러워하였다. 유리왕은 이 말을 듣고 노하여 황룡왕에게 알리기를, "해명은 사람의 자식으로써 불효를 하니, 청컨대 과인을 위하여 그를 죽여 달라."고 하였다.

3월에 황룡왕이 사자를 파견하여 태자와 서로 만나 보기를 청하였다. 태자는 가서 만나려고 하였으나 이를 간하는 사람이 있어 말하기를, "지금 이웃 나라에서 까닭도 없이 만나기를 청하니 그 뜻을 가히 헤아리지 못하겠습니다." 하였다. 그러나 태자는, "하늘이 나를 죽이고자 하지 않으면 황룡왕이 나를 어찌하랴?" 하며 드디어 가서 만났다. 황룡왕은 처음에는 그를 죽이려고 도모하였으나, 해명을 만나보고는 감히 해치지 못하고 예로써 대우하여 돌려보냈다.

28년(9) 3월에 왕은 사람을 해명에게 파견하여 말하기를, "내 도읍을 옮겨 백성들을 편안하게 하고 나라의 기초를 굳게 하고자 하는데 너는 나를 따라오지 않고 힘의 굳셈을 믿고 이웃 나라와 원한을 맺으니 사람의 아들 된 도리로서 어찌 이와 같을 수가 있겠느냐? 사자에게 칼을 주어 보내니 스스로 자결하라."고 하였다. 태자는 곧 자결하려 하였으나 어떤 사람이 이를 만류하며 말하기를, "대왕의 장자는 이미 돌아가셔서 태자가 마땅히 그 뒤를 잇게 될 것인데, 지금 사자가 한번 왔다 하여 자결하게 된다면 어찌 그것이 거짓이 아닌지 알겠습니까."라고 하였다. 그러자 태자는 말하였다.

"전자에 황룡왕이 강한 활을 나에게 보냈기에 나는 그가 우리나라를 가벼이 볼까 염려한 까닭으로 활을 당겨 꺾어 버림으로써 이에 대응하였다. 그러나 뜻밖에 부왕께서는 이를 책망하였다. 지금 다시 나를 불효라 하며 칼을 주어 자결하라 하니 아버지의 명령을 피할 수는 없다."

곧 여진동원(礪津東原)으로 가서 땅에 창을 꽂아놓고 말을 달려 창에 찔려 죽으니 그때 나이 21세였다. 이에 나라에서는 태자의 예로써 동원에 장사지내고 사당을 세우고 그 땅을 창원(槍原)이라고 이름하였다.

논하건대, 효자가 어버이를 섬김에는 마땅히 그 좌우를 떠나지 않고 효도를 다하여 마치 문왕이 세자가 되었을 때와 같이할 것이다. 그런데 해명은 옛 서울에 그대로 있으면서 무용으로써 이름을 나타냈으니, 그는 벌을 받아 마땅할 것이다. 또 듣건대 『좌전』에 "자식을 사랑하려면 옳은 방도를 가르쳐 그릇된 길에 들지 않게 하라." 하였다. 지금 왕의 시말을 보면, 이를 일찍 가르치지 않고 그 악에 미치게 되자 이를 미워하여 죽여 버리고 말았으니 가히 아비로서 아비의 노릇을 하지 못하고 아들로서 아들 노릇을 하지 못한 것이다.

31년(12) 한(漢)나라의 왕망(王莽)이 우리 군사를 징발하여 흉노를 정벌하려 하였다. 우리나라 사람들은 가려고 하지 않았으나 그 협박에 못 이겨 파견되었다가 모두 도망하여 요새 밖으로 나왔다. 그로 인해 법을 범하여 도둑이 되었다. 이에 요서대윤(遼西大尹) 전담(田譚)이 이를 추격하다가 죽임을 당하였다. 이에 한나라의 주(州), 군(郡)에서는 그 허물을 우리에게 돌렸다. 이때 엄우(嚴尤)가 왕망에게 아뢰기를, "맥인(貊人: 고구려)이 법을 범하였으니 마땅히 징벌하여야 합니다. 그러나 지금 그들에게 지나친 큰 죄를 입히면 도로 배반할 우려가 있으며, 부여의 족속도 반드시 회동할 것입니다. 아직 흉노를 쳐서 이기지도 못하였는데, 부여(夫餘), 예맥(濊貊) 등이 다시 들고일어난다면 이는 큰 우환입니다."라고 하였다.

그러나 왕망은 이 말을 듣지 않고 엄우(嚴尤)에게 명하여 우리 군사를 치게 하니, 엄우는 우리 장군 연비(延丕: 구려후추)를 유인하여 그를 죽여 목을 경사(京師)에 전하였다. 이에 왕망은 크게 기뻐하여 우리 왕의 이름을 고쳐 하구려후(下句麗侯)라 하고 이를 천하에 퍼뜨렸다. 이에 한나라가 변방을 침략하는 일이 더욱 심하였다.

32년(13) 11월에 부여에서 군사를 일으켜 침입하므로 왕은 왕자 무휼로 하여금 군사를 거느리고 나가 이를 방어하게 하였다. 무휼은 군사가 적으므로 능히 대적하기 어려움을 염려하고 기발한 계책으로 친히 군사를 거느리고 산곡에 복병하여 적을 기다리고 있었다. 부여의 군사들은 거리낌 없이 학반령(鶴盤嶺) 밑에 이르렀다. 이때 무휼이 복병을 일으켜 치니 부여의 군사는 뜻밖의 습격을 당하여 대패하고 말을 버리고 산으로 올라가므로 무휼은 군사를 거느리고 적을 추격하여 모두 전멸시켰다.

33년(14) 정월에 왕은 왕자 무휼을 세워 태자(太子)로 삼고 군국정사를 맡겼다. 8월에 왕은 오이, 마리에게 명하여 군사 2만 명을 거느리고 서쪽으로 양맥(梁貊: 滿洲渾江) 을 정벌하여 그 나라를 멸망시켰고, 진격하여 한나라의 고구려현(高句麗縣: 현영군)을 습격하였다.

37년(18) 4월에 왕자 여진(如津)이 물에 빠져 죽었다. 왕은 애통하여 사람으로 하여금 그 시체를 찾게 하였으나 찾지 못하였다. 뒤에 비류 사람 제수(祭須)가 발견하여 이를 알리므로 드디어 왕골령(王骨嶺)에 장사지내고 제수에게 금 10근과 토지 10경(頃)

을 하사하였다. 7월에 왕은 두곡에 행차하였다. 10월에 왕이 두곡의 이궁에서 돌아가시므로, 두곡의 동원에 장사지내고 시호를 유리명왕(琉璃明王)이라 하였다.

〈해설〉

『삼국사기』 권 제13의 고구려 「본기」 시조 동명성왕조와 유리왕조의 기록이다. 여기에는 우리 역사와 문학에 중요한 자료인 명왕 신화와 유리명왕의 「황조가(黃鳥歌)」가 수록되어 있다.

고주몽은 동부여 금와왕의 수양아들이었으나, 금와왕의 장자 대소와의 분쟁을 피해 남하하여 졸본부여로 자리를 옮겨 왕이 된다. 이때 주몽의 나이 22세(『삼국유사』에는 12세)였다. 이것은 북방 부여계 개국신화의 전형인 '이주개국형(移住開國型)'의 신화 체계를 갖추고 있는 것이다. 따라서 북방계의 개국신화가 개척국가, 정복국가적 성격을 띠는 것은 수렵 · 유목민족으로서의 부여족의 강인한 성격을 잘 나타내는 민족성을 읽을 수 있는 대목이다.

유리왕은 동부여에서 예씨 부인과의 사이에서 출생한 아들이었다. '칠령칠곡석상지송(七領七谷石上之松)'의 해답을 얻고 고구려의 태자가 되었다. 유리왕조의 「황조가」는 「구지가(龜旨歌)」, 「공후인(箜篌引)」과 더불어 우리나라의 고대가요 3수(首) 가운데 하나이다. 황조가는 유리왕이 사랑하는 여인 치희를 잃고 돌아오는 길에 허전한 심정을 노래한 것이다. 군왕이 한 여인을 그리는 그 간결하고 절실한 황조가는 우리나라 최초의 서정시로 자리한다. 집단적, 종교적인 노래가 아닌 개인의 노래인 이 시에서 고대인의 소박한 서정성을 읽을 수 있다.

고주몽 신화는 고려 시대에 이르러, 이규보에 의하여 영웅 서사시로 재창작되어 뛰어난 문학적 성과를 이루었고, 조선 후기 영웅소설 형성에 지대한 영향을 미쳤다.

(3) 백제

① 시조 온조왕

백제(百濟)의 시조는 온조왕(溫祚王)이다. 그 부친은 추모 혹은 주몽이라고 한다. 주몽이 북부여로부터 난을 피하여 졸본부여에 이르렀을 때 부여왕은 아들이 없고 다만 세 딸이 있어 근심하던 중에 주몽을 보고 비상한 사람임을 알아 둘째딸로서 그의 아내를 삼았다. 얼마 지나지 아니하여 부여왕이 죽자 주몽이 왕위를 잇고 두 아들을 낳았다. 그 장자는 비류라 하고, 차자는 온조라 하였다. 혹은 주몽이 졸본에 이르러서 월군녀를 아내를 얻어 두 아들을 낳았다고 한다.

그러나 주몽이 북부여에 있을 때에 낳았던 아들 유리를 태자를 삼으므로, 비류와 온조는 그들이 태자로 용납되지 않는 것을 두려워하여 드디어 오간(烏干), 마려(馬黎) 등 10신(臣)과 남쪽으로 떠나니, 백성들 중 이들을 따라나서는 사람이 많았다. 그들은 드디어 북한산에 이르러 부아악(負兒嶽: 삼각산)에 올라 가히 살 수 있는 땅을 기원하였다. 비류는 바닷가로 가서 살고자 하므로 10신이 간하기를, "생각건대 이 하남(河南: 江南)의 땅은 북으로 한수(漢江)를 끼고 동으로 높은 산악에 의거하고, 남쪽을 바라보니 비옥하고 윤택하며 서쪽은 큰 바다로 가로막혔으니, 그 천연적인 험난한 지리(地利)는 얻기

남한산성 숭렬전 온조왕묘

어려운 지세입니다. 여기에 도읍을 이룩하는 것이 좋은 듯합니다." 하였다.

비류는 이 말을 듣지 않고 그 백성을 나눠 가지고 미추홀(彌鄒忽: 인천)로 가서 살았다. 이에 온조는 하남위례성(河南慰禮城: 광주)에 도읍을 정하고 10신으로써 보필하게 하며, 국호를 십제(十濟)라 하였다. 이때는 전한(前漢) 성제(成帝) 홍가(鴻嘉) 3년(기원전 18)이었다. 비류는 미추홀의 땅이 습하고 물이 짜서 편히 살 수가 없으므로 위례성으로 돌아와 보니, 도읍이 안정되고 백성도 편안히 살고 있었다. 끝내 참담하여 뉘우치다 죽으니 그 백성들은 모두 위례성으로 모였다. 그 뒤로부터 날로 백성들이 따르므로 국호를 백제라고 하였다. 그 세계(世系)는 고구려와 한가지로 부여에서 나온 까닭에 부여로 성씨를 삼았다.

또는 이렇게 말한다. 시조는 비류왕이다. 그 부친은 우태(優台)로 북부여왕 해부루의 서손이고, 그 어머니는 소서노(召西奴)로 졸본 사람 연타발(延陀勃)의 딸이다. 그가 처음 우태에게로 시집와서 두 아들을 낳았으니, 장자는 비류이고, 차자는 온조이다. 그들은 우태가 죽으므로 졸본으로 와서 살았다. 훗날 주몽이 부여에서 용납하지 않으므로, 전한 건소 2년(기원전 37) 2월에 남쪽 졸본으로 달아나서 도읍을 정하고 나라를 세워 나라 이름을 고구려라 하였다. 이어 주몽은 소서노를 아내로 맞아 왕비로 삼았다. 주몽은 소서노가 나라를 처음 세울 때 내조가 있었으므로 특별히 후대하였고, 비류 등도 자기의 아들과 같이하였다.

그러나 주몽이 부여에 있을 때 예씨에게서 난 아들 유류(孺留: 유리)가 찾아와서 그를 세워 태자로 삼고 드디어는 왕위를 계승하기에 이르렀다. 이때 비류는 아우 온조에게 말하였다.

"처음에 대왕이 부여에서 난을 피하여 졸본에 이르자, 우리 어머니는 집안의 재산을 기울여 나라를 세우기에 힘을 다하였다. 이제 대왕이 돌아가자 나라는 유리에게 돌아갔으니, 우리들은 여기 헛되이 있으면서 울적하게 혹이 되느니보다는 어머니를 모시고 남쪽으로 가서 좋은 땅을 찾아 따로 나라를 세우고 도읍하는 것이 좋을 것이다."

마침내 아우 온조와 그 무리들을 거느리고 패수(浿水)와 대수(帶水)의 두 강을 건너 미추홀에 이르러 이곳에서 살게 되었다 하였다.

『북사(北史)』와 『수서(隋書)』의 기록에 이르기를, "동명의 후예에 구이(仇台)가 있었으며 그는 어질고 믿음이 있었다. 그가 처음에 나라를 대방의 고지에 가서 세우니 요동태수 공손도(公孫度)는 딸을 그의 아내로 주었다. 드디어 동이(東夷)가 강성하게 되었다."고 하였다. 그러나 아직 어느 것이 옳은지 알지 못하겠다.

원년(기원전 18) 5월에 동명왕묘(東明王廟)를 세웠다.

2년(기원전 17) 정월에 왕은 군신에게 말하기를, "말갈이 우리 북쪽 경계에 인접하고 있다. 말갈 사람들은 용맹하고 꾀가 많으니, 마땅히 군사를 정비하고 양곡을 저장하여 이들을 막는 계책을 세워야 하겠다."라고 하였다. 3월에 왕은 족부(族父: 재종숙부) 을음(乙音)이 지식과 담력이 있으므로 우보(右輔: 관직명, 우상)로 삼고 병마의 일을 맡겼다.

3년(기원전 16) 5월에 말갈이 북쪽 변방에 침입하므로 왕은 강한 군사를 거느리고 급히 쳐 이를 크게 격파하니, 살아 돌아간 적의 군사는 10명 중 한두 명에 불과하였다.

4년(기원전 15) 봄과 여름에 한재와 기근이 들고 역질이 유행하였다. 8월에 사신을 낙랑으로 파견하여 수교하였다. 이듬해 10월에 왕은 북쪽 변경을 순무(巡撫)하고 사냥을 하여 신비로운 사슴을 잡았다. 그 다음해 7월 그믐날에 일식이 있었다.

8년(기원전 11) 2월에 말갈족 3,000명이 침입하여 위례성(慰禮城: 광주)을 포위하므로, 왕은 성문을 닫고 나오지 않았다. 10일이 경과하자 말갈족은 양식이 다하여 돌아갔다. 왕은 정병을 뽑아 거느리고 대부현(大斧峴)까지 추격하여 싸워 이를 이겨 500여 명을 전멸시켰다.

〈해설〉

『삼국사기』 권 제23의 백제 「본기」 시조 온조왕조의 기록이다. 김부식은 백제 건국에 대하여 『북사』와 『수서』 등의 여러 사서의 기록을 인용하면서 하나로 확정할 수 없어서 함께 기록한다고 밝히고 있다. 이것이 역사적 객관성을 중시하는 사관의 태도이다.

『삼국사기』에는, 백제의 시조를 비류왕이라 하고 그 어머니는 소서노로 졸본 사람 연타발의 딸이라고 기록하였다. 소서노가 처음 우태에게 시집가 낳은 두 아들이 비류와 온조이다. 우태가 죽고 주몽이 부여에서 난을 피해 졸본으로 와서 소서노를 아내로 맞아 고구려를 세운 때는 기원전 37년이다. 소서노는 고구려 창업의 기반을 열 때 큰 역할을 다하였다. 그러나 유리가 찾아오자 이들은 남쪽으로 가서 백제를 세운다.

이상의 기록과 더불어 신채호의 『조선상고사(朝鮮上古史)』에서는 "소서노는 조선 역사상 유일한 창업 여제왕일 뿐더러 고구려와 백제 두 나라를 세운 연인이다."라고 하였다. 최근에는 『조선상고사』의 기록을 근거로 하여 『소서노』라는 소설이 출간되었다. 이 소설은 고주몽이 동부여에서 난을 피하여 졸본부여에서 소서노의 후원에 힘입어 고구려를 건국하기까지의 이야기이다.

물론 신화상으로는 망명자 고주몽이 고구려를 건국할 수 있었던 것은 천손의 자손이었기에 하늘의 뜻이었다. 그러나 졸본부여의 5부족 중 계루부의 족장 연타발의 공주였던 소서노라는 한 여인이 있었기 때문에 가능한 것이었다. 우리는 고구려와 백제, 두 나라의 건국과 소서노의 역할을 역사적으로 가능한 하나의 사실로 인정할 때 좀 더 인간적인 고주몽을 만날 수 있을 것이다.

4. 「열전」

(1) 흑치상지

흑치상지(黑齒常之)는 백제 서부의 사람으로 키가 7척이 넘고 성품이 날래고 굳세고 지략이 있었다. 그는 백제의 달솔(達率: 무장)로서 풍달군장이 되었으며 이는 당(唐)나라의 자사에 해당하는 벼슬이다. 소정방(蘇定方)이 백제를 평정하자 흑치상지의 부하들은 항복하였으나 그는 굴하지 않았다. 그러나 소정방이 노왕(老王)을 가두고 침략하므로, 흑치상지는 좌우 추장 10여 명과 함께 도망하여 무리를 불러 모아 임존산성(任存山城, 대흥)에 의지하여 스스로 굳게 지킨다. 이때 10여 일이 못 되어 그에게 모여드는 무리가 3만여 명이나 되었다. 이에 소정방은 군사를 거느리고 임존산성으로 쳐들어가서 이를 공격하였으나 이기지 못하였다. 흑치상지는 드디어 2백여 개의 성을 회복하였다.

이에 당 고종은 사자를 흑치상지에게 파견하며 그를 타이르게 된다. 그는 드디어 유인궤(劉仁軌)를 찾아 투항하고, 당나라로 들어가서 좌령군원외장군양주자사가 되어 여러 번 외정에 종군하여 공을 쌓았으므로 작위를 받고 특별히 상도 받았다. 그는 오래 연연도대총관이 되어 이다조(李多祚) 등과 함께 돌궐(突厥)을 쳐서 이를 파하였다.
좌감문위중랑장 보벽(寶壁)은 끝까지 추격하며 공을 세우려고 하므로, 당제(唐帝)는 흑치상지와 함께 적을 토벌하라고 분부하였다. 그러나 보벽은 단독적으로 진격하다가 오랑캐에게 져서 군사들이 패망하였다. 보벽은 옥에 갇혔다가 주살되었으며 흑치상지는 이 토벌에 연루되었으나 아무런 공이 없었다. 마침 주흥(周興) 등이 그가 응양장군 조회절(趙懷節) 등과 배반한다고 무고하여, 옥에 갇혔다가 목매어 죽었다.

흑치상지는 부하를 거느리는 데 은혜를 베풀었다. 일찍이 자기가 타는 말이 군사에게 매를 맞았다. 혹자는 그를 죄 주라고 청하였으나 그는 대답하기를, "어찌 사사로운 일로 해서 관병(官兵)을 매질하리오?"라고 하였다. 그는 전쟁 후에 받은 상품을 모두 부하들에게 나눠 주고 조금도 남겨놓지 않고 죽었다. 사람들은 모두 그의 죽음을 슬퍼하였다.

이상은 『삼국사기』 권제44 「열전(列傳)」에 수록된 흑치상지에 대한 기록이다. 흑치상지와 더불어 백제 멸망이라는 역사 앞에 복신(福信)이라는 장수가 있었다. 복신에 대한 기록은 『삼국사기』 권 28 「백제본기」 의자왕조(義慈王條)에 수록되어 있다.

660년, 신라왕 김춘추는 김유신에게 정병 5만을 거느리게 하고, 당나라 고종은 소정방에게 13만 대군을 거느리게 하여 백제를 친다. 이때 사비하(泗沘河)의 물빛이 핏빛과 같아 백제 멸망을 예고하는 듯하였다. 의자왕은 군신을 모아 싸우고 지키는 방책을 의논하였으나 대세를 막을 수는 없었다. 의자왕은 힘을 다하다가 결국 항복하게 된다. 소정방은 의자왕과 태자 효(孝)와 왕자 태(泰)와 융(隆)과 연(演)을 비롯하여 대신(大臣)과 장사(將士)88명과 백성 1만 2,807명을 당나라 서울로 데리고 간다. 의자왕은 당나라에서 병들어 죽고 왕자 융은 사가경이라는 벼슬을 제수받는다.

한편 무왕(武王)의 조카 복신은 군사를 거느리고 도침(道琛)과 함께 주류성(周留城: 한산)에 웅거하여 모반하고, 일찍이 왜국에 볼모로 가 있던 옛 왕자 부여풍(扶餘豊)을 맞아 왕으로 삼았다. 서북부의 여러 성이 모두 이에 호응하여 군사를 이끌고 도성(都城: 부여 사비성)에 있는 유인원(劉仁願)을 포위하였다. 그러나 복신은, 유인궤(劉仁軌)와 손인사(孫仁師)의 구원을 받고 온 당나라 군사를 당할 수 없었다. 더불어 이때에 복신과 부여풍은 권력 쟁탈로 인한 알력이 있었다. 복신은 병이 난 것으로 가장하고 골방 속에 누워서 부여풍이 위문하러 오면 이를 잡아 죽이려 하였으나, 부여풍이 미리 알고 친히 심복을 거느리고 가서 복신을 암살하였다. 부여풍은 도망하여 그 간 곳을 알지 못하였다.

혹은 '고구려로 달아나고 그 보검만 남겼다.'고 하였다. 이에 왕자 부여충승(扶餘忠勝)과 충지(忠志) 등은 그 무리를 거느리고 왜군과 함께 항복하였다. 그러나 지수신(遲受信)만은 홀로 임존성(任存城, 대흥)에 의거하여 항복하지 않았다. 결국에는 유인궤에 의하여 임존성은 무너진다.

『진서(晋書)』에 실린 기록에는 "백제는 고구려와 함께 부여에서 났다." 하고, "진(秦)나라 · 한(漢)나라의 난리 때에 중국 사람이 많이 해동(海東: 조선)으로 갔다."고 하였다. 그러나 백제의 말기에 이르러서는 도리에 어긋남이 많았다. 또한 대대로 신라와 원수가 되고, 고구려와 화친하여 신라를 침략하고, 이로운 데 편승하여 신라의 중성(重城) · 거진(巨鎭)에 침략하기를 그치지 않았다. 이른바 인(仁)을 가까이 하고 이웃나라와 사이좋게 지내는 것을 나라의 보배로 삼지 않았다. 이에 당 고종은 두 번 조서를 내려 그 원한을 풀도록 했으나, 백제는 겉으로는 따르면서 속으로는 어겨 대국에 죄를 지었으니 그 멸망은 또한 당연하다 하겠다.

이상은 『삼국사기』「백제본기」에 수록된 복신에 대한 기록이다. 일찍이 일제 침략에 대항하여 민족의식을 고취하였던 신채호는 『삼국사기』는 사대주의에 입각하여 편찬한 역사책이라고 혹평한 바 있다. 그는 이 책에서 우리의 고유 사상에 바탕을 둔 화랑도의 인물들은 기록하지 않은 대신 당나라 문화에 동화한 최치원을 높이 평가하였으며, 당나라에 대항하여 혈전을 벌인 복신은 「열전」에 별도로 입전하지 않고 오히려 투항한 흑치상지를 기록한 것 등을 지적하였다. 하지만 백제의 마지막 왕인 의자왕 조에 백제의 부흥 운동 과정을 남긴 것은 큰 의미가 있다고 생각한다.

(2) 온달

온달(溫達)은 고구려 평강왕(平岡王: 평원왕) 때의 사람으로 그 용모가 기이하게 생겼으나 마음만은 착하였다. 그는 집이 몹시 가난하므로 항상 걸식을 하여 어머니를 봉양하였다. 그는 다 떨어진 옷과 낡은 신발을 신고 시정(市井)에 다녔으므로 모든 사람들은 그를 보고 '바보 온달'이라고 하였다.

이 무렵 평강왕의 딸 평강공주(平岡公主)가 어렸을 때 울기를 잘 하므로 왕은 공주를 놀리느라, "너는 늘 울기만 하여 나의 귀를 요란스럽게 하니, 커서도 반드시 사대부의 아내가 될 수는 없으리라. 꼭 바보 온달에게 시집 보내겠다."라고 말하곤 하였다.

공주가 자라 16세가 되었을 때 왕은 그를 고위 관직에 있는 고씨에게 시집보내려 하였다. 그러나 공주가 대답하였다.

"대왕께서는 항상 말씀하시기를 너는 꼭 온달에게 시집보내겠다고 하시옵더니, 지금 무슨 까닭으로 먼저 하신 말씀을 고치려 하시나이까. 필부(匹夫)도 오히려 식언(食言)을 하려고 아니하옵는데, 항차 지존하신 분의 말씀으로 어찌 그러할 수 있사오리까. 지금 대왕의 명하심은 잘못된 것이므로 소녀는 감히 그 명령을 받들지 못하겠나이다."

이에 왕이 크게 노하여, "너는 나의 말을 듣지 않으니 곧 나의 딸이 될 수 없다. 어찌 함께 살 수 있겠느냐? 마땅히 네가 가고 싶은 데로 가라."고 하였다.

이에 공주는 귀중한 가락지 10개를 팔꿈치에 맨 뒤에 궁궐을 나와 홀로 걸어가다가 길에서 한 사람을 만나 온달의 집을 물었다. 간신히 그 집에 이르러 눈먼 노모에게 절하며 그 아들이 있는 곳을 물었다. 그 노모는, "내 아들은 가난하고 또한 누추하므로, 귀인이 가까이 할 바가 못 됩니다. 지금 그대의 냄새를 맡고 말소리를 들으니, 그 냄새는 향기롭고 그대의 손을 만져 보니 마치 솜과 같이 부드러우니 천하의 귀인 같은데, 누구의 속임으로 이곳까지 오셨는지요? 내 아들은 배고픔을 참지 못하여 느릅나무 껍질을 벗기러 산으로 간 지 오래 되었으나, 아직도 돌아오지 않았습니다." 라고 대답하였다.

공주는 곧 그를 찾아 나가 산 밑에서 느릅나무 껍질을 벗겨 가지고 내려오던 온달을 만나 그에게 속에 품고 있는 말을 하였다. 온달은 크게 놀란 모양으로 얼굴빛을 바꾸며 말하였다. "이곳은 어린 여자가 다닐 곳이 아니니 반드시 사람이 아니고 여우나 귀신일 것이다. 나에게 가까이 오지 말라." 하고, 돌아보지도 않고 가버렸다. 공주는 홀로 뒤따라와서 싸리문 밑에서 자고 그다음 날 아침에 다시 집안으로 들어가서 그 모자에게 자세한 이야기를 하였다. 온달이 여전히 의심하고 뜻을 결정짓지 못하고 있을 때 그 어머니가 말하기를, "나의 아들은 어리석으므로 귀인의 배필이 되기에 부족하며, 우리 집은 누추하므로 귀인이 거처할 곳으로는 마땅하지 않습니다." 하였다.

공주는 대답하기를, "옛 사람의 말에 한 말의 곡식이라도 찧을 수 있으면 오히려 족하고 한 자의 베라도 꿰맬 수 있으면 오히려 족하다고 하였으니, 진실로 한마음 한 뜻이라면 부귀가 무슨 문제가 되겠습니까?" 하고, 곧 금가락지를 팔아서 땅과 집 그리고 노비와 소와 말, 기물을 사들여 소용되는 가구를 완전히 마련하였다.

그리고 공주는 온달에게 말을 사오라고 하면서, "시장에서 일반 장사꾼의 말은 사지 말고 나라에서 기르던 말로서 병이나 야위어 팔아버리는 것이 있으면 사고, 그런 것이 없으면 좋은 말을 샀다가 뒤에 그런 말과 바꿔 오시오."라고 하였다. 온달은 그 말대로 말을 사 왔으며 공주는 이 말을 정성껏 길렀으므로 말은 날마다 살찌고 건장해졌다.

고구려는 해마다 3월 3일에는 낙랑의 산언덕에 모여 사냥을 하여 잡은 돼지와 사슴 등으로써 하늘 및 산천 신에게 제사를 지냈다. 그날이 되면 왕도 사냥을 나갔는데 군신들과 5부(部)의 군사들도 모두 왕을 따라 나갔다. 이때 온달이 집에서 기른 말을 타고 수행하였다. 그는 남보다 앞에서 달려갔고 또한 사냥하여 잡은 짐승도 제일 많아 그를 능가할 사람이 없었다. 왕은 감탄하며 그를 불러 성명을 묻고 각별히 칭찬하였다.

이때 후주(後周)의 무제(武帝)가 군사를 일으켜 요동으로 쳐들어오므로 왕은 군사를 거느리고 나가 배산(拜山)의 들에서 적을 맞아 싸웠다. 온달은 선봉이 되어 날래게 싸워 적 수십 명을 베어 죽이니, 모든 군사들은 이 이긴 틈을 타서 달려들어 힘써 적을 무찔러 크게 승리하였다. 개선하여 전공을 의논할 때 온달을 제일로 내세우지 않는 사람이 없었으므로, 왕은 크게 기뻐하며 감탄하였다. "이 사람은 곧 나의 사위다." 하고, 마침내는 예를 갖추어 그를 맞아들이고 벼슬을 주어 대형(大兄)을 삼고, 이로부터 총애함이 더욱 두텁고, 그 위엄과 권세가 날로 성하였다.

양강왕(陽岡王)이 즉위함에 이르러 온달은 왕에게 아뢰기를, "신라는 우리 한강 이북의 땅을 빼앗아 군, 현으로 만들었으므로, 백성들은 원통하고 한스럽게 여겨 언제나 부모의 나라를 잊어버리지 않고 있사오니, 원컨대 대왕께서 신을 어리석고 불초하다 마시고 군사를 내어 주시면 한번 나아가 싸워 우리의 땅을 회복하겠나이다." 하니, 왕이 이를 허락하였다.

온달은 "내 계립현(문경)과 죽령(竹嶺)의 서쪽 땅을 우리 땅으로 돌이키지 못하면 돌아오지 않을 것이다."라고 맹세하고 군사를 거느리고 떠났다. 그러나 온달은 결국 신라군과 아단성(阿旦城: 아차산성) 밑에서 싸우다가 적의 화살에 맞아 전사하였다. 이에 그를 장사지내려 하니 영구가 땅에서 조금도 움직이지 않았다. 이때 공주가 와서 관을 어루만지며, "죽고 사는 것은 이미 결판이 났사오니 마음 놓고 돌아갑시다."라고 하자, 비로소 관이 움직여서 장사를 지냈다. 왕은 이 말을 듣고 크게 슬퍼하며 통곡하였다.

(3) 설총

설총(薛聰)의 자(字)는 총지로, 그 조부는 내마 담날이고, 그 부친은 원효(元曉)이다. 원효는 처음에 중이 되어 불경에 해박하였으나, 다시 속인으로 돌아와서 스스로 소성거사라 이름하였다.

설총은 성질이 명민하고 나면서부터 도리를 깨달았다. 방언으로써 구경(九經)을 풀어 읽게 하여 후생들을 훈도하였으므로, 지금에 이르기까지 학자의 조종으로 삼는다. 또한 글 짓는데 뛰어났으나 지금 세상에 전하는 것은 없다. 다만 지금 남쪽 지방에 설총이 지은 글이 비석에 새겨져 있으나 문자가 결락되어 읽을 수 없으므로, 그 뜻이 무엇을 말하는지 알지 못한다.

신문대왕(神文大王)이 한여름 높고 밝은 방에 계시면서 설총을 돌아보고 말하였다.

"오늘은 오래 오던 비도 개고 훈풍이 서늘하게 불어오니, 비록 진수성찬이나 서글픈 음악을 듣는 것보다는 고상한 이야기와 멋있는 익살로 울적한 미음을 푸는 것이 좋을 것 같다. 그대는 기이한 이야기를 들었을 것 같으니 나를 위해 이야기하여 주지 않겠는가?"

설총은 신문왕을 위하여 이야기를 시작하였다.

옛날 화왕(花王: 모란)이 있었다. 이를 향기로운 정원에 심고 푸른 장막으로 보호하였더니, 삼춘가절을 당하여 예쁜 꽃을 피워 온갖 꽃보다 유달리 아름다웠다. 이에 가까운 곳으로부터 먼 곳에 이르기까지 곱고 예쁜 꽃들이 분주히 화왕을 뵈려고 달려오지 않은 자가 없었다. 이때 홀연히 한 아름다운 사람이 있어 붉은 얼굴에 옥 같은 이에, 깨끗한 옷으로 몸을 단장하고, 아장아장 맵시 있는 걸음으로 화왕의 앞에 와서 말하였다.

"첩은 흰 눈 같은 모래밭을 밟고 거울 같은 맑은 바다를 대하고, 봄비에 목욕하고 더러운 때를 씻고 상쾌하고 맑은 바람을 맞으며 뜻대로 사는데, 이름은 장미(薔薇)라고 합니다. 지금 임금님의 높으신 덕망을 듣고 향기로운 침소에서 모실까 하여 찾아온 것이오니, 임금님께서는 저를 거두어 주소서."

이때 또 한 장부(丈夫)가 있어 베옷에 가죽 허리띠를 띠고 백발을 휘날리며 손에는 지팡이를 짚고 피로에 지친 걸음걸이로 허리를 굽히고 와서 말하였다.

"저는 서울 밖의 큰 길가에 삽니다. 아래로는 창망한 들 경치를 굽어보고 위로는 우뚝 솟아 삐죽 삐죽한 산악의 경치를 의지하고 있는데, 이름은 백두옹(白頭翁: 할미꽃)이라고 합니다. 생각건대 임금님은 좌우에서 온갖 물건으로 충족하게 받들어 고량진미로써 배를 부르게 하고 차와 술로서 정신을 맑게 한다 하더라도, 상자 속에는 원기를 도울 좋은 약과 독기를 제거할 극약이 있어야 할 것입니다. 그런 까닭으로 비록 생사(生絲)와 삼베가 있더라도 왕골이나 띠풀도 버리지 않는다 하고, 모든 군자가 결핍에 대비하지 아니함이 없다고 하오니, 왕께서도 여기에 뜻을 두시겠습니까?"

이때 어떤 사람이 말하기를, "이렇게 두 사람이 왔는데 누구를 취하고 누구를 버리겠습니까?" 하니, 화왕이 가로되, "장부의 말에도 또한 도리가 있으나 그러나 아름다운 사람도 얻기 어려우니, 장차 어찌하면 좋을까?" 하였습니다. 장부는 다시 앞으로 나아가 말하기를, "나는 임금님께서 총명하셔서 옳은 도리를 아실 것이라고 생각하여 찾아왔는데, 지금 보니 꼭 그렇지는 않습니다. 무릇 임금된 분으로서 간사하고 아첨하는 자를 친근하게 하고, 정직한 자를 멀리하지 않는 분이 드물었습니다. 그러므로 맹자는 불우하게 평생을 마쳤으며, 풍당(馮唐)은 낭서(郎署)에 파묻혀 늙었습니다. 옛날부터 이와 같은데 전들 그 어떻게 하겠습니까?" 하였다. 화왕이 말하기를, "내가 잘못하였다. 내가 잘못하였다."라고 하였다.

신문왕은 그 말을 듣고 쓸쓸한 표정을 지으며 말하기를, "그대의 우언에는 참말 깊은 뜻이 있으니, 청컨대 이를 써 두어 임금된 자의 경계하는 말로 삼으라." 하고, 드디어는 설총에게 높은 벼슬을 주었다.

세상에 전하기를 일본국 진인(眞人)이 신라의 사절 설판관(薛判官: 설총의 아들)에게 시서(試序)를 보내었는데 그 내용은 다음과 같다. "일찍이 원효거사(元曉居士)가 저술한『금강삼매론(金剛三昧論)』을 보고 그 사람을 만나 보지 못한 것을 깊이 한탄하였다. 신라사 설판관이 곧 이 거사의 손자라는 말을 듣고, 비록 그 조부를 보지 못하였으나 그 손자를 만난 것을 기뻐하여 이에 시를 지어 보낸다."고 하였다. 그 시는 지금에 이르기까지 남아 있으나, 다만 그 자손의 이름은 알지 못할 따름이다.

고려 현종 13년에 왕이 설총에게 벼슬을 추증하여 유학의 대가로 삼았다. 혹자는 말하기를, "설총이 일찍이 당나라의 국학으로 들어가서 공부하였다고 하였으나, 그것은 알지 못하겠다."고 하였다. 그 밖의「열전」에 소개된 인물은 다음과 같다.

최승우는 당 소종(昭宗) 용기(龍紀) 2년(890, 신라 진성여왕 4년)에 당나라의 국학으로 들어가서 경복(景福) 2년(893, 진성여왕 7년)에 이르러 시랑 양섭(楊涉)의 주관 아래 급제하였다. 이러한 사실이 최승우의 문집인『호본집(餬本集)』「자서(自序)」에 기록되어 있다. 뒤에 견훤(甄萱)을 위하여 친히 옹호하는 글을 지어 고려 태조에게 보내었다.

최언위(崔彦撝)는 나이 18세에 당나라로 들어가 유학하여 예시부랑 설정규(薛廷珪) 주관 아래 급제하고, 42세에 귀국하여 집사시랑 서서원학사가 되었다. 태조(太祖: 왕건)가 개국하자 조정으로 들어와 벼슬하여 그 벼슬이 한림원대학사 평장사에 이르렀고, 그가 죽자 시호를 문영(文英)이라 하였다.

김대문(金大問)은 본래 신라의 귀문(貴門)의 자제로서 성덕왕 3년(704)에 한산주 도독이 되어 약간의 전기를 지었다. 그의 『고승전』, 『화랑세기』, 『악본』, 『한산기』는 아직 남아 있다.

박인범(朴仁範), 원걸(元傑), 거인(巨仁), 김운경(金雲卿), 김수훈(金垂訓) 등은 비록 겨우 문자로 전하는 것이 있으나 역사에 그 행적이 전하지 않으므로 전기를 마련할 수 없다.

(4) 효녀 지은

효녀(孝女) 지은(知恩)은 신라 한기부의 사람 연권(連權)의 딸이다. 그녀는 어려서 부친을 잃고 홀로 그 모친을 봉양하였다. 나이 32세가 되어도 시집을 가지 않고 밤낮으로 어머니의 좌우를 떠나지 않고 효성이 지극하였다. 그러나 집이 가난하여 잘 봉양할 수 없게 되자, 혹은 남의 일도 하여 주고 혹은 집집이 돌아다니며 밥을 빌어다가 어머니를 먹였다. 그러나 날이 갈수록 곤궁함을 이기지 못하여 드디어는 부호의 집에 청하여 몸을 팔아 종이 되고 쌀 10여 석을 얻었다.

그 후 효녀 지은은 그 집에서 종일토록 일하고 저물어서야 집으로 돌아와 밥을 지어 어머니를 봉양하였다. 이와 같이 하며 삼사 일이 지나자, 그 어머니가 딸에게 말하기를, "지난날에는 먹는 것이 맛나더니 오늘에는 밥은 비록 좋으나 맛은 좋은 것 같지 않고 간장을 칼로 찌르는 것과 같으니 이것이 어찌된 까닭인가?" 하였다. 효녀 지은이 사실대로 알리니 어머니는 말하기를, "나 때문에 네가 남의 종이 되는 것은 차라리 내가 빨리 죽는 것만 같지 못하다." 하고 소리를 내어 크게 통곡하였다. 이에 딸도 또한 통곡하여 길 가는 사람들도 슬픔을 느끼게 하였다.

이때 화랑도 효종랑이 이것을 보고 집으로 돌아와서 부모에게 청하여 집에 있는 조 100석과 의복을 보내 주고, 또 효녀 지은을 산 주인에게 곡물을 변상하여 줌으로써 양민으로 되게 하였다. 이를 본 낭도 몇 천 명도 각각 조 1석씩을 거두어 보내게 되었다.

왕은 이 말을 듣고 또 벼 500석과 집 한 채를 하사하고, 정역(征役)의 구실을 면제시켰다. 또 곡물이 많아서 도둑이 들까 하여 유사(有司)에게 명하여 군사를 보내 당번으로 지키게 하고, 그 마을에 알리기를, '효양방(孝養坊)'이라 하였다. 이어서 미담을 적어 당나라 왕실에 보냈다.

효종랑은 제3재상인 서발한(舒發翰) 인경(仁慶)의 아들로 어릴 때 이름을 화달(化達)이라 하였는데, 왕은 그가 비록 당시에 어리나 노성하게 보인다고 말하고 곧 그 형님인 헌강왕(憲康王)의 딸을 그 아내로 삼게 되었다.

(5) 도미의 부인

도미(都彌)는 백제 사람이다. 그는 비록 미천한 백성이었으나, 자못 의리를 알았으며 그의 아내는 용모가 아름답고 또한 절개를 지켰으므로 사람들의 칭찬을 받았다.

이때 개루왕(蓋婁王)이 이 말을 듣고 도미를 불러 이야기하기를, "무릇 부인의 덕은 비록 정결을 위주로 한다고 하나 만약 어둡고 사람이 없는 곳에서 교묘한 말로 꾀이면 능히 그 마음이 움직이지 않는 자가 없을 것이다."라고 하였다. 도미는 대답하기를 "사람의 마음을 가히 헤아리지 못할 것이오나, 그러나 신의 아내만은 비록 죽더라도 두 마음을 갖지 않는 사람입니다." 하니, 왕은 이를 시험하고자 하여, 도미에게 사건을 만들어 머무르게 하고는 한 가까운 신하를 시켜 왕으로 꾸며 말을 태워 보냈다.

그는 밤에 도미의 집에 이르러서 먼저 사람을 시켜 왕이 왔다고 알리고 도미의 부인에게 말하기를, "내 너의 아름답다는 말을 듣고 좋아한 지 오래다. 이제 도미와 내가 내기를 하여 이겼으므로 너를 얻게 되어 내일 너를 궁인으로 만들게 하였으니, 이 후부터 네 몸은 내 것이 되었다." 하고 음란한 행동을 하고자 하니, 도미 부인이 말하였다.

"국왕께서는 거짓말을 하지 않는 분이니 제가 감히 순종하지 않으리까? 청컨대 대왕께서는 먼저 방으로 들어가소서. 내 다시 옷을 갈아입고 곧 들어가 모시겠습니다."

그리고 물러 나와서는 곧 한 계집종을 단장시켜 모시게 하였다. 그런데 왕은 뒤에 그가 속은 것을 알고 크게 노하여, 도미를 애매한 죄로 다스려 그의 두 눈동자를 빼고 사람을 시켜 그를 끌어내어 작은 배에 실어 강물 위에 띄워놓았다. 그리고 도미의 부인을 끌어들여 강제로 음란하려 하니, 도미의 부인이 말하기를, "남편을 이미 잃고 홀몸이 되었으므로, 이제 스스로 살지 못하게 되었습니다. 항차 대왕을 모시게 되었는데, 어찌 감히 명령을 어기겠습니까? 그러하오나 지금은 경도[月經]로 인하여 몸이 더럽게 되어 있사오니, 청하옵건대 다른 날을 기다려 깨끗하게 목욕을 한 다음 모시러 오겠습니다." 하니, 왕은 그 말을 믿고 이를 허락하였다.

도미의 부인은 마침내 도망하여 강가에 이르렀다. 그러나 배가 없어 능히 강을 건너지 못하고 하늘을 우러러 통곡하였다. 갑자기 조각배 하나가 나타나서 물결을 따라오므로 이를 잡아 천성도(泉城島)에 이르러 도미를 만났다. 그가 아직 죽지 않고 살아 있으므로, 풀뿌리를 파서 먹으며 굶주림을 면하였다. 드디어 함께 배를 타고 고구려의 산산(蒜山) 밑에 이르자, 고구려 사람들이 이를 불쌍히 여겨 옷과 밥을 주어 목숨을 구하고 거기서 일생을 마쳤다.

〈해설〉

『삼국사기』는 50권 중에서 「열전」은 10권을 차지하고 있다. 「열전」은 기전체 사서의 말미를 장식하고 있는 개인 전기로서, 역사적 인물과 평민에 이르기까지 그 평가와 비판이 서술되었기 때문에 편찬자의 문학적 역량이 가장 많이 반영된 부분이다. 「열전」 10권 가운데 3권이 김유신열전으로 그 분량이 편중되어 있고, 나머지 7권에 49명의 개인 행적이 수록되어 있다. 그 내용은 주로 충효와 정절을 강조하여 당대의 유가적 이념을 선양하고자 하였다.

「열전」 김유신 조에는 위대한 영웅의 고귀한 삶을 그리고 있으며 아울러 그 아들들과 손자에 대한 기록까지 남기도 있다. 김유신의 영웅담에는 소설적인 요소가 적지 않다. 그리고 흑치상지, 온달, 설총, 솔거, 효녀 지은, 설씨녀, 도미의 부인과 같은 열전 등은 후대에 소설 문학의 원형이 되었다.

특히 바보 온달은 1969년 최인훈에 의하여 『어디서 무엇이 되어 만나랴』라는 희곡으로 연극화되었다. 물론 희곡은 『삼국사기』의 「열전」을 바탕으로 하였으나 전혀 새로운 의미로 재창조의 과정을 거쳤다.

흑치상지와 복신(福信)은 백제의 무장이었다. 이들이 조국 멸망을 눈앞에 두고 처신하였던 행위는 오래 전부터 비교의 대상이 되어 왔다. 일찍이 신채호는 흑치상지는 당나라에 투항한 인물로 평가하였고, 복신은 당나라에 대항하여 혈전을 벌인 인물로 평가하였다.

최근에 나당 연합군에 패한 뒤 의자왕과 함께 당나라에 잡혀 간 왕자 부여융(扶餘隆)의 무덤의 넣었던 글의 탁본이 발굴되었다. 이것은 1920년 중국 낙양(洛陽) 북망산(北邙山)에서 출토된 것이다.

묘지 탁본에는 "백제 유민들이 올빼미처럼 폭력을 펼치고 개미 떼처럼 세력을 규합하였다."고 적혀 있다. 이때 당나라로부터 제수 받은 웅진(熊津) 도독, 융은 백제 재건을 위하여 저항하는 백제 유민을 진압하여 공을 세웠다.

이 기록을 보면 부여융은 자신의 백성을 공격한 공로로, 품성이 고결하고 학덕이 높다는 찬사를 받게 된 것이다. 흑치상지 역시 융과 함께 백제 부흥 운동을 무력으로 진압한 공로로 당나라 정규군의 지휘관이 되었다가 모함에 의하여 옥중에서 자결하였다. 그러나 복신은 백제 재건에 뜻을 같이하였던 왕자 부여풍에 의하여 살해되었다. 멸망당한 나라의 신하와 유민들은 이렇게 삶의 선택이 판이했던 것이다.

조선 후기 실학자 박지원도 그의 『열하일기』「도강록」 중에서 『삼국사기』의 저술 태도에 대하여 김부식을 비판한 바가 있다. 그가 예로 든 것이 안시성(봉황성) 성주 양만춘이 당 태종과의 전쟁에서 태종의 눈을 쏘아 맞춘 역사적 사건을 누락한 것이다. 박지원은 김부식이 중국 역사서의 기록을 바탕으로 『삼국사기』를 편찬했기 때문에 중요한 사실을 빠뜨리게 되었다고 보았다.

설총은 요석공주(瑤石公主)와 원효대사(617~686)의 후생으로 나면서부터 지혜롭고 영민하여 경서와 역사에 두루 통달한 신라 십현(十賢)의 한 사람이 되었다. 그는 궁중에 출입이 가능한 인물이었기에 신문왕과의 대화를 남길 수 있었다. 설총조에 수록된 「화왕계(花王戒)」는 우언(寓言) 형식으로 된 설총의 유일한 유문(遺文)이다. 화왕이 아첨하는 미인과 충간(忠諫)하기 위하여 베옷에 가죽 띠를 두르고 찾아온 백두옹(白頭翁)을 두고 누구를 택할까 망설이는 것을 소재로 신문왕을 크게 깨우치게 되었다는 일화이다. 이것은 조선 시대에 이르러 『화사』, 『화왕전』 등 많은, 사물을 사람으로 의인화한 가전체 문학의 원형이 되었다.

「도미」 열전은 미모에 반한 임금의 수청을 거부하고 갖은 핍박을 받으면서도 끝까지 남편과 운명을 같이하는 정절을 내용으로 하고 있다. 이것은 후대 관탈민녀형(官奪民女型) 소설의 원형이 되었다. 자신의 몸을 부잣집의 노비로 팔아 부모를 잘 봉양한 「효녀 지은」과 함께 당대 여성들의 정절과 효성을 읽을 수 있는 대목이다. 이들 「열전」에 수록된 많은 인물들의 사례들은 설화문학의 과정을 거치면서 조선 후기 소설문학의 시원이 되었다.

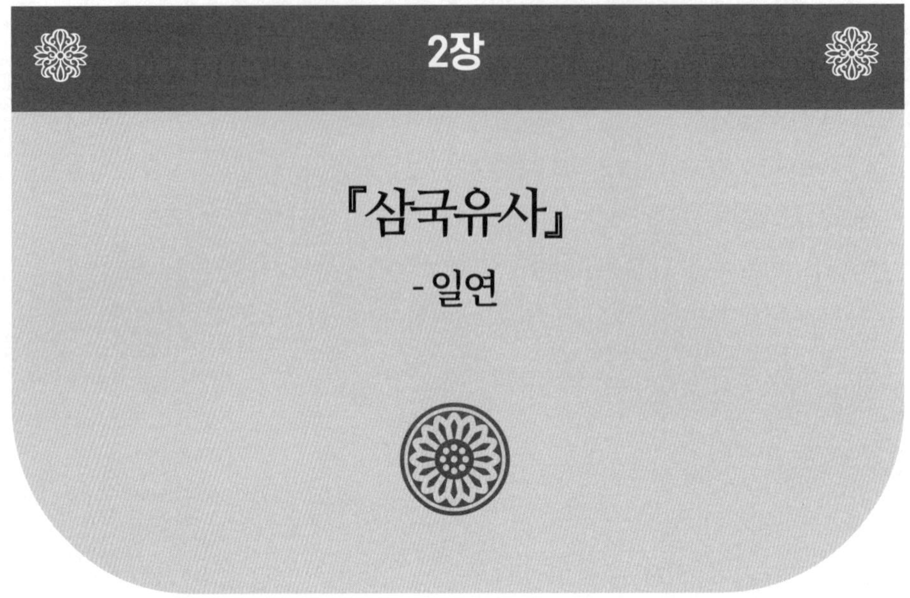

2장

『삼국유사』

-일연

『삼국유사(三國遺事)』는 고려 시대(918~1392) 충렬왕(忠烈王) 11년(1285) 고승(高僧) 일연(一然)이 편찬한 야사(野史)이다. 이보다 약 140여 년 앞서 편찬된 『삼국사기(三國史記)』(1145)가 왕명을 받들어 편찬된 '나라에서 편찬한 정사(正史)'라면, 『삼국유사』는 개인이 편찬한 '개인적 기록인 야사(野史)'이다.

『삼국유사』는 정사가 아니였기 때문에 『삼국사기』에서 볼 수 없는 설화와 기이한 이야기 등을 풍부하게 담고 있다. 더욱이 향가(鄕歌) 14수를 수록하고 있어 국문학사상 그 가치가 인정된다. 『삼국유사』에 실려 있는 모든 설화는 삼국시대의 것이지만, 그 유동하던 이야기가 고려 시대에 와서 비로소 문자로 정착되었다. 그러므로 고려 이전의 우리 민족의 정치 · 사회 · 종교 등을 연구하는 데 귀중한 사료의 역할을 하고 있다.

1. 저술 배경과 일연

(1)「기이(紀異)」

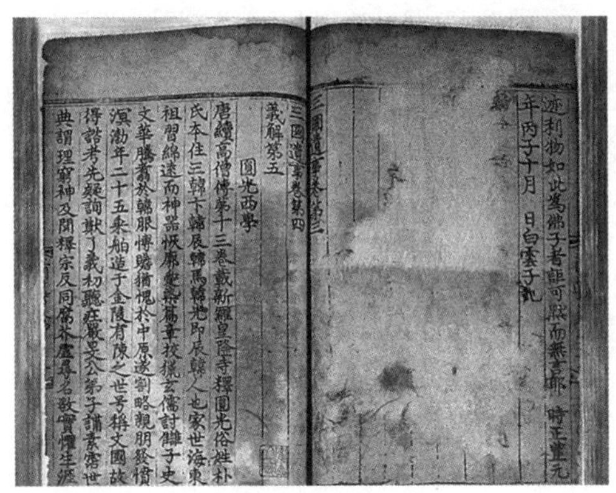

迹利物如此爲佛子者詎可默而無言耶 時至元
年丙子十月 日白雲子記

三國遺事卷第四
義解第五
圓光西學
唐續高僧傳第十三卷載新羅皇隆寺釋圓光俗姓朴
氏本住三韓卞韓辰韓馬韓光即辰韓人也家世海東
祖習綿遠而神器恢廓愛染篇章校獵玄儒討讎子史
文華騰翥於韓服博贍猶愧於中原遂割略親朋發憤
溟渤年二十五乘舶造于金陵有陳之世號稱文國故
得諮考先疑詢猷了義初聽莊嚴旻公弟子講素霑世
典謂理窮神及聞釋宗反同腐芥虛尋名教實懼生涯

『삼국유사』 권 3~5

첫머리에 말한다. 대체로 옛날 성인이 예악(禮樂)으로 나라를 일으키고 인의(仁義)로 가르침을 베풀어 괴력난신(怪力亂神)에 대해서는 말하지 않았다. 그러나 제왕이 장차 일어날 때에는 반드시 부명(符命)과 도록(圖籙)을 받게 되므로 보통 사람과 다른 점이 있으니 그런 후에 큰 변화를 타고 큰 뜻을 품고 큰 일을 이룰 수 있는 것이다. 그런고로 하수(河水)에서 그림이 나왔고, 낙수(洛水)에서 글이 나와서 이로써 성인이 일어났다.

무지개가 신모(神母)의 몸을 두르더니 복희(伏義)를 낳고, 용이 여등(女登)에게 교접하더니 염제(炎帝)를 낳고, 황아(皇娥)가 궁상(窮桑)이라는 들에서 놀 때 신동(神童)이 있어 자칭 백제(白帝)의 아들이라 하고 황아와 사귀어 소호(小昊)를 낳았다. 간적(簡狄)은 알을 삼키고 설(契)을 낳고, 강원(姜源)은 귀인의 발자취를 밟아 기(棄)를 낳고 요(堯)의 어머니는 요를 잉태한 지 14개월 만에 낳았으며 패공(沛公)의 어머니는 용과 큰 연못에서 교접하여 패공을 낳았다. 이후로도 이런 일이 많지만 여기에서는 다 기록할 수 없다. 이렇게 볼 때 삼국의 시조가 모두 신비스러운 데서 나왔다는 것이 어찌하여 괴이할 것이 있으랴. 이 기이편을 이 책 첫머리에 실은 것은 실로 그 뜻이 여기에 있는 것이다.

〈해설〉

『삼국유사』「기이(紀異)」 제1은 서문에 해당되는 글로서 찬자 일연의 저술 태도와 방향을 읽을 수 있는 글이다. 여기서 일연은 신라, 고구려, 백제, 가락국 4국의 시조(始祖)에 대한 신기한 탄생의 기사를 수록한 이유를 말하였다. 그것은 옛 성인들은 괴이(怪異), 용력(勇力), 패란(悖亂), 귀신(鬼神)에 대하여 말하지 않았으나, 고대 중국의 제왕들의 태어남은 보통 사람과 달랐듯이 우리나라의 제왕도 이와 같아서 신비로운 건국신화(建國神話)를 수록한다는 뜻을 밝히고 있다.

흔히들 『삼국유사』는 『삼국사기』에 비하여 비합리적이며 황당한 이야기가 수록되었다고 말한다. 그러나 서양의 고전인 호메로스의 『일리아드』와 『오디세이아』 역시 신의 이름으로 황당하고 비범한 인간의 이야기이다. 이 저술이 신성한 건국신화와 그 밖의 일사(逸事)를 신화적 · 전설적으로 기록하였다는 점에서 오히려 우리 민족의 의식세계와 소망을 유추할 수 있으며 나아가 역사와 문화의 흔적을 읽을 수 있다. 이런 점에서 『삼국유사』는 설화문학의 보고로 인정할 수 있는 것이다.

『삼국사기』와 『삼국유사』는 1512년 동시에 개간되었다. 이들 역사서가 조선 중기에 이르러 함께 영인되는 배경은, 중종이 반정(反正)을 성공적으로 마무리하고 역사서에 대한 필요성을 인식한 것으로 해석할 수 있다.

(2) 일연의 생애

『삼국유사』의 저자 일연(1206~1289)은 고려 희종(熙宗) 2년에 원효와 같은 고향인 경상북도 장산(章山), 지금의 경산에서 태어났다. 일연의 비문(碑文: 비석은 인각사, 행적비는 운문사)에 의하면 일연의 저서가 100여 권에 이른다고 하나, 오직 비문에 기록되어 있지 않은 『삼국유사』와 단지 몇 권의 저서만이 전하고 있다. 그의 생애 역시 비문과 『삼국유사』를 근거하여 추정할 수 있다.

일연의 속성은 김씨이다. 처음 이름은 일연의 어머니인 낙랑 부인 이씨가 태양이 방에 들어와 그의 몸을 비추는 꿈을 꾸고 임신하였기에 밝은 것을 보았다는 의미로 이름을 견명이라 하였다 한다. 일연은 9세에 해양 무량사에 출가하여 14세에 삭발하고 입문하게 된다. 22세(고종 14년, 1227)에 불교 과거 시험에서 장원에 올라 이후 학승으로 이름을 얻는다.

일연은 고종 33년(1246) 41세에 이르러 선사의 칭호를 얻었고, 원종 5년(1264) 59세에는 서울(강화도)에서 경주 근처의 고향으로 돌아온다. 인홍사(仁弘寺)에서 11년을 기거하고 이 절을 중수하여 인흥사라 이름을 고친다. 원종 11년(1270) 61세 때, 40년만에 개경에 환도한다. 충렬왕 9년(1283) 78세 때 국존(國尊)이 되었으나 노모를 봉양하기 위하여 낙향한다.

1285년, 충렬왕 11년 80세에 이르러 오랫동안의 자료 수집 과정을 통해 『삼국유사』를 저술한다. 일연은 충렬왕 15년(1289) 84세에 입적하였다.

2. 『삼국유사』 개관

『삼국유사(三國遺事)』는 편찬 체재에 구애받지 않고 수집된 자료에 의거하여 「왕력(王曆)」, 「기이(紀異)」, 「흥법(興法)」, 「탑상(塔像)」, 「의해(義解)」, 「신주(神呪)」, 「감통(感通)」, 「피은(避隱)」, 「효선(孝善)」 등 5권 2책, 9편목으로 구성되어 있다. 9편목의 내용은 다음과 같다.

「**왕력**」: 제1에는 신라, 고구려, 백제, 가락국(駕洛國), 후고구려(後高句麗), 후백제(後百濟) 등의 간략한 연표를 중국의 연표와 함께 수록하고 있다.

「**기이**」: 제2에는 고조선으로부터 삼한, 부여, 고구려, 신라 문무왕 이전의 단편적인 역사를 57항목으로 수록하고 있다. 그리고 단군신화를 현존하는 역사책 중 최초로 기록하여 우리 역사를 중국 역사의 시조라고 하는 요(堯)와 동시대로 인식하고, 중국 역사와 우리 역사의 그 깊이와 유구한 자주성을 강조하고 있다. 그리고 각 나라 시조 임금들의 신화를 채록하여, 그들이 보통 사람과 달리 신비하게 태어나고 초월적인 능력을 소유하여 통치한 것으로 기록하고 있다.

제2에는 문무왕 이후의 신라와 전백제, 후백제 그리고 가락국의 기록을 싣고 있다. 일연은 「왕력」 편에서도 가락국을 삼국과 나란히 하여 4국을 기술하고 있다. 「가락국기(駕洛國記)」에는 「구지가」가 건국신화와 함께 수록되어 있다. 특히 가락국의 멸망에 대하여 『삼국사(三國史)』의 기록을 인용하여 밝히고 있다. 그것은 구형왕(仇衡王) 임자년(532)에 땅을 바쳐 신라에 항복하였다는 내용이다. 여기에 「만파식적(萬波息笛)」 등의 설화가 수록되어 있다.

「**흥법**」: 제3에는 신라, 고구려, 백제 시대의 불교 수용과 그 융성에 관한 항목들을 설정하여 삼국에서 불교를 개척하고 기초를 닦을 때의 신이한 기사를 다루고 있으며,

고승들의 행적에 관한 이야기를 6항목에 걸쳐 수록하고 있다.

「**탑상**」: 제4에는 탑과 불상에 관한 사실들을 서술하면서 구도와 성불 과정에서 일어난 신비스런 사건들을 31항목으로 수록하고 있다. 「황룡사 9층탑」 편에는 이 탑을 세운 후에 천지가 비로소 태평하고 삼한을 통일하였다 하여 이 탑의 영험을 치하하였으며, 신라가 불국토임을 입증하는 여러 가지 사례를 기술하고 있다. 여기에 기술된 이야기들은 불교 사상사를 피력하는 것이다.

「**의해**」: 제5에는 신라 고승에 관한 전기 14항목이 수록되어 있다. 「원광서학(圓光西學)」 편에는 당나라 『속고승전』 제13권에 기록된 원광법사가 중국에 가서 삼장(三藏)과 석론(釋論)을 두루 연구하고 성실론과 반야경을 강의하였던 것을 기록하고 있다. 또한 『수이전』에 실려 있는 원광의 일사를 기록하고 있다. 일연은 당전(唐傳)과 향전(鄕傳) 양본을 두루 참고하였음을 알 수 있다.

「이혜동진(二惠同塵)」 편에서는 지귀(志鬼)가 선덕여왕을 사모하다가 죽고 드디어 그 사모하는 마음은 불이 되어 절의 탑을 불태우는 「심화요탑」의 설화가 수록되었다. 그리고 원효와 의상대사의 기록과 「양지사석」에는 향가 풍요(風謠)가 수록되어 있다.

「**신주**」: 제6에는 신라의 밀교(蜜敎) 승려들이 초월적인 힘으로 악과 미신을 퇴치하는 과정 3항목이 수록되어 있다.

「**감통**」: 제7에는 신앙에 대한 기적 10항목이 수록되어 있다. 예를 들면 몸종 욱면이 용맹 정진하는 도중에 법당 천장을 뚫고 하늘로 올라가 극락으로 간 사례나, 짚신 만드는 광덕과 농사짓는 엄장이 극락왕생한 경우 등 하층민들이 성불하는 다양한 신앙 체험을 기록하고 있다.

「**피은**」: 제8에는 속세에서 초탈한 인물의 행적을 실었다. 그 안에는 공직자로서의 생활을 마다하고 구도 생활을 하는 사람들이나 논공행상에 불만을 품고 다른 나라로 간 사람들의 기록이 10항목으로 기록되어 있다.

「**효선**」: 제9에는 부모에 대한 효도와 불교적인 선행에 대한 미담들을 수록하였다. 대부분 몹시 가난한 생활을 하면서도 꿋꿋하게 살아가는 일반인들의 이야기를 기록하였다. 예를 들면 흉년에 먹을 것이 떨어지자 자기 다리 살을 베어 부모에게 봉양한 향득의 이야기나 늙은 어머니의 음식을 빼앗아 먹는 아들을 민망하게 여겨 어머니 봉양을 위해 아들을 생매장하려고 땅을 파다 돌종을 얻은 손순(孫順)의 설화 등 5항목이 수록되어 있다.

『삼국유사』는 작자 일연의 신분이 승려이기 때문에 불교적 기이한 일을 엄연한 역사적 사실로 다루고 있다는 것이 특징적이다. 따라서 극히 흥미 있는 민담도 불교적 연기 설화로 정착되어 있다. 그리고 일반인에 대해 연민과 애정을 가지고 전편에 걸쳐 그들의 생활상과 의식, 신앙 등의 사례와 더불어 향가들을 배경 설화와 함께 수록하고 있다. 이런 점에서 『삼국유사』를 민족의 위대한 서사시라고 평가한다. 특히 『삼국유사』는 정사인 『삼국사기』에서 저자 김부식이 고의로 누락시킨 여러 가지 사실들을 전거를 들어가며 수록하고 있다. 특히 단군신화와 가락국 건국신화 등이 그것이다.

설화의 가치는 시공을 초월한 보편성에 있다. 그러므로 우리는 『삼국유사』 설화에서 1,500여 년 전 신라인의 삶과 오늘날 우리 삶의 보편적 공통점을 살필 수 있다. 또한 진솔한 당대인의 다양한 삶의 양상을 읽을 수 있으며 그들의 삶과 죽음에 대한 인식을 파악할 수 있다. 다음은 『삼국유사』에 수록된 고조선, 가락국 건국신화와 설화 그리고 월명사의 향가를 배경 설화와 함께 살펴보기로 하자.

3.「고조선」

『위서(魏書)』에 말한다. 지금으로부터 2,000년 전에 단군왕검이 있었다. 아사달에 도읍을 정하고 새로 나라를 세워 국호를 조선이라 불렀다. 이것은 중국의 요임금과 같은 시대였다.

또한『고기(古記)』에 말한다. 아득한 옛날이다. 천상의 세계를 다스리는 상제(上帝)에게는 환웅이란 서자가 있었다. 그는 매양 지상을 내려다보며 인간의 세계를 다스려 보려는 욕망을 품어 오곤 했다. 아버지 환인은 그 아들의 뜻을 알아챘다. 그리곤 아래로 지상의 세계를 굽어보았다. 아름답게 펼쳐진 산과 강과 들, 그 가운데 삼위태백산(三危太伯山), 바로 그곳이 널리 인간을 다스려 이롭게 할 만한 근거지로 적합하다고 생각되었다. 그는 곧 아들 환웅에게 부하 신들을 거느리고 가서 지상을 다스릴 직권을 부여하는 뜻의 천부인(天符印) 세 개(칼, 거울, 방울)를 주어 내려가 다스리게 했다.

환웅은 천상의 무리 3,000명을 이끌고서 천공을 헤쳐 태백산 꼭대기에 있는 신단수 아래로 내려왔다. 그리고 그곳을 세상을 다스릴 근거지로 삼고서 신시라 불렀다. 신시를 연 환웅이 곧 환웅천왕이다. 그는 바람의 신 풍백과 비의 신 우사와 구름의 신 운사를 거느리고서 농사, 생명, 질병, 형벌, 선악 등 인간의 360여 가지 일들을 주재하여 인간 세상을 다스려 갔다.

이때, 곰 한 마리와 호랑이 한 마리가 같은 동굴에 살고 있었다. 그런데 이들은 늘 신웅(神雄), 즉 환웅천왕에게 와서 사람이 되고 싶다고 기원했다. 신웅은 이들에게 신령스러운 쑥[艾] 한 줌과 마늘[蒜] 스무 개를 주며 말했다.

"너희들은 이것을 먹어라. 그리고 백 날을 햇빛을 보지 않으면 소원대로 사람의 몸으로 바꾸어지리라."

곰과 호랑이는 쑥과 마늘을 받아먹고 금기에 들어갔다. 삼칠일, 즉 21일을 금기하여 곰은 마침내 사람의 몸, 그것도 여자의 몸으로 탈바꿈했다. 그러나 호랑이는 금기를 제대로 견뎌 내지 못하여 사람의 형체를 얻지 못하였다.

곰에서 변신된 여인, 즉 웅녀는 다른 또 하나의 간절한 소망을 가진다. 그것은 아기를 갖고 싶은 것이다. 그러나 그녀와 짝이 될 만한 이가 없어 웅녀는 매일 신단수 아래에 와서 부디 아이를 갖게 해 달라고 빌었다. 이에 웅녀의 애틋한 소원을 받아들여 신웅은 사람으로 변해 그녀와 혼인했다. 뒤에 웅녀는 아들을 낳았는데, 이 웅녀의 아들이 단군왕검이다.

단군왕검은 나라를 열었다. 평양성을 도읍으로 하고 조선이라 불렀다. 이것은 중국의 요임금이 즉위한 지 50년인 경인년의 일이었다. 뒤에 단군왕검은 도읍을 백악산 아사달로 옮겼다. 그곳은 일명 궁홀산(弓忽山)이라고 하기도 하고 또 금미달(今彌達)이라기도 했다. 그리고 단군왕검은 1,500년간 나라를 다스렸다.

주나라의 무왕이 은(殷) 왕조를 멸하고 왕위에 올라, 그 해에 은 왕조의 신하 기자(箕子)를 조선의 제후로 세우자 단군은 자리를 장당경(藏唐京: 황해도 구월산과 안악산에 있던 지명)으로 옮겼다. 뒤에 단군은 아사달에 돌아가 은거하여 산신이 되었다. 그는 1,908년을 살았다.

〈해설〉

『삼국유사』 제1권 「기이」에 수록된 「고조선(古朝鮮)」의 기록이다. 여기에는 중국의 『위서』와 우리나라의 『고기(古記)』에 실려 전하는 것을 인용하고 있다. 이것은 『삼국유사』가 사찬 성격의 야사이긴 하지만, 많은 전적을 참고하였던 작가 일연의 편찬 태도를 읽을 수 있는 대목이다.

일연이 살았던 시기는 무인(武人) 최충헌 집권기에서 몽고의 항쟁기를 거치며 고려 후기로 접어드는 시기였다. 이때는 고려사 전체를 통해 볼 때 정치적 혼돈의 시기였다. 승려로서 정치 노선에는 초연하였던 일연도 혼란한 시대에 우리 민족의 문화와 역사를 정리함으로써, 천제의 자손으로서의 긍지와 불교적 능력에 의하여 국가적 위기를 극복하고자 이 책을 저술하였을 것이다.

『삼국유사』에 수록된 고조선의 건국신화인 단군신화에서 상제의 아들 환웅이 지상에 내려와 웅녀와의 관계로 하여 단군왕검이 탄생하는 것은 국조탄강의 한 형태이다. 이것은 우리 민족이 태곳적 곰과 특별한 혈연관계가 있다고 믿는 토테미즘(totexnism)의 원형, 웅녀설화형에 속하는 신화이다. 이는 혁거세와 동명왕 그리고 수로왕이 알에서 태어나는 난생설화와는 그 유형을 달리하는 것이다.

또한 『단군고기』에 관한 연구에서, '환인'과 '환국'에 대한 해석에 있어서 많은 연구가 있었다. 그것은 일제 치하에서 우리나라 역사를 왜곡, 날조, 말살하기 위하여 '환국'을 '환인'으로 날조하였다는 것이다. 그러나 환인에 대한 일연의 원주에는 '환인'은 '제석(帝釋)을 말한다.'는 기록이 있다. 그리고 저자와 동시대인인 이승휴의 『제왕운기(帝王韻己)』에서, '상제환인' 또는 '환인'으로 기록하고 있다.

이것은 일연이 『삼국유사』를 편저하던 당시에도 역시 나라 이름은 '환국'이 아니라 천제 이름 '환인'으로 되어 있었던 것이라고 할 수 있다.

그리고 단군신화에 관한 몇 가지 의문 중에서, 단군이 1,908세까지 살았던 실제 인물인가? 환웅이 하늘에서 내려왔다는 것은 어떤 의미를 담고 있는가? 고조선의 정확한 위치는 어디인가? 하는 여러 가지 과제가 있다. 그러나 신화는 상징과 은유의 세계이다. 문자 기록에 담긴 상징과 은유의 근저에 고조선의 역사와 진실이 존재하는 것이다.

4. 「만파식적」

신라 제31대 신문대왕(神文大王)의 이름은 정명(政明)이고 성은 김씨이다. 개요 원년 신사(681) 7월 7일 왕위에 올랐다. 아버지 문무대왕을 위하여 경북 월성군 양북면 용당리에 감은사를 세웠다. 감은사의 기록에 의하면 문무왕이 처음에 왜병을 진압하기 위하여 이 절을 지었으나 역사를 마치지 못하고 죽어 바다의 용이 되었다고 한다. 그 후 왕위에 오른 신문왕은 개요 2년(682)에 역사를 마치고 금당(金堂) 뜰 아래 동쪽을 향해 구멍을 하나 뚫어 두었다. 이것은 용이 절에 들어와서 돌아다닐 수 있게 하기 위한 것이었다.

일찍이 문무왕은 자신이 죽으면 유골을 동해 바닷가에 묻어 달라는 유언을 남겼다고 한다. 그곳은 감은사에서 멀리 바라볼 수 있는 곳으로서, 문무왕은 동해 바닷가에 출몰하는 왜병으로부터 나라를 지키기 위하여 이런 유언을 남긴 것이다. 대개 유골이

묻힌 곳을 대왕암(大王巖)이라고 하고 후에 용이 나타난 곳을 이견대(利見臺)라고 한다.

이듬해인 임오 5월 초하루에 바다를 관리하는 관리 중 17관 등급의 파진찬 박숙청(朴夙淸)이 아뢰기를, "동해에 있는 작은 산 하나가 바다에 떠서 감은사를 향하여 왔다 갔다 합니다."라고 하였다. 이에 신문왕이 기이하게 생각하여 일관(日官) 김춘질(金春質)에게 점을 치게 하였다.

일관이 말하기를, "대왕의 아버지께서 지금 해룡이 되어서 삼한을 보호하시고, 또한 김유신 공도 삼십삼천의 한 아들이 되어 지금 내려와 대신이 되었습니다. 두 성인이 함께 덕을 베풀어 성을 지키는 보물을 내려 주시려 하니 만약 폐하께서 바닷가로 나가시게 되면 값으로 칠 수 없는 보물을 얻게 될 것입니다."라고 하였다. 신문왕은 기뻐하며 그달 7일에 이견대로 나가 그 산을 바라보며 사자를 보내어 살펴보게 하였다. 산세는 거북의 머리 형상이었다. 그 위에 대나무 한 그루가 있었다. 이 대나무는 낮에는 둘이 되었다가 밤에는 합해져서 하나가 되었다. 사자가 돌아와서 아뢰니 왕은 감은사에 나아가 머물렀다.

다음 날 오시(午時)에 대나무가 합하여져서 하나가 되니 천지가 진동하고 바람과 비가 일어나며 7일 동안이나 계속 캄캄하였다. 그 달 16일이 되어서야 바람이 자고 파도는 평온해졌다. 왕이 배를 타고 바다에 있는 그 산으로 들어가니 용이 검은 옥대를 왕에게 바치었다. 자리를 같이한 신문왕이 물었다.

"이 산에 있는 대나무가 갈라지기도 하고 혹은 합해지기도 하는데 이는 무슨 까닭인가?" 용이 대답하였다. "비유를 하여 말하자면 한 손으로 치면 소리가 나지 않고 두 손으로 치면 소리가 나는 이치와 같습니다. 이 대나무란 것은 합해진 연후라야만 소리가 나게 되므로 성황께서는 소리로써 세상을 다스리게 될 것입니다. 이는 아주 좋은 징조입니다. 왕께서 이 대나무를 취하여 피리를 만들어 불면 천하가 화평할 것입니다. 지금 왕의 아버님께서는 바다 속의 용이 되셨고 김유신 공은 다시 천신이 되어, 두 성인이 마음을 같이하여 저에게 값으로 칠 수 없는 보물을 주어 저로 하여금 왕께 바치게 한 것입니다."

신문왕은 놀랍고 기쁘기 그지없었다. 5색 비단과 금과 옥을 용에게 주고 사자를 보내어 그 대나무를 베게 한 다음 바다로 나오니 산과 용은 홀연히 사라지고 보이지 아니하였다.

신문왕이 감은사에 유숙하고 17일에 지림사(祗林寺)의 서쪽 시냇가에 이르러 가마를 멈추고 점심을 드셨다. 이때 태자 이공(理恭: 효소대왕)이 대궐을 지키고 있다가 이 소식을 듣고 말로 달려와서 경하하며 천천히 살펴보고 말하기를, "이 옥대의 모든 눈금이 진짜 용입니다."라고 하였다. 신문왕이 "네가 어찌 그것을 아느냐?" 하고 말하자, 태자가 아뢰기를 "눈금 하나를 떼어서 물에 넣어 보겠습니다."라고 하였다. 이리하여 왼편의 둘째 눈금을 떼어 물에 넣으니 바로 용이 되어 하늘로 올라갔다. 그리고 그곳은 곧 못이 되니 이러한 이유로 하여 용의 연못이라고 불렀다.

신문왕이 돌아와 그 대나무로 피리를 만들어서 월성(月城)의 천존고(天尊庫)에 보관하여 두었다. 이 피리를 불면 적병이 물러나고 병이 낫고 가물 때에는 비가 오고 비가 올 때는 맑아지고 바람은 가라앉고 물결은 평온하였다. 그리하여 이 피리를 만파식적(萬波息笛)이라고 불렀다. 그리고 국보로 삼았다.

효소대왕(孝昭大王) 때에 이르러 천수(天授) 4년 계사(693)에 부례랑이라는 낭자가 살아서 돌아온 기이한 연유로 하여 다시 봉하여 말하기를 '만만파파식적(萬萬波波息笛)'이라 하였다. 자세한 것은 그의 전기에 나타나 있다.

〈해석〉

「만파식적」은 「기이」 제2권에 수록된 불교와 관련된 설화이다. 이것은 감은사 창건의 유래와 함께 불교연기 설화일 뿐만 아니라 용(龍) 설화로 해설할 수 있다. 우리 조상들은 고유의 문화적 상징으로 용을 신성시하였으며 『삼국유사』에는 용에 관한 설화가 상당 부분 차지하고 있다. 문무왕은 평소 말씀하시기를 "내가 죽은 뒤에 호국의 큰 용이 되어 불법을 받들어 국가를 수호하겠다."라고 하였다고 한다.

「만파식적」에 의하면 문무왕이 왜병을 진압하고자 이 감은사(感恩寺)를 세우기 시작하였으나 완성하지 못하고 돌아가 해룡이 되었다.

그 아들 신문왕이 절을 완성시키고 금당 섬돌 아래에 동쪽 바다를 향해 굴[穴]을 파서 용이 머물게 하였다. 그리고 문무왕의 나라를 지키는 용과 천신(天神)이 된 김유신의 넋이 합심하여 호국의 신기한 보물인 만파식적과 옥대(玉帶)를 내린 것이다. 그 후 궁궐로 돌아와 만파식적을 불면 적병은 물러가고 질병이 낫게 되며, 가뭄에는 비가 오고 장마에는 맑아져서 나라가 편안하게 되었다는 것이다.

이와 같이 「만파식적」은 자연의 소리로써 국가적 위기를 극복하고자 하였던 설화이다. 여기서 우리는 당대인의, 자연 현상을 삶의 일부로 받아들였던 자연관을 파악할 수 있다.

오늘날 이 시점에도 '만 가지 풍파를 잠재우고, 가뭄에 단비를 내리게 하는 피리 소리'가 동해 바다를 시작으로 들려올 것으로 믿는다.

5. 「가락국기」

수로왕릉 숭정각에 봉안된 수로왕 영정

나라를 세운 이래로 이곳에는 아직 나라의 이름도 없었고 또한 군신의 호칭 따위도 없었다. 그저 아도간, 여도간, 피도간, 오도간, 유수간, 유천간, 신천간, 오천간, 신귀간 등의 구간(九干)이 있을 뿐이었다.

이들은 곧 추장으로서 이들이 당시 백성들을 통솔했던 것이다. 이 백성들은 모두 100호, 7만 5,000인이었으며 산야에 제각기 집단을 이루어 그저 우물을 파서 물 마시고 밭 갈아 밥 먹을 정도의 생활을 영위하고 있었다.

후한 광무제(光武帝) 18년, 즉 신라 유리왕 19년(42) 3월 계욕일이다. 그곳 북쪽의 구지(龜旨)에서 뭔가 부르는 수상한 소리가 들렸다. 무리 200~300인이 그곳 구지봉에 모여들었다. 사람의 말소리 같은 것이 들렸다. 그러나 그 소리를 내는 자의 형상은 보이지 않고 소리만 있었다.

그 소리가 "이곳에 사람이 있는가 없는가?"라고 묻자, 구간들은 "우리들이 있다."라고 응답했다. 소리는 또 "내가 있는 이곳은 어디인가?"라고 물어 왔다. 그들은 "구지봉이다."라고 응답했다. 소리는 또 말하기를 "황천께서 나에게 명하기를 이곳에 임하여 나라를 새롭게 열고 임금이 되라고 하셨다. 그래서 이곳에 내려왔으니, 너희들은 모름지기 봉우리 위의 흙을 파면서 이렇게 노래하라."라고 했다. 이 노래가 「구지가(龜旨

歌)」이다.

구하구하(龜何龜何) 거북아 거북아
수기현야(首其現也) 머리를 내어라.
약불현야(若不現也) 내어놓지 않으면
번작이끽야(燔灼而喫也) 구워서 먹으리.

이 노래를 외치며 춤을 추면 곧 대왕을 맞이하는 기쁨을 얻을 것이라고 하였다. 구간들은 그 말대로 모두 기쁘게 노래 부르고 춤을 추었다. 노래하고 춤춘 지 얼마 되지 않아 그들은 우러러 머리 위를 바라보았다. 자색 줄이 하늘에서 드리워져 땅에 닿고 있었다. 줄 끝을 찾아보았더니 붉은 보에 싸인 금으로 된 그릇이 매달려 있었다.

그 금합을 열어보았다. 해 같이 둥근 황금알 6개가 들어 있었다. 사람들은 모두 놀라고 기뻐하였다. 그리고 그 알들을 향해 수없이 절을 하였다. 조금 있다 다시 싸가지고 아도간의 집으로 가져갔다. 걸상 위에다 놓아두고 무리들은 각기 흩어졌다.

꼭 하루가 지나 이튿날 아침에 무리들은 다시 모여들었다. 그리고 금합을 열어 보았다. 여섯 개의 황금알은 남자아이들로 변해 있었다. 용모들이 매우 준수했다. 상에 앉히고 무리들은 절을 드려 치하했다. 그리고 공경을 다해 모셨다.

남자아이들은 날마다 커 갔다. 10여 일이 지나자 신장이 9척으로 은나라 탕왕(湯王)과 같았고, 얼굴이 용 같아서 한나라의 고조와 같았으며, 눈썹이 여덟 가지 색으로 되어 있어서 이것은 당의 요제(堯帝)와 같았다. 그리고 눈동자가 두 개씩 있는 것은 우(虞)의 순제(舜帝)와 같았다.

그 달 보름날에 왕위에 즉위했다.

처음으로 나타났다고 하여 이름을 수로(首露)라 하였다. 혹은 수릉(首陵)이라고도 한다. 나라를 대가락 또는 가야국이라고 불렀다. 곧 6가야의 하나다. 나머지 다섯 사람도 각각 돌아가 다섯 가야의 임금이 되었다.

동쪽은 황산강, 서남쪽은 창해, 서북쪽은 지리산, 동북쪽은 가야산을 경계로 하고 남쪽으로 위치하여 우리나라의 꼬리 부분이 가야의 영토이다. 왕은 임시 왕궁을 짓게 하여 들어가 거처하였다. 질박하고 검소하게 하려고 풀로 이은 지붕에 처마는 자르지 않고, 흙으로 된 계단은 석 자를 넘지 못하였다. 즉위 2년(43) 봄 정월에 수로왕은 서울을 결정하기로 하고 궁의 남쪽 신답평으로 나아갔다. 사방으로 산악들을 바라보고 나서 왕은 신하들을 돌아보며 말하였다.

"이곳은 여뀌잎처럼 협소하구나. 그러나 지세는 빼어나서 가히 16나한이 머무를 만한 땅임직한데 하물며 하나에서 셋을 이루고 셋에서 일곱을 이루었던 칠성이 살았던 땅이 진실로 여기에 부합됨에랴. 토지를 개척하여 터전을 열어 놓고 보면 마침내 훌륭하게 되리라." 그리고는 둘레 1,500보의 외성과 궁궐 여러 관서의 청사, 무기고 및 창고를 건축할 터를 정한 뒤 환궁하였다.

널리 국내의 장성, 인부와 장인(匠人)들을 징용하여 그 달 20일에 금양(金陽)에서 성을 쌓기 시작하여 3월 10일에 이르러 건축을 마쳤다. 궁궐의 청사를 농한기를 이용하여 공사를 진행시켰는데 그 해 10월에 시작하여 그 이듬해, 즉 왕 즉위 3년(44) 2월에 이르러 완성되었다. 길일을 택하여 새로 지은 궁에 나아갔다. 그리고 만반의 정사를 이치에 따라 나라를 다스렸다.

완하국(玩夏國) 함달왕(含達王)의 왕비가 임신하여 낳은 알에서 깨어 나온 탈해(脫解)라는 자가 문득 바닷가를 따라 가락국으로 왔다. 그의 신장은 석 자, 머리통의 둘레는 한 자였다. 탈해는 흔연히 수로왕의 궁궐로 들어갔다. 그리고 왕에게 말하였다. "나는 왕의 자리를 빼앗으려고 왔소이다." 수로왕이 답하였다. "하늘이 나를 명하며 왕위에 오르게 하며 나라 안을 태평하게 하고 백성들을 안락하게 하도록 하였다. 그런데 감히 하늘의 명령을 어기고서 왕위를 줄 수 없으며, 또 감히 우리나라 백성들을 함부로 너에게 맡길 수도 없는 일이다."

탈해는 "그렇다면 서로의 재간으로써 승부를 결정하자."라고 제의하였다. 왕은 좋다고 응낙했다. 삽시간에 탈해는 한 마리의 매가 되었다. 그러자 수로왕은 독수리가 되었다. 탈해는 또 참새가 되었다. 왕은 그러자 새매가 되었다. 탈해는 본신(本身)으로 되돌아왔다. 수로왕 역시 본신으로 되돌아왔다. 탈해는 마침내 굴복하고 말았다. "제가 술법을 다루는 마당에 독수리에 대해 매가, 새매에 대해 참새가 되었음에도 죽음을 면할 수 있었던 것은 성인의 그 죽이기를 싫어하는 인덕의 소치로 그렇게 되었나 봅니다. 제가 왕을 상대로 하여 왕위를 다투는 것은 진실로 어려운 일입니다."라고 말하고는 곧 인사를 드리고 물러났다.

탈해는 그 부근 교외의 나루로 나가 중국의 선박들이 항해해 오던 해로를 취하여 가려고 하였다. 왕은 탈해가 체류하고 있다가 반란을 일으키지나 않을까 우려하여 급히 수군 500척을 내어 탈해를 쫓았다. 탈해는 달아나 신라의 땅으로 들어갔다.

여기 이 기록에 실린 것은 신라의 것과 많이 다르다.

후한 광무제 24년, 즉 수로왕 7년(48) 7월 27일이다.

구간들이 알현(謁見)차 와서 왕에게 "대왕께서 강림하신 이래로 아직 좋은 배필을 만나지 못하고 있습니다. 신들에게 있는 처녀 가운데서 가장 예쁜 사람을 뽑아 들여 배필로 삼도록 하십시오."라고 진언하였다. 왕은 "내가 이곳에 내려온 것은 천명이오. 나를 짝하여 왕후가 있게 됨도 또한 하늘의 명일 것이오. 그대들은 염려 마오."라고 답하였다. 드디어 유천간에게 명하여 간편한 배와 준마를 끌고 망산도에 가서 기다리게 하고 다시 신귀간에게 명하여 승점에 나아가 있게 하였다.

문득 가락국 앞 서남쪽 해상으로 붉은 빛깔의 돛을 걸고 붉은 빛깔의 깃발을 휘날리며 북쪽으로 향해 오는 배가 있었다. 망산도에서 기다리고 있던 유천간 등은 먼저 횃불을 올렸다.

배는 마구 내달려 와서 상륙하려 하였다. 승점에 있던 신귀간은 이 광경을 바라보고 대궐로 달려가 왕에게 아뢰었다. 왕은 듣고서 크게 기뻐했다. 그리고 구간들을 보내어 좋은 배를 내어 영접해 오게 하였다. 구간들이 즉시 대궐로 모셔들이려 하자 배를 타고 있던 왕후는 입을 열어 "나와 그대들은 평소 알아 온 터수가 아닌데 어찌 경솔히 따라가겠소."라고 말하였다. 유천간 등은 돌아가 왕후의 말을 전달하였다. 왕은 왕후의 말이 옳게 여겨져 당해 관원들을 데리고 대궐에서 서남쪽으로 60보쯤 되는 산기슭으로 가서 임시 궁전을 만들어 놓고 기다렸다.

바깥쪽 별포 나루에서 왕후는 배를 매어 두고 육지에 올라 우뚝 솟은 산 언덕에서 쉬고 있었다. 거기서 왕후는 입고 있던 비단치마를 벗어 산신령에게 예물로 드렸다. 왕후를 시종해 온 신하 두 사람이 있었다. 이름은 신보와 조광이라 하였고, 이들의 아내 모정과 모량도 있었다. 노예들까지 아울러 20여 명이었다. 왕후가 가져온 화려한 비단이며 금은주옥이며, 패물과 노리개들은 이루 셀 수 없을 만큼 많았다.

왕후는 점차 행재소로 접근해 왔다. 왕이 나아가 맞이하여 함께 장막 안으로 들어갔다. 왕후를 시종해 온 신보, 조광 이하 모든 사람들은 뜰 아래에 나아가 뵙고는 곧 물러나왔다. 왕은 해당 관원에게 명령을 내려 왕후를 시종해 온 두 신하 부부를 인도하여 각각 다른 방에 들게 하고, 그 이하 노예들은 한 방에 각각 5, 6명씩 들게 하고는 맛좋은 음료를 주고 좋은 침구에서 자게 하였다. 그리고 가져온 의복과 비단 그리고 보화들은 많은 군졸들을 세워 지키게 했다.

비로소 왕과 왕후는 함께 침소에 들었다. 왕후는 조용히 왕에게 말하기를 "저는 아유타국의 공주입니다. 성은 허, 이름은 황옥이라고 합니다. 그리고 나이는 열여섯 살입니다. 제가 본국에 있을 때, 올해 5월 어느 날 저의 부왕과 왕후께서 저를 보고 말씀하셨어요. 그 말씀은 아버지와 어머니가 옥황상제를 뵈었는데, 상제의 말씀이 '가락국의 임금 수로는 하늘이 내려 보내어 왕위에 나아가게 한 사람으로 선성한 인물이다.

이제 새로 나라에 임하여 아직 배필을 정하지 못하고 있으니 그대들은 모름지기 공주를 보내어 짝을 짓도록 하라.' 하시고는 도로 하늘로 올라가셨다고 합니다. 꿈에서 깨어난 뒤에도 상제의 말씀이 사뭇 귀에 쟁쟁하시다고 하며 저를 곧바로 여기로 보내셨습니다. 이리하여 저는 바다에 떠서 아득히 반도를 좇아 이렇게 외람되게 용안을 가까이 하게 되었나이다."라고 하였다.

이에 왕은 "나는 나면서부터 자못 신성하여 공주가 멀리에서 올 것을 미리 알고 있었소. 그리하여 신하들이 왕비를 들일 것을 청했으나 함부로 따르지 않았소. 이제 현숙한 그대가 스스로 왔으니 이 몸은 행복하오."라고 응대하였다.

이틀 밤 하루 낮이 지났다. 이제는 왕후가 타고 온 배를 본국인 아유타국으로 돌려보내기로 하였다. 배에 딸린 사람은 모두 15명, 각각 쌀 10석과 베 30필을 주어 본국으로 돌아가게 하였다.

8월 1일에 본궁으로 수레를 돌렸다. 왕은 왕후와 함께 타고, 왕후를 시종해 온 신하들도 수레를 나란히 하고, 그리고 가져온 그 이국의 패물들도 모두 싣고서 서서히 대궐로 들어왔다. 그때 시간은 막 정오가 되려 했다.

왕후는 중궁(中宮)을 거처로 정하였다. 시종해 온 신하들 부처와 남녀 시속들에게는 널찍한 두 집을 주어 나누어 들게 하고, 나머지 시종들은 20여 칸짜리 영빈관에다 사람 수를 배정하여 구별 지어 살게 하고 날마다 풍부하게 음식을 주었다. 싣고 온 진기한 물건들은 궁궐 안의 창고에 간수해 두고 쓰기로 하였다.

그리고 나라의 신하들에게 벼슬과 호칭을 주고, 신라의 직제를 취해다 각간(角干), 아질간(阿叱干), 급간(級干)의 품계를 두고, 그 아래 관료는 주나라의 예법과 한나라의 제도에 의거하여 배정하였다. 이것이 곧 낡은 것을 버리고 새 것을 취하며 관서를 설치하고 직책을 배정하는 방도일 것이다.

이리하여 나라와 집안은 질서가 갖춰지게 되고 백성들을 자식과 같이 사랑하므로, 그 가르침은 엄숙하지 않아도 위엄이 서고 그 정치는 엄하지 않아도 다스려졌다. 더욱이 왕이 왕후와 함께 있음을 비유하면 마치 하늘에게 땅이, 해에게 달이, 양(陽)에게 음(陰)이 있음과 같았다. 더불어 그곳은 도산의 딸이 하우를 도운 것과 같았고, 당원의 딸들이 우순을 일으킴과 같았다. 몇 년을 잇달아 곰을 얻는 몽조가 있어 왕후는 태자 거등공(居登公)을 낳았다.

후한 영제 22년(189) 3월 1일에 왕후는 향년 157세로 붕어하였다. 나라 사람들은 애통함을 금하지 못하였다. 구지봉 동북쪽에 있는 언덕에 장사지냈다. 그리고 생전에 백성들을 사랑하던 왕후의 은혜를 잊지 않기 위해 왕후가 처음 가락국으로 와서 상륙했던 그 나루의 마을을 주포촌이라 부르기로 하고, 왕후가 비단치마를 벗어 산신령에게 예물로 바쳤던 그 산 언덕은 능현, 붉은 빛깔의 깃발이 들어오던 그 바닷가는 기출변이라 부르기로 했다.

수로왕은 왕후가 간 뒤로 매양 외로운 베개에 의지하여 비탄을 금하지 못하더니 왕후가 떠난 지 10년이 지난, 후한 헌제 10년(199), 3월 23일에 붕어하였다. 향년 158세였다. 온 나라 사람들이 부모를 여읜 듯이, 왕후가 붕어할 때보다 더욱 비통해 하였다. 대궐의 동북방 평지에 높이가 한 길, 둘레가 300보 되는 빈궁을 축조하여 장사 지내고 수릉왕묘라 하였다. 그 아들 거등왕에서부터 9대손 구형왕(仇衡王)에 이르기까지 이 묘에 제향을 드렸다. 반드시 매년 정월 3일과 7일, 5월 5일, 8월 5일과 15일을 기해 풍성하고 청결한 제전이 끊이지 않았다. 당 고종 12년, 신라 문무왕 즉위년(631) 3월에 문무왕에 의하여 다음과 같은 내용의 조칙이 내려졌다.

'가야국 시조의 9대손 구형왕이 신라에 항복할 때 데리고 온 아들 세종(世宗)의 아들인 솔우공의 아들 서운갑간(庶云匣干: 김유신의 아버지)의 딸 문명황후께서 바로 나의 어머니시다. 그러므로 가야국의 시조왕은 이 사람에게 곧 15대 시조가 되는 것이다. 그분이 통치하던 나라는 이미 망했으나 그 분을 장사지낸 묘(廟)는 아직도 남아 있으니 조상을 모시는 사당에서 그 제사를 계속하게 할 것이다.'

나라가 망한 뒤, 대대로 이곳에 대한 칭호가 한결같지 않았다. 신라 제31대 신문왕이 즉위한, 당 고종 32년(681)에는 이름을 금관경(金官京)이라 하고 태수를 두었다. 259년이 지나 고려 태조께서 통합한 뒤로는 대대로 임해현이라 하고 배안사를 두어 48년간을 지내 왔다. 다음은 임해군, 또는 김해부라고도 했는데 도호부를 두어 온 것이 27년간 또 방어사를 두어 온 것이 64년간이었다.

그리고 일연은 가락국의 왕들의 계보에 해당되는 왕력(王曆)을 작성하여 9대 왕의 행적을 간략히 기록하였다. 그것은 거등왕, 마품왕, 거질미왕, 이시품왕, 좌지왕, 취희

왕, 질지왕(銍知王), 겸지왕, 구형왕(仇衡王)에 관한 것이다.

『삼국사』를 살펴보건대, 구형왕은 양(梁) 무제 중대통 4년 임자년에 국토를 바치고 신라에 항복하였다고 한다. 그렇다면 수로왕이 처음 왕위에 오른 동한(東漢) 건무 18년 임인년(42) 가락 건국으로부터 구형왕의 말년 임자년(532)까지이다. 그간의 시일을 계산하면 490년이 된다. 그러나 이 기록「가락국기(駕洛國記)」로써 살펴본다면 국토를 바친 것이 북주 보정 2년 임오년(562)에 해당되므로 30년이 더해져 도합 520년이다. 이제 이 두 설을 다 적어둔다.

〈해설〉

『삼국유사』 제2권 「기이」의 「가락국기」이다. 『삼국유사』에는 가락국을 신라, 고구려, 백제와 나란히 한 국가로 인정하고 왕력을 기술하고 있다. 건국신화와 「구지가」, 석탈해와의 대결 그리고 허황옥 황후 이야기를 수록하였다.

「가락국기」에 의하면 가야왕국은 단기 2375년(42) 김수로왕 등이 김해를 중심으로 낙동강 유역 등 한반도 남부에 건국한 이래 찬란한 문화의 금자탑을 쌓아올리며 490년간 존속하다가 신라에 병합되었다. 지금까지 가야가 역사에서 사라지다시피 한 것은 가야를 병합한 승자로서의 신라가 기록을 말살했던 때문으로 짐작이 된다.

『삼국사기』에서 김부식은 가야를 한 국가로 인정하지 않고 다만 단편적으로 신라와 관계있는 두세 곳만 간략하게 기술하고 있을 뿐이다. 그 후 8.15 해방 이후에도 식민 사학자들에 의하여 외면되어 왔던 것이다. 일본의 역사서인 『일본서기』 등에서는 사실을 철저히 왜곡하여 가야국을 왜(倭)의 속국으로 기술하였다.

일제 강점기에는 일본인들이 임나일본부설을 주장하기도 하였다. 그러다가 최근에 이르러 자주적 민족의식이 고양되고, 가야의 유물 · 유적이 대량으로 발굴되면서 묻혀있던 가야왕국에 대한 복원이 이루어지고 있다. 이러한 가야 왕국의 복원 사업은 주로 『삼국유사』에 근거한 것이다.

「가락국기」에 수록된 「구지가」는 고대가요 3수 중 하나이다. 「영신군가」라고도 하는 구지가는 신성스런 왕을 맞이하기 위하여 춤추고 노래하였던 주술적인 집단가요이다. 「수로부인」 조에 이 노래를 계승한 「해가사」가 수록되어 있다. 무가와 노동가로 보는 입장이 있다. 또한 「구지가」를 토테미즘 사회에서 주기적으로 행해졌던 살생의식(殺生儀式)에서 불렀던 노래로 보기도 한다. 여기서 '거북(龜)'의 해석은 다양한데, 주로 우두머리를 상징하는 용, 검, 남근으로 본다.

「가락국기」에는 탈해와 수로왕이 왕위를 걸고 서로 도술 시합을 하여 수로왕이 승리하는 장면이 있다. 당대 인접한 이웃 나라 신라와의 교섭 관계를 읽을 수 있는 대목이다.

또한 수로왕의 왕비인 허황옥은, '나는 아유타 공주이며 이름은 허황옥'이라는 기록으로 미루어 '아유타'국의 공주의 신분으로 짐작된다. 아유타국을 추적하면 고대 인도 중부에 위치한 아요디아(Ayodhya)라는 도시가 된다. 이것은 한반도에서 저 멀리 바다를 향하여 웅대한 세계를 배경으로 한 우리 조상의 폭넓은 시야를 만나게 되는 것으로 매우 의미 있는 추정이 된다. 여기에 더하여 또 수로왕을 사모해서 하는 놀이가 고려 때까지 있었다.

매년 7월 29일이면 이곳 지방민과 이속들은 승점에 올라가 장막을 쳐 놓고, 먹고 마시고, 환호하면서 이쪽저쪽으로 눈길을 던져 바라보는 한편, 건장한 청장년들이 두 편으로 갈라져 망산도에서부터 세차게 말을 몰고 뭍으로 달리고, 물에선 미끄러지듯 배를 밀어 나와 북쪽으로 고포를 목표로 하여 다투어 내닫는다. 이것은 옛적에 유천간과 신귀간 등이 왕후의 도래를 기다리고 급히 임금에게 알리던 그 일을 재현하는, 하나의 남은 자취이다. 신비의 나라 가야 왕국, 신비의 왕후 허황옥의 기록이 수록된 『삼국유사』는 우리 민족의 문화적 보고라는 사실이 다시 입증되는 것이다.

6. 「도솔가」

경덕왕 19년 경자년(760) 4월 초하루에 두 해가 나란히 나타나서 열흘 동안이나 사라지지 않았다. 일관(日官)이 아뢰기를, "인연이 있는 중을 청하여 악귀를 쫓고 부처를 맞이하기 위하여 꽃을 뿌려 부처에게 공양하는 일인 산화공덕을 지으면 재앙을 물리칠 수 있을 것입니다."라고 하였다. 이에 조원전에 정결히 단(壇)을 만들고 임금이 청양루에 행차하여 인연 있는 중이 오기를 기다렸다. 이때 월명사(月明師)가 밭두둑을 타고 때마침 남쪽 길을 가고 있었다. 왕이 사람을 보내어 그를 불러서 단을 열고 기도하는 글을 짓게 하니, 월명사가 "신승은 그저 국선 무리에 속해 있으므로 겨우 향가만 알 뿐이오며 범패 소리에는 익숙하지 못하옵니다."라고 아뢰었다. 이에 왕이 "이미 인연이 닿은 중으로 점지되었으니 향가를 사용하여도 괜찮소."라고 말하자, 월명사가 「도솔가(兜率歌)」를 지어 바쳤는데 그 향가 가사는 이렇다.

금일차의산화창량(今日此矣散花唱良) 오늘 여기 산화가를 불러
파보백호은화량여은(巴寶白乎隱花良汝隱) 뿌리는 꽃이여, 너는
직등은심음의명질사이악지(直等隱心音矣命叱使以惡只) 곧은 마음의 명(命)을 받들어
미륵좌주배립라량(彌勒座主陪立羅良) 미륵좌주(彌勒座主)를 뫼셔라.

이 「도솔가」를 풀이하면 이렇다.

용루(龍樓)에서 오늘 산화가를 불러,
청운에 한 송이 꽃을 뿌려 보내네.
정중하고 곧은 마음이 시키는 것이니,
멀리 도솔천의 미륵보살을 맞이하라.

지금 세간에서는 이를 「산화가」라고 하지만 잘못이다. 마땅히 「도솔가」라고 해야 할 것이다. 「산화가」는 달리 또 있으나 그 글은 많아서 여기에 싣지 않는다.

조금 후에 이내 해의 변괴가 곧 사라졌다. 왕은 이것을 가상하게 여겨 다기(茶器) 한 벌과 수정염주(水精念珠) 108개를 하사하였다. 그런데 이때 갑자기 한 명의 동자가 나타났다. 모양이 곱고 깨끗한 동자가 공손히 차와 염주를 받들고 대궐 서쪽의 작은 문으로 나가 버렸다. 월명은 이 동자를 내궁(內宮)의 사자로 알고 왕은 스님의 시종으로 알았다. 그러나 자세히 알고 보니, 모두 잘못 생각한 것이었다. 그러자 임금이 심히 이상히 여겨 사람을 시켜 그 뒤를 쫓게 했더니 동자는 내원의 탑 속으로 들어가 숨어 버렸고, 차와 염주는 남쪽의 벽화 미륵상 앞에 있었다. 월명의 지극한 덕과 지극한 정성이 지성(至聖)을 밝게 바로잡음이 이와 같다는 것을 알았다.

이 이야기는 조정이나 세간에 널리 퍼져 모르는 이가 없었다. 왕은 더욱 공경하여 다시 비단 100필을 주어 큰 정성을 표하였다.

월명은 또 일찍이 죽은 누이를 위해 제를 올리고, 향가를 지어 제사를 지냈다. 그러자 문득 회오리바람이 일더니 지전(紙錢)을 서쪽으로 날려 보냈다. 노래는 이러하다.

삶과 죽음의 길은
여기에 있으므로 두렵고
'나는 간다'는 말도
다하지 못하고 갔는가.
어느 가을 이른 바람에
여기 저기 떨어지는 나뭇잎처럼

한 가지에서 태어나고도
가는 곳을 모르겠구나.
아아, 극락 세계에서 만나볼 나는
불도를 닦으며 기다리겠노라.

월명은 늘 사천왕사에서 지내면서 피리를 잘 불었다. 어느 달 밝은 밤에 피리를 불면서 문 앞의 큰길을 지나는데 달이 그를 위해 가기를 멈추었다. 이로 인해 그 길을 월명리라 했고 월명사란 이름도 이 일로 해서 불리게 되었다.

월명사는 곧 능준대사의 제자이다. 신라 사람들이 향가를 숭상한 지 오래 되었으니, 대개 시(詩), 송(頌)과 같은 것이었다. 그러므로 이따금 천지와 귀신을 감동시킨 것이 한두 가지가 아니다. 이것을 기려 읊는다.

바람은 지전 날려 죽은 누이 노자 삼게 했고,
피리 소리 밝은 달 감동시켜 항아가 머무르네.
도솔천이 하늘 같이 멀다 하오,
만덕화가 한 곡조로 맞이하네.

『삼국유사』가 우리 민족에게 전해 주는 최대의 문화유산으로는 향가 14수가 있다. 그 내용은 주술, 민요, 서정시, 불교적 요소 등이 있다. 우리나라에 전하는 향가는 『균여전』에 실린 「보현십종원왕가」 11수와 더불어 모두 25수가 전하고 있다.

『삼국유사』에 수록된 향가 14수는 4구체 형식으로는 「서동요」, 「도솔가」, 「풍요」, 「헌화가」 등 4수가 있으며, 8구체로는 「모죽지랑가」, 「처용가」, 「원가」 등 3수이다. 그리고 그 형식과 내용에 있어서 가장 완성 단계에 이르는 작품으로 평가되는 10구체 향가는, 「혜성가」, 「원왕생가」, 「제망매가」, 「찬기파랑가」, 「안민가」, 「도천수관음가」, 「우적가」 등 7수이다. 이들 향가는 각각 그 배경 설화와 함께 기록되어 있다.

〈해설〉

『삼국유사』 제5권 「감통」의 월명사의 도솔가조의 기록이다. 신라 35대 경덕왕(742~765) 때의, 월명사는 향가에 능숙한 승려였다. 일연이 「도솔가」에 대해 설명하면서 "월명사는 일찍이 죽은 누이를 위해 제망매가를 지어 위로하였다."라고 한 것으로 미루어 「제망매가」는 「도솔가」보다 먼저 지어진 가요임을 알 수 있다.

10구체 「제망매가」는 현전하는 향가 중 가장 서정적이라는 평가를 받는 작품이다. 옛 시인의 감성이 오늘날 우리의 공감대를 불러일으킨다는 것은 인간의 보편적 정서는 시공을 초월한다는 명제를 실감하게 하는 것이다.

「제망매가」는 유한한 삶을 노래하였고, 서방정토를 동경하는 내용이다. 불교적인 표현, 죽음을 승화한 것 등은 한용운의 「님의 침묵」과도 연결되는 일면이 있다고 할 수 있다. 비록 생사를 초월하여 살아가는 승려의 신분이지만 누이의 죽음을 슬퍼하는 애틋한 정과 죽음에 대한 공포심, 인생에 대한 무상감을 절실하게 느끼고 있는 점 등을 통해서 인간으로서의 월명사의 숨김없는 모습을 대할 수 있다. 그리고 미타찰(彌陀刹)을 지향하면서 비통함을 억제하는 자세를 통해 도인(道人)으로서의 월명사를 대면할 수 있는 서정시라 하겠다.

「제망매가」에서 지전이 서쪽으로 날아갔다는 것은 서방정토에 왕생하게 될 누이동생의 노자로서의 의미를 뜻하는 것이다. 이어서 노래하기를 신라인은 늘상 향가를 지어 불러 천지 귀신을 감동하게 하여 소망을 이루었다고 하였다.

아울러 『삼국유사』 제2권 「기이」의 제48대 경문대왕조에는 경문왕의 '귀 이야기'가 있다. 그리스 신화 프리기아(Phrygia)의 왕 미다스(Midas)의 이야기와 흡사한 이 이야기는 인간의 '정화와 배설' 기능을 그려낸 것이다.

이상에서 살펴 본 바에 의하면 『삼국유사』는 많은 인용 전적을 밝히고 있는 것을 확인할 수 있다. 여기에 인용된 중국의 고전은 27종이며 우리나라의 역사 서적, 불교 서적, 문집류 등을 합하여 책명(册名)이 확실한 것만도 50여 종에 이른다. 이 외에 고기, 향전, 약칭, 범칭으로 표시한 문헌도 다수이다. 이와 같이 인용된 전적들이 오늘날 대부분 전해지지 않는 것이므로 『삼국유사』는 우리 민족에게 전적(典籍)으로서도 그 가치가 지대한 것이다.

『삼국유사』에 수록된 신화와 설화는 역사적, 합리적 관점에서 본다면 허황되고 이상한 이야기들이다. 그러나 일찍이 이규보는 『구삼국사』를 세 번 읽고서야 동명왕 이야기가 "환(幻)이 아니라 성(聖)이요, 귀(鬼)가 아니라 신(神)이었으니, 하물며 국사(國史)는 사실 그대로 쓴 것이니 어찌 허탄한 것을 전하였으랴."라고 기록하였다.

민족 영웅서사시 「동명왕편」을 저술하는 배경을 서술한 바가 있다. 이것은 신화와 설화의 진정한 의미를 대신하는 명언이라 할 수 있다. 신화는 당대의 민중들이 신성(神聖)하다고 믿는 이야기들이다. 동시에 당대 민중의 소망을 담은 영웅화의 역사이며 확대된 역사인 것이다.

역사학적 관점에서 살필 때 『삼국유사』에 수록되어 전하는 역사는 물론 객관적 진실은 아니다. 보다 확대된 시야에서 바라본 주관적 관념의 역사인 것이다.

3장

『동국이상국집』

- 이규보

『동국이상국집(東國李相國集)』은 고려 중기 문인이었던 이규보(李奎報)의 문집이다. 이 문집은 전집 41권, 후집(後集) 12권, 총 53권으로 편집되었다. 『동국이상국집』은 이규보의 아들 함(涵)에 의해서 1241년 고려 고종 28년 12월에 처음 출간되었다.

이 초간본이 간행된 때는 이규보가 벼슬에서 물러난 지 4년 후 그의 나이 74세 때이다. 이때 7월 이규보는 병을 얻었고 이 소식을 듣고 진양공(晉陽公)이 명의를 보내는 한편 이규보가 평생에 지은 글들을 모아 공인(工人)에게 명하여 판각하게 하였다. 그러나 이규보의 작품이 워낙 많았던 관계로 그 자신이 문집을 편찬하고자 하였으나 살아 생전에 그 뜻을 이루지 못하였다. 그리고 초간본이 급하게 간행되었기 때문에 탈루(脫漏)된 것이 많아서 1251년 분사도감에서 대장경(大藏經) 판각을 마쳤을 때 고종 황제의 명을 받들어 그의 사손 이익배(李益培)가 개간하였다.

1. 저술 배경과 이규보

이규보

이규보(1168~1241)는 1168년 황려현, 즉 현재의 여주에서 호부 낭중 이윤수(李允綏)와 금양군 사람 김씨(金氏) 사이에서 태어났다. 호는 백운거사라 하였고, 다시 백낙천의 풍류를 흠모하여 스스로 '시금주 삼혹호(詩琴酒 三酷好) 선생'이라 했으니 시, 거문고, 술 세 가지를 매우 좋아하는 선생이란 뜻이다. 당시 사람들은 그를 주필(走筆) 이당백(李唐白)이라고 지목하였다. 그의 글솜씨가 '주필'에 능했다는 것을 알 수 있는데, 어떤 시재를 제시하던 당의 이태백처럼 즉석에서 글을 써내려갔던 천재였던 것이다.

그는 이미 9세에 글을 잘하여 신동이란 소리를 들었지만 16세에 사마시에 응한 이후에 세 차례나 낙방의 고배를 마셨다. 명종 19년(1189), 그가 22세 되던 해에 급기야 장원을 하였고 이듬해에 진사에 뽑혔으나 하위를 차지하였다.

이규보는 당시 무신집권이라는 역사의 전환기에서 세상과의 화해를 거부하고 술과 시를 즐기던 해동칠현과 자리를 함께 하였다. 그때 마침 비어 있던 자리에 등록하라는 말을 듣자, 그는 칠현이 조정의 벼슬자리도 아니거늘 어찌 그 빈자리를 대신하겠는가 하고 시를 지어 그 뜻을 밝혔다고 한다.

명종 22년(1192), 천마산에 우거(寓居)하면서 「백운거사어록」과 「백운거사전」을 지었다. 이어서 26세 때 영웅서사시 「동명왕편」을 저술하였다. 과거에 급제 이후에도 관로에 진출하지 못하다가 등과한 지 10년 만에 겨우 전주목사록겸장서기가 되었으나 참소를 입어 서울로 돌아오게 된다.

신종 5년(1202) 경주에서 반란이 있자, 군막에서 문서를 다루는 수제원을 충원하려 했으나 모두 출정하기를 꺼리자 그는 나아간다. "내가 비록 유약한 선비이지만 국민으로서 국란을 피한다면 어찌 장부라 하겠느냐."라고 말하고 병마녹사로 종군하였다.

1207년 그의 나이 40세 되던 해에 이인로, 이원로, 이윤보 등과 함께 기(記)를 지으니 그 문장이 뛰어나 이름을 얻는다. 그 해 12월에 처음으로 한림에 들었으며 1212년 1월 천우위녹사참군사에 제수되었다.

1215년 권력자 최충헌에게 시를 올려 참직계(參職階)에 제수되기를 구하니, 충헌이 그 시를 보고, "이가 분명 뜻을 높이 가진 자이다."라 하여 임용하였다 한다.

한편 고종 3년 5월부터 나라에서는 새로 급제한 사람을 위하여 학사연회를 열거나 추천희를 열어 주는 것이 상례였다. 이때 거문고 등 예악의 문생 중에서 한 사람이 일어나 별곡(別曲: 경기체가)을 불렀다. 이 노래가 바로 「한림별곡(翰林別曲)」이다. 「한림별곡」의 창작 연대는 고종 6년인 1219년이다. 「한림별곡」은 문인들의 시 경연장에 대해 표현하였다. 전체 8경 중 제3경에, '元淳文 仁老詩 公老四六, 李正言 陳翰林 雙韻走筆(원순문 인로시 공노스륙, 니정언 진한림 쌍운주필)'라는 구절이 있다. 풀이하면 '유원순의 문장, 이인로의 시, 이공로의 사륙변려문, 이규보와 진화의 쌍운을 맞추어 써내려간 글'이다.

당시 이규보가 정언 벼슬을 하고 있었고, 진화가 고종의 스승이면서 한림으로 있을 때였다. 이규보와 진화 두 사람의 문장력이 말을 타고 달리듯, 주필로 유명했다는 것을 알 수 있다.

이때 팔관회 사건으로 인하여 최충헌이 탄핵되어 좌천된다. 마침내 오랫동안 권력을 잡았던 최충헌이 죽었을 때 이규보의 나이는 52세였다. 이규보 역시 고종 17년(1230) 63세 때 팔관회 시연(侍宴)의 차례가 예법에 어긋났다고 상소하였다가 11월에 위도로 유배된다.

고종 19년(1232) 65세에 이르러 보문각학사로 기용되었다. 몽고가 국경을 넘어 병란을 일으킬 때 이규보는 서(書), 표(表) 등을 지었으니, 몽고왕은 크게 감탄하여 병사를 거두었다 한다. 그러나 이때 조정은 강화도로 도읍을 옮겼다.

1235년 68세에 표(表)를 올려 퇴직을 청하자 받아들여지지 않는다. 드디어 70세에 벼슬에서 물러났는데 바로 이해에 「대장경각판군신기고문」을 지었다.

이규보는 주로 서, 표 등을 지으며 계속 국사에 관계하다가, 향년 74세로 유명을 달리한다. 나라에서는 3일 동안 조회를 보지 않았으며 시호를 문순공(文順公)으로 내린다. 강화읍에서 전등사로 가는 길목 목비 고개에서 숲으로 300m쯤 가면 그의 묘가 있다.

2.『동국이상국집』 개관

이규보는 고부(古賦), 고율시(古律詩), 전표(箋表), 비명(碑銘), 잡문(雜文) 등 여러 시문에 통달하였던 문장가이다.『동국이상국집』은 모두 53권, 14책으로 이루어졌다. 특히 제3권 「동명왕편(東明王篇)」과 후집에 편집된 「백운소설」은 그의 문학적 역량을 읽을 수 있는 저술로 평가되고 있다. 이 작품의 마지막 문장은 그의 인생관을 엿볼 수 있는 대목이다. 가뭄 끝에 비를 만난다고 하더라도 비 뒤에는 또 가물 것이고, 타향에서 친구를 본다고 하여도 방금 작별할 것이다. 동방화촉이 생이별하지 않을 것이라는 것을 어찌 보장하겠는가, 과거에 급제하여 벼슬에 나아가는 것이 근심과 우환의 시초가 아니라는 것을 누가 보장할 수 있을 것인가 하는 글은 그의 처세관의 일면으로 해석이 된다.

다음은 「동명왕편」과 그의 많은 전(傳) 작품 가운데 한 편인 「백운거사전」을 살피기로 한다.

3. 「동명왕편」

이규보는 1193년 그의 나이 26세 되던 해, 『구삼국사(舊三國史)』를 얻어 읽고 동명왕 이야기가 환(幻)이 아니라 성(聖)이요, 귀(鬼)가 아니라 신성한 이야기라는 것을 알게 되었다. 그리하여 서(序)와 함께 5언(言)의 280여 구(句), 1,400여 자(字)의 본시(本詩)와 430여 구, 2,200여 자의 주(註)로 구성되어 모두 4,000자에 가까운 장편 민족 영웅 서사시 「동명왕편(東明王篇)」을 저술한다. 이 작품은 당대 문학의 최고봉을 이루었으며 우리나라 서사 문학의 한 좌표를 이루었다고 할 수 있다.

「동명왕편」은 그 전개 과정을 세 단락으로 구분할 수 있다. 첫째 단락은 「동명왕편병서(東明王篇竝序)」라 이름하고 고주몽이 해모수와 유화 사이에서 태어나기 전의 과정과 탄생시 주몽의 신비한 모습을 신화로써 노래하고 있다.

둘째 단락은 고주몽이 시련 속에서 자라 끊임없는 투쟁을 통해 고구려 국가를 건설하는 역사적인 대업을 이루어 가는 과정과 천신과 산악을 숭배하던 우리의 고유한 신앙을 근원적으로 노래하고 있다.

셋째 단락은 왕자 유리의 왕위 계승을 노래하였고, 아울러 저자는 왕위에 오르는 임금들이 너그러움과 예법으로 나라를 다스릴 것을 피력하고 있다. 『동국이상국집』 제3권에 고율시(古律詩)로 수록된 「동명왕편」은 다음과 같다.

「동명왕편병서」. 세상에서 동명왕의 신통하고 이상한 일을 많이 말한다. 비록 어리석은 남녀들까지도 흔히 그 일을 말한다. 내가 일찍이 그 이야기를 듣고 웃으며 말하기를, "선사(先師) 중니(仲尼)께서는 괴력난신을 말씀하지 않았다. 동명왕의 일은 실로 황당하고 기괴하여 우리들이 얘기할 것이 못 된다."고 하였다. 뒤에 『위서』와 『통전(通典)』을 읽어 보니 역시 그 일을 실었으나 간략하고 자세하지 못하였다. 국내의 것은 자세히 하고 외국의 것은 소략히 하려는 뜻인지도 모른다.

지난 계축년 4월에 『구삼국사』를 얻어 「동명왕본기」를 보니 그 신이한 사적이 세상에서 얘기하는 것보다 더했다. 그러나 처음에는 믿지 못하고 귀(鬼)나 환(幻)으로만 생각하였다. 세 번 거듭 읽어서 점점 그 근원에 들어가니, 환이 아니고 성(聖)이며, 귀가 아니고 신(神)이었다. 하물며 국사는 사실 그대로 쓴 글이니 어찌 허탄한 것을 전하였으랴. 김부식이 국사를 출간할 때에 자못 그 일을 생략하였다. 공은 국사는 세상을 바로잡는 글이니 크게 이상한 일은 후세에 보일 것이 아니라고 생각하였기 때문일 것이다.

「당현종본기(唐玄宗本紀)」와 「양귀비전」에는 방사(方士)가 하늘에 오르고 땅에 들어갔다는 일이 없는데, 오직 시인 백낙천(白樂天)이 그 일이 인멸될 것을 두려워하여 노래를 지어 기록하였다. 그것은 실로 황당하고 음란하고 기괴하고 허탄한 일인데도 오히려 읊어서 후세에 전하였다. 그러나 동명왕의 일은 신이한 것으로 여러 사람의 눈을 현혹한 것이 아니고 실로 나라를 건국하는 신기한 사적이니 이것을 기술하지 않으면 후인들이 장차 어떻게 볼 것인가? 그러므로 시를 지어 기록하여 우리나라가 본래 성인의 나라라는 것을 천하에 알리고자 하는 것이다.

「본기」에 이렇게 적혀 있다. 부여왕 해부루가 늙도록 아들이 없어 산천에 제사하여 아들 낳기를 빌러 가는데, 타고 가던 말이 곤연(鯤淵)이라는 연못에 이르자 큰 돌을 보고 눈물을 흘렸다. 왕이 괴이하게 여기어 사람을 시켜 그 돌을 굴려 그 밑을 보니 금빛 나는 개구리 형상의 작은 아이가 있었다. 왕이, "이것은 하늘이 내게 아들을 준 것이다." 하며, 길러서 금와라 하고 태자로 삼았다. 정승 아란불이, "일전에 천제가 내게 내려와서 '장차 내 자손으로 하여금 이곳에 나라를 세우려 하니 너는 피하라.'고 하였는데, 동해가에 가섭원이란 땅이 있어 오곡이 잘 되니 도읍할 만합니다." 하고 말하였다. 아란불은 왕을 권하여 도읍하여 동부여라 이름하였다. 예전 도읍터에는 천제의 아들 해모수가 도읍하였다.

한나라 신작 3년인 임술년에 천제가 태자를 보내어 부여왕의 옛 도읍에 내려와 놀았으니, 이름은 해모수라고 하였다. 하늘에서 내려오는데 오룡거(五龍車)를 탔고 따르는 사람 100여 인은 모두 흰 고니를 탔다. 채색 구름은 위에 뜨고 음악 소리는 구름 속에서 울렸다. 웅심산에 머물렀다가 10여 일이 지나서 내려오는데 머리에는 오우관(烏羽冠)을 쓰고 허리에는 용광검(龍光劍)을 찼다. 아침에는 정사를 듣고 저물면 곧 하늘로 올라가니 세상에서 천왕랑(天王郎)이라 일컬었다.

옛사람에게 들으니
하늘에서 땅까지의 거리가
이억만 팔천칠백팔십 리란다.
사다리로도 오르기 어렵고
날개로 날아도 쉽게 지친다.
아침저녁 임의로 오르내리니
이 이치 어째서 그러한가.
성 북쪽에 청하(지금의 압록강)가 있으니
하백(河伯)의 세 딸 유화(柳花), 훤화(萱花), 위화(葦花)가 아름다웠다.
압록강 물결 헤치고 나와
웅심 물가에서 놀았다.
쟁그랑 딸랑 패옥이 울리고
부드럽고 가냘픈 모습 아름다웠다.

해모수 왕이 나가서 사냥하다 보고 눈짓을 보내며 마음에 두었다. 곱고 아름다운 것을 좋아함이 아니라, 참으로 뒤이을 아들 낳기에 급함이었다. 왕이 좌우에게 말하여, "얻어서 왕비를 삼으면 후사를 둘 수 있다."고 하였다. 그러나 그 여자들은 왕을 보자 곧 물로 들어갔다. 신하가 "대왕은 왜 궁전을 지어서 여자들이 방에 들어가기를 기다렸다가 못 나가게 문을 가로막지 않으십니까?"라고 하였다. 왕이 말채찍으로 땅에 줄을 긋자 구리 집이 갑자기 장려하게 지어졌다. 방안에 세 자리를 베풀고 술상을 차려놓았다. 그 여자들이 각각 그 자리에 앉아 서로 권하며 마셔 술이 크게 취하였다.

해모수 왕이 세 여자가 크게 취한 것을 기다려 급히 나가 막으니 여자들이 놀라 달아나다가 맏딸 유화가 왕에게 붙잡혔다. 이 사실을 알게 된 하백이 크게 노하여 사자를 보내어 고하기를 "너는 어떠한 사람이기에 내 딸을 잡아 두는가?" 하니, 왕이 알리기를, "나는 하늘의 제왕의 아들인데 지금 하백의 딸에게 구혼하고자 합니다."라고 하였다. 하백이 또 사자를 보내어 고하기를 "네가 만일 천제의 아들이고 내 딸에게 구혼할 생각이 있으면 마땅히 중매를 시킬 일이지 지금 갑자기 내 딸을 잡아 두니 어찌 그리 무례할 수가 있는가?" 하니, 해모수가 부끄러워하며 하백을 뵈려 하였으나 궁실에 들어갈 수 없었다. 그래서 유화를 놓아 보내고자 하나, 유화는 이미 왕과 정이 깊어서 떠나려 하지 않았다. 그리고 만일 용거(龍車)가 있으면 하백의 나라에 갈 수 있다고 권하였다. 왕이 하늘에 고하니, 조금 뒤에 오룡거가 공중에서 내려왔다. 왕이 유화와 함께 수레를 타니 풍운이 홀연히 일어나며 하백의 궁에 이르렀다.

하백이 예를 갖추어 맞아 좌정한 뒤에 이르기를 "혼인의 도는 천하의 공통된 법규인데 어찌하여 실례되는 일을 해서 내 가문을 욕되게 하는가?"라고 하고는, "왕이 천제의 아들이라면 무슨 신통하고도 이상한 재주가 있는가?" 하고 서로 재주를 시험하였다. 하백이 사슴으로 변해 달아나니 해모수는 승냥이로 화하여 쫓았고, 하백이 꿩으로 화하니 왕이 매로 화하였다. 하백은 참으로 천제의 아들이라고 생각하여 예로 혼인을 이루고 왕이 유화를 데려갈 마음이 없을까 오히려 두려워하여 풍악을 베풀고 술을 내어 왕에게 권하였다. 크게 취하자 딸과 함께 작은 가죽 수레에 넣어 용거에 실으니 이는 하늘에 오르게 하려 함이었다. 그 수레가 미처 물에서 나오기 전에 왕은 술이 깨어 여자의 황금 비녀로 가죽 수레를 뚫고 구멍으로 홀로 빠져 나갔다.

하백이 유화를 책망하여, "네가 내 훈계를 따르지 않아서 마침내 우리 가문을 욕되게 하였다." 하고 좌우를 시켜 딸의 입을 옭아 잡아당기어 입술의 길이가 석 자나 되게 하고 노비 두 사람만을 주어 우발수 가운데로 추방하였다. 우발은 못 이름인데 지금 태백산 남쪽에 있다.

한편 동부여에서는 해부루왕이 죽고 금와가 왕이 되었다. 어느 날 어사(漁師) 강력부추(强力扶鄒)가 고하기를, "근자에 어량(魚梁) 속에 고기를 도둑질해 가는 것이 있는데 무슨 짐승인지 알 수 없습니다." 하니, 금와왕이 어사를 시켜 밖으로 끌어내니 그물이 찢어졌다. 다시 쇠그물을 만들어 당겨서 돌에 앉아 있는 여자를 얻었다. 그 여자는 입술이 길어 말을 못하므로 그 입술을 세 번 잘라 내게 한 뒤에야 말을 하였다.

금와왕이 그녀가 천제 아들, 해모수의 비인 것을 알고 별궁에 두었더니, 그 여자의 품안에 해가 비치자 곧이어 임신이 되었다. 신작(神雀) 4년 계해년 여름 4월에 주몽을 낳았다. 원래는 왼쪽 겨드랑이로 알 하나를 낳았는데 크기가 닷되들이[五升]만 하였다. 왕이 괴이하게 여겨 말하기를 “사람이 새 알을 낳았으니 상서롭지 못하다.” 하고, 사람을 시켜 마구간에 두었더니 모든 말들이 밟지 않고, 깊은 산에 버렸더니 모든 짐승이 호위하고, 구름 끼고 음침한 날에도 알 위에 항상 햇빛이 비쳤다. 왕이 알을 도로 가져다가 어미에게 보내어 기르게 하였더니, 알이 마침내 갈라져 한 사내아이를 얻었다. 그는 낳은 지 한 달이 지나지 않아 정확한 발음으로 말하였다. “어머니, 파리들이 눈을 빨아서 잘 수가 없으니 어머니는 나를 위하여 활과 화살을 만들어주오.” 하니, 그 어머니가 댓가지로 활과 화살을 만들어주었다. 그 아이가 화살로 물레 위의 파리를 쏘면 쏘는 족족 맞혔다. 부여에서 활 잘 쏘는 사람을 주몽이라고 하기 때문에 이름을 그렇게 지은 것이다.

다음은 고주몽이 해모수와 유화 사이에서 태어나 시련을 극복하고 고구려를 건국하는 과정을 노래하고 있다.

주몽은 나이가 많아지자 재능이 다 갖추어졌다. 금와왕의 일곱 아들은 항상 주몽과 함께 놀기도 하고 사냥도 하였다. 왕의 아들과 따르는 사람 40여 인은 겨우 사슴 한 마리를 잡았으나, 주몽은 사슴을 활로 쏘아 많이 잡았다. 왕자가 시기하여 주몽을 붙잡아 나무에 묶어 놓고 사슴을 빼앗자, 주몽이 나무를 뽑고 가 버렸다. 태자(太子) 대소(帶素)가 왕에게, “주몽이란 자는 신통하고 용맹한 장사여서 눈초리가 비상하니 만일 일찍 도모하지 않으면 반드시 후환이 있을 것입니다.”라고 하였다.

왕이 주몽에게 말을 기르게 하여 그 뜻을 시험하였다. 주몽이 마음으로 한을 품고 어머니에게, “나는 천제의 손자인데 남을 위하여 말을 기르고 사는 것이 죽는 것만 못합니다. 남쪽 땅에 가서 나라를 세우려 하나 어머니가 계셔서 마음대로 못합니다.”라고 하였다.

유화 부인은 "이것은 내가 밤낮으로 고심하던 일이다. 내가 들으니 장사가 먼 길을 가려면 반드시 준마가 있어야 한다. 내가 능히 말을 고를 수 있다." 하고 드디어 목마장으로 가서 긴 채찍으로 어지럽게 때리니 여러 말들이 모두 놀라 달아났다. 그 중 한 마리 붉은 말이 두 길이나 되는 난간을 뛰어넘었다. 주몽은 이 말이 준마임을 알고 가만히 바늘을 혀 밑에 꽂아놓았다. 그 말은 혀가 아파서 물과 풀을 먹지 못하여 심히 야위었다. 왕이 목마장을 순시할 때 여러 말이 모두 살찐 것을 보고 크게 기뻐하였다. 그리고 상으로 야윈 말을 주몽에게 주었다. 주몽이 이 말을 얻고 나서 그 바늘을 뽑고 잘 먹여 살찌우니 준마가 되었다. 그리하여 주몽은 준마와 어진 세 벗, 오이, 마리, 협보와 함께 동부여를 탈출하게 된다.

남쪽으로 향하여 엄체수를 건너려 하나 배는 없고, 대소의 군사가 곧 추격할 것을 두려워하여 채찍으로 하늘을 가리키며 아뢰었다. "나는 천제의 손자며 하백의 외손인데 지금 난을 피하여 여기에 이르렀으니, 하늘과 땅은 이 고자(孤子)를 불쌍히 여기시어 속히 배와 다리를 주소서."라고 탄식하고, 활로 물을 치니 고기와 자라가 다리를 이루어 주몽 일행은 무사히 강을 건넜다. 뒤에 그들을 쫓는 군사가 이르자 고기와 자라가 이룬 다리가 곧 허물어져 이미 다리에 오른 자는 모두 빠져 죽었다.

한편 주몽이 어머니와 이별할 때 차마 떠나지 못하고 머뭇거리니 어머니가 말하기를 "너는 어머니 때문에 걱정하지 말라." 하고, 오곡 종자를 싸주었다. 주몽은 살아서 이별하는 마음이 애절하여 보리 종자를 잊어버리고 왔다. 주몽이 큰 나무 밑에서 쉬는데 비둘기 한 쌍이 날아왔다. 주몽은 "아마도 신모(神母)께서 보리 종자를 보내신 것이리라." 하고 활을 쏘아 한 화살에 모두 떨어뜨려 목구멍을 벌려 보리 종자를 얻고 나서 물을 뿜으니 비둘기가 다시 소생하여 날아갔다.

형세 좋은 땅에 왕도를 개설하니, 산천이 울창하고 높고 컸다. 주몽왕이 스스로 띠자리 위에 앉아서 대강 임금과 신하의 위치를 정하였다.

비류왕 송양이 나와 사냥하다가 왕의 용모가 비상함을 보고 이끌리어 함께 앉아서,

"바다 한쪽에 치우쳐 있어 일찍이 군자를 만나 보지 못하였으나 오늘 우연히 그대를 만났으니 얼마나 다행한 일인가. 그대는 어떠한 사람이며 어느 곳에서 왔는가?"라고 물었다. 주몽왕이 말하기를 "과인은 천제의 손자와 서국의 왕이다. 감히 묻나니 군왕은 누구의 후손인가?" 하니, 송양이 "나는 선인의 후손인데 여러 대왕 노릇을 하였다. 지금 지방이 대단히 작아서 나누어 두 왕이 될 수 없고 그대는 나라를 만든 지가 얼마 되지 않았으니, 나의 부속국이 되는 것이 좋을 것이다." 하였다. 왕이, "과인은 천제의 뒤를 이었지마는 지금 왕은 신(神)의 자손도 아니면서 억지로 왕이라 하니, 만일 내게 복종하지 않으면 하늘이 반드시 죽일 것이다." 하였다.

송양은 왕이 여러 번 천제의 손자라 자칭하는 것을 듣고 마음에 의심을 품어 그 재주를 시험하고자 하였다. 그리하여 왕이 "왕과 활쏘기를 원하노라."라고 말하고, 사슴 그림을 100보 안에 놓고 쏘았으나 화살은 사슴 배꼽에 들어가지 못하였다. 주몽왕이 사람을 시켜 옥가락지를 가져다가 100보 밖에 달아매고 쏘았는데 기왓장 부서지듯 깨지니 송양이 크게 놀랐다.

주몽왕이, "국가의 기업이 새로 창조되어 예법이 바로 서지 않았기 때문에 비류(沸流)의 사자가 왕래할 때 내가 왕의 예로 맞고 보내지 못하는 까닭으로 나를 가볍게 여기는 것이다." 하였다. 시종하는 신하 부분노(扶芬奴)가 앞에 나와, "신이 대왕을 위하여 비류의 북을 가져오겠습니다. 이것은 하늘이 준 물건이니 왜 가져오지 못하겠습니까? 대왕이 부여에서 곤욕을 당할 때에 누가 대왕이 여기까지 이르리라고 생각하였겠습니까? 지금 대왕이 만 번 죽음을 당할 위태한 땅에서 이곳으로 와서 요좌(遼左)에 이름을 날리니 이것은 천제가 명령하여 하는 것이라 무슨 일인들 이루지 못하겠습니까?" 하였다.

이에 부분노 등 세 사람이 비류에 가서 북을 가져오니 비류왕이 사자를 보내어 북을 찾으려 하였다. 그러나 북은 이미 빛깔이 오래된 것처럼 검게 변색되었기 때문에 송양이 감히 다투지 못하고 돌아갔다.

또한 송양이 도읍을 세운 선후를 따져 부용국을 삼고자 하니, 주몽왕은 궁실을 지을 때 썩은 나무로 기둥을 세워 천년 묵은 것 같이 했다. 송양이 와서 보고 마침내 감히 도읍을 세운 선후를 따지지 못하였다.

서쪽을 순행하다가 사슴 한 마리를 얻었다. 해원에 거꾸로 달아매고 저주하기를, "하늘이 만일 비를 내려 비류왕의 도읍을 수몰시키지 않는다면 내가 너를 놓아 주지 않을 것이니, 이 곤란을 면하려거든 네가 하늘에 호소하라." 하니, 그 사슴이 슬피 울어 소리가 하늘에 사무치니 장마 비가 이레를 퍼부어 송양의 도읍을 수몰시켰다. 송양이 갈대 밧줄로 흐르는 물을 횡단하고 백성들은 모두 그 밧줄을 잡아 당겼다. 주몽이 채찍으로 물을 그으니 물이 곧 줄어들었다. 6월에 송양이 나라를 들어 항복하였다 한다.

7월에 검은 구름이 골령에 일어나서 사람들이 그 산을 볼 수 없었는데 오직 수 천 명의 소리가 토목 공사를 하는 것 같이 들렸다. 주몽왕이, "하늘이 나를 위하여 성을 쌓는 것이다." 하였다. 7일 만에 운무가 걷히니 성곽과 궁실 누대가 저절로 이루어져 있었다. 왕이 황천에 절하여 감사하고 나아가 살았다.

가을 9월에 주몽왕이 왕위에 오른 지 십구 년 만에 하늘에 오르고 내려오지 않으니 이때 나이 40이었다. 태자가 대신 왕이 남긴 옥 채찍을 용산(龍山)에 장사하였다.

다음은 왕자 유리의 왕위 계승과 왕의 도리를 노래하고 있다.

유리는 어려서부터 기이한 기질이 있었다. 소년 때에 참새 쏘는 것을 업으로 삼았는데 한 부인이 물동이를 이고 가는 것을 보고 쏘아서 뚫어버렸다. 그 여자가 노하여 "아비도 없는 자식이 내 물동이를 쏘아 뚫었다."라고 욕하니, 유리가 크게 부끄러워 다시 진흙 탄환을 쏘아 동이 구멍을 막아 전과 같이 만들어주었다. 집으로 돌아온 유리는 어머니에게, "내 아버지가 누구입니까?" 하고 물었다. 어머니는 유리의 나이가 어리기 때문에 장난삼아 말하기를, "너는 아버지가 없다." 하였다. 유리가 울며, "사람이 아버지가 없으면 장차 무슨 면목으로 남을 보겠습니까?" 하고 마침내 스스로 목을 찌르려 하였다. 어머니가 깜짝 놀라 말리며, "아까 한 말은 장난삼아 한 말이다. 너의 아버지는 천제의 손자이고 하백의 외손인데 부여의 신하되는 것을 원망하다가 도망하여 남쪽 땅에 가서 국가를 창건하였다." 하니, 유리는 "아버지는 임금이 되었는데 아들은 남의 신하가 되었으니 내가 비록 재주 없으나 어찌 부끄럽지 않겠습니까?" 하였다.

이에 어머니가 말하기를, "너의 아버지가 떠나실 때, '내가 일곱 고개 일곱 골짜기 돌위 소나무에 물건을 감추어 둔 것이 있으니 이것을 찾아 얻는 자가 내 자식이다.'라고 말씀하셨다."라고 전하였다. 유리는 산골짜기에 가서 이를 찾다가 얻지 못하고 지쳐 돌아왔다. 그때 당(堂) 기둥에서 슬픈 소리가 나는 것을 들었다. 그 기둥은 돌 위의 소나무이고 나무 모양이 일곱 모서리였다. 유리가 스스로 해득하기를, "일곱 고개 일곱 골짜기라는 것은 일곱 모서리이고 돌 위 소나무라는 것은 기둥이다." 하고 일어나 가보니 과연 기둥 위에 구멍이 있었다. 그 구멍에서 부러진 칼 한 조각을 얻고 크게 기뻐하였다.

전한(前漢) 홍가(鴻嘉) 4년 4월에 고구려에 이르러서 칼 한 조각을 주몽왕께 받들어 올렸다. 왕이 가지고 있던 부러진 칼 한 조각을 내어 합하니 피가 나면서 이어져 한 칼이 되었다. 왕이 유리에게, "네가 실로 내 자식이라면 무슨 신성함이 있느냐?" 하니, 유리가 즉시 몸을 날려 공중에 솟구쳐 창으로 새어 드는 햇빛을 막는 기이한 신성을 보이니 왕이 크게 기뻐하여 태자로 삼았다.

내 성품 본래 질박하여
기이하고 괴상한 것 좋아하지 않는다.
처음에 동명왕의 일을 보고
요술인가 귀신인가 의심하였다.
서서히 서로 연결하여 보니
변화가 무궁하여 의논하기 어렵다.
하물며 이것은 직필로 쓴 글이라
한 글자도 헛된 글자가 없다.
신이하고도 신이하여

만세에 아름다운 일이다.
생각건대 창업하는 임금이
성신이 아니면 어찌 이루랴.
유방(劉邦)의 어머니는 큰 못에서 쉬다가
꿈꾸는 사이에 신을 만났다.
우레 번개에 천지가 캄캄하고
괴이하고 위대한 교룡(絞龍)이 서려 있었다.
인하여 곧 임신이 되어
성신한 한(漢) 고조 유방을 낳았다.
이것이 적제(赤帝)의 아들인데
일어남에 특이한 복조가 많았다.
세조 광무 황제가 처음 태어날 때
광명한 빛이 집안에 가득하였다.
절로 적복부(赤伏符)에 받고서
황건적을 소탕하였다.
자고로 제왕이 일어남에
많은 징조와 상서가 있었다.
끝 자손은 게으르고 거침이 많아
모두 선왕의 제사를 끊어뜨렸다.
이제야 알겠다 수성하는 임금은
신고한 땅에서 작은 일을 삼갈 것을 경계하였다.
너그럽고 어짊으로 왕위를 지키고
예와 의로 백성을 교화하였다.
길이길이 자손에게 전하여
오래도록 나라를 통치하였다.

〈해설〉

「동명왕편」은 『동국이상국집』 제3권에 수록되어 전한다. 이것은 이규보의 나이 26세에 저술한 것으로 우리나라 최고의 민족 영웅서사시이다.

고려 중기는 내외적으로 무인 정권의 전횡과 몽고족의 침입으로 역사적 민족 지상의 이론이 요청되는 시기였다. 그리하여 역대 왕업을 찬양하는 서사문학이 많이 저술되기도 하였다. 이승휴의 『제왕운기(帝王韻己)』와 오세제의 『역대가(歷代歌)』가 그것이다.

특히 이들 작품 중에서 「동명왕편」은 고구려를 계승하고 있다는 고려인(高麗人)의 자부심과 함께 동명왕의 사적이야말로 우리 민족에게 영원히 전해야 할 민족정신의 지주라고 여긴 것이다. 그것은 끊임없이 외적으로부터 침입을 당했던 시대에 서경(西京)을 북진 기지로 삼고 웅혼한 뜻을 다시 한 번 대륙에 펴고자 했던 고려 민중의 실천적인 소망이기도 하였을 것이다.

이러한 영웅적 삶을 살았던 고주몽은 그리스 신화인 호메로스의 『오디세이아』의 주인공 오디세우스가 고난을 극복하고 고향 이타케로 돌아가는 영웅의 일생과 비유되기도 한다. 아울러 『성서』 「출애굽기」의 모세와도 비견될 수 있다. 이러한 점에서 「동명왕편」이 우리나라 영웅 서사시의 지평을 열어 놓은 작품으로써 그 문학적 의의와 가치가 인정되는 것이다.

예로부터 국가적으로 위기가 닥쳐오면 국가 바로 세우기의 일환으로 문학이 그 역할을 하였다. 우리나라에서는 『삼국사기』, 『삼국유사』 그리고 위에서 언급하였던 「제왕운기」와 「역대가」를 비롯하여 「동명왕편」이 그러한 작품이 될 것이다.

중국에서는 신해혁명(辛亥革命)을 전후하여 무기력한 중국인들의 '정신 승리법'을 풍자하여 각성시키고자 루쉰(魯迅)이 『아큐정전(阿Q正傳)』을 저술하였고, 일본에서는 2차 대전에서 패망하고 흔들리는 국민들에게 민족정신을 재무장하기 위하여 야마오카 소오하찌가 『도쿠가와 이에야스(德川家康)』를 저술하였다.

국가적으로 경제적 혼란을 맞은 오늘날, 우리에게는 민족적 구심점을 마련해야 하는 과제가 있다. 이러한 상황에서 천손으로서 북방을 개척했던 동명성왕의 드높은 기상을 보여주는 「동명왕편」의 내용은 시사하는 바가 큰 것이다.

4. 「백운거사전」

백운거사(白雲居士)는 선생이 스스로 지은 호이다. 자신의 이름은 숨기고 그의 호를 드러냈으며, 스스로 호를 지은 취지에 대해서는 선생이 쓴 「백운어록」에 갖추어 기재하고 있다. 집안에는 자주 식량이 떨어져서 끼니를 잇지 못하였으나, 거사는 홀로 유쾌히 지냈다. 성격이 소탈하여 단속할 줄 모르며, 육합(六合)을 좁게 여기고 천지를 비좁게 생각했다.

일찍이 술을 마시고 혼미하여도 그를 초청하는 사람이 있으면 곧 즐겁게 나아가 잔뜩 취해 가지고 돌아왔다. 아마 옛적 도연명의 부류인 듯하다. 거문고를 타고 술을 마시며 이렇게 스스로 세월을 보낸다. 이는 그의 사실대로의 기록이다. 거사는 취하면 시를 읊으며 스스로 전(傳)을 짓고 스스로 찬(贊)을 지었다.

찬에 이르기를, "뜻이 본래 천지의 밖에 있으니, 하늘과 땅도 그를 얽매지 못하리로다. 장차 대기의 모체와 함께 자연과 공허의 세계에 노닐었다."고 하였다.

〈해설〉

「백운거사전(白雲居士傳)」은 『동국이상국집』 제20권에 수록되어 전하는 것이다. 이 작품은 총 130자의 한자로 된 극히 짧은 탁전(托傳)으로, 작자는 백운거사를 말하여 옛적 도연명(陶淵明, 365~427) 부류라고 밝히고 있다. 동진(東晉)시대의 「귀거래사(歸去來辭)」의 저자 도연명 역시 「오류선생전(五柳先生傳)」을 지어 자신의 인생관(人生觀)과 자연애(自然愛)를 피력한 바가 있다.

「백운거사전」에서 백운거사의 성격은 두 가지 의미를 지니는 것으로 파악된다. 그 첫째가 이상주의적 성격을 지닌 인물이라는 것이다. 「백운거사어록」에서 백운을 설명하여 '바람처럼 동서로 움직이니 행적에 구속됨이 없다.'나, 다만 '자유롭게 군자의 행동을 편다.'와 같은 구절이 그것을 잘 드러내고 있다. 어디에도 구애됨 없이 동서로 떠다니다가 마음에 맞는 곳이 있으면 머물고 그렇지 못하면 지나가는 구름의 생리는 확실히 이상 추구 정신과 상통한다 하겠다.

이는 조선조 소설에 등장하는 인물들의 이상 추구 정신과 같은 맥락이라 하겠다. 또 하나는 신선사상(神仙思想)이다. 이러한 이상주의적 신선사상은 저자의 의식체계의 표출인 것이다.

국문학상 「백운거사전」은 고려 후기 가전체 형식의 작품들과 더불어 조선의 의인체 소설에 영향을 끼친 중요한 작품이다.

4장

『동문선』
- 서거정

『동문선(東文選)』은 삼국시대 후반기부터 통일신라와 고려를 거쳐 조선의 중종에 이르기까지의 우리나라 시인, 문사들의 수많은 우수한 시문(詩文)을 뽑아 편집한 것으로 정(正)과 속(續), 두 편으로 선별하여 편집한 시문집(詩文集)이다.

『동문선』 정편(正編)은 성종 9년(1478) 12월에 예문관 대제학 서거정 및 홍문관 대제학 양성지 등이 왕명을 받들어 찬집하였다. 이것은 목록 세 권을 합하여 총 133권으로 편집되었다. 속편(續編)은 중종 13년(1518) 7월에 찬집청당상 신용개(申用漑) 등이, 정편이 성립된 후 40여 년 사이에 저술된 시문들을 추가 선발한 것으로 목록 두 권을 합하여 총 23권으로 되어 있다.

『동문선』은 처음으로 성립된 성종 9년(1478)으로부터 숙종 39년(1713)까지 약 230여 년에 걸쳐, 정편 4종, 속편 1종, 정속 합본 4종이 판각되었다. 이처럼 여러 차례의 판본 간행은 이 책이 우리 문인들 사이에서 계속 애독되어 왔음을 실증하는 것이다.

『동문선』은 『역대왕조실록』 등 국가의 귀중한 문헌들과 함께 각지의 사고(史庫)에 수장되었던 저술이다. 임진왜란이 일어나던 그 다음해 선조(宣祖) 26년(1593) 계사 7월에 전주사고로부터 왕조실록을 가져오게 할 때에 『동문선』도 『고려사』, 『동국통감』 등과 함께 춘추관에 옮겨 보관하게 하였다는 기록으로 알 수 있다. 이 저술은 우리나라의 한문학 전통에 있어 대표적 문예작품으로서 오랫동안 우리 문학 발전에 역할을 다하고 있다.

1. 저술 배경과 서거정

(1) 「동문선서(東文選序)」

하늘과 땅이 처음 나누어지자 이에 문(文)이 생겼습니다. 위로는 밝은 일월과 벌여 있는 별이 하늘의 문이 되었으며 아래로는 솟아 있는 산과 흐르는 물이 땅의 문이 되었습니다. 성인이 괘(卦)를 긋고 글자를 만들어 인문(人文)이 점차 베풀어졌으니 정(精), 일(一), 중(中), 극(極)은 문의 체(體)요, 시(詩), 서(書), 예(藝), 악(樂)은 문의 용(用)입니다. 따라서 시대마다 각각 문이 있고 문은 각각 체재가 있으니, 전(典), 모(謨)를 읽으면 당(唐), 우(虞)의 문을 알 수 있고, 훈(訓), 고(誥), 서(誓), 명(命)을 읽으면 하(夏) · 상(商) · 주(周) 3대의 문을 알 수 있습니다.

진(秦)에서 한으로, 한에서 위와 진(晋)으로, 위와 진에서 수와 당으로, 수와 당에서 송과 원으로 내려오면서, 그 시대를 논하여 그 문을 상고하면 문선, 문수, 문감, 문류 등 여러 편찬으로써 대개 후세 문운의 높고 낮음을 논할 수 있는 것입니다.

근대에 문을 논하는 이가 말하기를 "송의 문장이 당의 문장이 되지 못하고 당은 한의 문장이 되지 못하고 한은 춘추전국의 문장이 되지 못하고 춘추전국은 하은주 삼대와 요순 시대의 문장이 되지 못한다."고 하였으니, 이것은 진실로 옳게 본 의논입니다.

우리 동방에서 단군이 나라를 세운 것은 태곳적이라 상고할 길이 없고, 기자(箕子)가 구주(九疇)를 천명(闡明)하고 팔조(八條)를 폈으니 그 당시에 반드시 볼 만한 문화가 있었을 것이오나 전적이 남아 있지 않습니다. 또한 삼국이 솥발처럼 버티었을 적에는 날마다 전쟁을 일삼았으니 어찌 시(詩), 서(書)를 필요로 하였겠습니까. 그러나 고구려에서는 을지문덕이 사명(辭命)을 잘하여 수(隋)의 백만 군사를 물리쳤으며, 신라에서는 당에 들어가 과거에 급제한 자가 50여 명이나 되고, 최치원(崔致遠)의 황소(黃巢) 토벌의 격문(檄文)은 이름이 천하에 울렸으니, 글 잘하는 선비들이 없는 것이 아니었으나 지금 전하는 것이 드물어 진실로 탄식할 일입니다.

고려에서 후삼국을 통일한 이래로 문화가 점차로 일어나서, 광종이 과거를 설치하여 선비를 뽑았고 예종이 문체의 고아함을 좋아하였으며 인종과 명종이 역시 유학을 숭상하여 호걸스런 선비가 찬란하게 많이 나왔습니다. 북송 · 남송 · 요 · 금의 전란 시대에 여러 번 문사로써 국가의 환난을 풀었으며 원조(元朝)에 이르러서는 빈공(賓貢)으로 과거에 올라 중원의 재주 있는 문사들과 상하를 다투는 이가 앞뒤에 서로 잇달았습니다.

황명이 통일하며 광(光), 악(岳)의 기운이 완전하여, 우리 국가에서도 여러 성군이 서로 이어 가기 100년 동안에 나온 인물들은 위대하고 수려하여 문장을 지음에 있어 힘차고 빼어남이 옛날 문장에 손색이 없습니다.

이것은 우리 동방의 문(文)이요, 송 · 원의 문도 아니고 또 한 · 당의 문도 아닌 것입니다. 마땅히 중국 역대의 문과 나란히 천지간에 나란히 할 것이거늘, 어찌 사라지게 하겠습니까.

그러하오나 김태현(1261~1330)이 편찬한 『동국문감』은 간단하여 실패하였고, 최해(1287~1340)가 편찬한 『동인지문』은 흩어지고 버린 것이 매우 많았사오니, 어찌 문헌에 있어 크게 개탄할 일이 아닙니까. 진실로 생각하니 전하께서는 하늘이 내신 성인의 학문으로 날마다 경연에 납시어 경(經), 사(史)를 즐겨 보시면서 "문예의 작품이 비록 육경(六經)에 견줄 것은 아니나, 역시 문운(文運)의 성하고 쇠함을 볼 수 있는 것이다." 하시어, 영돈녕부사 신(臣) 노사신, 이조판서 신 강희맹, 공조판서 신 양성지, 이조참판 신 이파와 신(臣) 거정에게 소명을 주시어, 제가(諸家)의 작품을 가려 모아서 한 질을 만들게 하셨습니다.

신들이 임금님의 높으신 뜻을 우러러 받들어 삼국으로부터 당대에 이르기까지의 사(辭), 부(賦), 시(詩), 몇 가지의 체를 수집하여 그 가운데 글과 이치가 순정(醇正)하여 교화에 도움이 될 만한 것을 취하여 분문(分門)으로 분류하여 모아서, 정리하여 130권을 편성하여 올렸더니, 『동문선』이라고 이름을 내리셨습니다.

신(臣) 거정이 그윽이 생각하오니 『주역』에 이르기를, "인문을 관찰하여 천하를 교화한다." 하였습니다. 대개 천지에는 자연의 문(文)이 있으므로 성인이 천지의 문을 본받았으며 시대의 운수에 성쇠의 다름이 있으므로 문장이 높고 낮음의 다름도 있습니다. 육경의 뒤에는 오직 한, 당, 송, 원과 황조(皇朝)의 문(文)이 가장 예에 가까웠습니다. 그것은 그 당시에 천지의 기운이 성하였으므로 큰 음향이 절로 완전하여 다른 시대처럼 남북 분열의 폐단이 없었던 까닭입니다.

우리 동방의 문(文)은 삼국시대에서 비롯하여 고려에서 성하였고, 이조에 와서 극에 이르렀으니 천지 기운의 성쇠에 관계된 것을 역시 상고할 수 있습니다. 하물며 문이란 것은 도(道)를 꿰는 도구이므로 육경의 문은 문을 짓는 데에 뜻이 있는 것이 아닌데도 자연히 도에 합하는 것입니다.

후세의 문은 먼저 문을 짓는 데에 뜻이 있으므로 더러는 도(道)에 순수하지 못하게 되는 것입니다. 지금 공부하는 이들이 진실로 도에 마음을 두고 글을 만드는 데만 힘쓰지 아니하며 경(經)에 뿌리박고 제자(諸子)에 애써 따르려 하지 말고 아름답고 바른 것을 숭상하고 허탄한 것은 멀리하여 고명(高明)하고 정대(正大)하면 그 문집을 우익(羽翼)하는 데에 반드시 그 방법이 있을 것입니다. 만약 문에서 문을 하고 도에 뿌리박지 아니하며 육경의 법칙에 어긋나고 제자(諸子)의 범위에 빠져 버린다면, 문이 도를 꿰는 문이 아니어서 오늘날 전하께서 계발(啓發)하여 주신 거룩한 뜻이 아닐 것입니다.

그러하오나 지금 성스럽고 밝으신 이가 위에 계시며 천지의 기운이 성하니 인물이 시기에 응하여 태어나서 문으로써 세상을 울릴 이가 반드시 연달아 일어날 것이니 어찌 사람이 없으리라 걱정되겠습니까. 신이 비록 재주가 없사오나 오히려 마땅히 붓을 잡고 기다리겠습니다.

〈해설〉

「동문선서」는 『동문선』이 찬술되고 난 후 성종에게 올린 서거정의 글이다. 『동문선』의 편찬은 우리나라의 문학을 중국의 문학과 나란히 놓고, 우리나라 역대 문학 발달의 가장 높은 단계에 조선의 문학을 위치시킴으로써 왕조의 문화 역량을 과시한 것이다. 또한 『동문선』이 가진 규모의 방대함과 풍부함은 바로 이 편찬 주체들의 당당한 자신감의 표현인 것이다.

『동문선』의 또 하나의 특징은 시(詩)보다는 문(文)에, 그리고 문 가운데서도 정치와 의례, 외교에 관한 문장에 압도적으로 큰 비중을 둔 것이다. 따라서 이는 지배층의 봉건적 상하 관계를 원만하게 유지하고, 사대 외교를 순조롭게 수행하며, 통치층의 권위를 장식하는 등의 효용에 주안점을 둔 전형적인 관료 문학의 산물이다.

따라서 『동문선』은 양적으로 방대함에도 불구하고 기층문화나 민중 사회와 관련된 시문들은 소외된 상층 지배층 중심의 문선이다. 물론 기층민의 생활을 다룬 작품이 전혀 없는 것은 아니지만 거의 대개가 상층 지향의 미의식을 보여 주고 있는 것이 또 다른 특징의 하나이다. 그리고 한자로 된 작품이 아닌 것은 제외되고, 이제현(李齊賢)의 『소악부(小樂府)』와 이규보의 「동명왕편(東明王篇)」 등이 제외된 것으로 보아 이 책의 편찬 주체들의 한계를 읽을 수 있게 한다.

이러한 것은 "육경(六經)에 근본하고 제자(諸子)에 구차스럽게 갇히지 말고 고명정대(高明正大)하게 글을 써야 한다."는 그들의 재도적 문학관에 의한 가치관 때문일 것이다.

이상과 같은 편찬 태도는 후대의 사림(士林)들에게 일정 정도 비판의 대상이 되기도 하였지만 반드시 부정적인 면만 있는 것은 아니다. 특히 자국의 문학 전통을 중국의 문학과 병행해 독자적인 존재로 인식한 것과, 미의식이나 주제와 제재 등의 다양성은 후대의 주자학적 가치관에 철저하였던 사림들의 문학과는 상대적으로 긍정적인 평가가 가능한 것이다.

(2) 서거정의 생애

『동국통감』(서울역사박물관)

『동문선』은 성종의 명을 받들어 예문관 대제학 서거정(徐居正), 홍문관 대제학 양성지(梁誠之), 노사신(盧思愼), 강희맹(姜希孟) 등 많은 문인 학자가 참여하여 편찬한 것이다. 이들 가운데 편찬의 중심인물은 서거정(徐居正, 1420~1488)이었다.

서거정의 호는 사가정(四佳亭)이

며 대구 출신이다. 그의 아버지 미성(彌性)은 안주 목사를 역임하였으며, 그의 외할아버지는 양촌(陽村) 권근(權近)이었다. 어려서부터 문명(文名)을 얻어 신동으로 이름을 날렸다. 그는 세종에서 성종까지 6대의 왕조를 섬기며 굴곡 없는 벼슬의 길을 걸었다.

세조 13년(1467)에 예문관 대제학이 되고, 이어서 홍문관 대제학을 겸하여 문형(文衡)에 이르렀다. 그는 조정에서 45년, 문형으로 23년의 벼슬길에서 많은 업적을 남겼다.

서거정은 우리나라 기본 법전으로 인정되는 『경국대전』의 편찬에 참여하였으며, 역대 우리나라 역사를 정리한 『동국통감』을 찬술하였다. 각 지방의 연혁과 풍물을 담은 인문지리서인 『여지승람』을 엮었고, 시평론집인 『동인시화(東人詩話)』를 저술하였다. 그의 문집으로는 『사가집(四佳集)』과 『필원잡기(筆苑雜記)』가 전한다.

그의 많은 저술 중에 우스갯소리를 모아놓은 『태평한화골계전(太平閑話滑稽傳)』은 또 다른 서거정의 일면을 보여 주는 것으로 지적되고 있다. 훗날 서거정은 『향약집성방(鄕藥集成方)』을 국문으로 번역하기도 하였다.

2. 『동문선』 개관

『동문선』에는 29명의 승려를 포함해 약 500여 명의 작자와 4,240여 제의 시문이 55종의 문체로 나뉘어 130권의 편재로 수록되어 있다. 이로 보건대 이 책은 어떤 엄정한 가치 기준보다는 너그러운 자세로 양적으로 좀 더 많이 포괄하려고 한 선집(選集)이라 하겠다. 또한 이러한 점 때문에 성현과 후대의 학자들에 의해 '선(選)'이 아니라 '유취(類聚)'라는 비판을 받기까지 했던 것이다. 그러나 이러한 특징은 이 책의 간행 목적이 우리 문학사에서 사라질지도 모르는 많은 작가와 작품을 수록함으로 해서 '문헌충비(文獻充備)'의 역할을 수행하고 있다.

고려조의 『문선』으로는 김태현의 『동국문감』과 최해의 『동인지문』이 이미 존재하고 있으나 그것들은 작품을 골라 싣는 데에 있어서 간략하게 하거나 빠져 없어진 것이 많기 때문에 결국 문헌을 보충하기 위하여 『동문선』을 저술한 것이다.

『동문선』은 중국의 「문선(文選)」을 모방하여 사(辭), 부(賦), 고시(古詩)에서부터 조칙, 교서, 제고, 표전, 계장, 격서, 잠명, 송찬, 주의, 문(文) 서(書), 기(記), 서(序), 전(傳), 발(跋), 소(疏), 잡저(雜著), 책제, 축제문(祝祭文), 애사(哀辭), 행장(行狀), 비명(碑銘), 묘지(墓誌) 등 각 문체들을 종류별로 나누어 찬집하였다고 밝히고 있다.

『동문선』에 수록된 작자로서는 고구려의 을지문덕과 신라의 최치원(崔致遠)으로부터 고려의 김부식, 이규보, 이인로, 이제현, 이곡, 이숭인, 정몽주, 이색 등과 조선의 정도전, 권근, 변계량, 하륜, 성삼문, 박팽년, 신숙주, 서거정, 김종직, 성현, 김수온 등에 이르기까지 우리 선인들의 시문 작품을 시간을 초월하여 망라하여 집대성한 선집이라 하겠다. 다음은 『동문선』에 수록된 정지상, 이제현, 이숭인, 정도전의 몇 작품을 살피기로 한다.

3. 「송인」 – 정지상

정지상(鄭知常, ?~1135)은 서도(西都: 평양) 사람으로 처음 이름은 지원(之元)이고 호는 남호(南湖)이다. 고려조 전기인 예종, 인종에 걸쳐 살았던 시인일 뿐만 아니라 당대 귀족관료 정치의 모순을 비판하였던 신진개혁 정치가이다. 그의 비판 정신은 보수 귀족관료 세력과 대립되어, 결국 김부식에 의하여 제거되었다.

정지상이 남긴 글이나 단편적인 기록에 의하면 그는 편모슬하에 자라나 개성의 국자감에서 수업하였으며, 1112년 예종 7년, 오연총(吳延寵)이 지공거로서 관장한 진사과에 장원으로 급제하여 정계에 진출하게 된다. 처음 벼슬은 지방직에 임명되었으나 예종 9년 조정 관료로 등용하여 활동하게 된다.

1126년 인종이 즉위하게 되면서 정치적 득의의 시절이 된다. 이때 좌정언(左正言), 좌사간(左司諫), 지제고(知制誥) 등이 재임하면서 왕의 측근에서 이자겸을 제거하였고, 척준경을 탄핵하는 상소를 올리는 등 임금님께 충언을 하는 중책을 다하였다. 특히 지제고는 한림원 소속의 겸직으로 조정에 필요한 문서를 작성하는 것이 주요사항이었다. 이것은 정지상의 문학적 재능이 조정 산하에서 인정되었던 것을 말하는 것이다.

인종은 정지상을 상당히 총애하였던 것으로 짐작이 된다. 정지상의 시, 「사물모씨표(賜物母氏表)」는 인종이 그의 어머니에게 선물을 하사한 것을 치하하는 내용이다. 또한 「동산재기(東山齋記)」는 인종의 명에 의하여 저술된 것이다. 정지상은 경서를 강의하기도 하였으며 김부식이 강의한 것을 논란하기도 하였다.

이와 같이 인종의 측근에서 간언을 주요 업무로 하는 강직한 신진 관료였던 것이다. 그러나 보수적인 문벌 귀족이 득세하던 당대 정치 여건에서 그의 간원은 충돌과 대결 국면을 만나게 된다. 자신의 정치적 이상이 실현될 수 없는 현실 정치의 부조리를 간파한 그는 고려를 새롭게 일으키고자 묘청, 백수한 등과 함께 서경 천도와 건원(建元)을 칭하는 운동을 제기하였다. 그리하여 1135년 대위국(大爲國)을 건립하기도 한다.

이인로의 『파한집(破閑集)』에는 "서도는 옛날 고구려 도읍지로 산과 강을 끼고 있어 기상이 수려하므로 특출한 인물이 많이 배출되었다. 예종 때 정씨 성을 가진 준재(俊才)가 있었다. 그러나 그 사람 이름은 잊었다."라고 하였다. 이것은 반역자로 처형된 정지상의 이름 석 자는 밝히지 않지만, 그의 시적 재능은 칭송하고 있는 것이다.

정지상이 서경 천도와 칭제 건원을 주장한 것은 서도 출신으로서 소외되었던 자신의 개인적인 불만과 국수주의에 편향된 의식이라는 해석도 있지만, 궁극적으로는 당시 부조리한 현실 정치를 개혁하고 진취적인 민족정기를 회복하자는 개혁 의지가 성공하지 못하였던 것이라고 볼 수 있다.

고려 전기 시단의 두 거장인 정지상과 김부식은 문학적으로 정치적으로 서로 상반된 위치에 처하였던 것이다. 정지상이 진취적, 개혁적인 서정 시인이었다면, 김부식은 보수적, 귀족적인 도덕적 가치를 선양하는 효용성의 시경을 유지하였던 것이다. 이와 같이 예종과 인종 시기에 이 두 인물은 조정에서 나란히 중책을 수행하면서 시문에 있어서도 재능을 다투는 등 대립 관계를 유지하다가 결국 묘청의 난을 기회로 반역자와 처단자로 길을 달리하게 된 것이다.

정지상이 처형되고 그의 처자식들은 동북성의 노비 신세가 되었고 그의 이름은 잊혀진 것이다. 그런 관계로 정지상은 시인으로서 지녔던 문학적 명성에 비하여 현재 전하는 작품이 그리 많은 편이 아니다. 전하는 시작품은 오언율시 3수, 칠언율시 7수, 칠언절구 8수 등 합하여 20여 수가 전한다.

정지상은 「제등고사(題登高寺)」에서 "사방 천하에 큰 뜻을 두어야 한다."고 노래하였다. 현실에 구차하게 안주하지 않고 천하를 다스리는 원대한 의지를 지녀야 한다는 의미이다. 이것은 그의 의식 세계를 대변하는 것이라고 할 수 있다. 다음은 『동문선』에 전하는 오언율시 「송인(送人)」과 칠언절구 「송인(送人)」을 살피기로 한다.

「송인(送人, 님을 그리며)」

뜰 앞에 한 잎 가을 낙엽 떨어지니
마루 밑의 뭇 벌레 슬피 우노라.
홀연히 떠나시는 마음 말릴 수 없었네.
유유히 가는 곳은 그 어디인가.
외로운 이 마음은 산마루에 의지하고
달 밝은 밤 외로이 그대 꿈을 꾸노라.
남포에 봄 물결 푸르거든

그대여 나중 기약을 잊지는 마소.

오언율시 「송인」은 정지상이 서경에 있을 때의 작품으로 추정이 된다. 이별을 읊은 시로서 그 시상이 지극히 서정적이다. 가을날 훌훌 떠나는 이를 보내고 외로운 마음에 푸른 물결을 바라보며 그래도 봄이면 다시 만날 날을 기다리는 심정을 노래하였다. 「송인」의 님을 보내며 미련을 남기는 대목은 고려 민중의 정감을 대변하는 고려가요 「가시리」의 종결부와 그 시상을 비교할 수 있다. 이러한 서정적 특징은 고려인의 정감을 대변하는 것으로 해석할 수 있다.

「송인(送人)」

비 갠 강둑에는 풀빛이 짙어지고
남포에서 임 보내니 슬픈 노래 울린다
대동강 저 물은 어느 때나 다 마를 것인가
해마다 흘린 이별 눈물이 푸른 물결 보태니

「송인」또는 「대동강」이라고 불리는 이 시는 이별을 소재로 한 한시(漢詩) 중에서 가장 탁월한 시로 인정되는 것이다. 이별의 눈물이 더하여지는 대동강은 영원토록 마르지 않을 것이라는 것은, 한의 감정을 희망적으로 확장시키고 있다. 이 역시 고려인의 한을 상징하는 것으로 해석할 수 있다.

〈해설〉

「송인」의 오언율시와 칠언절구는 『동문선』 제9권, 제19권에 수록되어 전한다. 이것은 정지상이 젊은 시절에 이별을 소재로 하여 지은 것으로 후대 문인들에게 칭송을 받았던 작품이다. '푸른 풀빛'을 '이별의 슬픈 노래'와 대응시켜

서 이별의 애잔함을 절실히 표현하고 있으며 대동강 물은 이별도 만남도 포용하는 영원성을 암시하고 있다. 또한 푸른 물결이 더한다는 '초록파(草綠波)'는 이별의 그리움이 다만 절망이 아니라 희망이 있다는 것을 상징적으로 그리고 있다.

이러한 정지상의 시는 그 시대의 고전 비평가들에 의해, 보편적 경험 세계를 서정적으로 묘사하였고 또한 탁월한 상상력과 언어 사용의 극치를 이루어 고려인의 정서를 표출한 것으로 평가받고 있다.

사실 고려 전기는 신라 귀족 문학풍의 만당풍(晩唐風)을 답습하였다. 정지상은 화미(華美)한 문체와 풍요로운 사의(詞意)를 담아 낸 이러한 만당풍의 고려 전기 문단의 시풍을 수용하면서 시적 재능이나 상상력에 있어 새로운 경지를 마련한 시인으로 평가된다.

그것은 정지상의 시가 치열한 삶의 문제나 갈등 양상에서 비켜나 자연의 아름다움을 서정적으로 묘사하여 낭만적이며 수사적인 독자성을 지니고 있기 때문이다. 또한 「송인」은 당대인을 비롯하여 후대 문인들로부터 차운에 의한 화답시(和答詩)가 가장 많았던 시로 꼽을 수 있다. 일찍이 이규보는 그의 시화집 「백운소설」에서, 정지상이 김부식에 의하여 제거된 원인이 문학의 라이벌 관계였기 때문이라고 해석한 바가 있다.

이러한 정지상의 서정시는 고려 명종(1170~1197) 때, 순수 자연 시인의 한 사람인 김극기(金克己)에게 이어졌으며 우리나라 서정시의 지평을 마련한 것으로 평가된다.

4.「삼축잠」– 이제현

이제현의 초상

이제현(李齊賢, 1247~1367)의 본관은 경주이며 아호는 익재(益齋) 또는 역옹(櫟翁)이다. 고려 충렬왕 13년에 출생하여 공민왕 16년에 이르러 향년 81세로 생을 마쳤다.

이제현은 고려 왕조 7조(朝)에 걸쳐 생존했으며 4조에 걸쳐 중직을 역임하였을 뿐만 아니라 그는 고려조의 위대한 한문학 시인이며 문장가로 자리하였다. 특히 그는 중국과의 대외적인 활동이 활발하였던 관계로 국내는 물론 국외에까지 명성이 높았던 인물이다.

이색(李穡)이 찬한 그의 묘지명에 의하면, 그의 원조는 이갈평(李竭平)이다. 신라 시조 박혁거세의 좌명공신이었으며 중조에서도 고려 왕가와 인척관계로 하여 관료의 길을 걸었던 인물이 많았다. 그의 아버지 진(瑱)은 검교정승을 역임하여 시호를 문정이라 하였다. 아버지 대의 삼형제 모두 문명을 얻어 문벌을 이루었던 전통적인 귀족 집안이었다.

이제현은 15세에 성균관에 장원급제하고 같은 해 병과에 합격하였다. 당시 전형의 자리에 있던 권부(權溥)의 사위가 되면서 정치적 세력을 겸비한 명문 귀족으로서 자리한다. 이제현의 부자가 나란히 중직에 있으면서 문명이 높았기 때문에 당시 그의 문호(門戶)는 일국에 선망의 대상이 되었다.

이제현은 의종(1146~1170) 연간에 일어났던 무인 정변 이후에 출생하였던 관계로 문신 귀족의 붕괴를 직접 체험하지는 않았다. 그러나 당시 고려 후기 사회는 대내적으로 여전히 문신과 무신과의 대립이 심화되었으며, 대외적으로는 몽고족과 왜군의 외침(外侵)에 대한 자주와 사대와의 갈등으로 인하여 국가적 존립이 위기에 처하였던 시기이다. 이러한 시대적 배경은 그의 사상성과 정신세계에 적지 않은 영향으로 작용하였다고 하겠다.

사실 이제현에 대한 평가는, 고려 말기의 일반적인 문신들이 고수하였던 외세의 압력에 대한 민족 자주적 투쟁에 대하여 미온적이었다는 평가가 있어 왔다. 그러나 그가 남긴 작품을 분석하고 보면 문학적인 측면에서 민족적 의지를 외면한 것은 아님을 알 수 있다.

이제현은 문집은 『익재집(익재난고)』과 수필평론집에 해당되는 『역옹패설』이 전한다. 『익재집』에는 민요풍의 노래를 한역하여 정리한 「소악부(小樂府)」가 수록되어 있다. 「소악부」에는 「처용가」, 「서경별곡」, 「정과정곡」 등과 그 외에도 이름만 전하는 고려 구전 가요가 한역되어 있다. 그 중 9수는 전래 가요를 악부 형식에 맞추어 한역한 것이고, 2수는 당시 유행하던 민요를 한역한 것이다.

당시에는 나라 글이 없었기 때문에 민중의 감정을 노래한 가요가 문자로 정착되지 못하였었다. 그러므로 고려 가요는 구전되어 유행하다가 조선 초 유학자들에 의하여 남녀상열지사(男女相悅之詞), 사리부재(詞俚不載) 등과 같은 명분 아래 버려지고 이름만 전하는 것이 대부분인 것이 사실이다. 그러한 시점에 「소악부」에는 당대의 풍습, 민중의 원한, 특권 계층의 착취에 대한 노래가 담겨 있어 고려 사회의 민중의 정서를 이해할 수가 있으며, 또한 이제현의 민족적 의지를 읽을 수 있다. 『동문선』에 수록되어 전하는 「삼축잠(三畜箴)」의 내용을 살피기로 한다.

「묘잠(猫箴)」

밝은 귀와 눈하며 또 발톱과 어금니를 가지고, 곳간을 뚫어 마음대로 훔쳐 먹어 배

부르니, 잠자기에 바빠 쥐 잡을 생각 있겠는가.

「구잠(狗箴)」

아첨하여 꼬리 흔들며, 혀로는 귀엽다 핥기만 하네. 끼리끼리 희롱하여 까불거리다가, 쓸데없이 울타리만 허물어 놓네.

「계잠(鷄箴)」

때 놓치지 않고 울기는 하나, 다투기 잘하여 제 암컷 지킬 줄 모르네. 인분을 쪼아 먹어 살찌워서는, 스스로 사람들에게 잡아먹히길 재촉하네.

〈해설〉

「삼축잠」은 『동문선』 제49권에 수록되어 전한다. 그 제작 연대를 명확히 알 수는 없다. 그러나 작품내용상 이제현이 원나라에 소환되어 가는 충혜왕과 함께 경사(京師)에 갔다가 귀국한 뒤 충혜왕이 복위하였던 시기(1339~1344)로 추정할 수 있다.

본래 잠(箴)은 교훈이 되는 말을 담은 것이다. 이 글은 과실을 방지하는 것이 주 임무이므로 경계의 말을 담아내더라도 직설적인 표현보다는 동물에 가탁하여 우회적인 표현법을 쓰고 있다.

당시 원나라에 몸을 의지하였던 고려 귀족인 오잠(吳潛)과 유청신(柳淸臣) 등이 상징적으로 묘사되고 있다. 이들은 고려에 원의 행성설치론(行省設置論)을 주장하여 주권을 포기하고 우리나라를 중국에 복속시켜 중국화하자고 주장하였던 인물들이다.

이러한 시기에 저술된 「삼축잠」은 이제현의 다른 시와 산문에서도 확인되는 항몽의식(抗蒙意識)이 피력된 작품이다. 시대 상황을 직시하고 저항 의식을 문학적으로 표현하던 그는, 사회 현실의 심각한 괴리를 만나 현실도피에 이른다. 세상을 등지고 은거하던 시절 이제현은 『역옹패설』을 저술한 후 국사 저술에 힘쓰게 된다.

이것은 민족이 위기에 직면하였을 때 국가 저술에 의하여 국난 극복의 계기로 삼고자 하는 그의 성찰이라고 할 수 있다. 그는 충목왕 2년에 민지(閔漬)가 왕명에 의하여 찬술하였던 『편년강목(編年綱目)』을 수정 개찬하여 완벽한 형태에 이르게 하였고, 그 자신의 국사 저술인 『기년전지(紀年傳志)』를 완성하였다.

이와 같은 기전체 양식의 역사서를 저술한 것은 그의 국사 정립에 대한 열망으로 해석되며 암울한 시대를 극복하고자 하는 이제현의 저항의식과 역사의식의 결과라고 하겠다.

5. 「애추석사」 - 이숭인

이숭인(李崇仁, 1349~1392)은 고려 말, 조선 초의 문인 학자이다. 여말 삼은(三隱)의 한 사람으로 자는 자안(子安), 호는 도은(陶隱)이며 본관은 성주이다. 성상군 원구(元具)의 아들로 출생하였다.

공민왕 때 문과에 장원하여 숙옹부승이 되고 곧 장흥고사 겸 진덕박사가 되었으며, 명나라 과거 시험에 응시할 문사를 뽑을 때 수석으로 뽑혔으나 나이가 25세에 미달되어 떠나지는 못하였다. 우왕 때 김구용(金九容), 정도전 등과 함께 북원(北元)의 사신을 돌려보낼 것을 주장하다가 한때 유배되기도 한다.

그 후 밀직제학이 되어, 정당문학 정몽주와 함께 실록을 편수하고 동지사사에 전임하였으나 친명(親明), 친원(親元) 양쪽의 모함을 받아가며 여러 옥사를 겪었다. 결국 조선 개국에 이르러 정도전의 원한을 사서 그의 심복 황거정(黃巨正)에 의하여 배소에서 살해되었다. 이숭인은 46년의 길지 않은 삶을 살아가는 가운데 다섯 번에 걸쳐 유배당하는 등 굴곡 많은 삶을 살았다. 그의 문집으로는『도은집(陶隱集)』이 전한다.

이숭인이 살았던 시기는 고려가 무신 집권기에서 겨우 벗어나자 다시 세계 제국을 꿈꾸는 원나라의 압제를 받음으로써 또다시 위기 국면에 놓이게 되었던 때이다. 고려 귀족들은 원나라의 힘을 빌어 권력과 부를 축적하면서 당시의 시대 개혁을 추구하던 신진 세력들과는 적대적 관계가 된다.

공민왕의 치세 기간(1330~1332)에는 친원파를 누르고 명(明)과의 외교 관계를 유지하였으나 공민왕의 사후 이인임 등 권문세가들이 우왕의 왕위 옹립에 성공하자 친원파는 친명파를 정권적 차원에서 적대적 파당으로 간주하였다. 친명파로 간주되었던 이숭인은 고려 왕조 말기에 대두되었던 이념의 공론화, 정치 질서의 문란, 외세의 끊임없는 도전 속에서 갈등하며 대응해 나가다가, 결국 적대적인 반대 세력에 의하여 제거되기에 이른다.

이숭인은 고려 후기에 도입된 신유학으로서의 성리학에 조예를 가지고 성리학의 연구와 전파에 노력을 기울였다. 몰락해가는 시대를 새롭게 일으키기 위하여 성리학을 신봉하였음은 쉽게 짐작되는 바이다. 진부한 사상에 대한 반성으로 이색(李穡)과 더불어 성리학의 연구와 교육에 적극적으로 참여하여 성리학의 실학적 실체를 정리하고자 하였다. 이것은 고려 말기의 혼란한 정치 현실에 대한 자기반성과 이울러 현실 개혁의

의지로 해석된다.

이와 같이 성리학에 근거하였던 그의 문장은 전아(典雅)하다는 평가를 받았다. 이숭인이 왕조 말기의 왜곡된 현실을 고뇌하며, 어떻게 살아야 유가적인 삶인가 고민하는 내용을 담은「애추석사(哀秋夕辭)」를 살피기로 한다.

「애추석사」

가을 저녁이 처참하여 비바람이 몰아쳐 캄캄하다. 깊은 시름을 품고 잠시 조느라니, 이 혼이 둥둥 위로 올라 허공을 가리키며 황홀하였다. 구불구불 길이 있는 듯, 문득 저 하늘에 오르니 옥황님 계신 대궐 엄연하였다. 네 문이 활짝 열렸기로 뒷걸음을 주저하지도 않고 들어가 꿇어앉아 말씀 아뢰니, 옥황님 낯빛이 부드러웠다. 내가 여쭈어 말하기를, "하토(下土)의 미천한 신하가 맺힌 마음 펼 길이 없사오이다. 전에 제가 강보(襁褓)를 겨우 면하고부터 반드시 옛 사람을 스승으로 하여 몸을 죽여 인(仁)을 이루라는 공자의 교훈을 받았습니다.

지사(志士)는 시궁창에 죽을 것을 잊지 말라는 공자와 맹자의 말씀을 되새기고, 차라리 어려운 일에 닥쳐 힘이 부족하여 중도에 죽을지언정 그 뜻을 정성스레 마음으로 지켜 왔습니다. 충군과 애국에 뜻을 오로지 하여 딴 생각이 없었사온데, 어쩌다 세상 인심이 저리도 험하여서, 학문을 왜곡하고 사악한 마음으로 저 보기를 도마 위의 고기 같이 합니다." 하고 말하였다.

"마른 침 삼키고 이를 가나이까. 저 아첨, 중상배들의 우쭐댐은 예로부터 나라를 망치는 것, 만 번 죽은들 제 무슨 후회 있으리오마는, 내 이 뜻을 알지 못할까 하여 두렵사옵니다. 때때로 높이 올라 멀리 바라보오니, 이 길 버리고 어디를 가오리까. 어질고 어지신 옥황상제님 덕으로 저를 이 땅의 고난에서 건져 주옵소서."

눈물이 비처럼 섞여 내리고 가슴이 메어지누나.

옥황님이 나의 애타는 곡을 어여삐 여기시어 말씀하시기를, "오너라, 그리고 나의 말을 듣거라! 학문의 도(道)에서 귀한 것은 변통하고 추측할 줄 아는 것이다. 해는 중천에 왔다가 기울게 마련이고 달도 차면 이지러지나니, 이와 같이 천도도 오래 일정하지 않거니와 인사 어찌 그러하지 않으리요. 세상이 모남을 미워하는데, 네 어찌 둥글게 하지 못하며, 세상이 백(白)을 숭상하는데, 네 어이 홀로 현(玄)을 지키는가. 너의 곤란한 지경은 그 또한 네 자신이 마련한 것이니, 위험을 떠나 편안하려 하거든 너의 길을 살피는 것이 어떠하리요."라고 하였다.

내가 묵묵히 물러나 곰곰 생각하니 옥황님의 은혜가 망극하여도 나의 처음 마음은 고칠 수 없어서 일생을 곤궁하게 마치리라 마음먹는다. 나보다 천년 앞서 난 분과 뒤에 올 사람들 무궁하거늘. 내 뜻은 맹세코 돌려 바꿀 수 없으니 차라리 옛날 사람 우러르며 몸 닦으며 마음의 준비를 하지만, 온 세상 뭇 사람들 나의 마음을 몰라주는구나. 나는 이 글을 지어 스스로 위로하고자 하누나.

〈해설〉

「애추석사」는 『동문선』 제1권에 수록되어 전하는 사(辭)이다. 사는 시(詩)도 아니오, 산문도 아니면서 운문이다. 말하자면 시와 변려문(騈麗文)의 중간에 속한다 할 수 있다. 부(賦)와 비슷하나, 사가 음절과 정서를 주로 한 데 대하여, 부는 서술을 위주로 한다는 점이 다르다.

「애추석사」는 이숭인이 '친원불가' 상소문 사건으로 성주에 유배되었던 시기 자신의 암울한 심정을 하늘의 절대자인 옥황상제께 고하는 형식으로 창작되어진 것이다. 29세의 기백이 넘치는 이숭인이 사방이 캄캄한 가을 저녁 처참할 정도로 폭우가 몰아치는 상황에 놓여 있다고 서술한 것은 바로 자신이 어떠한 분노와 고통 속에서 괴로워하고 있는가를 투영한 것이다.

후반부에서 옥황상제가 위험을 떠나 편안하려거든 너의 길을 살피라고 권유한다. 그러나 작자는 처음 마음을 고칠 수 없으니 일생을 곤궁하게 마치리라 마음먹는다. 이숭인은 자신이 추구하고자 하는 가치 있는 도덕성을 바탕으로 한 이상세계로의 지향을 위하여 의로운 죽음을 각오한 것이다. 그러나 그는 정몽주 일파라는 이유로 친원파가 아닌 정도전 일파에 의하여 죽임을 당한다.

6. 「답전부」 – 정도전

정도전 동상

정도전(鄭道傳, 1337~1398)은 충숙왕 복위 6년에 태어나 조선 건국 후 태조 7년까지 살았던 문신 학자이다. 자는 종지(宗之), 호는 삼봉(三峰), 본관은 경상도 봉화(奉化)이다. 공민왕 11년(1362)에 진사시에 합격하고 이듬해 충주사록을 거쳐 전교시주부, 통례문지후를 지내고 부모상으로 사직하였다가 1370년 성균박사가 되고 다음 해에 태상박사를 거쳐 예조정랑 겸 성균태상박사가 되어 책의 선집을 관장하였다.

우왕 1년(1375) 성균사예, 지제교 등을 역임하였다. 이때 원나라 사신이 고려로 들어오자 '친원불가'의 상소문을 이숭인, 정몽주와 함께 우왕에게 올린다. "새로이 일어나는 명나라를 버리고 원나라와 친하려 하는 것은 강자를 버리고 약자를 향하는 것이며 순리를 저버리고 역리를 따르는 것이다. 이것은 장차 이 나라에 커다란 화를 입히게 될 것이다."라는 글이다. 그러나 이로 인하여 권신, 이인임, 경복흥 등의 친원파(親元派)에 의하여 정몽주는 언양으로, 이숭인은 성주로, 정도전은 나주 회진(會津)으로 귀양을 가게 된다.

정몽주는 2년 만에 해배되지만 정도전은 오랜 기간 귀양을 살았다. 우왕 3년(1377) 유형을 마치고 고향 영주(榮州)에서 학문 연구와 후진 교육에 종사하며 특히 주자학적 입장에서 불교 배척의 이론을 체계화하였다.

1383년 동북면도지휘사 이성계의 막료가 되었고 이듬해 성절사 정몽주의 서장관이 되어 명나라에 다녀왔다. 1385년 성균제주로 그리고 이듬해 남양부사로 있다가 1388년 이성계의 천거로 성균대사성으로 승진하였다.

1389년(창왕 1) 밀직부사로 재임하면서 창왕을 폐위하고 공양왕을 옹립하는 데 적극 가담하였다. 1390년(공양왕 2) 성절사 겸 변무사가 되어 명나라에 다녀와 삼사부사 등을 역임하였다.

1390년 조민수 등 구세력을 몰아내고 전제 개혁을 단행하여 과전법(科田法)을 실시하여 조선 개국의 경제적, 정치적 토대를 마련하였다. 이듬해 이성계가 군사권을 장악하여 삼군도총제부를 설치하자 우군총제사가 되고 이어 정당문학으로 재직 중 구세력의 역습으로 탄핵을 받아 관직을 박탈당하고 봉화로 유배되었다.

1392년 한때 풀렸으나 정몽주의 탄핵으로 투옥되었고 정몽주가 살해된 뒤 다시 해배되어 조준, 남은 등과 이성계를 추대하여 조선을 건국하기에 이른다. 조선 건국 후, 분의좌명개국공신 1등에 녹훈되고, 문하시랑찬성사, 예문춘추관사에 임명되어 사은 겸 정조사로 중국에 다녀왔다.

1394년(태조 3)의 한양 천도 때는 궁궐과 종묘의 위치 및 도성의 터를 결정하고, 궁과 문의 모든 칭호를 정하였고『조선경국전』을 찬진하여 법제의 기본을 이룩하였다.

1395년에는 정총 등과 『고려사』 37권을 찬진하여 역사적 근본을 정리하는 등 조선의 건국을 굳건히 하는 데 전력을 다하였다. 그러나 1398년 제1차 왕자의 난 때 방원(芳園)에게 참수(斬首)되어 60여 년의 생애를 마친다.

정도전은 목은(牧隱) 이색의 문하에서 정몽주 등과 함께 전통 성리학(性理學)을 수업하였다. 당대 성리학이란 전통 성리학과 현실개혁 의지를 구체화하여 정책으로 실현하고자 하는 현실개혁 사상으로 크게 나눌 수 있다. 현실개혁 사상이란 민본 사상을 중심으로 한 애민애족 사상이라고 할 수 있다. 이때 정몽주는 전통 성리학으로, 정도전은 현실개혁으로 길을 달리하게 된다. 그의 스승인 이색은, "칼과 책을 함께 한 문무를 겸비한 인물이다."라고 정도전을 평한 바 있다.

정도전은 유학의 대가로 조선 건국 후 군사, 외교, 행정, 역사, 성리학 등에 걸친 건국 작업에서 활약하였고, 척불숭유를 국시로 삼게 하여 유학의 발전에 크게 공헌하였다. 글씨에도 뛰어났으며 저서에 『삼봉집(三峰集)』, 『경제육전』, 『경제문감』, 『심기이편』, 『불씨잡변』, 『심문천답』, 『진법서』, 『금남잡제』 등이 있고 작품에 「납씨가(納氏歌)」, 「정동방곡(靖東方曲)」, 「문덕곡(文德曲)」, 「신도가(新都歌)」 등이 전한다.

정도전에 대한 평가는 대체로 두 가지로 볼 수 있다. 하나는 실학으로서의 성리학을 수용하여 시대를 변혁시킨 사회개혁 사상가로 보는 것이고, 또 하나는 새로운 문학사상을 수립해서 우리 문학의 방향을 바꾸어 놓은 문학가로 평가되는 것이다. 앞의 평가는 정도전의 개혁 사상에 충실한 것이고, 후자는 우리나라 문학사상사에 있어서 처음으로 이기 철학의 문학 이론을 도입한 사실에 대하여 평가하는 것이다.

당시 여말의 정세는 기존의 질서 체제와 현실을 주도하던 지식인 그룹이 붕괴되는 상황이다. 이러한 혼란한 시대 상황에 놓여 있던 고려 사회의 여러 계층들 가운데 현실의 부조리한 현상을 개혁하고 새로운 질서를 추구하고 있던 부류가 곧 신흥 사대부층이었다. 이들은 세습적인 구세력과는 치열한 대립 관계를 형성하였다. 정도전의 유배는 이러한 시대적 배경의 산물이었다. 「답전부」는 회진현에서 유배 시절을 서술한 것이다.

「답전부(答田父)」

우거한 집이 낮고 기울고 좁고 더러워, 내 마음 답답하여 하루는 들에 나가서 노닐었다. 눈썹이 기다랗고 머리가 희고 등에 진흙이 묻은 한 농부가 손에 호미를 쥐고 밭에 김을 매고 있었다. 내가 그 밭가에 서서 그에게 "노인네, 수고합니다." 하니, 농부가 한참 있다가 나를 보고 호미를 밭에 두고는 언덕에 올라와서 두 손을 무릎에 얹고 앉았다. 그리고 턱을 끄덕이며 나를 오라고 하므로, 나는 그 사람이 연로하여 물리칠 수 없기에 다가가서 팔짱을 끼고 서니, 노인이 물었다.

"그대는 어떤 사람이요. 그대의 의복이 비록 해어지기는 하였으나, 옷자락이 길고 소매가 넓으며 행동을 천천히 하는 것을 보니, 선비가 아니오. 그리고 또 수족이 부르트지 아니하고 얼굴색이 좋고 배가 허하니 조정에 벼슬하는 사람 아니요? 무엇 때문에 여기에 왔소. 나는 늙은 사람이라, 여기에서 나서 여기에서 늙었으므로 거친 들과 궁벽한 기운이 가득 찬 고을에서 도깨비와 더불어 같이 거처하고 물고기와 더불어 같이 사는 몸이오. 조사(朝士)인 그대는 죄를 얻어 추방된 이가 아니면 여기에 오지 않았을 터인데 그러면 그대는 죄를 지은 사람이요."

내가 대답하기를, "그러하오. 죄를 지은 사람이요." 하였다. 농부가 말하기를 "무슨 죄를 지었소. 아니 구복(口腹)의 봉양과 처자의 양육과 좋은 거마(車馬)와 궁실 때문에 불의한 것을 돌아보지 아니하고 욕심을 채우려다가 죄를 얻었소. 아니면 벼슬아치 하기 위해 뜻을 세우다가 스스로 이룰 능력이 없어서 권신을 가까이 하고 세력에 붙어 거진마족(車塵馬足) 사이를 분주하게 오가며 찌꺼기 술이나 먹다 남은 고기 부스러기나 얻어먹으려고 어깨를 움츠리고 아첨을 떨었소. 구차하게 즐거움을 취하는 데 애를 써서 조그마한 벼슬을 어쩌다가 얻으면, 온 무리가 다 성을 내어 내쫓아 하루아침에 형세가 가 버리게 되니 이런 것으로써 죄를 얻었소." 하고 다시 물었다.

내가 "그런 것은 아니오." 하고 말하였다. 농부는, "그러면 말을 단정히 하고 얼굴빛도 바르게 하여 밖으로 거짓 청렴한 체하여 허명을 훔치고, 어두운 밤에는 분주하게 돌아다니면서 새가 사람을 의지하는 형태를 취하며 애걸하고 가엾게 보여 빠른 길에 벗어나게 결탁하였소. 아니면 녹위를 낚아서 벼슬을 얻든지 말을 교묘히 하여 한갓 그 녹만 먹고 그 직책을 돌아보지 않아 국가의 안위와 생민의 휴척과 또 시정의 득실과 풍속의 미악(美惡)을 막연하게도 마음에 두지 않고, 진(秦)나라 사람이 월(越)나라 사람의 살찌고 여윈 것 보듯이 하여 자기 몸만 도사리고 처자를 보존하는 꾀로서 세월을 보냈기 때문이오. 아니면 충의지사가 있어서 자기 몸은 돌보지 않고 국가의 급한 일에 임하여 직분을 지키고 바른 말을 해서 곧은 도리를 행하다가 화를 당하는 그런 이를 보고, 그 낭패하는 것을 다행으로 여겨 이를 비방하고 비웃어서 스스로 잘난 체하다가, 공론이 떠들썩하게 일어나서 천도가 밝게 드러나니 그만 간사한 것이 궁해지고 죄가 발각되어 이런 지경에 이르게 되었소." 하고 물었다.

내가, "그런 것도 아니오."라고 말을 하니, 농부가 다시 "그러면 대장이 되고 원수가 되어 널리 무리를 만들어서 앞에서 몰고 뒤에서 옹위하여 평거 무사할 때는 큰 소리로 공갈하였기 때문이오. 아니면 임금의 총사로 관록과 벼슬이 마음대로 이루어져 마음에는 자만심이 가득 차고 뜻에는 기운이 성하여 조정인사들을 경멸하였기 때문이오. 아니면 적군을 만날 때는 양 같이 겁을 잘 내어 교전 한 번 해보지도 못하고 도망치기에 바빠서 생령을 적의 칼날에 버리고 국가의 대사를 그르치기라도 하였소. 아니면 혹시 높은 벼슬아치가 되어 제 마음대로 고집을 세워 다른 사람의 말은 생각하지도 않고, 자기에게 아첨하는 이는 즐거워하고 자기에게 붙는 이는 진급을 시켜 주며, 곧은 선비가 항거하여 말하면 성내고 바른 선비가 도를 지키면 배격하였기 때문이오. 아니면 임금의 벼슬을 도둑질하여 자기의 사사로운 은혜로 하며, 국가의 형법을 희롱하여 사적으로 사용하다가 악이 많아 화가 닥쳐 이런 죄에 앉게 되었소." 하고 물었다.

내가, "그런 것도 아니오."라고 말하니, 농부는 또, "그러면 그대의 죄를 내가 대강 알겠소. 그 힘의 부족한 것을 헤아리지 않고 큰소리를 좋아하였소. 그때그때의 불가함을 알지 못하고 직언을 좋아하였소. 지금 세상에 나서 옛사람을 사모하며, 아래에 처하여 위의 마음을 거슬려, 이것이 죄의 원인일 것이요. 옛날에 가의(賈誼)가 큰소리를 좋아하고, 굴원(屈原)이 곧은 말을 좋아했으며, 한유(漢愈)가 고문(古文)을 좋아하고 관룡방(關龍逄)이 윗사람 마음 거스리기를 좋아하였으니, 이 네 사람은 다 도가 있는 선비로되 혹 벼슬에서 낙마되기도 하고, 죽어서 스스로 자기 몸을 보존하지 못 하기도 하였소. 이제 그대는 한 몸으로 여러 가지 기(忌)를 범하였으나 그래도 귀양 와서 그 목숨을 보전하고 있으니, 내가 비록 야인이나 국가의 법이 관대한 줄 알겠소. 그대가 지금부터라도 조심을 하면, 거의 화를 면하게 될 것이외다." 하였다.

나는 그가 바로 도(道) 있는 선비인 줄 알았다. 그래서 청하여 말하였다. "노인은 숨어 지내는 군자이니, 원하건대 집에 모시고 업을 받고자 하오." 하고 말을 하니, 농부가 "나는 대대로 농사를 지어먹는 사람이라, 밭을 갈아서 나라에 조세를 주고, 남은 것으로 처자를 양육하니, 이 밖에는 내가 알 바가 아니오. 그대는 돌아가시오. 더 이상 나를 어지럽게 하지 마시오." 하고는, 드디어 다시 말하지 않더라. 나는 물러와 탄식을 하였노라. 이 노인 같은 이는 옛날의 장저(長沮)와 걸익(桀溺) 같은 이라고 하겠다.

〈해설〉

「답전부」는 『동문선』 제107권에 수록되어 전하고 있는 「잡저」이다. 이 작품은 어느 농부와 대화 형식을 취하여 당시 현실을 통렬히 비판하고 있는 내용이다. 이 글에서 설자(說者)로 등장하는 전부는 부곡 마을에 실제 존재한 인물이 아니라 가공의 인물을 등장시켜 정도전 자신의 의식 세계를 피력하고 있는 것이다.

정도전은 당시 집권세력의 전횡을 풍자하여 하층민을 설정하여 그들의 입을 통하여 당시 여말 친원(親元) 관료들이 보이고 있던 갖은 무능과 전횡의 횡포를 다른 어느 글에서보다 신랄하게 비판하고 있다. 이 글에서는 단순히 집

권층 몇 사람의 비리에 대하여 언급하고 있는 것만이 아니라,

상하층에 걸친 전반적인 비리를 조목조목 밝히고 있다. 당시의 지배 체제가 지니고 있던 모순점들을 집약하고 있다. 정도전이 「답전부」에서 비판하고 있는 지배층의 생각과 정치제도 모순점은 조선이 건국된 이후 태조에게 지어 올린 『경제문감』 속의 핵심적인 비판 내용으로 나타나고 있음을 볼 수 있다.

아울러 「답전부」는 굴원(屈原, 기원전 343?~기원전 277?)의 「어부사(漁父辭)」와 그 내용과 형식에 있어 상통하는 일면이 있다. 「어부사」는 굴원이 억울하게 참소당하여 방랑 생활을 하던 중 숨어 사는 선비를 만나 속세와 동화될 수 없는 심정을 묘사한 대화체의 글이다. 여기서 은사는 실제 인물이 아니라 굴원의 의식 세계를 피력하고 있는 가공의 인물로서 「답전부」에서 전부와 같은 역할을 하고 있는 것이다.

I부 한국 고전 강의

한국 고전소설사는 고소설의 태동을 가능하게 했던 '고소설의 원류 시대'와 본격적인 '고소설의 시대'로 크게 구분해 볼 수 있다. 고소설의 원류 시대란 15세기 『금오신화(金鰲新話)』가 등장하기 이전의 시대를 말한다. 이 시대는 다시 고조선에서 삼국시대에 이르는 구비 서사 문학기와 고려 전후 10~12세기에 걸치는 열전과 문헌설화의 시대, 그리고 13~14세기의 서사시와 가전문학 시기로 구분할 수 있다.

신화와 전설 등은 기록문학 이전부터 존재하는 산문 양식으로 고소설의 원류로서 논의될 수 있다. 다음은 『삼국사기』 「열전」, 『삼국유사』에 수록된 설화와 현재 그 잔문(殘文)만이 전하는 『수이전(殊異傳)』 등에서 보이는 전기적 양식의 작품들을 들 수 있다. 그리고 이규보의 「동명왕편」 등의 서사시와 고려 후기의 가전체가 등장하는 시기를 들 수 있다. 이들 다양한 작품들과 갈래들이 본격적인 고소설의 출현을 가능하게 하는 준비 단계가 되었다고 하겠다.

본격적인 고소설의 시대는 15세기 김시습의 『금오신화』가 저술된 것을 기점으로 하여 성립기(15세기), 발전기(16세기), 전성기(17~18세기), 정리기(19세기), 그리고 쇠퇴기(20세기 이후)로 구분하여 정리할 수 있다.

성립기는 최초의 소설이라고 평가되는 『금오신화』가 창작된 시기이다. 이 밖에 『석보상절』의 「적성의전」, 「안락국태자전」 등 불전계 한글 소설이 이 시기에 등장하였다. 이 작품들은 소설의 면모를 갖춘 한글 작품이라는 점에서 그 의의를 찾을 수 있다. 이 밖에 『태평한화골계전』 등의 골계전류가 대량 출현한 것도 역시 이 시기이다.

다음은 발전기로서 몽유록이 대거 창작되고 한국 최초의 한글 장편소설인 허균(許筠, 1569~1618)의 『홍길동전』이 16세기 후반에 등장하는 시기이다. 이 시기는 권필의 「주생전」, 임제의 「수성지」, 「원생몽유록」 등과 신광한의 「안빙몽유록」 등 네 작품을 수록한 『기재기이』가 출현하였다. 『기재기이』는 우리 고소설사의 지평을 열어준 책으로 평가된다.

그리고 최근 학계에 『홍길동전』보다 100여 년 앞선 최고의 한글 소설 『설공찬전(薛公瓚傳)』이 소개되어 주목되었다. 이 작품은 설공찬이라는 가상 인물이 저승에서 체험한 것을 이야기하는 형식인데, 허황되고 반유교적인 내용이 문제가 되어 왕명에 의하여 소실되었다는 기록이 있었던 것이다. 성종 때 호조판서를 지냈던 저자 채수(蔡壽, 1449~1515)가 중종반정에 가담하였던 신흥 사림파를 비판하고자 이 작품을 저술하였다고 한다. 이 작품은 소설적 구성면에서 『홍길동전』보다 다소 작품성은 떨어지지만, 16~17세기 국어 표기법에 관한 연구 자료로 그 가치가 높다는 평가를 받았다.

이와 같이 발달된 소설사는 17세기에 접어들면서 많은 작가와 작품들이 등장하여 전성기를 맞게 된다. 임진왜란과 병자호란의 병화가 점차적으로 가시고 안정을 찾아가던 이 시기에 소설도 다양한 작가와 작품들이 등장한다.

우선 이 시기에 대거 등장한 군담소설을 들 수 있다. 군담소설로는 창작군담 『조웅

전』 등, 역사군담 『임진록』 등과 번안군담 『화용도실기』 등을 들 수 있는데, 이들 작품은 소설 문단을 풍요롭게 하여 독자층을 크게 확대시키는 역할을 하였다. 대체로 양란 후 서사 문학의 대두와 민중의 민족적 영웅을 갈망하였던 의지 등에 의하여 이들 군담 소설류가 유행했을 것으로 보고 있다. 이 밖에 몽유록이나 가전소설 등도 출현하였다.

대표적인 작품은 김만중(金萬重, 1637~1692)의 『사씨남정기』와 『구운몽』을 들 수 있으며, 조성기(1638~1689)의 『창선감의록』 등과 같은 규방 소설과 정태제(鄭泰齊, 1612~1669)의 『천군연의』 등의 심성가전이 등장하여 후대의 창작 등에 많은 영향을 끼치기도 하였다.

17세기가 전성기의 전반에 해당된다면 18세기는 그 후반기에 해당된다. 이 시기에도 역시 전대의 군담소설군들이 지속적으로 창작되었고, 아울러 판소리계 소설이 등장했다는 것이 가장 큰 특징이라 할 수 있다. 이는 주로 판소리 대본의 정착 과정에서 이루어진 것으로 이들은 19세기까지 소설화가 계속된다. 아울러 박지원, 김려, 이옥 등에 의한 한문소설이 등장하였으며, 우화소설 및 기타 다양한 갈래의 소설들이 출현하여 가히 소설의 전성기라 이를 만하다. 이처럼 이 시기에 소설이 융성하게 된 것은 지식 계층의 소설에 대한 긍정론이 대두하고, 전기수(傳奇叟)와 세책가(貰冊家) 등이 등장하여 소설의 유통에 적지 않은 기여를 했기 때문이라고 할 수 있다.

19세기 이후는 대체로 소설의 창작이 계속되지만, 19세기 후반에 이르러 봉건 체제의 종말과 서구 신문화의 영향으로 고소설은 침체의 길을 걸었다고 할 수 있다. 그러나 판소리계 소설과 영웅소설 등은 19세기에 방각본으로 출간되어 유통이 확대되었고, 이에 따라 독자도 확대되었다. 특히 신재효에 의해 판소리 여섯마당이 정리되었고, 다수의 속된 소설이 출현하는 등 새로운 작품들의 출현도 계속되었다.

그러나 20세기에 접어들면서 신소설 및 새로운 양식의 소설이 등장함에 따라 고소설의 창작은 지속되지 못하였고, 다만 활자본으로 다수 간행되어 기존의 독자를 확보하고 유지하는 선에서 그쳤다.

이상 고소설의 전개 양상을 시기별로 구분하여 살펴보았다. 다음은 김시습의 『금오신화』, 허균의 『홍길동전』, 김만중의 『구운몽』, 판소리계 소설 『춘향전』을 고찰하기로 한다.

1. 『금오신화』 – 김시습

김시습 초상

『금오신화(金鰲新話)』는 조선 전기 문인인 매월당 김시습의 작품으로 우리나라 최초의 한문 단편소설이다. 이 작품은 그 중요성만큼 지금까지 다양한 접근 방법을 통하여 연구가 거듭되어 왔다. 그러나 저자 김시습과 가장 친분이 두터웠던 남효온도 그의 문집에 『금오신화』에 대한 어떤 언급도 남기지 않았던 것으로 볼 때, 저술 당시에는 세상에 잘 알려지지 않았던 것으로 짐작이 된다.

중종조에 이르러 김안로는 '금오신화는 사람들이 보지 말아야 할 책'이라고 염려하는 글을 남겼다. 이것은 이 책이 처음 석실에 감추어 세상에 드러나기를 원하지 않았던 사정을 이해할 수 있는 대목이다.

김시습의 문집인 『매월당집(梅月堂集)』은 저자 사후 18년 중종 때 왕명으로 자료를 수집하기 시작한 후 10년이 걸려 겨우 세 권으로 이룰 수 있었다. 『매월당집』에는 2,200여 수의 시가 수록되어 문집의 반이 시로 편집되어 있다. 생전에 더 많은 저작(著作)과 시작(詩作)을 하였다는 기록이 있으나 전하는 글이 그리 많지는 않다. 김시습의 방랑의 족적(足跡)을 따라 흩어져 사라진 것들이 많기 때문이다.

그 후 『매월당집』은 선조 16년에 23권 11책으로 갑인자본(甲寅字本)이 간행되었다. 갑인자본은 현전하는 최고본으로서 이산해(李山海)의 「서(序)」와 이이(李珥)의 「김시습전」이 수록되어 있으며 역시 왕명에 의해 간행된 것이다.

그 후 『금오신화』는 임진왜란 때 왜병(倭兵)에 의해 일본으로 건너가게 되었고 그곳에서 1658년 방각본으로 출판되었으며 1884년 대총산태랑(大塚產太郎)의 가장본(家藏本)으로 재각되어 널리 알려지게 되었다.

우리나라에는 1927년 최남선에 의하여, 《계명(啓明)》 19호에 일본판 대총본을 수록 · 소개함으로써 비로소 학계에 알려지게 되었던 것이다.

(1) 김시습의 생애

저자 김시습(金時習, 1435~1493)은 조선 초기의 문인이며 생육신(生六臣)의 한 사람이다. 본관은 강릉이며 자는 열경, 호는 매월당(梅月堂), 동봉, 청한자, 벽산청은, 췌세옹이고, 법호는 설잠이다.

김시습은 1435년 세종 17년 서울 성균관 북쪽에 위치한 명륜동에서 무반의 가문에서 태어났다. 그는 무인의 집안에서 태어나 문인으로서의 영달을 얻고자 하는 가문의 소망이 있었으나 그 뜻을 이룰 수는 없었다. 그는 방랑과 환속을 거듭하면서 단종, 세조를 거쳐 성종 24년 3월 충청도 홍산(부여) 무량사에서 59세를 일기로 생애를 마친다.

김시습은 유학적 분위기에 태어나 유학 교육을 받으며 성장한다. 그의 이름인 '시습(時習)'은 『논어(論語)』의 맨 처음 「학이(學而)」 편에서 딴 것으로, 유학적인 근거로 하여 지어진 이름임을 알 수 있다. 2세 때부터 한문에 통하고 3세 때에는 시작도 할 수 있었다 한다. 5세에는 『중용』, 『대학』을 이해하여 '오세(五歲)'라는 호를 얻을 만큼 '생지지질(生知之質)'을 타고난 신동으로 소문나 세종의 총애를 입었다. 이어서 김반(金泮), 윤상(尹祥) 등 성균관 대사성 학사의 문하에서 수학하고 직접 성균관에 입학하여 학문을 닦았다.

김시습은 21세 때 삼각산 중흥사에서 독서를 하다가 단종 폐위 소식을 접하고 3일 동안 문을 닫고 번민한 끝에 한바탕 통곡을 하고는 책을 모두 불태우고 미친 행세를 하면서 머리를 깎고 방랑의 길을 떠났다. 그 후 10년 동안 관서 지방 끝에서부터 호남의 끝까지 시(詩)로써 전 국토를 유랑하다가 31세 때 경주 금오산에 정착하였다. 이때 『금오신화』를 저술한 것으로 보인다.

37세 때 서울로 올라와 이듬해 다시 성동에 나가서 땅을 빌려 농사지으며 지냈고, 47세 때는 환속하여 재혼까지 하였으나 다시 출가하여 10여 년간 설악산과 관동 지방을 방랑하였다.

김시습이 살았던 시기는 세조가 단종을 폐위하고 왕위 찬탈을 도모하였던 때이다. 세조가 왕위 찬탈로 유교적 명분을 정면으로 배반하였고 훈구집권층의 탐욕과 무능이 양심적 사대부와 반목 대결하는 등 지배층 내부의 갈등과 분열이 심화되었던 것이다. 이러한 시대적 모순을 간파한 김시습은 이상을 구현하지 못하는 현실을 고뇌하면서 과거와 벼슬길을 버리고 평생 방외인으로 살았다.

(2) 『금오신화』 개관

『금오신화(金鰲新話)』는 김시습이 금오산에 은거하던 때, 즉 그의 나이 30대에 지어진 것으로 추정이 된다. 이 작품은 「만복사저포기」, 「이생규장전」, 「취유부벽정기」, 「남염부주지」, 「용궁부연록」 등 다섯 편의 한문 단편이다. 각각 그 구성과 배경이 차이가 있어 유기적인 구조를 가진 한 편의 작품으로 파악하기에는 무리가 있으나, 이 작품들의 공통점은 그 구성에 있어 삶과 죽음을 넘나든다는 점이다. 다시 말하여 저승이나 수부처럼 다른 세계의 인물간의 만남과 사랑과 단절을 그리고 있어, 작가의 세계관이 일관되게 피력되고 있다. 『금오신화』 다섯 편의 개관을 살피기로 한다.

(3) 「만복사저포기」

「만복사저포기(萬福寺樗蒲記)」의 지리적 배경은 전라도 남원으로 설정되어 있다. 김시습이 경주 금오산으로 들어가기 이전에 이미 호남 유람에서 남원을 찾아 광한루에도 올랐고, 또 만복사를 찾아보았다는 인연으로 인하여 이 작품의 지리적 배경으로 등장한 것으로 보인다.

「만복사저포기」에 등장하는 주인공 양생(梁生)의 성씨인 양씨는 남원에 많이 사는 성씨이다. 주인공 양생이 2년 전에 왜구에 의하여 죽은 최씨(崔氏) 여인의 분신인 귀신을 만나 사랑을 속삭인다는 내용으로 사람과 귀신이 교통하는 설화를 근거로 한다.

전라도 남원부에 양생이란 자가 살았다. 그는 일찍 부모를 여의고는 장가도 못 들고 만복사 동쪽 방에서 독신 생활을 하고 있었다. 어느 봄날 달 밝은 밤에 배나무 아래에서, 양생은 독신으로서의 외로움을 시로 읊었다. 2연 중 둘째 연을 보자.

물새는 외로이 짝 없이 날아가고
원앙새도 짝을 잃고 맑은 물에 노니네.
누구 집 약조 있나 바둑 두는 소리 들리는데
밤으론 불똥 점치며 창가에 기대 시름하네.

이때 갑자기 공중에서 이상한 소리가 들려왔다. '그대, 좋은 배필을 얻고자 한다면 그 무엇을 걱정할 것 있느뇨?'라는 소리였다. 그 이튿날 양생은 부처와 저포(樗蒲)놀이를 한다. 저포는 주사위 같은 것을 나무로 만들어 던져서 승부를 겨루는 놀이이다. 양생은 저포를 꺼내어 불전에 던지기 전에 말씀을 드렸다. "제가 오늘 부처님과 더불어 저포놀이를 할까 합니다. 만약 제가 지면 법연(法筵)을 차려서 치성 드리고, 만약 부처님께서 지면 아름다운 아가씨를 구해 저의 소원을 이루어 주옵소서." 하고 축원을 마치고 저포를 던지니, 소원대로 양생이 승리하였다.

조금 있다가 나이 열대여섯 살쯤 되는 아름다운 최씨 여인이 나타났다. 머리를 두 갈래로 땋았고 깨끗한 옷차림에 얼굴과 태도가 마치 하늘의 선녀 같았는데, 가만히 바라보니 엄숙하고 연연하였다.

양생은 여인이 부처에게 바친 글월을 읽어본다. '인간의 한평생은 태어나기 전부터 마련되어 있으며, 선악의 업보는 피할 수 없으므로 타고 난 운명에 인연이 있을 것이오나, 늦지 않게 배필을 점지하여 주시어 즐거움을 얻게 해주시기를 간절히 비옵니다.'라는 배필을 구하고자 하는 내용이었다. 양생은 부처로 인하여 자기가 원하는 여인을 만나게 되었다. 양생은 여인에게 근본을 물으니, 여인은 저도 사람이며 좋은 배필이 될 수 있다고 하였다.

이후 양생은 여인으로 하여 여인은 양생으로 하여 서로 평생의 한을 풀게 된다. 법당 판자방에 들어가서 여인의 시녀가 차린 술좌석에서 술과 노래를 즐긴다. 여인은 양생과 함께 그녀의 집으로 향한다. 가는 중에 행인들은 양생이 여인과 함께 가는 것을 보지 못한다. 현실의 양생과 귀신 여인의 결합이었던 것이다. 이윽고 두 사람은 개령동에 있는 여인의 집에서 사흘을 머물며 즐겁게 지낸다. 사흘이 지난 어느 날 여인은, "이 땅의 사흘은 인간 세상의 3년과 같습니다. 낭군은 이제 집으로 돌아 가셔서 옛날의 살림을 돌보십시오."라고 말한다. 양생은 더 머물고 싶었으나, 이별의 잔치가 벌어진다.

이별 잔치에는 여인의 이웃 친척인 정씨, 오씨, 김씨, 유씨 등이 초청되어 시를 지어 전송한다. 그 내용은 자신들의 고독과 외로움을 탄식하면서 양생과 여인을 부러워하는 것이었다. 다시 현실 세계로 돌아온 양생에게는 여인이 신표로 준 은주발 하나만 쥐어져 있었다. 이튿날 양생은 은주발이라는 구체적 물증에 의하여 여인의 부모를 만난다. 그 여인의 집은 귀족 집안이었다. 보련사 길목에서 여인과 만나 절에서 그녀의 부모와 친지들을 만나고 둘 사이를 허락받는다. 그날 밤 운우지정(雲雨之情)을 나눈다. 그러나 새벽녘이 되자 여인은 작별을 알린다. 많은 사람들의 전송을 받으며 여인의 영혼은 떠났다.

여인의 부모는 양생에게 자기 딸의 몫으로 되어 있던 전답과 하인을 주며 자식을 잊지 말라고 한다. 양생은 개영동에 있는 여인의 무덤에 가서 제사를 지내고 슬픔을 이기지 못해 여인의 부모로부터 받은 토지와 가옥을 팔아 절에 가서 제(祭)를 올리고 여인의 영혼을 위로한다. 그러자 여인이 공중에서 나타나 양생에게 감사의 표시를 하고 자신은 은덕으로 다른 나라에서 남자로 태어나게 되었음을 알린다. 그리고 여인은 양생에게 정업을 닦아 속세의 누를 벗어나 이상의 세계로 나아가기를 기원한다.

그 뒤 양생은 다시는 장가들지 않고 지리산에 들어가 약초를 캐며 살아갔다고 한다. 그가 어디에서 세상을 마쳤는지 아는 이가 없다 하고 이야기는 끝이 난다.

「만복사저포기」는 작가의 한 맺힌 설움과 고독을 양생을 통하여 토로한 것이다. 여인 최씨가 왜구의 난을 당하여 자살했다는 현실적 배경은 소설의 현장감을 높여준다. '끝내 정절을 굳게 지키고 법도에서 벗어난 행실을 저지르지 않는다.'는 것을 강조한 것은 부자 · 부부간의 윤리에 대한 작가의 관점이 나타난 것이다.

여인은 양생에게도 정업을 닦아 속세의 누를 벗어날 것을 당부하고 양생은 산에 들어가 약초를 캐고 살다가 말년에는 산 속 어딘가에서 생명을 마감하였는지 알 수 없다.

양생은 속세를 떠나는 방식으로 고독한 현실을 거부한 것이다. 다만 최씨의 간곡한 당부에도 불교에 귀의하지 않은 것은 그가 유가적 가치관을 지녔기 때문이다. 양생이 여인을 위해 제를 올려 주지만 정작 자신은 불교에 귀의할 수 없었던 것은 그의 정신적 지향이 현세의 행복과 안정을 추구했기 때문이다. 그는 불가로 출가하는 대신에 산중 은거를 택하였다.

(4)「이생규장전」

「이생규장전(李生窺墻傳)」은 재주와 미모를 갖춘 사람이 만나고 이별하고 다시 만나는 살아 있는 사람들의 이야기와 두 사람이 생사로 갈리는 이별과 생사를 초월한 만남, 그리고 다시 생사로 나뉘는 영원한 이별의 이야기이다.

송도(松都)에 이생(李生)이라는 서생이 낙타교 옆에서 살고 있었다. 그는 재주도 뛰어나고 인물도 잘생겼는데, 늘 국학(國學)에 다니느라 선죽리 어느 귀족의 집 앞을 지나다녔다. 그 집에는 나이는 십오륙 세쯤 되고 자태가 아름답고 자수에 익숙하며 시부(詩賦)에도 능통한 최랑(崔娘)이 살고 있었다.

이생은 어느 날 그 집 앞에 있는 수양버들 아래에서 그 집안을 엿보게 된다. 규장(窺墻)이란 뜻은 담장을 통하여 엿본다는 뜻이다. 이생이 담장 너머 자신을 엿본다는 것을 눈치챈 최씨 처녀는 상당히 적극적으로, 수를 놓다가 잠시 쉬면서 시를 읊는다.

저기 가는 저 총각은 어느 댁 도련님인고?
청금대대(靑衿大帶)가 버드나무 가지 사이로 비춰 오네.
이 몸이 화신하여 대청 안의 제비 되면
구슬발 사뿐 걷어 담 위를 넘어가리.

이 시를 들은 이생은 담을 넘어 들고 싶은 마음을 누르고 국학에 갔다 오면서 시 3수를 써서 기왓장에 매달아 담 안으로 던져 보낸다. 그 시는 '좋은 인연 되려는지 궂은 인연 되려는지 부질없는 이내 시름 하루가 삼추 같네.'라는 내용이었다. 이 시를 보고 최랑은 그날 밤 대바구니를 담으로 내려 보내 서로 만나게 된다.

뒷소문을 걱정하는 소극적인 이생을 향하여 최랑은 "저는 애당초 도련님과 부부되어 끝내 남편으로 모셔 오래도록 즐겁게 지내려 하는데 도련님은 대장부의 의기로 약한 마음먹지 마시오. 이 다음날 규중의 비밀이 누설되어 부모님께 꾸지람을 듣게 되더라도 제가 혼자 책임을 지려 합니다."라고 말한다.

최랑은 술과 안주를 차려 놓고 이생과 술을 나누며 시작을 주고받는다. 이생은 거기서 며칠 머물고 돌아온 뒤에 매일 밤 최랑을 찾아가 즐거움을 나눈다. 그러나 이생의 아버지가 이 사실을 알아차리고 둘 사이를 갈라놓기 위하여 이생을 영남 울주로 내려 보낸다.

이것을 알게 된 최랑은 상사병으로 침상에 쓰러져 일어나지 못한다. 그녀의 부모는 딸의 상자 속에서 이생과 주고받은 시를 발견하고 이들의 사이를 알게 된다. 최랑의 고백을 들은 부모는 이생의 집에 중매를 보내 청혼하게 된다. 이생의 아버지는 아들의 장래를 생각하여 처음에는 거절하나 재삼 구혼하는 최씨 집안의 적극성에 마지못해 승낙한다. 이것은 최랑이 양가 가문의 신분과 재산의 제약을 무너뜨리고자 적극적으로 노력한 결과이다.

이들은 혼인하며 몇 년을 행복하게 살았다. 그러나 얼마 후 신축년에 홍건적(紅巾賊)이 서울을 점령하니 임금은 복주(福州)로 피난 가고, 적들은 집을 불태우고 사람들을 죽이고 축을 잡아먹었다. 그의 가족과 친척들은 서로 보호하지 못하고 사방으로 달아나 숨어 제각기 살기를 꾀하였다.

이생 가족도 궁벽한 산골에서 숨어 살았는데, 도적이 들어 이생은 도망가고 최 여인은 잡힌 몸이 된다. 결국 그녀는 정조를 지키다가 도적에게 잔인하게 살해된다. 이생은 도적이 물러난 후 옛집으로 돌아오지만 그 집은 이미 전쟁으로 인해 불타 없어진 후였다. 아내를 찾았지만 쓸쓸한 집엔 쥐와 새들의 울음뿐이다. 탄식을 하며 저물도록 홀로 앉아서 지난 일을 생각하니 한바탕 꿈만 같았다.

이때 여인이 환상적으로 이생을 찾아온다. 한밤이 되자 희미한 달빛이 들보를 비춰주는데, 낭하에서 발자국 소리가 먼 데서 차차 가까이 들려왔다. 놀라서 살펴보니 사랑하는 최 여인이었다.

최 여인은 먼저 지난날 부부의 절의를 잊지 말자면서, "이제 봄빛이 깊은 골짜기에 돌아왔으니, 제 환신(幻身)도 이승에 되돌아와서 남은 인연을 거듭 맺으려 합니다. 그대와 저는 삼세(三世)의 깊은 인연이 맺어져 있는 몸, 오랫동안 뵙지 못한 정을 이제 되살려서 결코 옛날의 굳은 맹세를 저버리지 않겠습니다. 그대께서는 허락하시겠습니까?"라고 말한다.

최 여인의 다짐에 이생은 "그것이 바로 내 소원이오."라고 답한다. 이생은 여인의 도움으로 잃어버린 몇 개의 금은 덩어리와 재물을 찾게 된다. 이들은 이후 생시와 같이 수년을 즐겁게 살았다. 그러던 어느 날 저녁 아내는 애달픈 이별을 고한다. 아내와 헤어져 현실로 돌아온 이생은 그녀의 유골을 거두어 부모 곁에 장사 지내주고, 홀로 지내다 병을 얻어 수개월 만에 세상을 떠났다.

김시습은 사육신(死六臣)처럼 세조의 왕위 찬탈에 정면 대응하지는 못했다. 그는 생육신(生六臣)으로 일생을 방외인으로 방랑하였다. 그는 『금오신화』를 저술하고, 성종이 들어서자 다시 속세로 돌아오지만 한곳에 정착하지 못하고 천하를 유랑하였다.

(5) 「취유부벽정기」

「취유부벽정기(醉遊浮碧亭記)」는 역사적 배경이 작품의 의미 구현에 중요한 역할을 하는 소설이다. 이 작품은 '평양은 고조선의 도읍지였다.'라는 구절로 하여 평양(平壤)의 내력에서부터 시작된다. 또한 그 주요 무대가 동명왕의 구재궁(九梯宮) 터인 영명사(永明寺)이다. 따라서 이 작품은 그 배경에서부터 상당히 회고적이라는 것을 느낄 수 있다.

그리고 시대적 배경으로는 '순천(順天)' 초년으로 되어 있다. 이때는 세조 3년(1457)으로 단종의 폐위 사건을 겪으면서 사육신과 많은 사람들이 죽거나 물러나고 또한 등용되는 복잡한 시기였다. 그러므로 작품의 지리적 배경이나 시대적 배경 모두 인생의 허무를 느낄 수 있는 사실적 상황으로 설정되고 있다.

주인공 홍생(洪生)은 개성에 사는 젊은 부호이다. 그는 얼굴이 잘 생기고 풍류가 있었으며, 또한 글도 잘하는 남자였다. 그리하여 성 안의 이름 있는 기생들이 모두 동생에게 추파를 던질 정도였다.

홍생은 가장 큰 명절의 하나인 한가윗날을 맞이하여 친구들과 함께 피륙과 면사를 평양의 저자에서 팔고 배를 강가에 대어놓았다. 이때 성중에 살던 친구인 이생이 잔치를 벌여 홍생을 대접하였다. 그는 장사도 잘 끝났고, 더구나 술까지 거나하게 마셨다.

배로 돌아 온 홍생은 밤은 서늘하고 잠은 오지 않아 문득 옛날 당나라 시인 장계(張繼)의 시(詩) 「풍교야박(楓橋夜泊)」이 생각나서, 작은 배에 올라 달빛을 싣고 배를 저어 부벽정(浮碧亭)에 이른다. 「풍교야박」은 나그네가 인생의 허무를 느끼고 잠을 이루지 못하는 심정을 읊은 것이다. 취유부벽정의 뜻은 '술 취하여 부벽정 정자에서 노닐다.' 이다.

달 지고 까마귀 울고 서리 내리는데
단풍 사이 어화(漁火)는 내 시름처럼 반짝인다.
고소성 밖 아득한 한산사에서
한밤의 종소리 나그네 뱃전에 들려온다.

홍생 또한 인생의 허무감을 느끼고 부벽정에 올라가 옛 서울인 평양을 돌아다보며 '고국이 망하고 보니 보리만 우거졌구나.'라고 탄식하는 시(詩) 6수를 지어 읊었다. 이 시들은 모두 국가흥망의 무상함을 내용으로 한 것이다.

홍생은 일어나 춤을 추며 시를 읊을 때마다 한숨짓고 울며 진심으로 흐느꼈으므로 깊은 구렁에 잠긴 용도 따라서 춤을 출 것 같고, 외딴 배에 있는 과부도 울릴 만하였다. 이때 한 아름다운 여인이 그의 앞에 나타난다. 그녀는 바로 기씨녀(箕氏女)로, 두 시녀를 데리고 나와서 한 시녀를 시켜 홍생을 모신다. 그리고는 "그대는 나와 같이 시를 평론할 만하오." 하고 자리를 함께한다. 시를 통하여 사람과 귀신이 교통(交通)하는 장면이다.

여인은 홍생에게 신선의 음식을 대접하고 홍생의 시에 화답한다. 그 내용 역시 망국(亡國)의 한과 인생무상(人生無常)을 노래한 것이었다. "그대는 지금부터 세속의 인연

떠났으니, 오늘 저녁 나와 같이 한없이 즐겨 보세."라고 말한다. 홍생은 세속의 인연을 벗어나게 되어 기뻐하며 그녀에 관해 물어 보았다. 여인은 한숨을 쉬면서 대답하였다.

"나는 은(殷)나라 임금의 후손이며 기씨의 딸이오. 나라의 운수가 갑자기 비색해지니 재앙과 환난이 문득 닥쳐와 나의 선고(先考) 준왕(準王)께서 필부의 손에 패전하여 드디어 국가를 잃으셨고, 위만(衛滿)이 이 시기를 타서 보위를 차지했으므로 조선의 왕업은 여기서 끊어지고 말았소."

그녀는 이 세상에 있었을 때는 왕족의 딸로서 부귀영화를 누리고 살았던 여인이었다. 홍생의 처지와 다를 바가 없었다. 그러나 그녀는 절개를 지키려다가 곤경에 빠져 죽게 되었다. 그러나 신인의 도움으로 신선이 되어 장생불사하게 되었다는 것이다. 여인은 인생은 무상하니 애착을 가질 것이 없고, 결국 그것은 초월해야 할 것임을 시로써 표현한 「강정추야완월(江亭秋夜翫月)」을 읊는다.

머나먼 산천에 길 잃은 이 그 누군가
다행히 고향 나라 옛 친구 만났네.
도화 이화 서로 주고받으니
잔에 가득 부어 술도 주고받네.
광음을 아끼면서 시를 지으며,
취하도록 마셔 보세.

이 시는 허무의 경지를 극치로 나타낸 것이다. 여인은 시 쓰기를 마치자 붓을 던지고 공중으로 솟았다. 그녀가 간 곳을 알 수 없었다. 또한 바람이 불어와 동생이 앉은 자리를 걷고 그 시도 앗아가버려 역시 간 곳을 알 수 없었다. 즉 여인은 선계로 돌아갔고, 홍생은 다시 현세로 나온 것이다. 좋은 인연을 얻었으나 가슴속에 쌓인 이야기를 다하지 못하고 그 서운한 심정을 시로 남긴다.

그는 배로 돌아왔으나 답답하여 배를 저어 옛 물가로 갔다. 이미 초월의 세계를 맛

보았으니 현실은 더욱 견디기 어려운 것이다. 그의 친구들이 어제 저녁의 일을 물었으나 거짓말로 얼버무려 속인다.

현실로 돌아온 홍생은 그 여인을 연모하다가 몸이 쇠약해져 하는 말에 두서가 없어진다. 그러던 어느 날 선녀가 내려와 말하기를, 옥황상제께서 선비의 재주를 사랑하여 견우성 막하의 종사관을 맡길 것이라고 말한다.

홍생이 자기 몸을 깨끗이 하고 향을 피우고 자리를 뜰에 펴고 잠깐 누우니, 문득 세상을 떠나게 된다. 장생불사의 세계로 간 것이다.

「취유부벽정기」에서 홍생은 바로 세상을 초월한 여인을 통하여 그 자신도 '죽음에서 해탈'한 것이다. 유한한 세계에 몸담고 있는 인간은 언제나 무한한 세계를 동경한다. 이것은 김시습의 생사관이기도 하다. 즉 허탈감에 젖어 있던 현실의 김시습이 허무를 이기는 영원의 세계로 나아가고자 하는 욕구를 표현한 작품이다.

따라서 이 작품으로 김시습은 자신의 허무감을 벗어날 수 있는 길을 모색하였던 것이다. 그러나 그 길은 유학(儒學)도 아니오, 불교(佛教)도 아니라, 신선설화(神仙說話)를 이용하였음을 알 수 있다.

(6) 「남염부주지」

「남염부주지(南炎浮洲志)」는 앞의 세 소설과는 달리 남녀의 애정이 나타나지 않으며, 『금오신화』 다섯 편 중 유일하게 삽입시가 없는 작품이다. 소설의 대부분은 박생과 염왕이 종교와 나라를 다스리는 법도에 대하여 주고받는 문답으로 이루어져 있다.

성화(成化) 초기 경주에 박생(朴生)이라는 사람이 살고 있었다. 그는 유학에 뜻을 두고 일찍부터 태학관에서 수학하였으나, 한 번도 과거에 합격하지 못 하여 불만을 품고 있었다. 그는 일찍부터 불교, 무격(巫覡), 귀신 등의 모든 설에 대하여 의심을 품고 있었다.

그러던 어느 날 박생은 자기의 거실에서 밤중에 등불을 돋우고 『주역(周易)』을 읽다가 옷을 입은 채 잠이 들었다. 그런데 홀연히 한 나라에 이르니 곧 바다 속의 한 섬이었다.

그는 섬에 이르러 수문장에게 어느 나라에 사는 선비로, 세상모르는 유학도라고 소개한다. 수문장은 "저희 임금께서 그대와 같은 분을 만나 뵙고 동방 사람들에게 한 말씀 전할 생각을 가지고 계셔 그대를 초빙하였다."고 대답한다. 박생은 남염부주(南炎浮洲)의 임금과 토론을 시작한다. 이는 크게 두 가지로, 첫째는 종교와 귀신에 관한 것이요, 둘째는 나라를 다스리는 정사(政事)에 관한 것이다.

이들은 유교와 불교의 차이에 대하여 이야기하기도 한다. 주공과 공자와 석가에 대한 이생의 물음에 임금은 주공과 공자의 가르침은 정도(正道)로서 사도(邪道)를 물리치는 일이었고, 석가의 법은 사도로서 사도를 물리치는 것이라고 말한다.

그러므로 주공과 공자의 말씀은 정직했으므로 군자가 따르기 쉽고, 석가의 말씀은 황탄했으므로 소인이 믿기가 쉬웠다고 말한다. 이들은 모두 지극한 경지에 이르러서는 군자와 소인으로 하여금 마침내 바른 도리로 돌아가게 하는 것이다. 이것은 결국 유학을 옹호하는 논설이지만, 최고의 경지에 이르면 목적은 같다는 것이다. 이러한 유학 우위의 논리는 염왕의 귀신론(鬼神論)에서도 피력되고 있다.

"귀(鬼)는 음(陰)의 영(靈)이요, 신(神)은 양(陽)의 영이니, 대개 귀와 신은 조화의 자취요, 이기(二氣)의 양능(良能)입니다. 살아 있을 때는 인물(人物)이라 하고, 죽고 나면 귀신(鬼神)이라 하나, 그 이치는 다른 것이 아닙니다." 이와 같이 염왕은 모두 유학 우위의 결론을 내린다.

마지막으로 박생이 불교 교리의 하나인 윤회(輪廻)에 대하여 묻자, "정기(精氣)가 흩어지지 않았을 때에는 윤회의 길이 있을 듯하나, 시간이 오래 되면 정기가 흩어져서 소멸되는 것이다."라고 대답한다. 이는 윤회 역시 불교의 속임수임을 뜻하는 것이다.

박생은 염왕에게 무슨 인연으로 사나운 타국에서 임금이 되었는가 하고 묻는다. 이때 염왕은 살아서 벼슬한 적이 없고, 나라에 충성을 바쳐 오직 애국애민을 위하여 도둑떼를 토벌할 때, 죽어서도 여귀가 되어 도둑떼를 죽이리라고 소원하였더니 이 흉악한 곳에 군장(軍長)이 되었다는 것이다. 박생 역시 벼슬한 적이 없어 염왕과 같은 처지이니, 염왕은 다음 왕은 박생이 되어야 한다며 잔치를 베풀어 극진히 환영한다.

그리고 왕으로서 정사를 다스려야 하는 법을 박생에게 가르쳐 준다. 곧 나라는 백성의 나라이니 폭력으로 백성을 위협해서는 아니 되고 하늘의 뜻을 거역해서도 아니 된다는 것이다. 이것은 성리학의 왕도정치 이념이기도 한 것이다. 염왕은 박생에게 왕위를 물려주기 위하며 선위문(禪位文)을 지어준다. 박생이 선위문을 받고 수레를 타고 오다가 넘어져 깨어 보니, 이는 곧 한바탕 꿈이었다. 수개월 후 박생은 병을 얻어 세상을 떠났다. 이때 이웃집 사람의 꿈에 신인(神人)이 나타나서 "너의 이웃집 박생은 죽어서 염라왕이 될 것이다."라고 말한다. 박생은 현실에서 이루지 못하였던 벼슬에 대한 꿈을 저 세상에서 이루기 위하여 스스로 죽음을 맞이하는 것이다.

「남염부주지」는 일찍부터 세조의 왕위 찬탈을 풍자한 소설이라고 인정된 것이다. 김시습은 본래 현실 참여형의 인물이었던 것으로 보인다. 그러나 그는 적극적 자세보다는 은둔자의 소극적 태도로 일관하면서도 그 자신의 갈등 양상을 「남염부주지」에 반영하였다. 김시습의 정치적, 종교적 욕구는 박생의 꿈에 피력되고 있어, 김시습이 승복을 입고도 벼슬에 대한 사회적 욕망이 적지 않았다는 것을 알 수 있다.

작가는 이 소설에서 염왕을 통하여 유교는 불교보다 정직하지만 마침내 바른 도리로 돌아가는 것은 같은 것이라고 말한다. 그리고 왕으로서 정사를 다스리기 위해서는, 백성을 안위하고 천명을 거역해서는 안 된다고 하였다. 이것 역시 염왕의 입을 통하여 김시습 자신의 고뇌와 의식을 투영한 것이다.

(7) 「용궁부연록」

「용궁부연록(龍宮赴宴錄)」은 꿈속에서 이루어지는 용와의 나라에서 연회를 즐기는 이야기이다. 특히 삽입시가 다른 작품에 비하여 풍부하게 수록되어 있다. 또한 작품 가운데 보조 인물로 등장하는 게와 거북이에 관한 부분은 일대기의 형태를 가지고 있지 않은 점을 제외하고는 고려 중기에 발생한 가전체의 전형임을 확인할 수 있다.

특히 고려 가전 중 거북을 의인화한 이규보의 「청강사자현부전(淸江使者玄夫傳)」과 제목만 문헌에 전하는, 게를 의인화한 이현보의 「무장공자전(無腸公子傳)」이 있어 김시습이 기존의 문학 유형을 이용하여 자신의 독자적 문학 세계를 개척하려 했던 점을 엿볼 수 있다.

고려 때 한생(韓生)이라는 젊은이가 글에 능하여 조정(朝廷)에 이름이 알려져서 문사(文士)로 평판이 자자했다. 문사는 글하는 선비로 벼슬하는 대부(大夫)와는 다르기 때문에 벼슬에는 나아가지 않았다.

한생이 어느 날 거실에서 해가 질 때까지 편안히 앉아 있었는데, 홀연히 청삼(靑衫)을 입고 복두(幞頭)를 쓴 낭관(郎官) 두 사람이 나타나 "박연(朴淵)에 사시는 용왕님께서 모셔 오라고 분부하셨습니다." 하는 소리에 깜짝 놀란다. 곧 한생은 해가 지는 어둠 속에서 꿈속에 빠지는 것이다. 이는 '있는 세계'에서 '있어야 할 세계'로 나간 것이다.

한생은 두 낭관을 따라 '신의 세계'인 '물의 세계'로 인도된다. 한생이 함인지문(含仁之門)이라는 궁으로 들어서자 용왕이 직접 뜰 아래로 내려와 맞이하며, 수정궁(水晶宮) 안에 있는 백옥상(白玉牀)에 앉도록 권한다. 이에 한생은 엎드려 굳이 사양하며, "하토(下土)의 어리석은 백성은 초목과 함께 썩을 몸이온데, 어찌 감히 거룩하신 임금님께 외람되이 융숭한 대접을 받을 수 있겠습니까?"라고 말한다. 그러나 용왕은 더욱 앉기를 권한다.

한생은 비록 조정에까지 이름이 알려진 문사이긴 하지만, 이렇게 임금의 대접을 받은 적은 없었다.

한생은 수부에서 조강신(祖江神)과 낙하신(洛河神)과 벽란신(碧瀾神)을 만난다. 이때 한생은 자신을 '가난한 선비'라고 소개하나, 그들은 한생이 틀림없이 '인간 세계의 문장의 거공(鋸公)'일 것이라고 말한다. 이것은 작가 자신이 현실적으로 빈한한 선비지만 문장에 있어서는 뛰어나다는 자부심의 투영이라고 할 수 있다.

용왕은 한생을 수부(水府)에 모시게 된 연유를 말한다. 용왕에게는 딸이 하나 있는데, 결혼할 시기가 되어 따로 가회각(佳會閣)이라는 누각을 지으려고 모든 준비를 마치고, 이제 상량문을 올릴까 하여 삼한에 이름을 얻은 한생에게 부탁하노라고 말한다. 한생이 상량문을 일시에 이룩하니, 그 글씨는 구름과 연기가 서로 얽히는 듯하였다. '생각건대, 천지 안에는 용왕님이 가장 신령스럽고, 인물의 사이에는 배필이 지극히 중한데, 용왕님께서는 이미 만물을 윤택하게 하신 공로가 있으시니 어찌 복 받을 터전이 없으리.'라는 과연 명문장의 상량문이 이루어졌다. 용왕과 신들이 모두 상량문을 보고 탄복한다.

이들은 서로 술을 권하고 풍류를 즐기니, 미인 십여 명이 나와서 춤추며 「벽담곡(碧潭曲)」 한 가락을 불렀다. 그 곡조는 용궁의 아름다움과 용왕의 지극한 덕(德)을 읊고, 동시에 한생을 찬양하는 내용이었다. 다음에는 총각 십여 명이 나와서 「회풍곡(回風曲)」을 불렀다. 그 내용은 잔치의 즐거움과 헤어지기 아쉬움을 노래한 것이었다. 용왕 또한 「수용음(水龍吟)」 한 가락을 노래하였다.

금 술잔에 술 넘치고
좋은 풍채 취해 있네.
그 누가 술잔 기울여
아름다운 임 위하여
십년 진토(盡土)토록 근심 잊고
넓은 하늘 오르듯이 유쾌하게 놀아 보세.

이 시는 용왕을 통하며 작자의 소망을 나타낸 내용이다. 즉 그는 근심을 잊고 유쾌하게 놀고 싶은 것이었다. 또 잔치의 흥을 위하여 자칭 곽개사(郭介士)라는 게가 나와서 춤추며 노래를 한다.

산귀(山鬼) 와서 덩실덩실 춤을 추고
물고기들은 펄떡펄떡 뛰노누나
모든 신하들이 제자리를 얻었으니
그리운 우리 임 차마 잊을 건가.

'모든 신하들이 제자리를 얻었으니'는 『시경』 패풍(邶風)의 「간혜장(簡兮章)」에 나오는 노래를 차용한 것이다. '산에는 개암 있고, 들에는 씀바귀 있다.'의 원래 뜻은 '모든 생물이 각기 제자리를 얻음', 곧 성인(聖人)이 지배하는 시대에는 모두 자기 본래의 자리를 얻을 수 있음을 말한다.

다음은 자칭 현선생(玄先生)이라는 거북이가 나와서, 역시 자기소개를 한 뒤 구공무(九功舞)를 추면서 노래를 지어 잔치의 즐거움을 더한다. 한생은 여러 동물들에게 시를 받고 또한 세신들도 시를 지어 완상하고 나서 장편시 이십 운을 지어 진술한다. 용왕은 이 시를 보배로 삼겠다고 말한다. 한생은 자신의 시에 대한 자부심이 적지 않았다.

한생은 궁실의 웅장함과 강토의 광대함을 두루 구경하고 작별을 고한다. 용왕은 한생에게 구슬 두 덩이와 수초(水綃) 두 필을 담아서 전병 노자로 주고 문 밖까지 나와서 전별을 한다. 드디어 한생이 꿈을 깨니, 자기 몸은 거처하는 방안에 드러누워 있을 뿐이다. 이후 마지막 부분은, 용궁에서 얻어 온 보배를 잘 간직하며 그가 본 수부(水府)의 세계를 동경하는 내용이다. 한생은 세상의 명예와 이익을 염두에 두지 않고 명산에 들어갔는데, 어느 곳에서 세상을 마쳤는지 알 수 없다.

「용궁부연록」의 주인공 한생은 스스로의 문재(文才)를 인정받고 싶어 하며 그것을 알아주는 용궁 세계로 나아갔다. 그러므로 이 소설은 '지기지은(知己知恩)의 갈구'를 주제로 한 이야기이다.

이 소설은 삽입시가 가장 많은 작품으로 작가 자신의 시재(詩才)를 유감없이 발휘한 것으로 지적할 수 있다. 작자의 시작에 대한 자부심이 드러난 것이라 하겠다. 그리고 마지막 부분에서 한생이 '세상의 명예와 이익을 생각에 두지 않고' 하는 대목을 통해, 우리는 김시습의 현실에 대한 갈등을 표현하고 있음을 알 수 있다. 그것은 명리를 떠나 은거하는 입장이면서도 명리에 대한 집착을 완전히 버리지 못하는 자신의 이율배반적 욕구의 투영이라고 볼 수 있다. 한생의 행위는 표면적으로는 현실을 거부하지만 오히려 현실을 향한 작가의 역설적 표현이라고 해석할 수 있다.

〈해설〉

『금오신화』는 명혼, 귀신, 지옥 등의 기존의 문학 유형을 적극 활용하여 기(記), 전(傳), 지(志) 록(錄) 등의 전기체(傳奇體) 소설이라는 장르를 마련하였다. 그리하여『금오신화』를 출발점으로 하여 우리나라 고소설사에 있어서 '본격적인 소설시대'의 장이 열렸다.

이와 같이 소설사상 최고의 자리를 점하는『금오신화』의 저자 김시습에 대한 평가는, 부정적인 측면과 긍정적인 측면으로 나뉘어 그 견해가 다르게 해석되어 왔다.

그것은 허균과 퇴계 이황 그리고 율곡 이이 선생의 견해이다. 허균은, "매월당이 세상을 도피한 절개는 진실로 중용(中庸)의 도리에 합하지는 못했다 하더라도, 몸가짐이 맑고 높았으니 물러감이 법도에 합하였다."고 보았다. 이에 대하여 퇴계 선생은, "매월당은 남다른 하나의 이인(異人)이요, 만난 세대가 그러하여 드디어 높은 절개를 이루었을 뿐이다."라고 하였다. 더하여 금오신화류(類)는 가히 고견원식(高見遠識)으로는 허락할 수 없는 작품이라고 하였다.

이에 반하여 율곡 선생은 김시습은 재주가 그릇 밖으로 넘쳐서 스스로 잡지 못하였으며 중후(重厚)하지 못하기는 해도 과히 백대의 스승에 가깝다고 평가하였다.

이와 같이 김시습에 대한 평가는 견해에 따라 상반되고 있지만, 『금오신화』에는 작가의 사상적 방황과 갈등, 민족의식과 역사 인식, 현실주의적 세계관이 여러 전통적인 문학 양식들과 적절히 배합되어 창출되었다는 것을 확인할 수 있었다.

우리나라 고전소설사상 최초의 소설이라고 인정되는 이 작품은 명나라 구우(瞿佑)의 『전등신화(剪燈新話)』에서 영향을 받았다고는 하나 작품의 배경이나 주제 및 작가 의식에 있어 독창성이 뚜렷하여 창작 소설로 인정되고 있다. 또한 『금오신화』의 몽유 구조는 후대의 몽유록 소설에 영향을 주어 고소설사적 의의와 가치가 높이 평가되고 있는 작품이다.

2. 『홍길동전』 – 허균

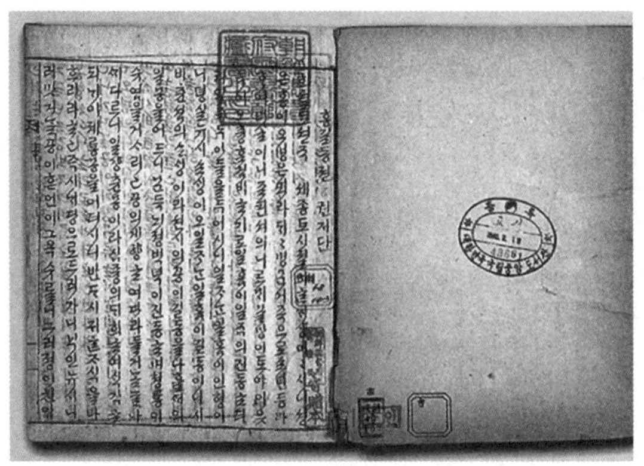

『홍길동전』(국립중앙도서관 소장)

『홍길동전(洪吉童傳)』은 조선 중기 문인 학자인 허균(許筠)의 작품으로 우리나라 최초의 장편 국문소설이다. 1607년(고경중마방 간행) 창작된 『홍길동전』은 고전소설 가운데 작가가 밝혀진 몇 안 되는 작품이며 그 이본(異本)이 많은 작품의 하나로도 지적되고 있다.

『홍길동전』은 『중종실록』, 『연산군일기』에 나오는 괴도 홍길동이 모델이 되었다는 설이 상당히 근거 있는 것으로 받아들여지고 있다. 『왕조실록』의 기록에 의하면, "홍길동의 이름은 동음이자인 '길동(吉同)'으로 강도인데도 옥관자를 붙이고 홍대를 띠는 등 당상관의 복색과 첨지의 행세를 하고서, 백주 대낮에 무리를 지어 갑병을 거느리고 관부를 출입하며 온갖 행패를 자행하여도, 근농이나 이정이나 향소에 머무르고 있는 관원들이 알고 있지만 두려워 감히 보고하지 않았다."고 기록하고 있다. 이로써 길동이 강도의 수괴였음을 알 수 있다. 조선 후기에 이르러 홍길동에 관한 기록은 야사에도 전한다.

헌종조 예조판서를 지낸 이희준(李羲準)이 편찬한 설화집인 『계서야담』 제112화는 『홍길동전』의 소재가 될 수 있는 설화이다. 그리고 『청구야담(靑邱野談)』의 제287화와 『동야휘집』에서도 그 흔적이 전한다. 따라서 『홍길동전』은 역사상의 인물이나 사건을 소재로 한 작품이라는 관점에서 그 유형을 사회소설이나 역사소설로 보아도 가능한 것이다.

『홍길동전』 이본이 학계에 소개된 것은, 경판본, 안성판본, 완판본, 활판본, 한문필사본, 국문필사본 등 여러 본이 있다. 이들 이본들은 독자적인 의미를 지니고 있다는 논리 때문에 원본 추정의 문제는 아직 미해결의 장으로 남아 있다.

(1) 허균의 생애

『홍길동전』의 저자 허균(許筠, 1569~1618)은 선조 2년(1569)에 서울 건천동에서 태어났다. 그의 아버지 허엽(許曄)은 허균이 태어날 당시 승지로 재직하고 있었고 이조참의를 거쳐 대사간 부제학 등을 역임하며 한성에 머물러 있었다.

허엽의 자녀 육남매 중에서 허성(許筬)과 두 누이는 전처 한씨 부인의 소생이고, 허봉(許篈), 허난설헌(許蘭雪軒), 허균(許筠)은 후처 김씨의 소생이다. 이들은 모두 문장에 일가를 이루었으며, 특히 그의 누이인 허난설헌은 조선조 여류 문인으로 그 명성을 얻었다. 허균은 가계상 이복형제 속에 성장하는 문제가 있었지만, 당대 문벌을 이루었던 가문 출신이었다.

그러나 허균은 나이 12세에 영남관찰사로 재직하던 아버지를 여의고, 20세에는 중형(仲兄) 허봉, 그리고 22세에는 그를 가장 아껴주던 누이 허난설헌을 사별하게 되면서 심리적 충격이 적지 않았다고 한다.

1592년에는 임진왜란을 당하여 모부인과 만삭의 아내와 함께 함경도 단천으로 난을 피하였다가 아내와 첫아들을 잃게 된다. 그때 그의 나이 24세였다. 그 후 26세에는 생원 시험에 이어 정시을과에 급제를 하고, 29세에는 중시에 장원을 한다. 그 해 김효원의 딸을 재취로 얻는다.

허균은 병조좌랑을 시작으로 벼슬길에 나아가지만, 선조 32년(1599) 31세 때 황해도 도사직을 파직당한다. 불과 반년 만에 그가 "경창(京唱)을 몰고 다니며 무뢰배들이 드나들며 청탁을 자행하여 도민의 근심을 사고 있다."는 사헌부의 규탄을 받게 된 것이다. 허균은 그의 생애를 통하여 잦은 파직과 등용(登用)을 거듭하면서, 이후에는 종사관으로서 서행(西行)에서 활약하였다.

37세에 원접사 이정구(李廷龜)의 종사관이 되어 서행을 한다. 39세에 삼척 부사가 되었다가 사헌부로부터 불상을 모시고 예불을 했다는 규탄을 받고 다시 파직되기에 이른다. 이듬해 공주 목사가 되었으나 성품과 행동이 가볍고 조심성이 없다는 이유로 암행어사에 의해 다시 파직되었다. 광해군의 시대를 맞아 42세 때에 천추사의 명을 받았으나 병을 빙자하여 나가지 않아 파직되었다. 또한 전시관이 되었을 때는 조카와 사위를 과거에 합격시켰다는 혐의로 사간원의 탄핵을 받고, 파직되어 함열(咸悅) 땅으로 유배를 간다.

허균은 그의 재질과 가문의 음덕으로 늦은 나이로 열린 벼슬길에 많은 승진의 기회가 그를 기다리고 있었으나 자유분방한 그의 천성으로 생애의 전반을 방황으로 보낸다. 그러나 이러한 유배 생활은 그가 저술에 집중할 수 있는 계기가 되었다. 그의 문집인『성소복부고(惺所覆瓿藁)』의 대부분의 작품이 이 시기에 정리 · 저술되었다.

광해군 4년(1612) 44세 때, 당쟁의 회오리에 만형 허성이 희생됨으로써 그의 정치적 배경이 무너진다. 허균은 대북파의 이이첨(李爾瞻)과 야합함으로서 다시 순탄한 벼슬길을 열어 가지만, 이로 인하여 그는 결국 1618년 50세에 서시(西市)에서 책형(磔刑) 당하여 일생을 마감한다.

허균의 생애는 한마디로 역사적 산물이라기보다는 개인적 천성의 결과로 해석된다. 그러한 의미에서『홍길동전』과 같은 대단한 작품이 과연 허균의 저작인가 하는 회의론이 제기되었었다. 그러나 허균의 인간적 행적과 사상으로 볼 때 결코『홍길동전』과 무관하지는 않다. 그것은 허균이 '칠서지옥(七庶之獄)' 사건과도 관련되었으며, 그의 문설(文說)인「호민론(豪民論)」과「유재론(遺才論)」그리고 여러 한문전(漢文傳)에 피력된 의식과『홍길동전』의 상관성이 인정되기 때문이다.

(2) 허균의 문학론

허균은 문학적 이론을 비교적 많이 남긴 작가이다. 그의 문학론은 기존 질서를 옹호하거나 행동의 규범을 탐구하는 문학이 아니었고 창조적 개성을 강조하는 문학이었다. 16세기의 문학론은 사림파 문학론의 이론 구조를 정밀하게 구축하기에 이르렀는데, 이러한 규범의 틀을 벗어나려는 시도가 허균에 이르러 제출되었다. 허균은 시를 진실한 정(情)의 표현이라고 보아 종래의 도학적 문인들이 주장했던 '성정지정(性情之情)'의 윤리적 기준과는 다른 길을 걸었으며, 시적 체험의 진정성보다 외형적 수식에 치우치는 경향도 아울러 비판하였다.

"예교와 법도가 어찌 자유로움을 구속하리요. 뜨고 가라앉는 것을 다만 정에 맡겨 하겠노라."는 그의 언급은 당시의 통념과는 파격적으로 다른 그의 문학에 대한 태도를 잘 보여 주고 있다. 그는 그의 『성수시화(惺叟詩話)』에서 "아무리 부귀영화를 누리던 사람도 귀양과 같이 험난하고 어려운 생활을 하면, 비로소 삶의 진실을 근거로 해서 이루어지는 기묘한 경지의 문학을 할 수 있다."

이러한 그의 문학관은 산림에서 은거하는 처사적(處士的) 문학관과는 명백히 다른 것이다. 문장에 대한 그의 입장 또한 주목할 만한 것이다. 그 역시 '재도지기(載道之器)'로서의 문장을 논하지만, 도(道)는 유가만의 그것일 수 없고 불가와 도가도 적극적으로 수용하고 있다. 그는 고문(古文)의 중요성을 논하면서, "상하의 정이 통하게 하는 것이 바로 고문"이라고 주장하였다. 이러한 그의 입장이 당대의 문인들에게 있어 이단으로 평가되는 요인이 되기도 하였다.

그는 시에 대한 자세 또한 모방이나 기괴한 것을 추구하기보다는 평담한 언어로 일상의 진실을 노래해야 한다고 논하였다. 자신의 시가 당시니 송시니 하는 것보다 '허균의 시'로 불려지길 희망했던 것이다. 그는 또한 시가 추구해야 할 것은 천기(天機)이며 현조(玄造)라고 하였다. 천기와 현조와 같은 개념은 바로 인간의 정과 하늘이 함께 하여 창조하는 것이라는 것이다. 아울러 그는 송강의 국문 가사인 「사미인곡(思美人

曲)」과 「장진주사(將進酒辭)」를 적극적으로 평가하였는데, 이는 우리 문학의 독자적인 의의를 적극적으로 평가한 것이라 하겠다.

결론적으로 허균의 문학관은 시인과 작가는 기성의 전범에 예속되어 모방만 일삼을 것이 아니라 자신의 경험과 창조적 개성에 근거해야 한다는 것으로, 각기 그 시대마다의 개성과 특징을 가지는 문학을 할 것을 주장하였다. 그의 「문설(文說)」과 「시변(詩辯)」은 이러한 그의 문학론을 대표할 수 있는 글들이다. 이와 같이 그의 문학관에서 개성적이고 창조적이며 기존의 전범에 일대 충격을 가하는 진보적 의식 세계를 살필 수 있다. 그의 문학관과 관계 깊은 사상은 인재 선발과 백성에 관한 것이다. 그는 「유재론(遺才論)」에서 다음과 같이 인재에 대한 논설을 피력하고 있다.

우리나라는 땅덩이가 좁고 인재가 드물게 나서 옛날부터 걱정하였다. 더구나 조선시대에 들어와서는 인재 등용의 길이 더욱 좁다. 권세가로서 명망이 드러나지 않으면 높은 벼슬자리를 얻지 못하고, 바위 구멍과 띠풀 처마에 사는 선비는 비록 기이한 재주가 있어도 억울하게도 쓰이지 못한다. 과거에 합격하지 않으면 높은 벼슬에 오를 수 없으며, 비록 덕과 업적이 훌륭한 자라도 벼슬에 오르지 못한다. 하늘은 재주를 고르게 주는데, 명문의 집안과 과거로써 제한하니 인재가 늘 모자라 걱정하게 됨은 당연하다.

동서고금에 서얼(庶孼)이라 하여 어진 사람을 버리고, 어미가 개가했다 하여 그 인재를 쓰지 않는다는 말은 듣지 못했다. 우리나라만이 천한 어미를 가진 자손이나 두 번 시집 간 자의 자손은 벼슬길에 끼지 못하게 한다. 조그마한, 더욱이 두 오랑캐 사이에 끼어 있는 이 나라에서 모든 인재가 제대로 쓰이지 못할까 두려워해도 오히려 나랏일이 제대로 될지 점칠 수 없는데, 도리어 그 길을 막아 놓고 '우리나라에는 인재가 없다.'고 자탄한다. 이것은 남쪽 나라를 치러 가면서 수레를 북쪽으로 내달리는 것과 무엇이 다르랴. 참으로 이웃 나라가 알까 두렵다.

「유재론」에서 우리는 허균의 진보적 사상을 읽을 수 있다. 그는 재주가 있으나 시대적 장벽 때문에 초야에 묻히고 마는 불우한 인재들 편에 서서 현실을 통탄하고 있다. 이것은 기존의 제도권에 대한 도전장이었다. 그의 이러한 진보적 사상은 그의「호민론(豪民論)」에서도 여실히 드러난다.

나아가『홍길동전』과 그의 한문 소설『엄처사전』,『장생전』,『손곡산인전』,『장산인전』 등의 작중 인물 속에 그의 의식은 구체화되고 있다. 허균은 당대 사대부 문인들 사이에서 천지간의 괴물로 취급되고 배제되었지만 시대를 앞서기는 혁명적인 삶을 살았던 인물이라고 평가할 수 있다.

사실 작품이 작가의 손을 떠나면 객관적 평가의 대상물로 독립되지만 그러나 그 작품을 생산한 작가의 사상과 시대 상황은 작품과 결코 무관한 것이 아니다. 그러므로 우리는 허균의 생애를 소홀히 할 수 없다. 허균의 생애는 그의 문학적 위상의 근본이기 때문이다.

(3)『홍길동전』 개관

주인공 홍길동은 세종 시대 서울에 사는 홍정승의 둘째 아들로 태어났다. 그는 시비 춘섬의 소생이다. 길동은 어린 시절부터 병서와 도술에 관한 책을 정독한 끝에 도술을 체득하게 되었으며, 훌륭한 인물이 되어 출세하고자 한다. 그러나 그는 천비 소생이라 가족들의 멸시와 구박을 무수히 받았으며, 호형호제조차 할 수 없었다. 그는 달밤에 뜰에 나와 무술을 연습하다가 부친으로부터 심한 질책을 받기도 한다.

가족들은 길동의 비범한 사람됨으로 인하여 장래에 화근이 될까 근심하고, 길동을 없애려고 모의를 한다. 길동은 이러한 사실을 모친으로부터 듣고 피신하라는 충고를 받아 비분을 금하지 못하며 홀연히 방랑의 길을 떠난다. 그는 정처 없이 가다가 도적의 굴에 들어가서 힘을 시험하고 도적의 괴수가 된다.

먼저 해인사의 재물을 탈취하려 할 때, 길동이 먼저 가서 승려 음식을 같이 먹다가 일부러 돌을 입에 넣고 깨문다. 돌 깨무는 소리를 듣고 중들이 놀라 사죄하매, 길동이

짐짓 대노하여 꾸짖기를, "너희들은 어찌하여 음식을 이다지도 지저분하게 하였는가? 이는 나를 능멸함이다." 하고 종자에게 명하여 중들을 모두 결박을 하며 놓고 재물을 탈취한다. 이후로 길동이 그의 무리를 활빈당(活貧黨)이라 자칭하고 기계와 도술로써 팔도 지방 수령들의 불의의 재물을 탈취하여 빈민에게 나누어 주고 백성의 재물은 추호도 범하지 아니하였다. 하루는 함경도 감영에서 재물을 탈취해 가면서 '아무 날 전곡을 도적한 자는 활빈당의 행수 홍길동이다.' 하고 방을 붙여 둔다. 함경 감사가 도적을 잡으려 하나 잡지 못하고, 조정에 상계(狀啓)를 올려 포도청으로 길동이라는 대도적을 잡으라 한다. 잇달아 각 도에서 상계가 올라오는데 한결같이 도적의 이름이 홍길동이요, 도적을 당한 날짜가 한날한시이다.

우포장 이흡이 도적을 잡으러 나선다. 각각 포졸을 분산시켰다가 문경으로 집합할 것을 약속하고, 그는 포졸 수 명을 데리고 변복을 하고 다니다가 하루는 날이 저물어 쉬고 있었다. 한 소년이 나귀를 타고 와서 뵙거늘, 이흡은 그 소년을 따라 첩첩 산중으로 들어간다. 그 소년이 이흡에게 말하기를, "이곳이 길동의 소굴이라 내 먼저 들어가 탐지할 것이니, 그대는 여기 있어 기다리시오." 하고 도적의 굴로 들어간다. 잠시 후 수 명의 적졸이 나와서 이흡을 잡아 도적의 굴로 들어간다.

길동이 이흡을 보고 꾸짖어 말하기를, "나는 곧 활빈당의 행수 홍길동이다. 그대는 나를 잡으려 하매, 그 용력과 뜻을 알고자 하여 어제 내 청포 소년으로 인도하게 하여 이곳에 와서 나의 위엄을 보게 한 것이다." 하고 술을 권하며, "나를 잡으려 생각지도 말고, 나가서 말도 내지 말라." 하고는 내보내주었다.

국왕은 길동의 체포 명령을 전국에 내렸다. 전국에서 잡혀 온 길동이 100여 명이나 되었으나, 바람과 비를 불러오고, 둔갑하여 몸을 감추는 초인간적인 도술을 부리는 길동이 잡힐 리가 없었다.

조정에서 하는 수 없이 길동의 소원을 들어 병조판서를 제수하여 회유하기로 한다. 길동은 천은을 받아들여 병조판서가 되었으나, 후에 미련 없이 병조판서 자리를 버리고 남경을 향하여 가다가 산수가 수려한 율도국을 발견한다.

그는 돌아와서 조정에 신청하여 정조 1,000석을 얻고, 3,000명의 도당을 거느리고 율도국을 점령하고 왕이 된다. 마침 부친의 부음을 듣고 고국으로 와서 부친의 삼년상(三年喪)을 마치고, 다시 율도국으로 가서 이상적인 왕국을 건설하였다 한다.

『왕조실록』의 기록에 홍길동이 등장하는 시대는 선조와 광해군 때였지만 허균은 작품에서 세종 시대를 택하였다. 작자가 생존했던 시대상을 구체적으로 표현하기에는 어려운 점이 있을 것이라 해석이 된다. 홍길동은 영웅적 재능과 서출이라는 사회적 장벽을 극복하여 이상을 실현하는 과정을 그리고 있다. 이런 의미에서 우리는 『홍길동전』을 통해 영웅의 일생을 파악할 수 있다. 『홍길동전』은 조선 후기 영웅 소설에 영향을 끼친 것으로 문학적 평가를 할 수 있다.

〈해설〉

『홍길동전』이 허균의 작품이라는 것은, 택당(澤堂) 이식(李植)의 문집 『택당집』「잡저(雜著)」에서 "허균은 또 홍길동전을 지어서 수호지에 견주었다."라고 한 것에서 근거한 것이다. 허균은 일찍이 중국을 왕래하며 중국 소설에 심취하였으며 『수호지』를 백 번 읽었다는 말이 전하기도 한다. 그리하여 『수호지』의 표현 형식을 모방한 작품이라고 하기도 한다. 그것은 주인공 길동이 병 속에 가두어 두어도 죽지 않는 등 초인적인 도술을 묘사한 것이 『수호지』에서의 송강의 행위와 비슷하고 또한 활빈당의 설정이 '양산박'과 흡사하다는 것이다. 그러나 이 작품은 우리나라 사회 상황을 배경으로 하고 있어 그 독창성이 인정되고 있는 고전소설이다.

『홍길동전』에서 길동은 율도국이라는 이상국을 건설하고 길을 떠난다. 사실 우리 인간은 시대와 장소에 따라 다르긴 하여도 누구나 이상국을 꿈꾸고 살아간다.

이상국, '유토피아(Utopia)'는 영국의 인문학자 토마스 모어(1478~1535)가 저술한 정치적 공상소설『유토피아』에 의하여 처음 소개되었던 말이다. 그 뜻은 원래 그리스어에서 유래한 것으로 'no place' 혹은 'good place'라는 것이다. 결국 우리가 추구하는 이상국은 '좋은 곳이지만 지상의 그 어느 곳에도 없는 나라'라는 뜻이다.

허균의『홍길동전』에서 추구하였던 이상국은 서얼(庶孼)의 차별도 없고 신분의 차별도 없는 세계이다. 또한 중세 봉건사회 전환기의 모어가 추구하였던 이상국은 부자의 탐욕이 용납될 수 없는 세계, 사회 정의가 모색되는 세계를 추구하였다. 그런 의미에서 이들은 시대와 장소를 넘어서 평등과 자유를 추구했던 사회 개혁자라는 공통점을 안고 있다. 인간이 이 세상에 존재하는 한 평화, 자유, 평등은 영원한 우리들의 꿈이요, 그것을 위해 목숨까지 바치는 혁명가들의 꿈이라고 할 수 있다.

3.『구운몽』– 김만중

『구운몽(九雲夢)』은 조선조 숙종 때 문인 학자인 서포 김만중의 장편소설이다. 김만중의 종손 김춘택(金春澤)은 그의 문집『북헌집(北軒集)』에서, '서포는 많은 한글 소설을 쓰다'라는 기록을 남기고 있다. 이것은 김만중이 국문소설을 많이 지었다는 것을 짐작하게 하는 글이다. 그러나 현존하는 소설은『구운몽』과『남정기』뿐이다. 그러나 그 중『구운몽』은 한문원본설이 정착 단계에 있다.

김만중 문학 연구에 심혈을 기울인 고려대학교 정규복 교수님은「구운몽이본고」,「구운몽 근원사상고」,「구운몽의 비교문학과 고찰」등에 의하여『구운몽』의 근사본을

김만중 초상

노존본(老尊本)이라고 밝히고, 원전이 국문본이 아니라 한문본이라는 사실을 입증하였다.

『구운몽』은 김만중이 그의 두 번째 유배지인 선천에서 어머니의 근심 걱정을 위로해 드리기 위하여 하룻밤에 지은 것이라고도 한다. 이와 같은 『구운몽』의 저작 동기와 관련된 이야기는 김만중이 그의 어머님께 쏟은 지극한 효심을 과장한 '속설' 이상의 의미가 부여되지는 않는다.

『구운몽』의 저작 연대에 대하여 일찍이 김태준은 조선 예원의 가장 자랑이라고 하는 『구운몽』과 『사씨남정기』의 저술은 일대 기적이라고 할 수 있다는 전제를 하고, 숙종 15년 김만중이 유배당한 직후 그 어머니 윤씨 부인이 세상을 떠났으니 『구운몽』의 저작 연대를 숙종 15년이라고 단언하였다. 바로 1689년이 된다.

『구운몽』의 이본은 『춘향전』보다는 복잡하지 않지만 사본 및 간행본이 십수 종에 달한다. 그 중에서 경판본(京板本)은 이본 가운데 가장 간략한 판본이며 19세기 초엽에 성립된 것으로 짐작하고 있으며, 그 대본은 역시 한문본 가운데 노존본이다.

(1) 김만중의 생애

『구운몽』의 저자 서포(西浦) 김만중(金萬重, 1637~1692)은 1637년, 조선조 숙종 때 광산 김씨 벌열 가문에서 태어났다. 당대 유가(儒家)의 거목이었던 김장생(金長生)이 그의 증조부이고, 부친은 병자호란 때 강화도에서 절사(節死)한 충렬공 김익겸이다. 또한 숙종의 첫 번째 왕비인 인경왕후의 부친 광성부원군 김만기(金萬基)는 그의 형님이기도 하다.

김만중의 어머니 해평 윤씨(尹氏)는 선조 때 영의정을 지낸 윤두수(尹斗壽)의 후손이며, 선조의 따님 정혜옹주가 김만중의 할머니였다. 이처럼 명문의 후예이긴 하였지만 김만중의 일생은 순탄한 것만은 아니었다. 김만중은 부친 김익겸(金益謙)이 정축호란 때(1637) 강화도에서 순절한 후에 유복자로 출생하였지만 어머니 윤씨 부인의 남다른 가정교육에 힘입어 훌륭하게 성장하였다.

김만중은 일찍이 진사 · 문과를 거쳐 벼슬이 병조판서에서 대제학에 이르는 등 벼슬의 길을 걸었으나 숙종조에 잇따른 정국의 소용돌이로 인하여 부침을 거듭하기 시작한다. 1687년 드디어 충언을 위한 말이 화근이 되어 선천(宣川)으로 귀양을 갔다가 해배되었으나, 다시 1689년 숙종의 장희빈 총애와 인현왕후 폐출 사건의 와중에 남해의 고도(孤島)에서 귀양살이를 하던 중 1692년 일생을 마쳤다.

김만중의 어머니 윤씨 부인은 어머니였을 뿐만 아니라 엄격한 스승이기도 하였다. 김만중에 의하면, 『소학』, 『사략』, 『당시』 같은 등속은 그의 어머니가 직접 가르쳤던 것들이다. 윤씨 부인은 김만중의 내면세계를 지배해온 거의 절대적인 존재였다고 할 수 있다. 이에 김만중은 「정경부인 해평윤씨행장(貞敬夫人 海平尹氏行狀)」을 지어 어머니 홀로 형님과 자신을 훌륭하게 키우시느라 고생하셨으나, 귀양살이를 하는 몸이라 임종을 보지 못한 원통함을 글로 남겼다. 절실한 심정을 유려한 필치로 서술한 이 한문 문장은, 국문 문장으로 옮겨지면서 많은 부녀자들이 읽고 부덕의 모범이 되었다.

아울러 김만중은 일찍부터 중국 소설, 패설 등을 다독하였으며, 뿐만 아니라 동양 사상의 근저인 불교와 도교에 대하여 해박하였으며, 산수 · 음률 · 천문 · 지리에까지 능통하였다고 한다. 그리고 김만중은 『동파지림(東坡志林)』을 인용하여 연의소설이 예술적 감동을 줌으로써 정사(正史)를 능가함을 지적하여 소설 제작의 당위성을 시사한 바가 있다. 이러한 일련의 학문적 근거는 이후 그의 소설 창작에 필요한 자질을 길러주었다.

(2) 『구운몽』 개관

『구운몽(九雲夢)』의 숫자 '구(九)'는 이 작품에 등장하는 남주인공 한 명과 여주인공 여덟 명을 가리키는 것이다. '운(雲)'은 '꿈'이라는 뜻이다. 대체로 고전 작품에서는 '구름'과 '꿈'을 대칭하는 경우가 흔하다. 특히 김만중은 그의 시경(詩境)에서도 '꿈'과 '구름'을 풍부하게 장식한 바가 있다.

당대(唐代) 형산에 위부인(衛夫人)이란 선녀가 상제로부터 명을 받아 선동 옥녀를 거느리고 진산하고 있는데, 서역으로부터 육관대사(六觀大師)라는 도사가 불교를 전하러 와서 법당을 짓고 불법을 강설하였다. 이에 동정호의 용왕도 사람으로 화(化)하여 불법을 청강하였다.

육관대사는 사례하기 위하여 수제자 성진(性眞)을 용궁으로 보낸다. 이때 위부인은 대사에게 팔선녀를 보내어 인사를 드리게 한다. 팔선녀는 대사한테 왔다가 돌아가는 도중에 용궁에 갔다가 돌아오는 성진을 석교 위에서 해후하고 정을 교환한다. 성진과 팔선녀는 그것이 죄가 되어 인간세계로 쫓겨나게 된다.

이에 성진은 수주현에 사는 양처사(楊處士)의 아들 양소유(楊少游)로 태어나고, 팔선녀는 각기 화음현의 진어사의 딸 채봉, 낙양의 명기 계섬월, 하북의 명기 적경홍, 경사에 사는 정사도의 딸 정소저와 그의 시녀 춘운(春雲), 황제의 동생 난양공주, 토번의 자객 심뇨연, 용궁의 용녀 백능파 등의 이름을 가지고 태어난다.

양소유가 태어난 후 그의 부친 양처사는 신선이 되어 승천하였다. 그때 양소유의 나이는 15세였다. 그는 과거에 응시하고자 상경하는 도중 화음현에 이르러 진어사의 딸 채봉과 만나 가연을 맺으려다 불의의 병난을 만나 실패하고, 염전산에 피난하러 올라갔다가 도인을 만나 그로부터 '천고부전지곡', 즉 귀중하고 새로운 곡조를 배운다. 난리가 평정되고 나서 도인과 작별을 하고 과거의 날짜가 다음해 봄으로 연기되었다는 소문을 듣고 고향으로 돌아온다.

신춘을 맞이하여 소유는 다시 과거를 보러 낙양에 상경하였다가 귀공자들이 명기를 데리고 시를 짓는 연석에 참가하였다. 여기서 낙양의 명기 계섬월을 만나 가연을 맺고 떠나면서 훗날을 기약한다.

황성에 도착한 소유는 노모의 편지를 가지고 모친의 친척인 두련사를 찾아간다. 두련사는 서간을 받아 보고 소유의 신부가 될 수 있는 낭자를 소개해준다. 소유는 두련사의 주선으로 여복을 하고 낭자가 있다는 정사도의 집에 가서 정사도의 딸 정소저와 선을 보게 된다. 소유는 과거에 장원 급제를 하고 정사도를 심방하였다. 정사도는 소유를 보자 사위로 삼고자 하므로 소유는 쾌히 승낙하고 약혼을 하게 된다.

양소유는 한림학사가 되어 조정으로 나아가고 정사도의 집에서 기거하게 되었다. 정소저는 전날 소유에게 선을 보인 설욕을 하기 위하여 자기의 시비 춘운으로 하여금 소유를 유혹하게 한다. 소유는 춘운의 유혹에 넘어가서 춘운과 운우의 낙을 이룬다. 이튿날 정사도가 베푼 연석에 나아가서 연석에 나타난 춘운을 보고 비로소 정소저의 설욕에 넘어 갔음을 안다. 춘운을 처음에는 선녀인 줄 알았으나, 망령과 서로 정을 나누었음을 후에 알게 된다.

이때 하북 삼진이 난을 일으키자 천자는 양소유로 하여금 사절로 파견하여 평정하도록 한다. 소유는 사명을 완수하고 돌아오는 도중 낙양에 이르러 전일 가연을 맺었던 계섬월을 만나 운우의 낙을 나누고 새벽에 깨어 보니 섬월이 아니었다. 밤을 새운 여인에게 물어보니, "첩은 하북의 명기 적경홍이며, 계섬월의 주선으로 낭군을 모시게 되었다."고 답한다.

한편, 양소유와 가연을 맺으려다 병난으로 실패한 진채봉은 부친이 비명에 죽고 집안이 몰락하여 궁녀가 된다. 채봉은 궁중에 드나드는 소유를 남몰래 보고 밤이면 눈물을 흘린다. 이러한 사실을 알게 된 천자는 채봉을 불러 문책하였다. 채봉은 소유와의 관계를 고백하였다. 천자는 불문에 부치고 돌려보낸다. 그 후 채봉은 난양공주의 간청으로 자매의 뜻을 맺고, 그의 모후도 채봉을 양녀로 삼는다.

난양공주와 모후는 천자와 의논하여 양소유를 부마로 삼고자 한다. 이에 정사도의 집에서는 당황하고, 양소유는 이미 정사도의 딸과 정혼하였음을 상소한다. 천자는 대노하여 소유를 하옥하라 했으나, 마침 토번이 중원을 침공하여 왔으므로 혼사 논의를 중지하고 양소유로 대원수를 삼아 출전하게 한다. 양소유는 진중에서 토번왕이 보낸 여자 자객 심뇨연을 만나 그와 가연을 맺는다. 심뇨연은 양원수와 훗날을 기약하고 토번왕을 저버리고 시부에게로 돌아간다. 양원수는 용궁에 쳐들어온 적군을 격파하고 용녀 백능파와 가연을 맺는다.

양원수가 토번왕의 항복을 받고 회군하니, 천자는 기뻐하며 양원수로 하여금 대승상을 삼고 위국공으로 봉한다. 그리고 식읍 3만 호를 하사한다. 이튿날 천자는 양승상을 불러 난양공주와의 혼사를 승낙하라고 한다. 양승상은 마지못하여 승낙한다. 이에 양승상은 먼저 정소저와 성혼하고, 다음에 공주와 성례한다. 그리고 황태후의 양녀 진궁녀와도 성례한다. 양승상은 진궁녀와 함께 하고 나서야 그녀가 진어사의 딸 채봉인 것을 안다.

양승상은 천자에게 여가를 얻어 고향으로 노모를 모시러 간다. 노모를 모시고 상경 도중 낙양에 이르러 자기를 기다리고 있는 계섬월과 적경홍을 데리고 상경하니, 심뇨연과 백능파도 찾아와서 기다리고 있다.

이와 같은 과정을 거쳐서 양소유는 팔선녀를 차례로 만나 3처 5첩을 삼고, 화목한 가정을 이루는 가운데 부귀공명을 일세에 누리며 살아간다. 만년에 이르러 하루는 9인이 함께 모여 인간세계의 무상과 허무를 논하고, 장차 불도를 닦아 영생을 구하고자 한다. 이때 호승의 내방을 맞아 문답하는 가운데 양소유는 대오하여 인간윤회(人間輪廻)의 꿈을 깨고 지금 육관대사의 앞에 서 있음을 안다.

본래의 성진으로 돌아간 후 양소유 시절의 비난받을 일을 회개하고 사부의 교시를 받고 있었다. 그때 팔선녀가 대사를 찾아와서 명교를 청한다. 이에 대사가 그들을 위해 설법하니, 성진과 팔선녀는 본성을 깨우치고 크게 깨침을 얻어 극락세계로 돌아갔다는 것이다.

〈해설〉

『구운몽』은 그 구성이 복잡하지만, 현실–꿈–현실의 모든 몽자류 소설이 그러하듯이 환몽구조(幻夢構造)로 하여 질서 정연한 구성을 갖추고 있어 내용과 형식의 극치를 이룬 대작이라고 할 수 있다.

꿈속의 주인공 양소유는 3처 5첩을 거느리고 부귀공명을 누리며 '진실로 천고에 없는 완전한 복록'을 얻는다. 이러한 욕망 성취의 과정이 『구운몽』의 핵심이라고 하여도 좋을 것이다. 그러나 욕망 성취를 달성하고 보니 그것이 한바탕의 일장춘몽이라는 것이다. 이것은 대승불교의 중심 '경(經)'인 『금강경』의 '공(空)' 사상을 담아낸 것이라고 하겠다.

『구운몽』은 동양적 중세 귀족사회에서 일부다처제도가 허용되었던 시대상을 그리고 있다. 여기서 또한 조선 사대부의 욕망과 성취욕을 볼 수도 있겠지만, 주인공들의 신분과 지리적 배경은 중국으로 설정되고 있다.

이것을 사대주의적인 전통적 사상의 산물로 보는 견해도 있지만, 대신 당시의 사회와 시대를 직설적으로 묘사하기가 어려운 까닭으로 인하여 모든 것을 자유롭게 전개하기 위해 그렇게 설정한 것으로 해석할 수 있다. 이로써 『구운몽』에서 민족적 가치와 의의는 논할 수 없다는 견해도 있었다.

김만중의 문학관을 살피면, 그는 국문문학의 가치를 긍정적으로 파악하여 사대부층 일각의 의식 변화를 보여 주었던 인물로 평가할 수 있다. 그는 "한문을 빌려 쓴 시(詩), 부(賦)로 우리의 경험과 느낌을 표현한다는 것은 앵무새가 사람의 말을 흉내 내는 일과 마찬가지다."라고 하였다. 이것은 국문문학 인식 발전에 선구가 되었던 사대부 문인으로서 그의 민족문학 의식을 대신하는 말이다.

『구운몽』의 위상은 『금오신화』와 『홍길동전』의 뒤를 이어 그 구성과 묘사, 표현 방법에 있어서 고대소설의 진면목을 완성하였다는 점에 있다. 나아가 『구운몽』의 환몽 구조는 후대 몽자류 소설에 전범이 되어, 18세기에는 남영로의 『옥루몽』, 이정작의 『옥린몽』 등의 몽자류 소설에 영향을 끼친 것으로 인정되고 있다.

4. 판소리계 소설 『춘향전』

(1) 판소리계 소설

『열녀춘향수절가』(국립중앙박물관 소장)

『춘향전(春香傳)』은 판소리계 소설이다. 판소리는 고도의 음악적 표현력을 바탕으로 익살과 재담을 풍부하게 섞어가며 사람살이를 노래하는 세속적 구비 서사시이다. 판소리는 문학적 요소인 사설, 재담과 더불어 다채로운 음악과 현장 연출을 필요로 하는 예술이기 때문에 그 연행성(演行性)을 중시한다. 판소리에 있어서 창자(唱者)의 발림[몸짓], 창(唱), 아니리, 장면화(場面化)의 경향 그리고 창자가 작중인물로 자주 전환되는 것과 더불어 고수(鼓手)의 추임 등은 연극적 속성으로 이해된다.

판소리의 기원은 호남 지방의 세습 무당들이 부르던 서사무가 또는 그 굿에서 유래하였으리라는 추정이 가장 유력하다.

판소리가 열두 마당에 이르렀음은 19세기 초의 송만재(宋晩載)의 『관우희(觀優戱)』에서 확인할 수 있다. 열두 마당 중에서 현재까지 전하는 전승 다섯 마당은 「춘향가」, 「흥보가」, 「심청가」, 「수궁가」, 「적벽가」이다. 실전(失傳)된 일곱 마당 가운데 「배비장타령」, 「가루지기타령」, 「옹고집전)」, 「장끼전」은 사설본 혹은 소설화된 축약본이 남아 있으나, 「강릉매화타령」, 「무숙이타령(왈짜타령)」, 「가짜신선타령」은 단편적인 문헌 기록을 통해 그 흔적을 알 수 있을 뿐이다. 이들이 실전된 것은, 판소리가 평민적 기반 위에서 생성 발달하였으나 18세기 말 이후 양반, 부호층이 청중으로 등장하면서 그들의 기호를 의식한 것이 원인이 되었다고 한다.

판소리에서 중세적 관념과 가치는 대체로 희극적 조롱의 대상이며, 평민적 경험에 기반한 세속적 현실주의가 삶의 근본적 전망을 이룬다. 이와 같은 성격은 19세기 초기 양반 청중의 영향력이 개입하면서 일부 약화된 것이 사실이다. 판소리는 그 후 독서물로 정착, 유통되면서 판소리 소설이라는 독자적 유형을 형성하고 조선 후기 소설의 평민적 사실주의의 발전에도 크게 기여하였다.

『춘향전』은 평민적 사실주의를 실현하는 사랑의 이야기이며 작가 미상의 대표적인 유동문학(流動文學) 작품이다. 이 작품은 판소리로서 애초에 민간에서 널리 전해지던 여러 설화를 종합하여 이룩되고 다듬어졌다. 처음의 조잡한 사설(辭說)이 여러 광대나 아전의 손에 의하여 더 다듬어지고 변화를 거치며, 공연자들이 각지를 유람하면서 대중이나 관객을 위하여 사설을 개작, 확대라고 노래가 세련되게 다듬어져서 오늘에 이르렀다고 하겠다.

그리고 『춘향전』은 조선 후기 민중의 꿈과 현실 그리고 소망을 노래한 대서사시(大敍事詩)라고 할 수 있다. 그러므로 이를 통해 당대의 사회와 이를 노래한 광대라는 창자와 이를 감상한 관객이 같은 호흡 속에서 향유하며 사회의 변화와 더불어 서서히 변모하였다는 것을 이해할 수 있다.

『춘향전』은 그 이본이 다양한 고대소설의 하나이다. 목판본으로 경판본, 안성판본, 완판본 등 3종이 있으며, 활자본으로는 1911년 발행한 박문서관 판 『옥중화(獄中花)』를 비롯하여 30여 종이 있다. 지금까지 조사된 이본(異本)은 무려 100여 종에 이른다.

현재 전하는 『춘향전』의 최고본으로는, 필사본 '만화본(晩華本)'이 있다. 이것은 19세기에 충청도 천안 목천 고을에 살았던 유진한(柳振漢)이라는 선비가 자기 문집인 『만화집』에 수록한 「가사춘향가이백구(歌詞春香歌二百句)」를 말한다. '만화본'의 저작 연대는 1754년으로 판명되었다. 이것은 『춘향전』의 최초의 문헌이라고 할 수 있다. '만화본'의 내용은 이도령(李道令)이 그 중심인물로 서술되고 있는 반면에 춘향은 청루(靑樓)의 기생으로 형상화되어 있다. 이와 같이 『춘향전』은 각 이본에 따라서 약간의 내용상의 차이가 있다.

(2) 『춘향전』 개관

『춘향전』은 사랑의 이야기이다. 이 작품은 조선 후기의 중세사회에서 춘향이와 이도령이 성리학적 규범과 질곡을 뚫고 신분 해방과 감성 해방 그리고 인간 해방의 길로 나아가 사랑을 성취하는 과정을 그리고 있는 것이다.

『춘향전』의 줄거리는 크게 네 단계로, 결연, 이별, 수난, 재회로 이야기가 이어진다. 완판 33장본 『열녀춘향수절가』에 근거하여 그 개관을 살피기로 한다.

숙종 대왕 즉위 초, 성덕이 깊고 넓어서 성스런 왕조는 대대로 이어서 천자의 보물은 요순(堯舜) 시절이요, 의관 문물은 우탕(禹湯)에 미치지 않음이 없어 성화지절에 금산 군수가 자리를 옮겨 남원 부사로 제수된다.

때는 춘삼월이라 봄, 새는 오락가락 춘정을 나누는데, 사또 자제 이도령의 나이는 16세요 풍채는 두목이라, 문장은 이태백이요 필법은 왕희지라. 이때 이도령 방자를 불러 경치 구경 가자 한다. 오작교 부근의 광한루에 올라 그네 타기하고 있는 춘향이를 보게 된다. 방자를 앞세우고 춘향의 집을 찾아가서 춘향의 어머니 월매를 만나 자기의 결심을 말하고, 그날 밤 백년가약의 인연을 맺고 날마다 춘향을 찾는다.

춘향이 "충불사이군(忠不事二君)이요, 열불경이부절(烈不更二夫節)은 옛 글에 있사오니 도련님은 귀공자요, 소녀는 천첩이라, 한번 정을 통한 연후에 버리시면 이 내 마음 독수공방 홀로 누워 우는 한(恨)을 그 누가 알아주리오." 하고 망설인다. 이도령은 내 초취(初娶) 같이 여길 것이니 염려하지 말라 이르고 사랑가를 부른다.

"굽이굽이 깊은 사랑, 시냇가 수양 같이 청처지고 늘어진 사랑, 화우동 산 목단 같이 펑퍼지고 고운 사랑, 포도 다래 같이 휘휘친친 감긴 사랑, 영평 바다 그물 같이 얽히고 맺힌 사랑아, 은하 직녀 직금 같이 올올이 이룬 사랑, 청누 미녀 금침 같은 감친 사랑, 은장 옥장 같이 모모이 잠긴 사랑, 남창 북창 같이 다물다물 쌓인 사랑, 네가 모두 사랑이구나, 어화둥둥 내 사랑아! 어화 내 간간 내 사랑이구나!"

사랑가의 내용은 이도령이 양반집 자제로서 놀기 좋아하는, 즉 풍류남아로서의 면모를 잘 보여 주고 있는 것이다. 이에 앞서 이도령은 춘향을 처음 방자에게 불러 오라는 분부를 할 때도 방자에게 때로는 '동생', 때로는 '형님'으로 호칭을 한다. 풍류를 위하여 체면을 벗어 던진 것이다. 그리고 첫날밤 춘향과 즐기는 장면에서 '내가 네 아들이다.'라는 말도 쉽사리 하고 만다. 이때까지는 이도령이 방자에게 희롱의 대상이 된다. 이것은 이 작품에서 조선 후기 사회의 제도적 관습을 뛰어 넘어 감성 해방으로 나아가는 장면의 하나이다.

『춘향전』이 통속적 사랑의 이야기와는 달리 시대적 의의를 획득할 수 있는 것도 중세사회에서 근대사회로 나아가는, 조선 후기라는 배경 안에서 살아가는 등장인물들의 삶의 자세에서 얻어지는 것이다. 이 작품에서 사회적 관습을 흔들고 인간 해방을 실현하는 인물은 물론 춘향이다. 그러나 여타의 인물, 즉 방자, 월매, 그 밖의 등장인물들의 역할도 적지 않은 것이다.

한편 이도령은 양반집 자제로서 기생과 사랑을 하고, 나아가 그녀를 아내로 맞아들이겠다는 처사로 인하여 부친의 꾸짖음을 듣게 되고 한양으로 올라가서 글공부하라는 명을 받는다.

"양반 자식으로 아비 고을 따라와서 글공부나 할 것이지, 밤낮으로 몹쓸 장난, 이 소문이 서울 가면 내 우세는 고사하고, 네 전정이 어찌 되리, 가라 하면 갈 것이지 여쭐 말은 무슨 말이냐. 에이 이것 보기 싫다." 하고, 자신의 체모에 손상을 주는 것과 아울러 이도령의 벼슬길에 치명적인 결격사유가 되는 것을 들어 춘향과 이별할 것을 강요한다. 이도령은 부친의 엄명에 의해 이별을 감수할 수밖에 없었다.

이도령이 겪어야 했던 이별의 아픔은 그 역시 당대 신분 모순의 희생자로 보아도 좋다. 중세 봉건제 사회에 살고 있는 이상 누구도 자신이 발 딛고 있는 현실로부터 자유로울 수 없는 법이다. 춘향이의 '원수로다. 원수로다. 존비귀천 원수로다.'라는 한탄과 함께, '원수가 원수가 아니라 양반 행실이 원수로다.'라는 탄식은 양반사회에 대한 항변인 것이다.

그러나 이러한 봉건적 관습을 넘어서 춘향과 이도령이 자신들이 처한 현실을 딛고 일어서서 수난의 과정을 거치고 재회하는 내용이 『춘향전』이 오늘의 고전으로 자리하게 하는 것이다.

이어서 춘향은 변사또의 강제적인 폭압을 겪으면서 새로운 현실에 눈떠가게 된다. 이제는 젊은 남녀의 사랑을 넘어서 봉건제도나 부패 관료에 대한 대결의 장이 된다. 변학도는 중세 봉건제도하에서 부패 관료의 전형이 된다. 춘향이 독기 품은 눈을 똑바로 뜨고, "여보, 사또. 애민선치(愛民善治)하는 것이 목민(牧民)하는 도리지요. 나쁜 행실을 본받아서 줏대를 삼으니 다섯 대만 더 찾으면 죽을 터인즉, 죽거들랑 사지를 찢어 내어 굽거나 지지거나 갖은 양념으로 주무르거나 잡수시고 싶은 대로 잡수시고, 머리를 베어다가 한양성 보이시면 우리 낭군 만나겠소, 어서 바삐 죽여주시오."라고 곤장을 맞으면서 십장가(十杖歌)를 읊는다. 붉은 피가 뚝뚝 떨어지면서도 끝내 굴하지 않고 곤장 한 대에 글 한 장씩을 읊어내는 춘향의 항거는 바로 민중의 항거라고 할 수 있다.

이 장면은 『춘향전』이 우리 고전문학 가운데 '놀라운 애정 성취'를 그려내는 데 그치지 않고 역경에 대한 투지와 극복의 과정을 그려내어 독자들로 하여금 자신들의 욕구를 대신하게 하고 있다. 일반 민중의 울분을 대신하고 자신의 사랑을 성취하는 춘향이는 인간 해방을 실현하는 인물인 것이다. 변사또의 다음과 같은 태도는, 춘향이가 처하였던 삶의 단면을 말해 준다.

"어, 그년 요망한 년이로고. 너 같은 창기배에게 수절이 무엇이냐? 네가 수절하면 우리 대부인은 딱 기절을 하겠다. 구관은 전송하고 신관 사또 영접함이 법전에 당연하고 사례에도 당당커든, 고이한 말 내지 마라. 너희 같은 천기배에게 충렬(忠烈) 두 자 왜 있으리." 하고 춘향에게 수청을 강요하던 변사또의 억압과 회유 장면에는 모든 인간을 인간으로 보지 않는 태도가 여실하게 드러나 있다.

봉건제도 사회에서 자신들이 그토록 강조하던 충(忠)이나 열(烈)이 춘향과 같은 천한 기생에게는 있을 수 없다는 변사또의 말은, 신분에 구속되었던 차별적인 인간관에 기초한 중세사회에서 사대부 전반의 의식이라 할 수 있다. 그들은 기생을 단지 자신들의 향락에 소용되는 노리개쯤으로 여겼던 것이다.

그러나 문제는 이러한 변사또의 태도를 결코 용납하지 않았던 춘향의 자세에 있다. 기생에게 무슨 충렬이냐고 비웃는 변사또의 면전에서 춘향은 이렇게 인간선언을 한다.

"여보시오, 사또님, 들으시오. 충신(忠臣)은 두 임금을 섬기지 아니하며, 열녀(烈女)는 두 남편을 섬기지 아니하는 것을 사또는 어째 모르시오? 사또님 대부인 수절이나 소녀 춘향 수절이나 수절은 일반인데, 수절에도 상하 있소? 사또도 국운이 불행하여 외적이 집정하면 적 앞에 무릎을 꿇고 두 임금을 섬기리요? 마오, 그리 마오. 천비 자식이라고 너무 마오."

춘향이의 항변은 인간은 모두 동등한 인격을 지니고 있다는 자각이 밑받침된 것이다. 나아가 이러한 자각은 차별적인 인간관에 기초한 중세 봉건사회의 신분제를 뒤흔들 만한 일대 사건이라 할 수 있다. 자신이 처하였던 삶을 거부하고자 했던 춘향의 자세에는 인간 해방으로 나아가는 근대성이 숨겨져 있었다고 하겠다. 그리고 이로써 춘향이를 한 남자의 사랑을 애타게 기다리는 가련한 여인의 형상으로만이 아니라, 탐욕스런 수령의 폭압에 맞서 분투하는 당대 민중의 한 전형으로 바라보게 되는 것이다.

한편 이도령 역시 사회적 질곡을 무너뜨리고 춘향과의 사랑을 이루기 위해서는 그녀 못지않은 고통을 겪어야만 했다. 이도령이 입신양명하여 구관(舊官)에 맞서는 것은 사랑의 성취를 위한 감성 해방의 일면이요, 또한 봉건제도에 저항하는 근대성을 담고 있는 것이다. 이러한 모습의 이도령은 민중적 요청이라고 하겠다. 이도령은 이제 기생딸과 풍유하던 면모를 쇄신하고 점차 민중의 편에 서는 인물로 변모되어 간다. 그리하여 이도령이 과거 급제하여 암행어사가 되어 남원 땅으로 내려오는 것은 고난에 처한 춘향이를 구하기 위해서 내려오는 것 이상의 의미를 부여받게 된다.

변사또 생일날 거지 행색의 어사가 잔칫상 앞에서 지어내는 시 또한 애민(愛民)과 위민(爲民)사상과 구관에 대한 비판 의식을 담고 있다.

金樽美酒千人血(금준미주 천인혈)	금항아리에 아름다운 술은 일만 백성의 피요
玉盤佳肴萬姓膏(옥반가효 만성고)	옥 소반의 아름다운 안주는 일만 백성의 기름이라.
燭淚落時民淚落(촉루낙시 민루락)	촛불 눈물 떨어질 때 백성 눈물 떨어지고,
歌聲高處怨聲高(가성고처 원성고)	노래 소리 높은 곳에 원망 소리 높더라.

이 시는 구구절절이 민중을 대변하고 있다. 또한 이도령은 당대 민중의 고통을 해결하기도 한다.

"무죄한 이 인생들, 횡액을 함께 만나 형문 치고 곤장 치니 살과 뼈가 다 상한다. 큰칼 쓰고 묶어 놓으니 똥오줌을 눌 수 있나? 이슬 같은 이 목숨이 거품 같이 꺼질 것을 일월 같은 우리 임금 명견만리(明見萬里) 하시거든 명백하신 어사또를 대신하여 보내셨네."

이도령이 죄 없이 감옥에 갇혔던 남원 군민을 풀어 주자, 이들이 입을 모아 그의 명명백백한 처사를 송축하며 부르던 노래다.

후반부에서 이도령은 춘향이와의 사랑을 위하여 젊음을 탕진하는 양반의 자제가 아니다. 부패 관료인 변사또와 민중이 겪고 있던 고통을 풀어 주는 구원자가 된 것이다. 이제 이도령과 춘향이의 재회 장면으로 하여, 감성적인 사랑도 탐관오리에 대한 저항도 민중의 욕구도 모두가 해소된다.

이도령과 춘향이의 재회 장면의 구성 또한 뛰어난 소설 기법의 하나이다. 변사또가 파직되고 이어사가 옥에 갇힌 춘향이를 불러내어, "너만 한 년이 수절한다 하고 관장에게 포악하였으니 살기를 바라느냐, 죽어 마땅하건마는 나의 수청도 거역하겠는가?" 하고 묻는다. 춘향이가 기가 막혀 "내려오는 관장마다 모두가 명관이로구나, 높은 절벽 높은 바위, 바람 분들 무너지며 푸른 소나무 푸른 대나무 눈이 온들 변하리요, 그런 분부 마시고 어서 죽여주시오."라고 말한다.

이어서 두 사람이 이별할 때 나누었던 옥가락지를 건네주자, 춘향은 이도령을 알아보고 춘향과 춘향모는 서울로 올라가 태평성대를 이룬다.

〈해설〉

『춘향전』의 내용은 여러 설화 형태로 전해지던 것이며, 『청구야담(靑邱野談)』에 수록된 박문수(朴文秀) 일화에서도 그 흔적을 찾을 수 있다. 이 작품은 이본 또한 그 인기만큼이나 다양하게 전하는 작품이다. 특히 근대 소설가 이해조의 저작인 『옥중화(獄中花)』는 근대적 요소를 수용하여 확대된 독서층의 요구에 부응하였던 작품으로 지적할 수 있다.

『춘향전』이 우리나라 고소설을 대표하는 사랑의 이야기라는 것은 주지된 사실이다. 사랑은 인류 보편의 과제 가운데 하나이고, 또한 모든 소설의 명제인 것이다. 그러나『춘향전』이 오늘의 고전으로 자리할 수 있는 것은 다만 사랑을 노래한 것이 아니라 중세적 질곡을 넘어서기 위하여 저항하고 투쟁하며 근대적 의식을 실천한 것이기 때문이다.

물론『춘향전』에서 춘향과 이도령이라는 두 주인공이 끌어내는 저항과 투쟁은 사랑의 힘이요, 사랑을 성취하기 위한 것이었다. 그러나 전반부에서 자기 자신만의 안락함을 위해 시작한 춘향의 사랑은 후반부에 이르러 숱한 장애를 겪으면서 이타적이고 숭고한 사랑이 된다. 그녀는 이도령이 걸인이 되어 돌아왔다고 해서 자신의 사랑을 바꾸지 않았고, 변사또가 자신을 회유하고 협박한다고 해서 자신의 사랑을 굽히지 않았다. 이와 같은 춘향의 태도에서 우리는 사랑의 초월적인 힘을 확인할 수 있다. 이 작품은 남녀의 사랑을 출발점으로 하여, 당대 중세사회의 모순을 깨부수고 신분 해방과 민중의 욕구를 성취하는 과정을 그린 것이다. 이것이 소설『춘향전』이 가지는 의미의 하나이다.

결론적으로『춘향전』이 민중의 소망과 원망을 대변하고 조선 후기 사회의 질곡을 흔들기 위한 장치로, 춘향과 이도령뿐만 아니라 춘향이의 주변 인물 대다수가 민중의 투사가 되어 오늘의 고전으로 자리하였다. 이는 조선 후기라는 시대 상황에서 또 하나의 문학 산물로 지적되고 있는 사설시조를 통해서도 읽을 수 있는 면모이다.

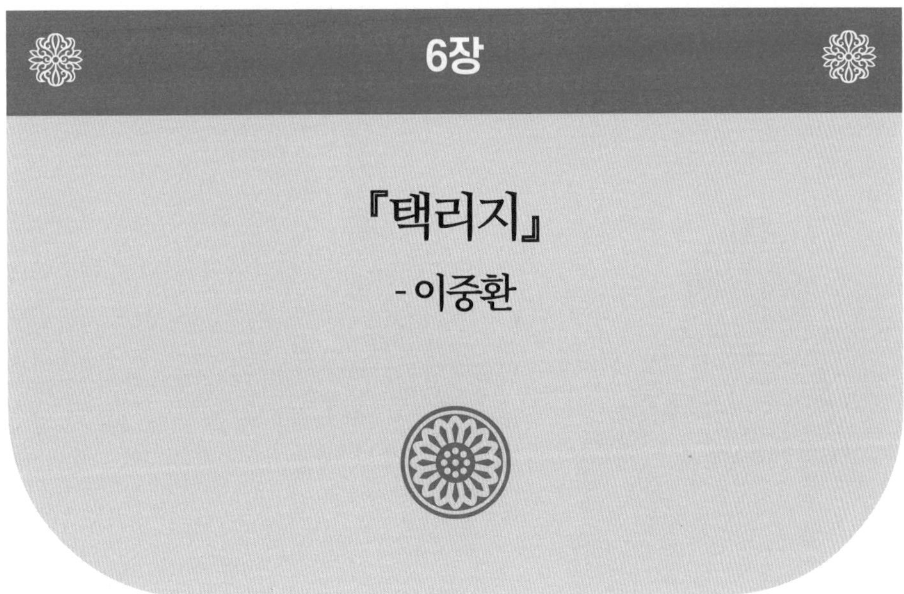

6장

『택리지』

- 이중환

『택리지(擇里志)』는 조선 영조 때의 실학자 이중환이 저술한 우리나라의 인문지리서(人文地理書)이다. 1714년 숙종 40년에 간행되었다. 저술 당시에는 책의 이름이 정해지지 않았으며 후에 이긍익(李肯翊), 이를 『팔역복거지(八域卜居志)』라고 이름하였으며 약칭하여 『팔역지(八域志)』라는 이명(異名)이 생겼다.

『택리지』는 당대에 많은 사대부 문인들이 즐겨 읽었다는 기록으로 미루어 새로운 차원의 지리서였다는 것을 알 수 있다. 그리하여 오늘날 외국인들도 우리나라 지리서의 기준으로 삼고 있다. 이 저술은 1910년 고서간행회(古書刊行會)에서 영인되었고, 이어서 1912년 광문회(光文會)에서 영인되면서 학계에 주목을 받게 되었다.

1. 이중환의 생애

성호 이익

이중환(李重煥, 1690~?)은 조선 숙종 16년 때 참판 진휴(震休)의 아들로 출생하였다. 이중환의 자는 휘조(輝祖), 호는 청담(淸潭) 혹은 청화산인(靑華山人)이고 본관은 여주이다. 찬성 상의(尙毅)의 5대손이며, 우리나라 대 실학자 성호 이익의 재종손이다.

1713년 숙종 39년 24세 때 증광문과에 병과로 급제해 1717년 금천도찰방이 되어 벼슬길에 나아간다.

당시 경종이 즉위하였으나 병약하여 노론은 연잉군을 왕세제로 삼아서 대리청정하도록 하였다. 그 후에 정인중(鄭麟重)과 백망(白望)이 왕세제를 업고 왕을 반역하려 한다는 목호룡(睦虎龍)의 고변으로 옥살이 사건이 일어난다. 이로 인하여 정인중 이하 60여 인이 투옥되었다. 이 사건은 소론(少論)이 노론을 제거하기 위한 당쟁의 소용돌이로 신임사화(辛壬士禍)라고 이름한다. 소론은 일시적인 승리를 하였고 목호룡은 공로가 큰 대신이 되었고, 일찍이 목호룡과 가까웠던 이중환도 병조좌랑이 되었다.

1723년 경종 3년 2월, 노론이 다시 정권을 회복하자 이 무고사건(誣告事件)은 새로운 국면을 맞이하게 된다. 목호룡과 청담은 이 사건에 연유되어 1725년 영조 원년 2월부터 4월까지 형을 네 차례나 받았으나 끝내 불복하였다. 이로 인하여 1726년 12월 절도로 귀양 가게 되었다. 1727년 10월 유배에서 풀려나게 되었으나 사헌부의 논의에 의해 다시 귀양 가게 된다.

이때 이중환의 나이는 38세였다. 이후 이익의 실사구시(實事求是)의 학풍을 이어 받아 30년간 전국을 방랑하게 된다. 이때부터 지리, 사회, 경제를 연구하여 실학사상에 큰 공적을 남겼다. 그의 대표적인 저작인 『택리지』는 이러한 배경에서 저술된 것이다.

이중환이 처음 귀양 갔던 절도가 어느 도(道)에 속한 곳이며, 두 번째 귀양 간 먼 지역이라 함도 어느 도 어디인지 알 수 없으나, 다만 "전라도와 평안도는 내가 보지 못하였다."는 기록으로 미루어 아마 그 절도는 경상도 남쪽 바다의 어느 섬이라 짐작이 되고 먼 지역이라 하는 곳은 함경도의 어느 지역이 아닌가 생각된다. 또한 이중환은 방랑 생활 이후 정착한 곳이 "금강 북쪽 차령 남쪽에 금강을 임해서 사송, 금벽, 독락이라는 정자가 있고, 사송정은 곧 우리 집이다."라고 한 기록으로 미루어 지금의 충남 연기군 금남면 대덕리 일대에서 거주한 것으로 짐작된다.

『택리지』의 저술 연대는 정확하지 않으나, 이중환이 쓴 발문(跋文)에 "내가 황산강(黃山江) 가에 있으면서 여름날에 아무 할 일이 없어 우연히 논술한 바가 있다."라고 한 것으로 미루어 백양은 1715년 신미년이고 이중환의 나이 62세가 되는 해이다. 그는 『택리지』를 마치고 그 다음해 63세로 일생을 마친다.

2. 『택리지』 개관

『택리지(擇里志)』는 완성되자 여러 지인고 벗들이 서문과 발문을 앞다투어 쓴 것으로 전한다. 당시 베스트셀러가 되어 많은 사람이 베껴 읽었던 것으로 짐작된다. 이 저술의 명칭은 『택리지』 외에 『팔역지(八域志)』, 『팔역가거지(八域可居地)』, 『동국산수록(東國山水錄)』, 『진유승람』, 『동국총화록』, 『동악소관』, 『형가요람』 등 10여 종으로 알려져 있다. 이것은 필사하는 사람들이 제 나름대로 명칭을 붙였기 때문이다.

『택리지』

『택리지』는 저자 자신이 붙인 제목으로, '선택된 마을'이라는 뜻을 지니고 있다. 『팔역가거지』는 세력을 잃어버린 양반이 낙향해 살 만한 곳을 뜻한다. 『동국산수록』과 『진유승람』 등은 시인 묵객이 산수에 유람할 만한 곳이라는 뜻이다. 『동국총화록』은 상업하는 사람이 각처 물산과 교통의 이용 관계를 참고할 만하다는 뜻이다. 『형가요람』은 '지관이 좋은 터를 잡기 위하여 읽을 만한 책'이라는 뜻을 지니고 있다. 이렇듯 이 저술은 그 제목이 말하듯이 다양한 내용을 구비하고 있다. 다음은 성호 이익의 「서문(序文)」과 내용의 개관, 다산 정약용의 「발문(跋文)」을 살피기로 한다.

3. 「서문」

사는 마을을 가린다는 말은 공자로부터 나왔다. 마을을 가리지 않으면 크게는 가르침을 행할 수 없고 작게는 자신도 편치 못하다. 까닭에 군자는 마을을 반드시 가리는 것이다. 공자께서 말씀하시기를, "도를 행할 수 없으니 제(齊)나라와 노(魯)나라의 앞바다에 뗏목이나 띄워 볼까" 하였다. 어찌 지목한 곳도 없이 한 말씀이겠는가. 살고 싶다고 하신 '구이(九夷)'가 바로 이곳이다. 성인께서 본디부터 고국을 버리고 싶지는 않았으나 부득이하게 되어서는 구이에라도 살아야겠다고 탄식까지 하였으니 그의 뜻을 알 만하다.

13경(經)의 하나인 『이아(爾雅)』를 찾아보니, 구이(九夷), 팔적(八狄), 칠융(七戎), 육만(六蠻)이 있다. 이것은 말하는 자가 그 명칭만 헤아려 본 것이고 실상은 아니다. 백이(白夷), 황이(黃夷), 왜노(倭奴)를 성인께서 어찌 좋아하셨겠는가. 대저 주나라 때 벼슬자리인 직방씨(職方氏)나 명당위에서 모두 이(夷)를 첫째로 하였고, 9 또는 8이라는 수는 지금의 관직에 등급이 있는 것과 같은 것이다. 동방 태평한 지역보다 나은 곳이 없을 것이다.

기자(箕子)는 은(殷)나라로부터 이 지역에 봉(封)함을 받은 다음, 팔조목(八條目)을 처음으로 시행하였다. 오륜(五倫) 이외에 전한 것이 삼장(三章)이었는데 한나라 고조가 그것을 배우고 법을 간략하게 하여 천하를 평정하였다. 그 후에 성인께서 동쪽으로 오려는 뜻은 있었으나 실행하지 않아, 우리나라가 은(殷), 주(周) 시대와 같은 다스림을 입지 못하였음은 애석한 일이었다. 그러나 문장을 숭상하던, 남은 교화가 지금에도 없어지지 아니하였다. 정전(井田)을 그었던 자취와 흰옷을 입는 풍습 등 갖가지로 알 수가 있다.

나는 우리나라 사람이 남자는 큰 갓을 쓰고, 여자는 머리털을 둘러 쪽지는 것이 유래한 바가 없이 하는 것이 아니라고 생각한다. 의관에 대한 옛 습속은 비록 시간이 지나도 고쳐지지 않는 것이다. 고려 때에 충렬왕이 한 차례 변혁시키려 하였으나 되지 않았고, 신우(辛禑) 때 두 번째 변혁시키려 하였으나 되지 않았다. 몽고의 위압으로 비록 변했던 적이 있었으나, 얼마 뒤에 예전 습속대로 돌아오고 말았다. 온 해내, 해외에서 다 의관을 찢어 버렸으나, 오직 이 한 조각 지역만은 아직도 선왕(先王)의 제도를 지키고 있으니, 아아 다행스러워라. 공자를 다시 살아나게 한다면, 뗏목이라도 타겠다고 하셨던 그 말씀이 탄식뿐만이 아니리라.

그 중에도 살펴보면 험한 지역과 평탄한 지역이 있고, 아름다운 습속과 나쁜 습속이 있다. 단군(檀君), 기자(箕子)의 시대는 도읍을 서쪽 지역에다 정하였으므로, 동남쪽 지역은 교화가 미치지 않는 지역이었다. 호강(虎康)이 바다를 건너 마한(馬韓)에 들어온 후에는 정통함이 남방에 있게 되었다. 그런 다음 두어 세대는 정통이 끊어졌다가, 신라가 통합하여 하나가 되었다. 그 나라 습속이 질서가 있어, 예법과 인재가 대를 이어 왕성하였다. 윤리에 어긋나지 않는 언행을 귀하게 여기고 재물은 천하게 여겼다. 그런 까닭에 경전(經典)을 안고 초야(草野)에 숨어, 자중하는 사람이 가끔 있었다. 이런 사람은 향리에서 존경을 받아 나라에 공로가 많고 벼슬이 있는 집안과 같은 대우를 받았고, 이 고장이 나라 안에서 첫 번째 가는 즐길 만한 장소가 되었다.

그리하여 선비로서 때를 만나지 못한 자는 반드시 이것을 본으로 하여 따랐다. 관서는 우리나라 인민이 처음 시작된 곳이나 성조(聖朝)에서 은완(殷頑)과 같이 여겨 물리쳐버렸으므로 인재가 꺾였고, 관동과 관북 지방은 문명이 진흥하지 못하였으며, 양남(兩南)도 또한 거칠어서 기술은 훌륭하나 유교 문화는 전혀 없다. 경기 지방에 있어서는 오직 한 종류, 벼슬하는 가족이 세상 사람이 부러워하는 것이 되었다. 이들은 그 사이에 끼어서 몸을 빠져 나오지 못한다.

대저 의식이 모자라는 곳은 살지 못할 곳이고, 사기(士氣)가 사그라진 곳에는 살 수 없고, 무력(武力)이 승(勝)한 곳은 살지 못할 곳이고, 사치하는 풍습이 많으면 살지 못할 곳이고, 시기와 혐의가 많은 곳도 살 수 없는 곳이다. 이런 몇 가지를 가리면 취하고 버릴 것을 알게 된다.

지금 우리 이중환이 글 한 편을 편찬하였는데 그 글의 수천 마디 말은 사대부(士大夫)의 살 만한 곳을 구하려는 것이었다. 그 사이에 산맥과 수세, 풍토와 민속, 재물의 생산과 수륙간의 운수 등등에 대해서 아주 조리 있게 꾸며져 있는 바, 이런 글을 나는 일찍이 본 적이 없다.

내가 늙어 죽게 되어, 담비[貂]가 죽을 때 머리를 자기가 살던 둔덕 쪽으로 두던 것과 같이, 쥐가 제 구멍을 떠나지 못하는 것과 같이, 이 강변 비습한 땅을 떠나지 못해 사대부가 살기에 알맞은 곳으로 가지 못하니, 자기 자신을 쓰다듬어 더욱 서글퍼짐을 저절로 깨닫지 못한다. 이 뜻을 책머리에 기록하여 어린 손자 구환(九煥)에게 보인다.

– 성호 이익, 『성호선생문집』 권39 팔역지 서(序)

4. 『택리지』의 내용

이중환이 『택리지』를 저술할 당시의 국내 정세는, 영조의 탕평책(蕩平策)으로 인하여 정국이 비교적 평온하고 문물도 발달하려는 분위기에 놓여 있었다. 그러나 조선 건국 이래로 정치, 교화의 근본이념이었던 주자학(朱子學)이 사회 전반에 공리공론의 이론만으로 흘러가버리고, 민생은 도탄에 빠졌으나 위정자는 아무런 대책도 강구하지 못하였던 시기이다. 이러한 사회 모순을 비판하는 실학사상이 일부 몰락한 양반 계층에서 서서히 일어나기 시작하여, 실사구시를 기반으로 하는 경세치용을 목적으로 하는 학문 경향이 새롭게 주목받게 된다. 반계(磻溪) 유형원(柳馨遠, 1622~1673)과 성호(星湖) 이익(李瀷, 1681~1763)이 그 중심인물이다. 이들 대실학자를 뒤를 이어 청담 이중환과 18세기에 이르러 박지원을 비롯한 실학 사가(四家)가 등장하게 되었다.

『택리지』가 지금으로부터 약 306년 전에 저술된 것이나, 오늘날에도 독자의 공감대를 불러일으키는 것은 이 저술에 피력되고 있는 작가의 실학적인 견해 때문이다.

또한 『택리지』의 내용에 풍수설이 인용되었다는 것이 그 특징으로 지적되고 있다. 이 저술의 가치는 첫째, 우리나라 사람이 저술한 현대적 의미의 지리서라는 점이다. 둘째, 실용적인 차원에서 저술된 지리서라는 점이다. 셋째는 근대 우리나라의 지리학과 사회에 지대한 영향을 주었다는 점이다.

「사민총론」에서는 소위 사대부의 신분이 농(農), 공(工), 상(商)으로 나눠지게 된 원인과 내력을 서술하였다. 옛날에는 사대부라는 것이 따로 없고 모두 민(民)으로서 어울려 살았다. 후대에 사(士)로서 어질고 또 덕이 있으면 임금이 벼슬을 시켰고, 벼슬을 못한 자는 농공상이 되었다.

옛날에 순임금은 처음 역산에서 밭 갈고, 하빈에서 질그릇을 구웠으며, 뇌택에서 고

기잡이를 하였다. 밭갈이하는 것은 농부의 일이며, 질 그릇 굽는 것은 공인(工人)의 일이며, 고기잡이하는 것은 상인의 일이다. 그러므로 임금 밑에서 벼슬하지 않으면 농, 공, 상이 되는 것이 당연하다. 대저 순임금은 천고에 백성의 표본이었다. 나라의 다스림이 극치에 이르면, 너도나도 다 민으로서 우물 파서 마시고, 밭 갈아서 먹으며 유유히 즐거워하는데 어찌 등급과 명칭의 다름이 있겠는가.

그러나 세계가 생긴 지 오래되고 보니, 예의와 법도가 점점 번잡해지면서 명호가 달라지고, 명호가 달라질수록 등급이 따라서 많아졌다. 그와 함께 성인(임금)의 의장(儀章)과 도수(度數)도 지극히 많았다. 하, 은, 주 삼대(三代) 때에 제후가 많았으며, 그들에게 딸린 세경(世卿)과 세대부(世大夫)도 각자 예도로서 부귀를 누렸다.

그리고 선비로서 벼슬하지 못한 자도 비록 부귀를 누리지는 못하였으나, 또한 옛 성인의 법을 지켰다. 그 집안을 다스리고 자신을 수양하는 데 진실로 힘이 미치고 예도에 분수에 지나침이 없으며 경대부와 동등한 신분이었다. 따라서 외는 것은 『시경』과 『서경』이었고, 행하는 바는 인의와 예악이었다. 그리하여 사대부라는 이름이 생겼으며, 이름이 생기면서 지향하는 바가 달랐다. 이런 까닭으로 농, 공, 상은 드디어 천한 신분으로 되고 사대부라는 명호는 더욱 높아졌다.

진(秦)나라가 봉건제후를 멸망시킨 뒤로부터 천자 한 사람 외에는 벼슬하지 아니하고 초야에 있는 자라도 그 사람이 진실로 사(士)의 도리에 종사하면 모두 조정에 벼슬하는 자와 아울러 사대부라 호칭하게 되어 사대부가 더욱 많아졌다. 그러나 이것은 상고(上古) 때 제도는 아니다.

그렇기 때문에 순임금은 요임금 때에 사대부였으나, 농, 공, 상의 일을 하고도 수치로 여기지 않았다. 그런데 후세에서는 꺼리게 된 것이다. 혹 사대부라는 명호로써 농, 공, 상을 업신여기고 농, 공, 상의 신분으로서 사대부를 부러워한다면 이것은 모두 그 근본을 모르는 것이다. 대저 성인의 법이 어찌 사대부만이 실천할 수 있는 것인가. 농, 공, 상도 또한 능히 할 수 있는 것으로 사대부와 농, 공, 상이 과연 같지 않은 것은 아니다.

비록 그러하나 후세에 와서는 인품이 옛날보다 못하며 기품에도 어짊과 어리석음이 있고, 업무에도 능통하고 막힘이 있다. 그리하여 사대부로서는 혹 농, 공, 상의 일을 할 수 있어도 농, 공, 상을 본업으로 하던 자는 사대부의 일을 하지 못한다.
이러므로 부득이 사대부를 중하게 여기게 되었던 바, 이것이 후세의 자연스러운 추세이다. 그러므로 사대부로 된 자는 혹 농담을 하여 한 세상의 권세를 꺾었고, 혹은 높은 기개로 크나큰 존귀함과 바로 대항하였으며, 혹은 농경, 목축, 채포, 도공과 숯장수, 약장수 등의 무리에 섞여도 통하지 않는 데가 없다.

귀함도 천함도 뜻대로 이고, 높게 됨과 낮게 됨도 마음대로 하여, 침착한 모습으로 세상을 깔본다 할지라도 누가 감히 금단하겠는가. 그런즉 천하에 지극히 좋은 것은 사대부라는 명호이다. 그러나 사대부라는 명호가 없어지지 않는 것은 옛 성인의 법을 준수하기 때문이다. 그러므로 사이거나 농, 공, 상이거나를 막론하고 사대부의 행실을 한결같이 닦는 것이 마땅하다. 하지만 이것은 예도로서 할 것이며, 예도는 부(富)하지 않으면 성립하지 않는다.

이런 까닭에 가정을 차리고 직업을 마련하여, 관혼상제의 네 가지 예법으로서, 위로 부모를 섬기고 아래로 처자를 거느려, 문호를 유지할 계책을 세우지 않을 수 없다. 이러므로 사대부는 살 만한 곳을 만든다. 그러나 세상 운세에는 이로움과 불리함이 있고, 지역에는 좋고 나쁨이 있으며, 사람의 일에도 벼슬길에 나아감과 물러나는 시기의 다름이 있는 것이다.

「팔도총론」에서는 국토의 역사와 지리를 서술한 다음, 당시의 행정 구역인 팔도로 나누어서 그 지역의 산맥과 물의 흐름을 기술하고, 그 지역과 관계있는 인물과 사건을 설명하여 인문지리적 성격을 띠었다.

곤륜산 한 가닥이 대사막 남쪽으로 뻗어 동쪽으로 의무려산이 되었고, 여기에서 크게 끊어져서 요동 들[野]이 되었다. 들을 지나서는 다시 솟아나, 백두산이 되었는데 『산해경』에 불함산이라고 한 것이 이것이다. 산 정기가 북쪽으로 천리를 달려가며 두 강을 끼고 있고, 남쪽으로 향하여 영고탑을 만들었으며, 뒤쪽으로 뻗은 한 가닥이 조선산맥의 우두머리로 되었다.

평안도는 심양과 이웃하였고, 함경도는 여진과 이웃이며, 다음은 강원도로서 함경도와 잇닿아 있다. 황해도는 평안도와 잇닿아 있고, 경기도는 강원도와 황해도의 남쪽에 있다. 경기도 남쪽은 충청도와 전라도이며, 전라도의 동쪽은 곧 경상도이다.

경상도는 옛날 변한 진한의 지역이고, 경기, 충청 전라도는 곧 옛 마한과 백제의 지역이다. 함경, 평안, 황해도는 고조선, 고구려의 지역이었고 강원도는 별도로 예맥 지역이었다.

그 여러 나라가 흥하고 망한 내력은 자세히 알 수 없으나, 중국 당나라 말기에 왕태조가 나서서 삼한을 통합하여 고려가 되었고, 지금은 우리나라가 계승한 것이다. 우리나라 지세는 동, 남, 서는 모두 바다이고, 북쪽 한 길만이 여진과 요동으로 통한다. 산이 많고 평야가 적으며, 백성은 유순하고 조심하므로 기개가 옹졸하다. 지역이 길게 삼천리에 걸쳤으나 동서로는 천리도 못 되며, 남쪽으로 바다를 건너면 중국 절강성의 오현과 회계현에 맞닿는다.

평안도 북쪽, 의주는 국경 첫 고을로서, 대략 중국 청주와 위도가 비슷한데, 우리나라는 대체로 일본과 중국의 사이에 위치하였다.

옛적 요임금 때 신인(神人)이 평안도 개천현 묘향산 박달나무 밑 석굴(石窟) 속에서 태어났다. 단군이라 부르며, 드디어 구이(九夷)의 임금이 되었다. 그러나 그의 연대와 자손에 관하여는 기록할 수 없다.

그 후 기자(箕子)가 은나라에서 나와, 조선을 다스리면서 평양에 도읍하였다. 그의 손자 기준(箕準)에게까지 계승되었으나, 진(秦)나라 때 연(燕)나라 사람 위만(衛滿)에게 축출당했다. 그리하여 바다를 건너 전라도 익산에다 도읍을 옮기고 나라 이름을 마한이라 하였다. 기씨(箕氏)가 통치하던 지역은 『사기』에는 분명치 않으나, 진한 · 변한과 함께 삼한이 되었다.

혁거세는 한나라 선제 때 일어나서 경상도를 모두 점유하였다. 진한, 변한 등 여러 지역 국가에게 항복받아 신라라는 국호로 경주에 도읍하고, 박씨, 석씨, 김씨가 서로 바꿔가면서 왕이 되었다.

위씨(衛氏)는 한나라 무제 때 멸망되었으나, 그 후 한나라에서 백성만 옮겨가고 땅은 버리자, 주몽이 말갈에서 일어나 평양을 차지하고 나라 이름을 고구려라 하였다. 주몽이 죽자 그의 둘째 아들 온조도 또한 한수 이남 지역을 차지하여 마한을 멸망시킨 다음, 나라 이름을 백제라 하며 부여에 도읍하였다.

고구려와 백제는 당나라 고종 때 멸망되었고, 당나라에서 땅을 버리고 군사를 거두어 돌아가자, 고구려, 백제 두 나라 지역이 다 신라 영역에 들어오게 되었다. 신라 말기에 궁예(弓裔)와 견훤(甄萱)이, 이 지역을 나누어 차지하였으나 후에 고려가 통일하였다. 이것이 우리나라 연혁의 대략이다.

그러나 신라 이전은 세 나라끼리 전쟁이 그치지 않았고, 또 문학적 소양이 적으므로, 고려에서부터 비로소 『사기』를 기록할 수 있다. 고려 때는 사대부라는 명호가 아직 뚜렷하게 성립되지 않아서, 서리 출신이 경상이 된 자가 많았다. 한번 경상이 되면 그의 아들과 손자도 사대부가 되어, 다 경성에 집을 두게 되니, 경성이 드디어 사대부가 모여 사는 곳이 되었다.

지방 사람은 조정에 벼슬한 자가 드물었는데 쌍기(雙冀)가 과거 제도를 만들어 선비를 뽑게 되자 지방 사람도 차츰 높은 벼슬을 하게 되었다. 그러나 서북에는 무신이 많고 동남에는 문사(文士)가 많았다. 고려 말기에 와서는 문풍(文風)을 크게 떨쳐 가끔은 중국 과거에 합격하기도 하였으니, 이것은 원(元)나라와 통한 효과이다. 지금 세상에 큰 씨족(氏族)이라 일컬어지는 자는 고려 시대 경상의 자손들이 많다. 그런즉 사대부의 근본 내력도 고려 시대부터 비로소 기록할 수 있다.

그리고 평안도, 함경도, 황해도, 강원도, 경상도, 전라도, 충청도, 경기 등 팔도(八道)에 대한 지리적 위치와 역사적 사적과 특산물을 기록하고 있다. 특히 여기서는 팔도의 지방 풍습과 문학, 문화적 사실을 기록하고 있어 역사서 역할을 하는 부분이다.

「복거총론」에서는 사람이 살 만한 곳을 조건을 들어서 설명하고 있다. 또한 인물과 관련된 부분도 많지만 그보다도 상업경제 관계를 기술하고 있다. 살기 좋은 곳은 지리(地理), 생리(生利), 인심(人心), 산수(山水) 등 네 가지 조건을 갖춘 곳이라고 하였다. 여기에도 여러 가지로 구별을 하여 가거지류(可居地類), 피병지(避兵地), 복지(福地), 은둔지(隱遁地), 일시유람지(一時遊覽地) 등으로 분류하였다.

첫째, 지리라는 것은 현대적인 지리를 말하는 것이 아니고 풍수학적(風水學的)인 지리를 말하고 있다. 그러므로 "지리를 논하려면 먼저 물질을 보고, 들의 형세를 보고, 산 모양을 보고, 흙빛을 보고, 물의 흐르는 방향과 형세를 보고, 끝으로 앞산과 앞물을 본다."고 하였다. 또한 "수구가 엉성하면 아무리 많은 살림이 있어도 여러 대로 전해지지 못하고 저절로 없어진다." 하였다. 또한 ""물은 재물을 관장하는 것이므로 물가에 부자가 많다.", "천리 되는 물이 없고 백리 되는 들판이 없어, 거인이 태어나지 못한다. 그러므로 서융, 북적과 동호, 여진은 중국에 들어가서 황제 노릇을 하였지만, 유독 우리 민족만은 그런 일이 없다." 하며 개탄하는 대목 등은 이 저술의 풍수학적 의미를 대신하는 것이다.

둘째, 생리를 조건으로 들었다. 이중환은 이 저술의 전편을 통하여 생리에 역점을 두고 있다. 저자는 "재물이란 하늘에서 내리거나 땅에서 솟아나는 것이 아닌 까닭으로 기름진 땅이 첫째이고, 배와 수레를 이용하여 물자를 교류시킬 수 있는 곳이 다음이다."라고 하였다. 그리고 기름진 땅으로서는 전라도 남원, 구례와 경상도 성주, 진주가 첫째이고, 목화는 영남과 호남에서 가장 잘된다고 하였다. 그리고 특산물로서 상업적 이익을 독점할 수 있는 것은 진안의 담배, 전주의 생강, 임천과 한산의 모시, 안동과 예안의 왕골이 있다고 하였다.

물자를 교류시키는 데 있어서는, 우리나라는 산이 많고 들이 적어서 수레가 통행하기 어려우므로 온 나라 장사치는 모두 말을 이용하고 있으나, 비용이 많이 허비되어 이익이 적으니 배로 운반하는 것이 편리하다고 하였다. 그리하여 각도 각처에 배가 통행할 만한 강과 항구를 자세히 기록하였다. 여기에서 저자의 이용후생적 의식 세계를 파악할 수 있는 것이다.

셋째, 인심을 들었다. "그곳 풍속이 좋지 못하면 자손에게도 해가 미친다." 하여 풍속의 중요함을 강조하고 팔도 인심을 비교하여 기록하였다. "그러나 이것은 서민의 인심 풍속을 논한 것이고, 사대부의 풍속은 또 이렇지 않다." 하여, 사색 당쟁의 원인과 경과를 비교적 상세하게 기록하여 인심이 그릇되는 것을 통탄하고 있다. 그는 "오히려 사대부가 없는 곳을 택해서 살며 교제를 끊고 제 몸이나 착하게 하면 즐거움이 그 중에 있다."고 하였다. 그는 남인의 한 사람으로 노론에 의하여 귀양을 가야 했던 인물이다. 그러나 이중환은 개인적인 불운을 넘어서 객관적인 입장에서 인심을 논평하였다는 평가를 받는 대목이다. 어느 한 쪽에 치우치지 않는 저술 태도는 저자의 깊은 인격적 수양을 높이 평가하지 않을 수 없는 것이다.

넷째, 산수를 조건으로 들었다. 이중환은 집 근처에 유람할 만한 산수가 없으면 정서를 함양할 수 없다 하였다. 그는 "산수가 좋은 곳은 생리가 박한 곳이 많으니 땅이 기름진 곳을 가려 살면서 십 리 거리나 혹은 반나절 길 되는 안쪽에 산수 좋은 곳을 매입해 두고 마음 내키는 대로 가서 시름을 풀고 돌아오는 것이 좋다."고 하였다. 산수를 설명하면서 생리를 함께 피력하고 있는 것이다. 이것은 저자의 생리에 대한 관심의 정도라고 할 수 있다.

이중환은 여러 살 만한 곳을 지적하고, 또 수도가 될 만한 곳도 비교 · 검토하였다. 여기에서 주목되는 것은 한강 상류인 강원도 지방의 산림 남벌로 인하여 한강 하상(河上)이 점차 높아진다는 것이나 대마도와 관련하여 일본에 대한 정책을 즉각 시정할 것

등의 탁월한 견해를 피력하고 있는 부분으로 저자의 실학적 의식과 자의식을 확인할 수 있는 대목이다.

「총론」에서는, 사대부는 국가의 제도에 의해 우대하였으나, 때를 잘못 만나면 또한 가볍게 죽임을 당할 수 있다는 것을 기록하고 있다. 이때 어질지 못한 자가 나라의 형법을 빙자하여 사사로이 원수를 갚기도 하고, 또한 사화(士禍)가 일어난다는 것이다. 그리고 사대부의 기강이 점차 쇠퇴하여지니 사대부가 갈 곳은 산림뿐이라고 하였다.

"물(物)이 극도에 도달하면 되돌아오는 것인즉, 사대부가 도리어 농, 공, 상의 신분을 부러워하게 되었다."는 것이다. 이것은 저자 이중환 자신이 사대부로서, 사대부의 폐단을 서술하고 농, 공, 상의 신분을 긍정적인 관점에서 평가하는 대목이다.

5. 다산 정약용의 「발문」

『택리지』는 고(故) 정자 이중환이 지은 것으로서 국내 사대부들의 장원의 아름다운 곳과 나쁜 곳을 논한 것이다. 사람이 살아가는 이치를 내가 논한다면, 물과 불에 대해서 먼저 살펴보는 것이 마땅하다는 것이다. 다음은 오곡이고, 그 다음은 풍속이며, 또 다음은 산천 경치가 좋아야 한다는 것이다. 물길과 나뭇길이 멀면 사람의 힘이 매우 허비되고, 오곡에 대한 준비를 하지 않으면 흉년을 자주 만나게 된다.

풍속이 문만 숭상하면 말썽이 많고, 무만 숭상하면 싸움질이 많게 되며, 상업적 이익만 숭상하면 백성들이 간사해진다. 경박한 무리가 농사만을 애써 지으면 고루하면서 독살스러워지고, 산천이 탁하고 나쁘면 뛰어난 인물이 적고 심지도 깨끗해지지 못한다고 하였다.

나라 안 장원 중에 아름답기로는 영남이 제일이다. 까닭에 사대부로서 수백 년 동안

때를 만나지 못했어도 그 존귀함과 부유함이 줄지 않았다. 그 집들이 각자 한 분의 훌륭한 조상을 모시고 한 장원을 점유하여 일가친척이 모여 살면서 흩어지지 않았으므로 집을 공고하게 유지하여 뿌리가 뽑히지 않았다.

예를 들면, 이씨(李氏)는 퇴계(退溪)를 모시고 도산(陶山)을 점유하였고, 유씨(柳氏)는 서애(西厓)를 모시고 하회를 점유하였으며, 김씨(金氏)는 학봉(鶴峯)을 모시고 강가를 점유하였고, 권씨(權氏)는 충재(沖齋)를 모시고 계곡을 점유하였으며, 김씨는 학사(鶴沙)를 모시고 오미곡(五媚谷)을 점유하였고, 김씨는 백암(栢巖)을 모시고 학정(鶴亭)을 점유하였으며, 이씨는 존재(存齋)를 모시고 갈산(葛山)을 점유하였고, 이씨는 대산(大山)을 모시고 소호리(蘇湖里)를 점유하였으며, 이씨는 석전(石田)을 모시고 돌밭을 점유하였고, 이씨는 회재(晦齋)를 모시고 옥산(玉山)을 점유하였으며, 적파(嫡派)는 양자곡(場子谷)을, 장씨(張氏)는 여헌(旅軒)을 모시고 옥산(玉山)을 점유하였고, 정씨(鄭氏)는 우복(愚伏)을 모시고 우산(愚山)을 점유하였으며, 최씨(崔氏)는 인재(訒齋)를 모시고 해평(海平)을 점유하였다. 이런 류는 이루 다 헤아릴 수가 없다.

그 다음은 호수의 서쪽이 좋다. 까닭에 회천(懷川)에 송씨(宋氏), 이잠(尼岑)에 윤씨(尹氏), 연산(連山)에 김씨, 서산(瑞山)에 김씨, 탄방(炭坊)에 권씨, 부여(扶餘)에 정씨(鄭氏), 면천(沔川)에 이씨, 온양(溫陽)에 이씨 같은 인물들이 모두 뿌리가 얽히고 박혀서 세상에 알려졌다.

호남(湖南) 풍속은 호협하기만 하고, 질박한 기질이 적다. 까닭에 오직 고씨(高氏) 제봉(霽峯)의 자손, 기씨(奇氏) 고봉(高峯)의 자손, 윤씨(尹氏) 고산(孤山)의 자손 등 서너 집 외에는 크게 나타난 자가 없다.

열수(洌水, 한강) 이상으로는 오직 여주 백애촌(白崖村)과 충주 목계(木溪)만을 좋다고 말하나, 북한강 연변으로서 춘천(春川) 천포(泉浦)와 양근(楊根) 미원촌(迷源村) 같은 곳이 더 훌륭하다.

나는 소천(양주군 와부면) 시골에 살고 있으나, 물은 활 두어 바탕 되는 곳에서 길어 오고, 화목(火木)은 십리 밖에서 가져온다. 오곡은 심는 것도 없고 풍속이 상리(商利)만 숭상하니 대체로 낙토(樂土)는 되지 못한다. 가취(可取)할 점은 오직 강산이 아주 훌륭하다는 것이다.

그러나 사대부로서 터를 차지하여 후세에까지 전하는 것은 상고시대 제후에게 나라가 있는 것과 같은 것이다. 이리저리 옮겨서 붙어살다가 능히 크게 떨치지 못하면 나라를 잃어버린 자와 같게 된다. 그러므로 내가 이모저모 돌아보고 머뭇거리면서 능히 이 소천을 떠나지 못하는 것이다.

〈해설〉

『택리지』가 저술된 시기는 대략 1715년이다. 이중환(李重煥)은 명문가 출신이었으나 당쟁의 와중에 30여 년간 전국을 방랑하며 불우한 일생을 보냈다. 일신이 불행했던 결과로 이 작품을 저술하게 된 것이다.

『택리지』에는 팔도지역(八道地域)의 산맥과 물의 흐름을 기술하고, 그 지역과 관련된 인물과 역사적 사건을 설명하고 있어 인문지리서(人文地理書)라고 할 수 있다. 그리고 「복거총론」 등에는, 배와 수레를 이용하여 물자를 교류시킬 수 있는 곳을 살기 좋은 곳으로 지적하고 있다.

이것은 저자의 민생에 유익한 것을 우선으로 하는 실학사상(實學思想)의 일면으로 파악할 수 있는 대목이다. 또한 한강 상류인 강원도 지방의 산림 남벌로 인하여 한강의 수위가 점차 높아지는 것을 지적하기도 한다. 우리는 이 작품에서 이른 시기의 실학 정신을 읽을 수 있으며 당대의 풍속과 역사를 파악할 수 있다.

뿐만 아니라 고산자(古山子) 김정호(金正浩, ?~1864)가 처음 청구도(靑邱圖)를 제작한 것이 1834년이었고, 〈대동여지도〉를 1861년에 판각한 것으로 미루어 후대인의 지리서 제작에도 길잡이 역할을 하였다는 것을 알 수 있다.

7장

『목민심서』

- 정약용

『목민심서(牧民心書)』는 고금의 여러 서적에서 지방 장관의 일들을 가려 뽑아 치민(治民)에 대한 도리(道理)를 논술한 저서이다. 모두 48권 16책으로 구성된 이 책은 조선 정조 때의 문신이자 학자인 다산 정약용이 저술하였다.

정약용의 『경세유표(經世遺表)』가 정부기구의 제도적 개혁론을 피력한 것이고, 『흠흠신서(欽欽新書)』가 형옥(刑獄)에 관한 법률적 서적으로서 인간의 권리를 중시하여 원한의 옥살이가 없도록 방안을 제시한 것이라면, 『목민심서』는 지방 관헌의 윤리적 각성과 농민경제의 정상화 문제를 다룬 것이다. 경세 실학자로서의 개혁의지가 피력된 3권의 저술을 '일표이서(一表二書)'라고 이름한다.

『목민심서』는 정약용이 순조 때, 천주교 박해로 일어난 신유사옥(辛酉邪獄)에 연루되어 전라도 강진에서 귀양살이를 하는 동안 저술한 것이다. 지방 관리들이 민생을 다스리는 데 필요한 바른 도리를 밝혀 관리들의 부패상을 경계하고자 하는 의도에서 저술한 것이다.

1. 정약용의 생애

정약용 초상

정약용(丁若鏞, 1762~1836)은 회갑을 맞던 1822년 자신의 묘지명 2본(本), 즉 집중본(集中本)과 광중본(壙中本)을 남겼다. 집중본은 자신의 60여 년 파란 많은 생애와 학문세계를 돌아보는 일종의 자서전에 해당되는 자세한 기록이다.

광중본은 무덤 속[壙中]에 넣기 위해 간단히 기록한 것이다. 대체로 묘지명에 근거하여 그의 생애를 살펴보려고 한다.

정약용은 1762년 조선 영조 38년, 경기도 광주 마현리에서 태어났다. 자는 미용(美庸), 송보(頌甫), 귀농(歸農)이며, 호는 다산(茶山), 삼미자(三眉子), 사암(俟菴), 여유당(與猶堂)이다. 가톨릭 세례명은 요한이다.

정약용은 아버지 정재원(丁載遠, 1730~1792)과 해남 윤씨인 어머니 사이에서 셋째 아들로 태어났다. 어머니는 고산(孤山) 윤선도(尹善道)의 후손이며 삼절(三絕: 詩, 書, 畵)로 명성을 얻었던 공재(恭齋) 윤두서(尹斗緖)의 손녀이다. 첫째형은 약전(若銓), 둘째형은 약종(若鍾)이다. 이들은 모두 천주교 신자들로 신유사옥에 의해 희생되었던 인물이다. 정다산의 가문은 9대를 이어서 문과에 급제하여 벼슬에 나아간 명문 집안이었다.

정약용이 태어난 해는 영조의 아들 사도세자가 뒤주 속에서 죽은 해이다. 사도세자의 죽음으로 시파(時派)와 벽파(僻派) 사이에 당쟁이 일어나 나라 안이 어지러울 때였다. 남인(南人)의 가계라는 이유로 시파로 지목된 다산의 아버지는 아들의 아명(兒名)을 귀농(歸農)이라 했을 만큼 벼슬에 뜻을 두지 않았다고 한다.

정다산은 4세 때『천자문(千字文)』을 배우고, 6세 때 아버지가 경기도 연천 현감으로 벼슬을 다시 시작하자 그곳에서 성장한다. 7세 때 지은 시로 "낮은 산은 큰 산에 가리고, 먼 곳과 가까운 곳의 지세가 같지 않구나."라는 시가 전해지고 있다. 이 무렵부터 많은 한시를 지어『삼미집(三眉集)』에 전한다. 1770년 9세 때 어머니를 여의게 된다. 10세 때 아버지는 벼슬을 그만두게 되었고, 이때부터 아버지로부터 경전의 정규과정을 학업하는 등 본격적인 수업을 받았다.

1776년 15세 때 정조가 왕위에 오르자 다산의 아버지는 호조좌랑으로 다시 벼슬길에 나아간다. 이해에 다산은 풍산 홍씨와 결혼을 하였고 아들 학연(學淵), 학유(學游) 그리고 딸 하나를 얻는다. 이즈음 서울에서 학업에 정진하며 이가환, 권철신, 채제공 등과 친교를 맺는다. 이들 일군의 신진 학자들과 매부 이승훈을 통하여 성호 이익 선생의『성호선생유고』를 접하게 되고 실학사상에 눈뜨게 된다.

1783년 22세 때 경의과 초시에 합격하고 이듬해 회시 생원에 합격하여 정조와 선정전에서 처음 만난다. 이후 정조 대왕이 승하하는 1801년까지 이들은 임금과 신하의 관계를 넘어서는 우의의 정을 나눈다.

다산은 1789년 28세 때 식년문과에 갑과로 합격하여 가주서를 시작으로 검열, 지평, 수찬을 지내게 된다.

1792년 수찬으로 재직하는 당시 정조의 명을 받고 수원성을 서양식 축성법으로 설계하고, 기중기와 활차(滑車: 도르래), 고륜(鼓輪: 바퀴 달린 달구지) 등을 발명하여 축성에 사용하였다. 이것은 다산의 서양 과학지식에 대한 업적이라고 하겠다. 정조는 기중기 사용을 두고 "경비 4만 냥을 그냥 벌었다."고 치하하였다고 한다. 이어서 33세에는 경기 암행어사를 지내고, 36세 때 곡산 부사로 재임하여 선정을 베풀고 38세 때 형조 참의로 들어와 사직한 후 관직 생활을 마감한다.

1801년 신유년 정조가 승하하자, 천주교 박해가 일어나기 시작한다. 다산의 가문은 매부 이승훈이 주요 인물로 지목되면서 천주교 박해의 대표적 표적이 된다. 다산과 첫째형 약전의 기나긴 유배 생활이 시작되고, 둘째 형 약종은 옥사(獄死)를 당한다. 당시 다산은 모진 심문을 당하며 형 약종이 이 사건의 괴수라는 자백을 요구받는다. 이때 다산은, "위로는 임금을 속일 수 없고, 아래로는 형을 증언할 수 없소이다. 나는 오늘 죽음이 있을 뿐이오." 하고 불충불륜(不忠不倫)하느니 죽임을 당할 것을 증언하였다. 이로 인하여 다산은 전라도 강진에서, 약전은 흑산도에서 18여 년의 유배생활을 하게 된다. 다산의 많은 사상적 저술과 문학적 저술들은 이 유배시절에 이룩된 것이다.

1818년 57세 때 유배에서 풀려나게 되어 고향으로 돌아와 한가로이 유람을 즐기기도 하고 학문적 저술에 전력을 다하였다.

1836년 다산의 나이 75세 때 고향집 여유당(與猶堂)에서 75세를 일기로 생애를 마친다. 다산의 문집인 『여유당전서(與猶堂全書)』에는 그의 방대한 저술 500여 권이 수록되어 전한다.

2. 『목민심서』 개관

(1) 「목민심서(牧民心書) 자서(自序)」

『목민심서』

옛날에 순임금은 요임금의 뒤를 이으면서 12목(牧)을 불러 그들로 하여금 백성을 기르게 하였다. 문왕(文王)이 정치제도를 세울 때 사목(司牧)을 두어 목부(牧夫)라 하였으며, 맹자(孟子)는 평야에서 가축을 사육하는 사람을 비유하여 백성을 기르라고 하였다. 이로 미루어 보면 백성을 부양하는 것을 가리켜 '목(牧)'이라 한 것이 성현이 남긴 뜻이다.

성현의 가르침에는 원래 두 가지 길이 있다. 그 하나인 사도(司徒)는 만백성을 가르쳐 각기 수신하는 것이고, 다른 하나는 태학(太學)에서 왕족과 공경대부의 자제들을 가르쳐 각기 수신하고 민생을 다스리는 것이었다. 치민하는 것이 백성을 기르는 것이다. 그러므로 군자의 학(學)은 수신이 그 반이요, 나머지 반은 목민인 것이다. 성인의 시대가 이미 멀어졌고 그 말씀도 멀어져서 그 도가 점점 어두워지니 오늘날 백성을 다스리는 자들은 오직 거두어들이는 데만 급급하고 백성을 기를 바는 알지 못한다. 이때문에 백성들은 여위고 시달리고 시들고 병들어 서로 쓰러져 진구렁을 메우지만, 백성을 길러야 하는 자는 바야흐로 고운 옷과 맛있는 음식으로 자기만 살찌우고 있으니 어찌 슬프지 아니한가. 나의 선친께서 조정의 명을 받아 두 현의 현감, 한 군의 군수, 한 부의 도호부사, 한 주의 목사를 지냈으며 모두 치적이 있었다.

내가 좇아 배워서 다소간 들은 바가 있었고, 보아서 다소간 깨달은 바도 있었으며, 물러나 이를 시험해 봄으로써 다소간 체득한 바가 있었다. 이윽고 초라한 몸이 되어 쓰일 데가 없었다. 먼 변방 귀양살이 18년 동안에 사서오경(四書五經)을 배우고 연구하여 수기(修己)의 학(學)을 익혔으나, 생각해보니 수기의 학은 학의 반에 불과하다. 이에 23사(史)와 우리나라의 사서, 문집 등 여러 서적에서 옛날의 사목이 백성을 기르는 전적(田籍)을 골라 위아래로 뽑아 종류별로 나누고 모아 차례로 편성하였다.

그리고 남쪽 변두리에서 전세(田稅)와 공부(貢賦)를 서리들이 농간하여 여러 가지 폐단이 어지럽게 일어나고 있었다. 나의 처지가 이미 낮았기 때문에 듣는 바가 자못 상세하여 이것 또한 종류별로 기록하고 나의 짧은 견해를 더하였다.

『목민심서』는 모두 12편으로 구성하였다. 제1은 부임(赴任), 제2는 율기(律己), 제3은 봉공(奉公), 제4는 애민(愛民)이며, 제5에서 제10까지는 육전(六典)에 관한 것이다. 제11은 진황(賑荒), 제12는 해관(解官)이다. 제12편이 각각 6개 조(調)로 구성되었으니 모두 72개조이다. 여러 조를 합하여 한 권을 만들기도 하고, 한 조를 나누어 몇 권을 만들기도 하였으니, 합하여 48권으로 하나의 저서가 되었다.

고려 말에 비로소 오사(五事)로 수령들을 과거제도로 등용하였다. 우리 조선에서는 그 제도를 따르다가 후에 칠사(七事)로 늘렸는데 이른바 그 대체의 방향만을 독려한 것일 따름이다. 그러나 수령이라는 직책은 관장하지 않는 바가 없으니 여러 조목을 차례로 드러내더라도 오히려 직책을 다하지 못할까 두려운데, 하물며 스스로 생각해서 스스로 행하기를 바랄 수 있겠는가. 이 책은 첫머리와 맨 끝의 두 편을 제외한 나머지 10편에 들어 있는 것만 해도 60조나 된다. 진실로 어진 수령이 있어서 자기 직분을 다하고자 한다면 아마 좋은 지침서가 될 것이다.

옛날에 부염은 『이현보』를, 유이는 『법범』을 저작하였으며, 왕소에게는 『독단』, 장영에게는 『계민집』이 있으며, 진덕수는 『정경』, 호태초는 『서언』, 정한봉은 『환택편』을 저작하였으니, 모두 소위 백성을 기르는 책이다. 오늘날 그런 책들은 거의 전해 오지 않고 오직 음란한 말과 기이한 구절만이 일세를 횡행하니, 이 책이 잘 전해질 수 있을지 염려스럽다.

그러나『주역(周易)』에 이르기를 "앞 사람의 말이나 지나간 행적들을 많이 익혀서 자기의 덕을 쌓는다."라고 하였다. 이것은 진실로 내 덕을 쌓기 위한 것이요, 목민에만 한정하는 것이 아니라는 것이다. 내가 심서(心書)라고 이름한 것은 목민할 마음이 있으나 몸소 실행할 수 없기 때문에 이름한 것이다.

「목민심서 자서」는 정약용이 이 저술을 마치고 기록한 것이다. 여기에서는 이 저술의 의도와『목민심서』라는 제목의 연유, 그리고 그 내용을 파악할 수 있다.

(2)『목민심서』 내용

다산 정약용이「목민심서 자서」에서 밝히고 있는 바와 같이 그는 어린 시절 지방관을 역임하는 부친의 영향으로 이미 백성을 기르는 도리를 익혀 왔다. 나아가 과거에 급제하여 중앙관리로서의 경험과 곡산 등 지방 관리로서의 경험, 그리고 유배지에서의 생생한 체험을 바탕으로 지방 장관이 지켜야 할 준칙을 서술한 것이다.『목민심서』는 12개 항목으로 구성되어 있고, 각 항목을 6개 조항으로 나누어 모두 72개의 조목으로 분류되었다. 그 내용을 간략히 개관하기로 한다.

제1부에서 4부까지는 총론과 관리가 행해야 할 의복 차림, 기본 태도를 서술하였다. 제5부에서 10부까지는 관리가 수행하는 실무 사항을 서술한 것이다. 제11부와 12부에서는 관리들이 임무를 마치고 물러날 때의 자세를 밝힌 것이다.

그리고 각 조의 서두에는 지방 수령으로서 지켜야 할 원칙과 규범들이 간단명료하게 지적되고 있다. 그 다음에는 설정된 규범들에 대한 상세하고 구체적인 설명과 그 역사적 연원에 대한 분석을 밝히고 있다. 그 아래에 고금을 통해 유명한 사업과 공적에 대해 자신의 견해를 부언(附言)하였다.

이와 같이『목민심서』에는 지방 관리들이 부임에서 해임에 이르기까지 전 기간을 통해 반드시 준수하고 수행해야 할 실무상 문제들이 조항별로 기록되어 있다. 지방 관리가 바른 정치를 행할 때 나라가 바람직한 방향으로 나아갈 수 있다는 다산의 개혁의지와 애민사상이 피력된 것이다.

정약용의 애민사상은 민주주의적 평등주의에 기반한 것이다. 다산은 인간이란 모두 평등하고 신분적 차별과 빈부의 차이가 없었으며, 지배계급이라는 것도 후세에 와서 백성 자신들이 스스로의 생활상 요구에 의해 선별된 것이라고 하였다. 따라서 지배자들은 마땅히 백성을 위해 일해야 한다는 것을, 그의 많은 논설문에서 주장하였다.

다산은 지방 수령들이 마땅히 "백성의 소망을 이루어 주어야 한다."는 결심을 굳게 가다듬고 맡은 바 책임을 다해야 한다고 말하였다. 지방 관리들은 "날이 밝기 전에 일어나 의관을 단정히 하고 목민할 사항을 연구하며, 여유가 있을 때는 반드시 정신을 가다듬고 백성들의 생활을 편안하게 할 방도를 연구하여야 한다."고 하였다. 다산은 당대 정치제도의 모순성이 봉건적 신분제도와 결부되어 있음을 밝혔고, 농민들의 과중한 조세와 부역 등도 지적하였다.

한편 법규에 대해서는 "백성을 계몽시키지 않고 형벌을 가한다는 것은 백성을 잡기 위해 그물질하는 것과도 같다."고 하여 백성에 대한 어떠한 박해나 가렴주구도 반대하였다. 다산은 지방수령이 부임하면 그 즉시로 백성들이 관청에 와서 어려움을 제소할 수 있도록 수령 자신이 준비하여야 한다고 하였다.

또한 다산은 백성을 다스리는 관리의 성품을 매우 중요시했다. 전편에 걸쳐 각 조항마다 관리들의 품성을 바로잡기 위한 문제들을 상세히 언급하였다.

"고을을 다스리려는 자는 먼저 자기 가정의 단속으로부터 시작한다. 고을을 다스리는 것이 나라를 다스리는 것이니, 가정을 단속하지 않고서야 어떻게 고을을 다스릴 것인가?"

지방 관리는 사치하지 말고 검소하며, 부화방탕하지 말고 명예와 재물을 탐내지 말며 뇌물을 받지 말아야 한다고 주장하였다. 그는 "선물로 보낸 물건이 아무리 사소하다 할지라도 이것을 통해 은정(恩情) 관계가 맺어져 사사로운 정이 작용하게 된다."고 경계하였다.

다산은 경세적 실학파로서 전제개혁(田制改革)을 비롯한 일련의 사회경제적 개혁과 함께 국가의 생산력 발전에 대해 견해를 밝히고 있다. 그는 사회의 모순이 토지제도에서 시작된다고 보고 불공평한 토지제도를 개혁하고자 하였다. 이러한 개혁 의지는 「전론(田論)」, 「균전제(均田制)」, 「호전(戶典)」, 「공전(工典)」 등의 논설에 피력되어 있다.

정익용은 『목민심서』를 엮고 나서, 한 백성이라도 그 혜택을 입기를 바라는 심정을 토로하였다. 그는 유배지에서 수탈당하고 헐벗은 민생을 직접 보았던 경험을 바탕으로, 『목민심서』를 저술함으로써 세상을 바로잡을 수 있는 구체적 방안을 제시한 것이다.

3. 「여유당기」

『여유당전서』(서울역사박물관 소장)

다산의 문집, 『여유당전서(與猶堂全書)』에는 「여유당기(與猶堂記)」가 전한다. 여기서 정약용이 자신의 당호(堂號)를 여유당으로 부르게 된 의미를 밝히고 있다. 뿐만 아니라 우리는 이 작품에서 다산의 의식세계를 파악할 수 있다.

자신은 그만두고 싶어도 어쩔 수 없이 그 일을 하는 것은 이 일을 그만둘 수 없는 일이기 때문이다. 자신이 하고 싶어도 어쩔 수 없이 그 일을 할 수 없는 것은 이 일을 해서는 아니 되기 때문이다.

나는 나의 약점을 스스로 알고 있다. 용기는 있으나 일을 처리하는 지혜가 없고, 착한 일을 좋아하기는 하나 선택하여 행할 줄 모르고, 정에 끌려서 의심하지도 않고 두려움 없이 곧장 행동해 버리기도 한다. 그만두어야 할 일도 참으로 마음이 내키기만 하면 그만두지 못하고, 하고 싶지 않으면서도 마음속에 담겨 있어 개운치 않으면 기필코 그만두지 못한다.

이 때문에 어린 시절에는 일찍이 방외(方外)에 몰두하며 의심하는 마음을 가지지 못했고, 이미 장년이 되어서는 과거 공부에 빠져 돌아보지도 않았으며, 서른이 넘어서는 지난 일에 대한 후회가 깊었으나 두려워하지는 않았다. 이러했기 때문에 무한히 착한 일만 좋아하다가 혼자서 남에게 욕만 실컷 얻어먹게 되었다. 안타까운 일이다. 이 또한 운명인가 성격 탓인가, 내 감히 또 운명이라고 말하리다.

노자에는 "여(與)여! 겨울의 냇물을 건너는 듯하고, 유(猶)여! 사방을 두려워하는 듯하도다."라는 말이 있다. 이 두 말은 내 성격의 약점을 치유해 줄 치료제가 아니겠는가. 무릇 겨울에 내를 건너는 사람은 차가움이 파고들어 뼈를 깎는 듯할 것이니 부득이한 경우가 아니면 하지 않을 것이며, 온 사방이 두려운 사람은 자기를 감시하는 눈길이 몸에 닿을 것이니 부득이한 경우가 아니면 하지 않을 것이다.

남에게 편지를 보내서 옳고 그른 것을 논변하고 싶으나, 깊이 생각하니 하지 않는다 해도 괜찮은 일이었다. 비록 하지 않더라도 괜찮은 일은 하지 않아야 한다. 상소를 올려서 조정 신하들의 잘잘못을 논하고 싶었으나, 이윽고 다시 생각을 하니 남에게 알리고 싶은 일이 아니다. 남이 알까 두려운 것은 마음에 크게 두려움이 있기 때문이다. 마음에 크게 두려움이 있는 것은 또한 그만둔다.

진귀한 골동품들을 널리 수집하여 감상하고도 싶지만 또한 그만두었다. 벼슬살이 하면서도 관의 재화를 요리해서 나머지를 훔치고 싶어도 또한 그만두었다. 마음속에서 일어나는 것과 뜻 속에서 자라나는 것을 부득이하면 또한 그만두었다.

그러나 참으로 이렇게 하면 세상에 일이 있겠는가. 내가 '여유(與猶)'의 의미를 해득한 것은 6, 7년 전이다. 당(堂)의 이름으로 하고 싶었지만 다시 생각해 보고 그만 두었었다. 초천(苕川)으로 돌아옴에 이르러 비로소 써 가지고 방에 붙여 놓고 아울러 이름 붙인 이유를 기록해서 아이들이 보도록 하였다. 여기서 '여유'라는 의미는 '그러할까, 말까 머뭇거린다'는 뜻이다.

〈해설〉

조선 후기 실학사상을 흔히 이용후생학파와 경세치용학파로 구분한다. 이용후생학파는 조선 후기 사가(四家)인, 이서구, 박제가, 이덕무, 유득공을 비롯한 연암 그룹을 말한다. 경세후생학파는 유형원과 이익을 잇는 학풍을 계승한 정약용 등이다. 이들 실학파들은 당대 정조의 비호 아래 그들의 개혁의지를 실현할 수도 있었으나, 1801년 정조가 승하함으로써 유배와 은둔의 시간을 맞게 된다.

1801년 정조가 세상을 떠나자 곧 이어 천주교 박해가 시작되고 신유사옥이 일어나, 정약용은 전라도 강진에 18년간 유배되어 학문에 몰두하게 된다. 우리나라의 정치, 사회, 경제의 역사적 고찰을 통하여 정치의 전면적 개혁과 지방 행정의 쇄신, 농민의 토지 균점과 노동력에 의거한 수확의 공평한 분배, 노비제의 폐기 등을 주장한 저술이 바로 일표이서(一表二書)이다. 특히 『목민심서』에는 그의 애민사상을 피력하고 있다.

정약용의 애민사상은 「전간기사(田間紀事)」 등 다수의 민생을 기초로 한 시와 사회시에서 확인할 수 있다. 그는 시절을 상심하거나 세속의 잘못을 분개하지 않는 것은 시가 아니라고 하고, 시절에 상심하고 세속에 분개하는 비판적 기능으로써 『시경』을 해석하였다.

또한 "나는 조선 사람이기에 조선시를 즐겨 짓는다(我是朝鮮人 甘作朝鮮詩)."라고 하고, 한시가 아니라 우리말 노래를 이룩해야 한다는 '조선시(朝鮮詩) 선언'을 하기에 이른다. 이것은 내면지향적인 가치 추구보다는, 구체적인 삶과 사회, 정치적 차원에 있어서의 정의를 추구하였던 그의 의식 세계를 대변하는 것이다.

정약용은 문학이란 작자의 내면에 갖추어진 진지한 의지가 외부 세계와 접촉을 통해 드러나는 사회적 말의 서술이라는 입장을 실현하였던 인물이다.

이것은 조선 전기의 내면지향적 시의식을 극복하는 현실주의 시론을 추구하였던 점에서 높이 평가된다. 이와 같이 정약용은 정치적으로나 문학적으로 민족적 개혁 의지를 구체화하였던 인물이다.

8장

『노가재연행일기』
-김창업

『노가재연행일기(老稼齋燕行日記)』는 조선 후기 1712년, 노가재 김창업이 사은겸동지사 김창집(金昌集)의 자제군관이 되어 중국에 다녀온 견문을 기록한 연행록이다. 조선시대 연행록(燕行錄)은 대체로 400여 종이 넘는 것으로 전해지고 있다. 조선 전기에 명나라와의 관계는 대국을 섬기는 '사대(事大)'로 명의 조정을 '천조(天朝)'라고 불렀다. 그래서 명을 다녀온 기록도 '조천록(朝天錄)'이라 한다. 그러나 1638년 병자호란(丙子胡亂)을 겪고 1644년 청의 중국 지배가 시작되자, 조선은 청에 대하여 '사대'를 했지만 천자의 나라에 조회간다는 조천의식은 희석되었다. 비록 여진족에게 굴복하였지만 정신적 문화적으로는 조선이 우월하다는 '소중화의식'이 강했기 때문이다. '조천록' 대신 '연행록'이란 용어를 사용한 것도 이런 의식의 일면이다.

연행록(燕行錄)은 사행 후 서장관이 조정에 제출하였던 보고서 형식의 공식 기록이 아니다. 주로 연행에 동행하였던 문장가들이 중국에서 경험하였던 견문을 기록한 비공식 자료이다. 특히 자제군관(子弟軍官)이라는 민간인의 신분으로 연행록을 남긴 것은 김창업의 『노가재연행일기』가 처음이라고 추정되고 있다. 『노가재연행일기』는 방대한 분량에 담긴 풍부한 내용으로 당대 지식인들 사이에 인기가 높았다. 특히 이후 많은 지식인들이 연행을 준비할 때 미리 읽는 교과서이자 가이드북이 되었다. 『열하일기(熱河日記)』의 작가 박지원은 연행이 결정되자, "멀리는 목은 이색을 사모하고, 가까이로는 가재 김창업을 본받아 여행을 떠난다."는 감회를 밝히기도 하였다. 현재 『노가재연행일기』는 국문본 『연행일기』가 별도로 전해지고 있다. 이것은 연행 기록문으로는 보기 드문 사례이다. 『노가재연행일기』가 상당히 폭 넓은 독자층을 이루고 있었고, 누군가에 의해 국문본이 만들어진 것이다. 후대 국문 연행록의 등장에도 일정한 역할을 한 것이다.

1. 김창업의 생애

김창업의 그림 〈추강만박도〉

노가재(老稼齋) 김창업(金昌業, 1658~1722)은 당대 최고의 명문가였던 안동 김씨 출신이다. 노론 정치가이자 유학자였던 김수항(金壽恒)의 넷째 아들로 태어났다. 자는 대유(大有)이다. 그는 시, 서, 화 그리고 거문고 연주에도 일가를 이루었던 당대 최고의 풍류객이었고 문장가였다.

그의 증조부(曾祖父)는 병자호란 때 척화파(斥和派)의 한 사람으로 소현세자와 봉림대군과 함께 심양까지 볼모로 끌려 갔던 청음(淸陰)

김상헌(金尙憲, 1570~1652)이다. 현재 청음의 문집에는 『조천록(朝天錄)』 1권과, 심양의 구류 생활을 기록한 자료가 남아있다. 1640년 한양에서 심양으로 떠나며 불렀던 단가 1수는 지금까지 많은 사람들의 마음을 울리고 있다.

가노라 삼각산아, 다시 보자 한강수야
고국산천을 떠나고쟈 하랴마난
시절이 하 수상하니 올동말동하여라

김창업의 아버지는 숙종 때 영의정을 지낸 문곡(文谷) 김수항(金壽恒, 1627~1689)이다. 『노가재연행일기』를 보면 김수항도 1653년 서장관으로 청에 다녀 온 후에 『계축일기』란 연행록을 썼음을 알 수 있다. 김창업은 당시 정사였던 백씨 김창집(金昌集, 1648~1722)과 연행 중에 주고받은 시를 『연행훈지록』으로 정리하였다.

김창업과 그의 형제들은 육창(六昌)으로 불려질 만큼 학문과 문장에 뛰어난 인재들이었다. 맏형 김창집은 영의정을 역임하고, 중형 김창협(金昌協), 삼형 김창흡(金昌翕)은 학문과 사상으로 일가를 이루어 그 학맥이 18세기까지 이어진다. 넷째 아들이었던 김창업 역시 문장가와 문인화가로 유명했다.

김창업은 1658년 서울에서 출생하였다. 그는 7세(1664) 때, 문정공 김상헌의 막내동생 김상복(金尙宓)의 집안이 절손되자, 후사를 잇기 위하여 양자로 들어간다. 14세(1671)에 결혼하고 24세 때 진사 시험에 합격하였다. 주위 사람들은 대성을 기대했으나 정작 그는 가문의 기세가 너무 성함을 우려하여 대과(大科)에 응하지 않았고 벼슬길에도 나아가지 않았다.

벼슬을 저마다 하면 농부하리 뉘이시며
의원이 병 고치면 북망산이 져려하랴
아해야 잔 가득 부어라 내 뜻대로 하리라.

김창업은 부귀와 공명을 멀리하고, 동교(東郊)인 송계(松溪 : 지금의 성북구 장위동)으로 물러나 호를 가재(稼齋)라 이름하고 화훼를 가꾸고 전원생활을 즐기며 농사에 힘썼다. 32세(1689년)때 기사환국(己巳換局)을 맞는다. 기사환국은 17세기 초 조선의 국정을 뒤흔든 큰 사건으로 김창업 가문은 그 환란의 중심에 놓이게 되었다. 숙종은 장옥정에게서 아들을 얻자, 그녀를 소의에서 품계를 높여 희빈으로 삼는다. 이에 중형인 김창협이 반대 상소를 올렸고, 이것이 계기가 되어 세자 책봉을 반대하는 서인이 축출되고 남인이 정권을 잡게 된다. 이때 노론의 영수로 영의정이었던 아버지 김수항(金壽恒)은 진도로 유배되었다가 그 해 윤3월 사사 되었다.이러한 정치적 소용돌이 가운데 김창협의 처벌에 대하여 김만중이 올린 반대상소는 후 폭풍을 일으켜 김만중은 평안도 선천으로 귀양을 가게 된다. 이때 송시열 역시 제주도로 유배되었다가 사사되었다.

정변의 진원지에서 어느 정도 벗어나 있던 김창업은 어머니를 모시고 백운산에서 시묘 살이를 한 후, 중형 김창협과 함께 포천 영평으로 은둔한다. 36세(1693)때는 아내 이씨 부인이 병사하여 깊게 상심한다. 그 시절의 시에서는 시골 생활의 고적한 감회를 읊은 시가 많다. "궁벽한 산골에서 병이 드니 많은 생각이 일어나 차가운 밤에 잠 못 이루고 꿈에도 놀라네." 명문가의 자제로 예술가의 흥취를 마음껏 펼치던 서울을 벗어나 살면서 굶주림이 무엇인가 알게 되었으며, 자신은 보잘 것 없는 풀과 같다는 시를 남기기도 하였다. 이 시기가 김창업에게는 근원적인 내면 성찰의 시기였다고 할 수 있다.

기사환국이 있는지 5년 후, 1694년 갑술옥사(甲戌獄事)로 노론은 다시 정권을 잡게 된다. 맏형 김창집은 환로로 나아가고, 김창업은 내시교관(內侍敎官)을 제수 받게 된다. 그러나 김창업은 이를 받지 않고 다시 송계로 돌아와 세상일을 멀리하고 사창(社倉)을 설치하여 마을 사람들의 편안한 삶을 도모하였으며, 때로는 매사냥을 즐기는 은둔자의 길을 택하였다.

그의 일생에서 가장 파격적인 사건은 54세(1712)에 사은겸동지사의 정사(正使)가 되어 북경으로 가는 김창집의 자제군관이 되어 연행한 것이다. 이때 김창업은 노년의 형님을 보필한다는 명분으로 자원하여 동행한다. 사실 조선 후기 문인 사대부 대다수는 중국 여행을 일생의 소원으로 삼았다. 중국 여행은 세계를 만나는 통로, 선진문물을 볼 수 있는 유일한 길이었기 때문이다. 김창업은 공식적인 임무를 지닌 정식 수행원이 아니었기 때문에 오히려 중국에서 보고 들은 견문과 풍습을 자유롭게 기록할 수 있었던 것이다.

1722년, 경종 2년 다시 당파 투쟁이 일어나고 맏형 김창집이 거제로 귀양 가게 된다. 김창업은 유독 김창집과의 우애가 깊고 지극하였다. 형의 유배로 인한 그의 상심과 울분 또한 깊었다. 김창집이 귀양 간 다음해 김창업은 64세에 일생을 마치고 이조참의를 추증 받는다. 그는 3남 1녀의 자녀를 두었다. 김창업은 『노가재연행일기』 이외에도 시문집인 『노가재집』을 남겼다. 그의 인물산수화 「추강만박도(秋江晩泊圖)」는 현재 간송 미술관에 소장되어 있다. 김창업의 그림 솜씨는 서자 윤겸(允謙)에게 이어졌고, 조선 후기 실경산수화(實景山水畵)에 영향을 미쳤다. 인물화로는 「송시열 77세 상」이 있다. 지금은 후대인의 모사품이 전한다.

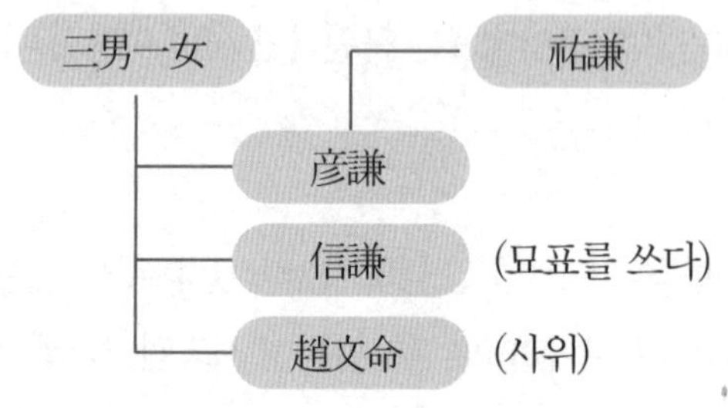

2.『노가재연행일기』 개관

김창업의 나이 54세(숙종 38년, 1712)때, 맏형 김창집은, 사은겸동지사의 정사(正使)로 북경에 가게 된다. 이때 김창업은 자제군관으로 자원하여 중국 여행길에 오른다. 사은겸동지사의 연행은 1712년 11월 3일 서울을 떠나 다음해 계사년(1713) 3월 30일 서울에 되돌아왔다. 실로 146일간의 긴 일정이었다. 김창업은 연행의 보고 들은 기행견문을 일기체로 기록하였다. 중국의 산천과 풍속, 문물제도와 이때 만난 중국의 유생들과의 대화를 상세히 기록하여 역대 연행록 중에서도 가장 방대하다는 평가를 받았다.

연행은 18세기 사대부들의 한결같은 동경의 대상이었다. 조선시대에 해외여행은 연행(燕行)과 해행(海行)의 두 길이 열려 있을 뿐이었다. 일본에 대해서는 상대국의 수준을 너무 얕잡아 보았기 때문에 가려는 열망이 없었다. 그러나 비록 소중화의식의 우월감을 강조했지만, 현실적으로는 청의 높은 문화 수준을 인정하지 않을 수 없었기 때문에 중국 여행에 대한 관심은 높았다.

당시 정사의 직책을 맡았던 김창집은 나이 64세로 더구나 중병을 앓고 난 직후였다. 자제군관을 자처한 김창업 역시 54세로 긴 여행을 감당하기에는 고령이었다. 이에 가족과 친구들의 만류가 심했다고 했다. 그러나 김창업은 평생의 소원이었던 연행을 할 수 있는 귀중한 기회를 놓칠 수 없었기 때문에 자신의 뜻을 관철시켰다.

연행록 중에서도『노가재연행일기』는 한문본과 국문본이 병존하는 연행록이다. 필자가 조사 한 바로는 한문본 4종류와 국문본 2종류를 합하여 6종류가 모두 필사본이다. 각 이본에는 서(序), 발(拔)의 기록이 없다. 그러므로 각 이본들의 필사 연대를 고찰하기에는 무리가 있다. 다만 한문본『노가재연행일기』는 연행 날짜별 견문과 소회를 기록한 것으로 저자 김창업이 연행 과정에서 초고를 작성하고 연행 후에 정리했을 것이다.

⑴ 연행 여정

여정은 일행이 서울을 떠나 북경까지 가는 과정을 기록한 것이다. 이정표를 적성하여 정리하면 다음과 같다.

⑴ 한양에서 의주까지 1,065리: 임진년 11월 3일~11월 21일 도착, 25일까지 머묾.
⑵ 의주에서 심양까지 574리: 11월 26일~12월 6일 도착, 7일까지 머묾.
⑶ 심양에서 산해관까지 756리: 12월 8일~12월 18일 도착. 1박.
⑷ 산해관에서 북경까지 603리: 12월 19일~12월 27일 도착, 다음 해 2월 14일까지 머묾.

「왕래총록(往來總錄)」에서는 왕복거리를 "서울서 의주까지 1,070리, 의주서 북경까지 1,949리인데, 북경에서의 나들이와 도중에서의 유람 및 둘러간 거리가 또 653리이다."라고 기록하고 있다. 『노가재연행일기』의 말미에서도 왕복거리를 다음과 같이 기록하였다.

연경에 갔다가 돌아오기까지의 기간은 다섯 달로 모두 146일이 걸렸고, 갔다 온 거리는 합하여 6,028리였다. 연경에서 출입한 것과 길에서 돌아다닌 것이 또한 673리나 되었고, 얻은 시문은 402편이었다.

⑵ 주요 내용

『노가재연행일기』는 편년체로 된 일기이다. 날짜별로 노정에 따라서 견문한 중국의 산천 풍속 · 역사적 사실 · 지명 · 인물 등에 관련된 사항들을 평이하고 조리 있게 기술하였다.

임진년 11월 3일, 눈보라가 치는 겨울 날씨에 사행원들은 홍제원에서 전송주를 마시며 출발하였다. 김창업은 자신을 위하여 전송 나온 사람들이 많아서 다 기록할 수 없다고 하였다. 그는 출발하는 날 아침에 가묘에 하직을 고하고, 단검 · 호리박 · 가죽 주머니 등을 챙겨서 안장에 걸고 집에서 나선다. 호리박엔 술을 담고 가죽주머니엔 붓과 벼루, 그리고 요기할 음식을 담았다. 날씨가 매우 궂어 창의문을 나서니 눈보라가 얼굴을 때려 눈을 뜰 수 없었다고 하는데, 날이 저물자 눈이 더욱 심하여졌다. 초경에 고양 객사에 이르러서는 모두 저녁밥을 먹지 않고 잠든다. 긴 여정의 첫날, 고달픈 여행길을 예고하듯 힘든 하루를 지낸 것이다.

길을 떠나온 지 보름쯤 되자 김창업은 집 쪽을 바라보며 연경에 이르기는 아직도 멀기만 한데 이미 옷차림도 헤어졌으니, 백면서생이 자제군관의 군복 차림으로 구태여 이 길을 가야 하는가 하는 의문을 던지기도 한다. 그러나 연나라의 옛 땅에서의 자객 형가(荊軻)의 의기를 생각하는 심정을 읊으며, 국경선을 넘는 자신의 비장한 심회를 밝혔다.

김창업은 의주 수성촌에 이르러 증조부 김상헌의 서원을 알현하였다. 의주에서 닷새를 머물고 도강을 위하여 행장을 차비하였다. 이제 청나라에 입성하게 되니, 가족에게 글을 보내고 안부를 묻는다. 배를 타기 전에 군관들은 다 융복을 입었고, 김창업도 흰 도포를 벗고 회색 면포 창의로 갈아입었다. 도강자는 일행이 5백 37명이며 말이 4백 35필이었는데, 거기에다 본부의 군리와 쇄마인 및 전송 나온 가속들이 많았으므로 인마의 소리와 술 고기가 수레에 뻗쳐 장관을 이루었다.

연행사 일행은 의주에서 얼어붙은 삼강을 건너서 구련성(九連城)에 이른다. 다시 책문(柵門)을 통과하였다. 책문을 거쳐 봉황성(鳳凰城)에 이른다. 봉황성에 있는 봉황산 남쪽에 오래된 고성(古城)이 하나 있어 석축이 남아있었는데, 모두들 이를 고구려 시대의 안시성(安市城)으로 여기지만 잘못이며, 혹자는 동명성왕(東明聖王)의 옛 성이라고 하는데 그것이 근사하다고 썼다.

김창업은 연행에서 견문한 바, 가장 으뜸가는 장관으로는 '요동들'이 그 첫째라 지적하고 있다. 환경이 사람을 만든다 하더니 결코 빈 말이 아니라면서, 끝없이 펼쳐진 요동들에서 여러 편의 연행시를 지어 그의 감회를 드러낸다.

심양(瀋陽)에 도착한 김창업의 감회는 남달랐다. 심양은 병자호란 이후 소현세자와 봉림대군이 김상헌과 함께 억류 생활을 하던 곳이기 때문이다. 김창업은 1712년 11월 3일 서울을 출발하여 12월 27일에 북경에 도착했다. 그와 일행은 46일 동안 북경의 사신 숙소 옥하관(玉河館)에서 머물렀다. 그러나 조선 사행 일행은 북경에서 자유롭게 관광을 하거나 중국인들과 교유를 나눌 기회를 가질 수 없었다. 옥하관에서 5일에 한 번씩 외출이 허용되는 정도였고, 그것도 감시가 딸린 외출이었다. 이는 중국의 철저한 이민족 통치정책에서 나온 것으로, 중국의 정치 현실을 제대로 파악할 기회를 주지 않으려 한 것이다.

정식 수행원들이 행동에 제약을 받은 반면, 자제군관의 신분으로 사행에 참여했던 김창업은 상대적으로 자유로울 수 있었다. 그는 당대 동양 최대의 도시로 번화한 문물의 집산지인 북경을 모험심과 호기심이 섞인 시선으로 탐색하였다. 그는 북경의 지식인과의 교유하였고 중국의 정치 · 경제 · 사회 · 문화 · 기예에 관한 서술을 남길 수 있었다. 특히 북경의 천주당(天主堂)을 방문하여 서양의 종교와 과학을 접하고, 서적을 구하기도 하였다.

김창업은 북경에서 삼충사(三忠祠)를 참배한다. 촉의 제갈량과 송의 충신 악비, 문천양 세 분을 모신 곳이다. 그는 군주에게 충성하고 이민족의 침략에 저항했던 영웅들을 비분강개한 어조로 추모하고 있다. 김창업은 능란한 문장과 격조 높은 시, 그리고 해박한 지식으로 중군의 경비군인 갑군들에게도 호감을 사 금방 가까워지기도 했다. 그는 갑군과 더불어 말을 판매하는 마시(馬市) 골목을 찾아가기도 했다. 그 외에도 그가 본 구경거리는 마술, 경극, 전기수(傳奇叟)의 책 읽기 등 대중공연이었다.

김창업은 돌아오는 길에 수백 리를 우회하여 의무려산을 유람하게 되었다. 조선인이 의무려산을 찾은 것은 이정구가 유람한지 1백 여년 만이었으며, 선친 김수항이 찾은 지 40년 만이었다. 김창업은 자신의 견문과 월사와 선친의 기록을 견주어 보면서, 세월 따라 산천 고적의 변화가 적지 않다는 감회를 되새기고 있다.

3. 『노가재연행일기』의 특징

(1) 청의 정치 현실에 대한 관심

김창업이 연행하였던 1712년 중국은 청조 4대 강희제가 통치하던 시기였다. 강희제는 무려 62년 동안 통치하였고, 그 기간에 청조의 지배체재가 완성되었고, 옹정제, 건륭제로 이어지면서 청조의 전성기를 맞이하게 된다. 이 시기의 정치적, 경제적 안정은 문화에도 반영이 되어, 중국 최대의 유서인 『고금도서집성(古今圖書集成)』을 비롯하여 많은 서적이 편찬, 출판되었다. 또한 예수회를 중심으로 서양의 학문과 기술이 들어왔다.

이러한 시기에 연행하였던 김창업은 청의 정치 현실에 대하여 강한 관심을 표명하고 있다. 그는 정식 수행원이 아니었기 때문에 모든 공식 일정에 참가할 자격이 없었다. 그러나 그는 가능한 범위 내에서 일정에 참석하고 그 기록을 남겼다. 자금성에 대한 호기심, 황성에 대한 이해와 황제에 대한 호기심으로 다른 어떤 연행사들보다 더 많은 내용을 남겼다. 이러한 김창업의 청에 대한 긍정적인 관심은 당시 조선 내부에서 대명의리론을 기저로 하는 북벌론(北伐論)이 강했음을 생각할 때 이례적이라고 할 수 있다. 김상헌이 심양에 억류되었던 가족사와 북벌론의 중심인물이었던 송시열의 문하에서 수학하였던 학연을 생각할 때 김창업의 청의 대한 긍정적 인식은 주목할 필요가 있다.

사실 김창업은 연행을 출발할 때에는 진시황을 죽이고자 하는 비장한 결의를 품고 역수를 건넜던 자객 형가의 심정으로 청국 땅을 들어선다. 그러나 제도 문물이 안정되고 발전한 중국의 현실을 목도하고 대명의리론에 대한 강한 의혹을 품는다. 특히 그에게 충격적으로 다가온 것은 강희제의 검소한 생활과 방대한 문헌 정비 사업이었다. 이러한 청에 대한 인식 전환은 후대 연행사들에게는 긍정적, 부정적 평가를 받았다. 다만 조선 지식인들 사이에서 대청 의식의 전환을 일으킨 것은 확실하다.

⑵ 선진문물에 대한 인식과 이용후생

김창업은 특히 경제, 기술적인 면에서 청의 발전을 그대로 받아들이고, 긍정적인 인식을 담아서 기술하고 있다. 그는 새롭게 접한 선진문물과 제도를 우리나라와 비교하여 이용후생에 대한 관심을 드러낸다. 심양에서는 각종 공장의 제도를 관찰하였고, 곳곳에서 똥을 줍는 부지런한 농부의 모습과 그것을 농사에 이용하는 것을 기록하였다. 특히 성곽 제도와 가옥 구조, 벽돌의 다양한 이용에 감탄하였다. 삼하현에서 벽돌 굽는 가마를 보고 그 구조를 기록하였다.

큰 수레는 다섯 필의 말에 매며, 혹 8~9필에 이를 때도 있다. 작은 수레는 한 필의 마소에 불과 하다. 그 바퀴는 바퀴살이 없고, 다만 나무를 꿰어 하나는 세우고 하나는 눕혀서 세운 것으로 바퀴통을 만들어 네모진 구멍을 뚫고 바퀴축이 함께 돌게 하였다. 바퀴는 철판을 둘러 못질함으로써 파손을 방지하였다.

위의 인용문에서 김창업의 이용후생에 대한 관심을 읽을 수 있는 것이다. 후대 연행록인 『담헌연기(湛軒燕記)』, 『열하일기(熱河日記)』의 이용후생에 대한 강한 의지와는 일정한 차별성이 있지만, 이들이 연행하였던 시간적 간격과 역사적 상황을 감안한다면 이러한 김창업의 기술은 주목할 만하다. 김창업이 시작하고 후대 실학 지식인 박지원 등이 발전시킨 것이 조선 후기의 실용학문, 이용후생의 정신이다.

⑶ 지식인과의 교류

조선 후기 연행록에는 청나라 문사들과의 교유기록인 필담록이 중요하다. 조선과 청의 지시인들은 언어는 달라도 한문을 사용하는 필담으로 서로의 의사를 전달하는 것이 가능했다. 이들의 필담이 수록된 연행록 자료를 통하여 조선과 청의 고급문화 교류를 알 수 있다.

특히 『노가재연행일기』에는 김창업이 청의 젊은 지식인과의 교유를 중시했다는 것을 알 수 있다. 수재(秀才)라고 말해지는 젊은이와의 필담은 역사, 문학, 인물, 풍물, 문화의 다방면에 걸쳐 있으며, 특히 시(詩)를 주고받으며 문학론을 논하는 등 문학적 역량을 과시하기도 한다. 이와 아울러 문화적 교류로 관심을 확장하기도 했는데, 서적, 서화, 화훼, 풍물 등에 해박한 교양과 식견을 보여 준다. 김창업이 연행 과정에서 만난 사람들, 특히 젊은이들에 지대한 관심은 젊은이를 중국의 미래라고 보았기 때문이다.

나아가 조선의 젊은이들과 견주어 보려는 의도도 읽을 수 있다. 청인에 대한 김창업의 적극적인 접근과 대화는 그들의 정신세계와 문물제도를 알고자 해서였지만, 조선 최고 명문가 출신의 지식인으로서 이례적인 모습이다. 대부분의 연행 참가자들은 여전히 소중화 의식에 갇혀서 청나라 사람들을 무조건 오랑캐 취급했기 때문이다. 이러한 김창협의 개방적 태도는 이후 자제군관들의 연행록에 모범이 되었다. 일예로 홍대용은 「건정동필담(乾淨衕筆談)」을 남기고, 중국인들과 국경을 초월한 깊은 우정을 나누었다.

4. 후대 연행록에 미친 영향 관계

김창업의 『노가재연행일기』가 지어진 시기(1712)는 대명의리론과 북벌론이 시대정신이었다. 더구나 김창업 집안은 청음 김상헌의 '척화'와 심양 억류를 가문의 명예로 내세우고 있었다. 그럼에도 김창업은 청을 오랑캐의 나라로 비하하지 않고, 중원의 문명국으로 보고 있다. 이러한 『노가재연행일기』에 담긴 선진적 의식은 조선 후기 개명한 지식인들의 잠재의식을 깨우는 계기가 되었으며, 김창업 이후 지식인들이 남긴 연행록을 통하여 결실을 맺게 되었다.

김창업의 합리적, 이성적인 인식은 홍대용의 『담헌연기』, 박지원의 『열하일기』, 김경선의 『연원직지』로 이어진다. 이들은 『노가재연행일기』를 연행 준비과정에서 읽어야할 필독서로 삼았으며, 연행 중에는 김창업의 기록과 자신들의 경험을 비교하기도 하였다. 여기서는 『노가재연행일기』와 홍대용의 『담헌연기』, 김경선의 『연원직지』의 관계를 살펴보겠다.

(1) 홍대용의 『담헌연기(湛軒燕記)』

홍대용(洪大容, 1731~1783)은 조선 후기 실학파를 대표하는 학자이다. 그는 홍락(1708~1786)과 청풍 김씨(1708~1809)의 첫 아들로 태어났다. 홍대용은 노론계 가문이었으나, 일찍이 과거를 통한 입신양명의 길을 포기하였다. 그는 12살에 집을 떠나 양주에 있는 석실서원(石室書院)에 입문하여, 김창협의 손자인 김원행(金元行, 1702~1772)의 문하생이 되었다. 김원행과 홍대용은 이후 30년간 사제지간으로 돈독한 관계를 유지하였다.

홍대용의 연행은 35세에 숙부인 홍억(洪檍, 1722~1809)이 서장관으로 연행할 때에 그의 자제군관이 되어 동행함으로써 이루어졌다. 일정은 1765년 11월 2일부터 이듬해 6월까지 6개월이었으며 『담헌연기』에는 북경 여행 일정과 보고 다양한 견문들이 실려 있다. 각 권은 내용별로 항목을 정하고 항목마다 다시 시간 순으로 서술하는 형식이다. 『담헌연기』는 연행 이후 10여 년의 정리, 탈고 과정을 거친 후에 세상에 나왔다.

『담헌연기』는 총 4권 1책의 활자본이다. 권1~2에는 중국인과 나눈 이야기와 연행기략(燕行記略), 경성기략(京城記略) 등이 실려 있다. 중국인과 나눈 문답은 모두 29편의 항목으로 나누어져 있는데 그 대상이 다양하다. 북경을 제외한 각 지역의 정경, 풍속, 인물들을 호기심 어린 눈으로 기록하였다. 요동의 광활한 땅을 보고는 지구가 둥글다는 평소의 믿음을 확인하는 내용도 있다. 경성기략은 북경 체류 중에 겪은 일들을 적은 글로, 북경의 형세, 유리창에 다녀온 일, 임대 수레에 관한 내용, 세시풍속, 남녀 관계, 중국인의 욕설, 백성들의 생활의 어려움과 생활 습관 등이 주요한 내용이다.

권3에는 32편의 글이 실려 있다. 「예부정표(禮部呈表)」 등 연행사절의 공식 행사에

행했던 의식을 묘사한 3편의 글을 제외하고는 모두 만리장성 등지를 유람하면서 경험한 일들을 적었다. 저자는 여기서 웅장한 규모의 건축물과 뛰어난 경치에 감탄하면서도, 중국이 발전하지 못하는 것은 백성의 생활 향상에는 전혀 도움이 되지 않는 생산 활동과 사치와 향락에 빠져 정무를 소홀히 하기 때문이라고 비판했다. 또한 저자는 천리경이나 서양 칼, 천체 관측기구 등 서양의 기술이 만든 제품을 면밀히 관찰하고 그 편리성을 높이 평가했다.

권4에는 15개 항목이 실려 있다. 이 가운데 환술(幻術)을 비롯한 12개 항목에서는 연극, 시장, 생활용품, 병기, 음식, 주택, 가축 등 중국의 생활상을 세밀히 기록했다. 저자가 특히 관심을 기울였던 것은 기술과 그 응용이었다. 이밖에 연행사절의 공물 납부 과정을 기록한 「방물입궐(方物入闕)」, 중국의 국토면적, 미곡 보유량, 지방 행정단위의 수, 은 보유량 등을 적은 「재부총략(財賦總略)」, 동지사 일행이 북경까지 가는 동안의 이정을 계산한 「노정(路程)」도 함께 실려 있다.

『담헌연기』는 『담헌서(湛軒書)』 외집 권7부터 권10에 실려 있다. 특히 「건정동필담(乾淨衕筆談)」은 유리창에서 사귄 청국의 지식인, 엄성, 반정균, 육비 등과 나눈 필담을 정리한 '회우록(會友錄)'이다. 홍대용은 한글본 10권 10책의 『을병연행록(乙丙燕行錄)』도 지었다.

홍대용이 연행에 오른 것은 김창업이 연행하였던 것보다 53년이 지난 후인 1765년이다. 그의 행장 속에는 김창업의 『노가재연행일기』가 들어 있었다. 그는 가는 길목마다 『노가재연행일기』의 내용을 기억하였다. 일례로 홍대용은 의무려산에서 안내자를 찾지 못하자 "어제 노옹(老翁)의 일기를 읽어두어서 온 골짜기의 경로가 내 눈에 환하니 안내자가 없는 것은 걱정할 것도 없다."라 하기도 한다. 또 그 일대를 두루 살피고는 "복숭아나무에 종을 매단 것이 노옹의 기록 그대로였다."고 말하였다. 김창업의 연행일 기록이 후대 연행사의 길잡이였음을 보여주는 대목이다.

(2) 김경선과 『연원직지(燕轅直指)』

김경선(1788~1853)은 조선 후기의 문신이다. 본관은 청풍(淸風), 자는 여행(汝行)이다. 1830년 정시 문과에 병과로 급제하였다. 1839년 이조참의가 되고, 1841년 대사성에 취임하였다. 1843년에 전라도관찰사, 1850년에는 우참찬이 되는 등 높은 관직을 두루 지냈다.

김경선은 1832년 10월에서 1833년 4월까지 동지사겸사은사의 서장관이 되어 연행하였다. 그때의 기록이 19세기의 대표적 연행록인 『연원직지』이다. 이때 정사는 서경보(1771~1839), 부사는 윤치겸이었다. 연행 일행 중에서 서장관의 주요 임무는 연행 후 조정에 보고서를 올리는 것이다. 뿐만 아니라 서장관은 연행 중 잡다한 일을 처리하고 연행 인원을 감찰한다. 그 기록물을 「등록(謄錄)」이라 하는데, 『연원직지』는 서장관이었던 김경선이 「등록」을 바탕으로 정리한 것이다. 따라서 『연원직지』는 여타의 연행록과는 다르게 공식적인 성격의 기록이 많다. 김창업, 홍대용, 박지원과 같이 자제군관의 신분으로 연행한 경우 개인적 소회나 감상이 주를 이루는 것과는 다르다.

현재 『연원직지』는 6권 1책의 필사본을 비롯하여 4종의 이본이 전한다. 19세기에도 여전히 연행록은 대중적 인기를 누렸음을 알 수 있다.

권1~2 출강록(出疆錄): 조선을 출발하여 목적지인 북경에 도착하기까지의 기록이다. 여기에는 도중의 유명한 산천 · 정각(亭閣) · 묘우(廟宇) 등의 기문과 관(館) · 아(衙) 등의 규모를 기록하고 끝에 북경도면이 묘사되었다.

권3~4 유관록(留館錄): 북경에 도착한 이후부터 귀로에 오르기까지의 기사를 일기체로 엮었다. 여기에는 베이징의 풍수 · 연혁 · 성궐 · 경승 및 유명한 기관과 누관(樓館)에 대한 기문(紀文)이 실렸다.

권5 회정록(回程錄): 귀로의 기록이며 끝에는 통주기 · 반산기 등이 수록되어 있다.

권6 유관별록(留館別錄): 천지 · 산천과 19성(省)의 길과 거리 및 재부 · 성곽시사 · 기물 · 금수 · 인물 · 속요 등이 수록되어 있다.

김경선은 『연원직지』 서문에서 "연경에 갔던 사람들이 대부분 기행문을 남겼는데, 그중 세 명의 저서가 가장 유명하니 바로 노가재 김창업, 담헌 홍대용, 연암 박지원이다." 여기서 세 사람의 연행록이 지닌 역사적 위상을 다시 확인할 수 있다. 나아가 김경선은 세 사람의 연행록에 대하여, 각기 기술(記述)의 형식과 내용의 장단점에 대하여 다음과 같이 논하였다.

예를 들면 노가재는 편년체에 가까운데 평순하고 착실하여 조리가 분명하며, 홍담헌은 기사체를 따랐는데 단정하고 치밀하며, 박연암은 전기체와 같은데 문장이 아름답고 화려하며 내용이 풍부하고 해박하다. 모두 스스로 일가를 이루어 각기 그 장점을 가지고 있으니, 이에 이어 기행문을 쓰려는 자가 또한 어떻게 이보다 더 나을 수 있겠는가?

김경선은 이러한 기존의 연행록에 대한 사전 지식과 정보를 가지고 있었던 것이다. 이러한 역량이 그의 『연원직지』 저술에 밑바탕이 되었다.

〈해설〉

조선 후기 연행록은 1637년(인조 15) 이후 조선조 말에 이르는 250여 년 동안 청국에 사행하였던 전말을 기록한 기행문학 작품군이다. 청나라와 정식 국교가 성립된 이후 정기적인 사행이 년 2회이었던 걸 보면, 조선 정부는 줄잡아 500회 이상이나 사절단을 북경에 파견하였던 셈이다. 이처럼 활발한 대청 외교는 문학의 주제가 되었고, 많은 연행록이 창작되었다.

연행록 중에서도 『노가재연행일기』, 『담헌연기』, 『열하일기』, 『연원직지』가 가장 뛰어난 작품으로 지적되어왔다. 특히 『노가재연행일기』는 후대 연행록에의 전범적인 역할을 하였던 작품으로 지적되어왔다.

연행록은 비록 공식적인 사행의 일정에서 얻어진 것이지만, 저자의 신분에 따라 한 개인의 감정과 가치관이 투사되어 있기 마련이다. 바로 이 점이 연행록을 전근대의 여행문학으로 접근할 수 있는 근거이다. 우리는 지난날의 기행문학에서 지금의 우리와는 비교할 수도 없이 제한된 정보를 지닌 채, 이국의 산천 · 풍물 · 풍속을 접하게 된 한 개인이 받은 문화적 충격과 갈등 그리고 다양한 체험의 갈피를 찾아낼 수 있다.

『노가재연행일기』는 전대까지와 단순한 일기체의 연행록과는 그 내용과 체재를 달리하기 시작한 작품으로 평가되고 있다. 가장 두드러진 특징으로는 일정에 따른 기록을 진행하기에 앞서, 이른바 총론이라 할 수 있는 여러 기록들을 싣고 있다는 점이다.

특히 「선천풍속총록(山川風俗總錄)」에는 김창업이 접한 중국의 다양한 면모를 흥미롭게 표현하여 수록하고 있다.

김창업은 명문가 출신의 문인사대부였지만 정작 자신은 정치권 밖에 머물렀다. 이런 그의 삶의 태도가 연행 과정에서 당대의 북벌론과 대명의리론에서 벗어나 중국의 실상을 볼 수 있는 가능성을 만들었을 것이다. 우리 모두는 당대의 통념대로 생각하고 그런 가치관을 좇아 살아가기 쉽다. 하지만 여행을 통해 변형되거나 확장되는 경우가 있는데, 김창업의 경우도 연행을 통해 조선 지식인의 폐쇄적 세계관에서 벗어날 수 있었다. 『노가재연행일기』가 당대의 새로운 가치관을 모색하던 지식인들 사이에 널리 읽히고, 큰 영향을 준 데에는 이런 시대 조건이 있었다.

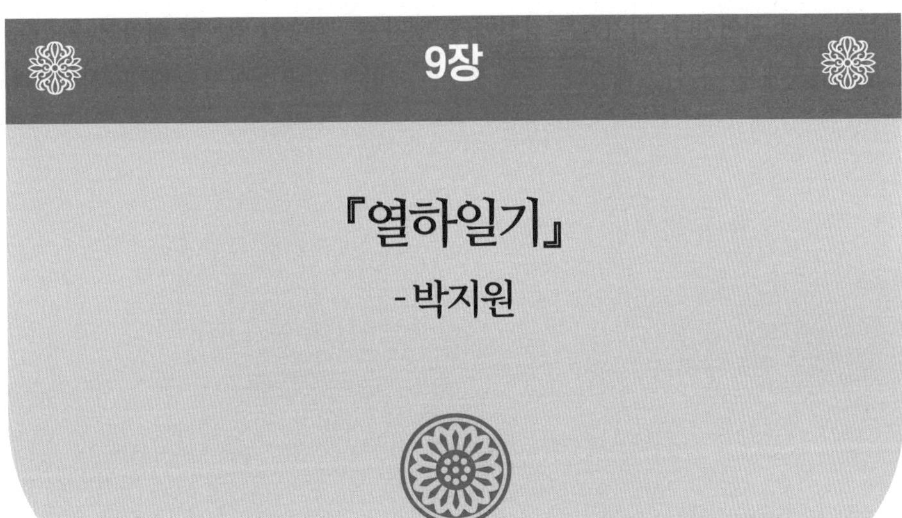

『열하일기(熱河日記)』는 연암 박지원이 1780년 청나라를 연행하였던 과정을 기록한 연행록이다. 이 연행은 청나라 건륭제의 칠십 수를 축하하기 위한 것이었으며, 박지원은 정사(正使)인 박명원(朴明源: 1725~1790)의 자제군관으로 동행하였다.

1. 박지원의 생애

연암(燕巖) 박지원(朴趾源, 1737~1805)은 1737년 서울의 노론 명문가에서 태어났다. 그에게는 순탄한 출세의 길이 열려 있었지만, 34세에 감시의 양장에 모두 수석으로 합격한 후에 회시에 나아가지 않았다.

그는 1752년 16세 때에 유안재 이보천(1714~1777)의 딸과 결혼한 이후에 본격적인 학문의 길로 들어선다. 박지원은 장인에게 『맹자』를, 처숙인 영목당 이양천(李亮天, 1716~1755)에게 『사기』를 배웠다. 특히 홍문관 교리를 지낸 이양천은 당대 시문의 대가로서, 그에게서 배운 『사기』는 박지원의 문학에 지속적으로 영향을 끼쳤다.

1766년에는 홍대용에게 실학을 배우면서 교류하였다. 이후 조선 후기 실학과 사가(四家)인 박제가, 이서구, 유득공, 이덕무 등과 함께 이용후생, 경제, 명물 등에 대하여 토론하고 학문을 함께 하였다. 박지원은 음악에도 관심이 깊어 항상 경쇠[磬]를 두어 음률에 맞춰 시를 읊었다고 한다.

1771년 과거를 포기하고 이덕무 등과 함께 황주, 평양 등지를 유람하면서, 고려조 이색, 이제현이 한때 살았던 연암동에 찾아가 정착할 곳을 정한다. 이것이 인연이 되어 연암이란 호가 생겼다.

1780년 연암 골짜기에서 서울로 돌아와서, 삼종형이자 영조의 제3녀 화평옹주의 남편인 박명원이 정사로 연행하게 되자 자제군관으로 동행한다. 이때의 견문을 정리한 것이 『열하일기』이다.

박지원은 55세에 한성부판관으로 재임하였고 정조의 특별한 관심을 받으며 경상남도 함양의 안의현감으로 자리를 옮긴다. 안의현감 시절에는 소장을 짧은 시일에 처리하고 민생에 관심을 기울였으며, 아전들이 횡령한 관곡은 그들 스스로 채우게 하였다고 한다. 그 시절 그는 자신의 봉급을 고을의 백성을 위하여 희사하기도 한다.

1797년 박지원은 충청남도 당진 면천 군수 재직 시에는 『과농소초』, 『한민명전의』, 『안설』 등을 저술한다. 『열하일기』와 더불어 이 책들 속에는 그의 현실 개혁에 대한 포부가 잘 나타나 있다. 박지원은 1805년 서울에서 69세로 일생을 마친다.

2. 『열하일기』 개관

『열하일기』(국립중앙박물관 소장)

조선 후기는 신라, 고려 때보다도 외국과의 접촉이 훨씬 줄어들었다. 중국 연행 사행과 일본 통신사행이 공식적이고 유일한 외국 교류였다. 특히 동아시아에 있어 중국은 바로 천하였고, 북경이야말로 세계로 통하는 길이었다. 따라서 연행록은 폐쇄적인 세계관을 무너뜨리고 개방적인 세계로 나아가는 전환점을 마련하는 계기가 되기도 하였다.

『열하일기』는 많은 연행록 중에서도 풍부한 견문과 진보적인 사상, 그리고 문체상의 새로운 기법 등으로 김창업의 『노가재연행일기』와 더불어 대표적인 연행록으로 인정되고 있다. 대체로 연행록은, 연경(燕京: 북경)을 기행하였다는 의미에서 '연행(燕行)'을 제목에 삼는다. 그러나 박지원이 연행하였던 당시는 청나라 건륭제가 만리장성 밖의 피서산장인 열하(熱河)의 이궁(하북성 승덕)에서 피서 중이었고, 이례적으로 그곳까지 다녀왔기 때문에 『열하일기』라고 하였다.

이 저술은 「도강록」을 시작으로 「앙엽기」까지 모두 26편으로 구성되었다. 그 내용은 첫째, 일기체 형식으로 지명의 고증, 역사에 대한 반추, 중국 문인들과의 필담을 수록하였다. 둘째, 북경에서 중국 지식인들과의 필담을 대화체로 수록한 것이다. 셋째, 북경 등지의 시장 풍경과 진귀한 사건, 연극, 천주당 등을 자세히 관찰 · 기록하였다. 넷째, 의학과 관련된 중국의 서적을 초록한 부분으로 크게 분류할 수 있다.

『열하일기』는 광대무변한 중국의 산천 풍물과 선진 문물에 대한 여행 체험을 해박한 식견과 다채로운 표현 양식으로, 중국의 실정을 생생하게 전달하기 위하여 정통 고문체와 패사소품체를 망라한 다채롭고 독창적인 문체를 구사하고 있다. 그리고 그는 당대 조선 문인들이 명분론에 사로잡혀 있는 풍토를 신랄하게 풍자하였다. 이러한 그의 문체는 정조의 문체반정(文體反正)의 대상이 되었다. 전통적인 고문만을 숭상하던 당시에, 이러한 패관소품체를 자유롭게 구사한 박지원의 문체는 참신한 충격과 격렬한 반발이라는 이중적인 반응을 불러일으킨 것이다.

특히 『열하일기』는 연행록으로서 뿐만 아니라 조선 후기 실학사상의 연구가 시작되면서 주요 자료로 주목받아 왔다. 북학사상(北學思想)으로 불리는 그의 주장은 청의 문명이 우리의 현실을 풍요롭게 한다면 과감하게 받아들여야 한다는 내용을 골자로 하고 있다. 이 같은 그의 현실주의적인 사상은 노론들에 의해 많은 비판을 받기도 했지만 당대의 젊은 지식인들에 의해 적극적으로 수용되어 북학파를 형성하는 계기가 되었다. 『열하일기』에 대하여 찬사를 아끼지 않았던 문인들은 말했다.

"연암이 귀국하던 날 이 책을 내어 남에게 보이니, 모두 책상을 치면서 '기재(奇才), 기이한 재능을 지녔다'고 하지 않은 이가 없었다."

또한 그를 싫어하는 문인들이 '되놈의 연호를 쓴 글'이라 하여 비난하기에 박지원이 원고를 불살라 버리겠다고 했던 기록도 살필 수 있다. 이것은 『열하일기』가 당시 문단에 준 충격과 영향을 짐작할 수 있게 하는 대목이다. 『열하일기』에 피력되고 있는 박지원의 신사상을 살피기로 한다.

3. 박지원의 역사관

손자 박주수가 그린 연암 박지원의 초상

박지원은 안시성(安市城) 성주 양만춘이 당 태종이 쳐들어오자 성을 굳게 지킨 사건을 『열하일기』 「도강록」에서 자세히 기록하고 있다.

고구려 방언에 큰 새를 안시라 하고, 지금 방언에도 혹 봉황을 안시라 하며 뱀을 백암이라 하니, 수나라와 당나라 때 국어에 따라 봉황성을 안시성이라 하고 사성(蛇城)을 백암성이라 한 것이다. 안시성주 양만춘이 당 태종의 눈을 쏘아 맞히매, 양만춘에게 비단 백 필을 하사하여, 양만춘이 제 임금을 위하여 성을 굳게 지킴을 칭송하였다. 당 태종이 천하의 30만 대군을 징발하여 이 하찮은 탄알만 한 작은 성을 떨어뜨리지 못하고 장황히 군사를 돌이켰다 함은 그 사실에 의심되는 바 없지 않지만, 김부식이 『삼국사기』에 그의 성명을 전하지 않았음은 애석히 여겨야 할 일이다.

김부식은 유공권의 소설을 끌어와서 당 태종의 폐위된 사실을 입증까지 했으나 중국의 사서인 『당서』와 사마광의 『통감』에는 기록되지 않은 관계로 하여 김부식 또한 양만춘의 이름을 기록하지 않았을 것으로 짐작하고, 중국 사서에 양만춘과 당 태종의 역사사건이 기록되지 않았음은 그들 중국의 수치로 생각하여 숨긴 것이 아닌가 싶다는 견해를 피력하였다. 그리고 "내 나라의 역사는 그 사실의 미더운 것이건 아니건 간에다 빠뜨리지 말았어야 한다."고 하였다. 그리고 "나는 태종이 안시성에서 눈을 잃었는지는 상고할 길이 없으나, 대체로 이 성을 안시라 함은 잘못이다." 하고 봉황성이라고 해야 한다고 하였다.

아울러 우리나라 선비들은 단지 지금 평양만 알기에 기자가 평양에 도읍했다 하면 이를 믿고, 평양에 정전이 있다 하면 이를 믿으며, 평양에 기자 묘가 있다 하면 이를 믿어서, 만일 봉황성이 곧 평양이라 하면 크게 놀랄 것이라고 전제하고 평양에 대하여 다음과 같이 논하였다.

평양을 한 곳에 정해 놓고 패수 위치의 앞으로 나감과 뒤로 물리는 것은 그때의 사정에 따르는 까닭이라 하고, 한사군의 땅은 요동에만 있는 것이 아니고 마땅히 여진까지 들어간 것이라고 했다. 그것은 『한서지리지』에 현토나 낙랑은 있으나, 진번과 임둔은 보이지 않기 때문이라 하였다.

이와 같이 박지원은 한사군의 땅은 여진까지로 보아야 한다는 것이다. 박지원의 잃어버린 우리의 북방 영토에 대한 관심은 당시 실학파 학자들의 동향을 첨예하게 반영한 것이라 하겠다. 박지원은 봉황성이 곧 안시성일 것이라는 전해 오는 설을 비판적으로 소개하면서 중국 측 사서에 본성을 비롯한 광녕, 요양 등지가 기자의 도읍지인 평양이라 지칭되고 있는 사실을 지적하고 있다. 또한 패수라는 명칭도 고구려의 강토의 변화에 따라 동쪽으로 그 영역이 압록강 안쪽의 지경이 되었다는 것이다. 이와 아울러 박지원은 종래의 설과는 달리 한사군의 위치를 요동과 동북 만주에 걸쳐 존재하였을 것이라고 추정하였다. 따라서 요동 일대는 우리의 옛 강토라는 당시로는 새로운 주장을 하였다.

아울러 김창업의 『노가재연행일기』에는 1712년 강희제 연간에 백두산 경계비 확정에 관한 기록이 있다. 이때 사행의 공식 임무의 하나가 백두산 경계비 확정에 있었던 것이다. 오랄총관 목극등이 나와 사신을 보기를 청하니, 조선 사신이 읍하고 나아가 목극등을 대면하게 된다. 목극등이 통관을 통해 다음의 내용을 전한다.

백두산 일은 이제 잘 해결되었으니, 다시 가보지 않더라도 국토의 경계를 걱정할 필요가 없습니다. 표(標)를 세우는 것도 또한 급히 서두를 필요가 없습니다. 다만 농사철을 피하여 천천히 거행하여 민폐를 끼치지 않도록 하는 것이 좋겠습니다.

이때 우리 측의 대표로는 접반사 박권과 함경감사 이선부가 삼수(三水)의 연연에서 청나라 대표들과 만나 구가진, 허천강, 혜산진, 오시천, 백덕, 차천을 거쳐 백두산으로 들어갔다. 처음 발행할 때에 박(朴), 이(李) 이 두 특사가 자기네도 산에 오르기를 청하였으나, 청나라 측의 목극등이 핀잔을 주기를, "우리가 보니 조선의 재상이란 꼼짝만 하면 가마를 타야 하는데, 연로(年老)한 터에 험한 곳을 만나면 능히 도보를 하겠느냐? 중도에서 넘어져서 반드시 큰일을 그르치리라." 하여 허락지 아니하므로, 곤장덕 밑까지 와서는 청나라 측 대표인 목극등과 우리나라에서는 군관, 역관들만 보내어 백두산에서 조선과 청국의 국경선을 확정하게 하였다는 것이다.

이때 목극등이 국경선 비를 세우고 나서, "소국에 사람이 없어서 좋은 땅을 많이 잃었다."고 말하였다는 것이다. 이때 백두산 경계비 확정을 요구한 것은 청국 제의에 의하여 이루어졌던 일이며, 목극등과 조선 군관 이의복과 조태상(趙台相)이 백두산의 분수령인 해발 2,150m의 지점에 정계비를 세웠다. 이때의 사정에 대해 육당 최남선도 유감의 글을 남긴 바 있다.

이때 백두산 경계비의 임무를 수행하러 간 박권과 이선부의 무책임도 문제로 등장할 수 있지만, 임무에 맞는 관리 등용 또한 중요한 사실로 지적되어야 하겠다. 백두산의 험한 길에 교자를 탄 연로한 관리는 당대 정국의 실상을 말해주는 장면이다. 그러나 목숨을 버리더라도 국토를 줄일 수는 없다고 하여 청나라 주장을 좌절시킨 감계사 이중하(1846~1917)의 1887년(고종 24)의 기록도 전하고 있다. 당대 조선의 외교 정책의 허실을 말해 주는 대목이다.

4. 소중화의식의 전환

17세기 이후 조선에서 대명의리론과 짝을 이루고 지식인들의 정신을 구속했던 논리 중의 하나가 소중화의식(小中華意識)이다. 그 주된 내용은 조선의 문물제도를 중화의 것으로 간주하고, 명(明) 이후 단절된 중국의 문화를 조선에서 계승해 나가야 한다는 것이다. 그들은 한결같이 기자(箕子)의 동래(東來) 이후 조선의 문화는 중화와 다름없다고 주장한다.

또한 화이론(華夷論)의 주창자라 할 송시열(宋時烈)은 순임금과 문왕이 변방출신임을 예로 들어 성인, 현인이 나온다면 지역에 관계없이 중화(中華)가 될 수 있다는 논리를 전개한다. 이는 분명 역사 현실의 움직임을 무시한 허황된 것이지만 대명의리론, 북벌론과 맞물려 강한 전염력을 지니고 있었고, 대부분의 지식인들은 이 틀에서 벗어나기 어려웠다. 이들의 입장에서 볼 때, 청은 이(夷)이고 조선은 화(華)이다. 이것이 소중화의식에 감염된 이 당시 지식인들의 화이론이다. 이들은 그 주요 증거로 한결같이 조선이 주자가례와 명의 의관제도를 고수하고 있다는 점을 들면서 대단한 자긍심을 드러낸다. 당시의 청국이 한족(漢族)에게 호속(胡俗)을 강요하는 동화정책을 써서 명나라 전통이 사라진 반면에, 조선에는 명의 의관제도가 남아 있다는 것이다.

여기서는 의관문제를 중심으로 『열하일기』에 나타난 소중화의식을 고찰하고자 한다. 김창업의 『노가재연행일기』에는 연행 도중에 이르는 곳곳에서 의관에 대한 관심이 끊임없이 이어지고 있다. 더불어 홍대용 역시 『담헌연기』「의산문답」에서 "순임금은 동이사람이요, 문왕은 서이 사람이다. 왕후장상이 어찌 씨가 있으랴. 하늘에서 보면 어찌 내외의 구분이 있겠는가. 저마다 제 사람을 친히 여기고, 제 임금을 높이고, 제 풍속에 편안히 사는 것은 화(華)나 이(夷)나 마찬가지다."라 하여 화이 사이에 본질적 구별이란 있을 수 없다고 보았다. 홍대용에 이르러 허구화된 소중화의식이 극복된다.

박지원은 연행길에 옥전(玉田)의 어느 상점에서 수십 명의 사람들이 베로 만든 도포를 입은 자신을 보고, "저 중은 어디에서 왔을까?" 하고 조선의 도포와 갓을 조롱하는 장면을 전하고 있다. 아울러 「막북행정록」에서는 우리나라 말 다루는 방법의 위태로움 여덟 가지를 논하며 넓은 옷소매의 불편을 지적하였고, 심지어 임금의 수레를 모시는 신하의 긴 고삐의 좌견을 비판하면서 실용적이며 편리한 옷차림을 해야 한다고 조선 의관에 대한 불만을 말하고 있다.

아울러 조선 연행사들이 중국인의 만주식 의관을 보고 그들의 문화 수준을 얕보고, 오랑캐 조정의 신하라 하면서 청의 관원들에게 외교상의 무례를 범하며, 중국에는 볼 만한 문장이 없다고 속단하는 사정을 비판한다. 사실 청국의 선비들은 잠시 만나는 조선 선비에게 그들의 속마음을 토로하지 않았다. 이런 사정을 알지 못하고 조선에서 온 지식인들은 '청국에는 뜻 있는 선비가 없다.' 하고 '춘추 의리가 쇠퇴하였다.'고 비분강개하는 실수를 범하고 있었다. 박지원은 이와 같은 언행이야말로 비현실적인 존명배청주의(尊明排淸主義)에 근거한 것이라고 비판하였다. 청에 대한 선입견을 불식하고, 청의 정치, 경제적 실정을 올바르게 파악해야만 조선도 발전할 수 있기 때문이다.

또한 우리의 위정자가 편리한 청의 옷을 물리치는 어리석음을 경계하고 있으며 고루한 점을 지적하면서, 세계의 정세를 알지도 못한 채 반도의 협소한 테두리에 살고 있는 우리나라 사람들에게 각성을 구하고 있다. 아울러서 중화의 유풍은 물론이려니와 청조 문물 중에서도 본뜰 만한 것은 배워서 조선에 이용후생을 실행하는 것이야말로 진정한 부국강병이라고 논파하고 있다. 이에 이르면 소중화의식은 무의미할 뿐만 아니라 오히려 조선의 발전을 저해하는 시대착오적 이념이 되고 만다.

5. 이용후생과 북학론

박지원은 특히 이용후생에 의하여 조선을 개혁하고자 하는 의지가 뚜렷하였다. 박지원은 이번 연행에서 뛰어난 경치에 대하여 묻는다면 기와 조각과 똥 무더기가 모두 장관이라고 「일신수필」에서 말한다.

우리나라 인사들에게 북경에서 구경한 제일 장관이 무엇이냐고 물으면, 요동 천 리의 넓디넓은 들판이 장관이니, 옛날 요동 백탑(白塔)이 장관이니, 연로의 시장과 점포들이 장관이니, 계문의 숲이 장관이니, 혹은 노구교, 혹은 산해관, 혹은 각산사, 혹은 망해정, 혹은 조가패루, 유리창, 통주의 배와 노, 금주위의 목축, 서산의 누대, 사천주당, 호권, 상방, 남해자, 동악묘, 북진묘 등등이라고 말들을 한다.

그러나 박지원은 자신이 바라본 중국의 장관은 '깨어진 기와 조각이 장관이요, 냄새나는 똥거름이 장관'이라고 말한다. 깨어진 기와 조각은 천하의 사람들이 버리는 물건이나 민간에서 담을 쌓을 때 무늬를 이루어 치장을 하게 하고, 바닥에 깔게 되면 비가 와도 땅이 질 걱정이 없게 된다. 똥오줌이란 세상에서 가장 더러운 물건이나 이것이 밭에 거름으로 쓰일 때는 금싸라기 같이 요긴한 것이니 중국 사람들이 네모반듯하게 똥거름을 쌓아올린 맵시를 보아 천하의 문물제도는 벌써 여기에서 있음을 볼 수 있다고 하였다.

이것은 그의 이용후생학적 사상을 토로하는 글이다. 또한 『열하일기』 「일신수필」의 거제(車制)에서 수레의 사용의 편리한 점을 경제적 관점에서 피력하고 있다.

우리나라에 수레가 전혀 없음은 아니로되, 있다는 것도 바퀴가 완전하게 둥글지 못하고 바퀴 자국은 궤도에 들지 못하니 이는 수레가 아예 없는 셈이나 마찬가지다. 이번에도 우리 일행이 지나온 마천령 · 청석령 같은 고개와 장항 · 마전 같은 비탈들이 어찌 우리나라 산길에 비해 덜 가파르던가? 우리들 눈으로 똑똑히 보았듯이 바위가

가로막고 험준하였지만 그렇다고 수레를 버리고 주저앉는 사람이 누가 있었던가? 중국에서 풍성한 재화가 어느 한 지방에 몰려 있지 않고 이곳저곳으로 유통될 수 있는 것은 수레를 이용하기 때문이다.

우리나라는 영남 지방 아이들은 새우젓을 모르고 관동 사람들은 아가위 열매를 절여서 간장을 대신하고, 서북 사람들은 감과 귤을 분간 못하고, 바닷가 사람들은 생선 창자를 밭의 거름으로 쓰되 어쩌다가 이것이 한번 서울까지만 오면 한 움큼에 한 닢 값이니 어찌 그리도 귀하게 되는 것인가? 이 지방에는 천한 것이 저 지방에는 귀하고, 이름만 들었을 뿐 물건을 볼 수 없는 까닭은 대체 무엇 때문인가? 이는 곧 가져올 힘이 없는 까닭이다. 사방 수천 리 밖에 되지 않는 나라에서 백성들의 살림살이가 이토록 가난한 까닭은 한마디로 말하자면 국내에 수레가 다니지 못하기 때문이다. 그러면 다시 물어보자. 수레는 왜 못 다니는가. 한마디로 선비와 벼슬아치들의 죄이다.

박지원은 사람들이 진실로 이적(夷狄)을 물리치려면 중화의 선진문물을 배워서 먼저 우리나라의 문화를 발전시켜야 한다고 주장한다. 그렇게 하기 위해서는 누에치기, 그릇 굽기, 풀무 불기를 비롯하여 공업, 상업에까지 모든 것을 배워야 한다는 것이다. 그는 이용후생을 배우는 것은 이적을 물리치는 것과 같은 일이라는 탁월한 견해를 역설하였다. 이용후생은 박지원이 연행 이전부터 주장해 왔는데 압록강을 건너 중국 땅에 들어서면서 본격적으로 서술되고 있다.

"이용(利用)이 있은 연후에야 비로소 후생(厚生)이 될 것이요, 후생이 된 연후에야 정덕(正德)이 될 것이다. 대체로 이용이 되지 않고서는 후생할 수 있는 일이 드무니, 생활이 이미 제각기 넉넉하지 못하다면 어찌 그 마음을 바로 지닐 수 있으리오."

이것은 박지원의 실학자다운 면모를 표출한 글이라 하겠다. 생활에 이로운 물품들을 적극적으로 활용하여 백성의 살림살이에 도움이 된 연후에 올바른 마음을 기대할 수 있다는 것이다. 이런 주장은 맹자가 '항산'과 '항심'의 관계를 논한 것과도 통한다. 사람은 누구나 일정한 수입이 있어 생활이 안정된 후에야 예의염치를 알고 사람답게 살 수 있는 것이다.

6. 연암의 문체

박지원의 개혁의지의 논리성은 『열하일기』의 문체를 통해서 표출되기도 하였다. 오늘의 장르 개념으로도 쉽게 대치할 용어가 없을 만큼 다양한 영역을 포괄하는 전근대 시대의 산문은 일상생활에서 실용문으로 중요하게 취급되었을 뿐 아니라, 문예 미학적 측면에서도 중요한 글쓰기이다. 특히 박지원의 산문은 형식과 내용면에서 독특하고 참신한 영역을 이루었다. 박지원의 정치한 사유 의식과 참신한 문학 이론, 인생에 대한 심오한 깨달음은 그의 글쓰기 방식에 용해되어 있다.

『열하일기』는 풍부한 해학적 문체와 함께 풍자적 문체를 구사하여 작자의 진보적이고 비판적인 사상을 효과적으로 피력한다. 우언(寓言)의 방식도 적극적으로 활용하였다. 우언의 글쓰기에서 화자와 청자는 실제 인물인 경우도 있지만 의인화(擬人化)된 동식물이나 사물까지 포함하여 가공적인 인물인 경우가 많다. 실제 인물이라 해도 그들이 등장하는 작중 배경과 대화 내용 자체는 전적으로 허구이다.

『열하일기』에서 이와 같은 우언적 특성이 가장 잘 드러나 있는 부분은 「호질」과 「옥갑야화」이다. 「호질」은 「관내정사」 7월 28일자 기사 중에 수록되어 있는데, 옥전현(玉田縣)을 지나던 박지원이 그곳의 한 가게에서 보고 베껴 썼다는 글이다. 박지원은 이 작품을 '절세의 기문(奇文)'으로 칭찬하면서 근세 중국인이 비분을 느껴 지은 글로 추정하면서, 이를 작품으로 완성하는 과정에서 자기 뜻대로 대폭 손질을 가했다고도 밝히고 있다. 이것이 바로 우언의 글쓰기 방식인 것이다.

풍자적 비판의식과 파격적 문체로 인하여 『열하일기』는 저술 당시 문체반정의 대상이 되었고, 간행되지는 못한다. 그리하여 박지원의 천재성을 이어받았다는 손자 박규수(朴珪壽, 1807~1876)는 우의정까지 지냈지만 『연암집』을 간행하지는 못했다. 그의 문집은 1901년에 김택영이 9권 3책으로 간행하는데, 이것은 본집의 일부였다. 아들 박종간이 편집해 두었던 57권 18책의 필사본은 1932년 박영철에 의해 17권 6책으로 신활자본으로 출간되었다. 『열하일기』는 『연암집』「별집」 권11~15에 수록되어 있다.

〈해설〉

연암 박지원은 문학이 가지는 사명감을 깊이 인식하고서 문학의 창작을 통해 세상의 잘못을 따지고 진실을 추구하고자 하였던 인물이다. 따라서 그의 작품에는 부국안민(富國安民)의 이상을 실현하기 위한 여러 사상들이 제시되어 있다.

박지원은 중세 사회의 제반 질곡을 통감하고 이를 문제의식으로 표현한 그의 문학 작품은 바로 당시 역사가 도달해야 할 근대성에 맞닿아 있었던 것이다. 연암 문학의 진정한 가치, 그것은 곧 여기에 있다. 특히 『열하일기』의 작품에서는 자신이 진실로 고뇌했던 의식 세계를 파악할 수 있다. '있는 세계' 또는 현실의 세계에 대한 사색과 비판을 통하여 '있어야 할 세계' 또는 실현해야 할 세계로의 모색과 지향을 추구하는 것이다.

또한 박지원은 사물에 대한 인식에 있어서, 현실을 상실한 학문, 국가 통치 이념, 선입견, 고정관념 등이 정당한 인식을 방해한다고 피력하였다. 고정관념을 벗어나 순수하게 할 때 진정한 인식의 세계로 나아간다는 것이다. 이러한 선진 의식은 18세기의 논리가 아니라 오늘날 우리가 흔히 하는 말이다. 고전은 시대를 초월하여 인식의 공감대를 끌어낸다는 명제를 확인할 수 있는 것이다.

박지원은 중국 여행을 통하여 인식을 세계화하는 계기를 마련하였으며, 이러한 세계 인식은 자아 인식의 확립에 좋은 기회가 되었다고 할 수 있다. 사실 자아를 확립하기 위하며 세계를 알아야 하고 세계를 알기 위하여 자아 확립이 필요한 것이다. 이러한 의식을 피력한 박지원의 『열하일기』는 문학과 학문을 종합하고 완성한, 학술 사상적으로 위대한 저술이라고 할 수 있다.

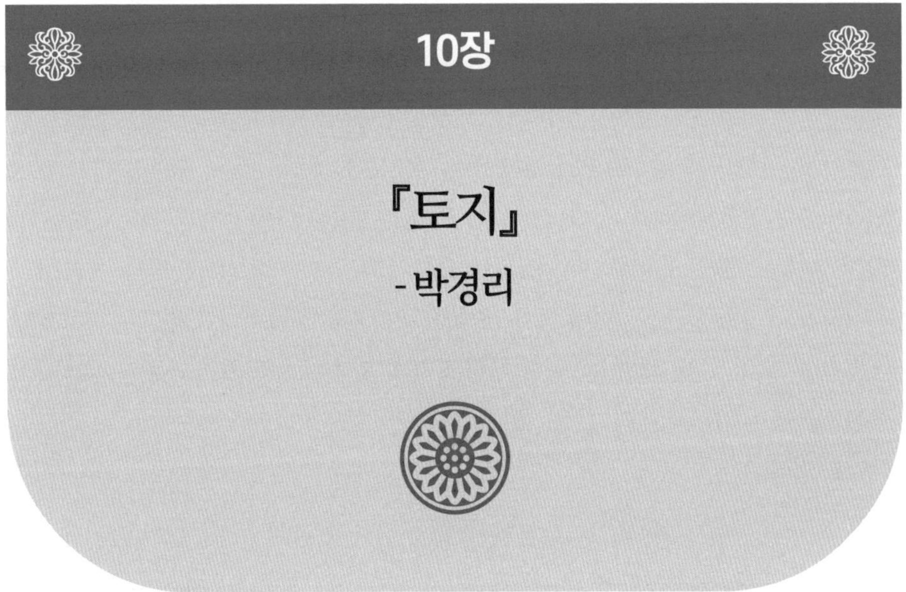

10장

『토지』
-박경리

『토지(土地)』는 '소설 한국 근대사', '근현대사 역사책'이라고 할 수 있을 만큼 우리 민족의 근대사를 그리고 있는 장편 소설이다. 이 작품은 춘원의 『무정』 이후 가장 탁월한 한국 소설이라는 평가를 받고 있다. 이 작품에서 말하는 토지는 단순히 대지(大地) 또는 땅의 의미가 아니다. 대지와 땅은 자연의 일부로서의 대지이다. 그러나 토지는 문서가 함께 소유가 확인되며 그 가치가 인정되는 사유재산을 말한다.

인간의 역사는 바로 토지가 중심인 사유재산이 생기면서 원형적, 원론적인 갈등이 시작되었다. 조금이라도 더 많은 토지를 확보하려는 와중에 인간 사이의 갈등이 시작되었고 은혜와 미움도 싹 튼 것이다. 박경리의 『토지』는 바로 이 토지로부터 빚어지는 인간의 다양한 사건들을 통하여 인간 존재의 근원을 파헤치고 있다.

『토지』는 인간과 우주의 본질을 깊이 있게 고민하여 그 실체를 밝히고자 한다. 그 과정에서 우리 인간은 시대와 무관할 수 없기 때문에 역사적 흐름에 의하여 다양한 결과가 도출될 수밖에 없다. 이 작품은 1897년 동학혁명이 좌절되는 19세기 말을 시작으로 하여, 일본의 패전이 시시각각으로 다가오는 20세기 중반을 맞이하여 완결된다.

『토지』는 실로 우리 민족의 생활사에 대한 깊고도 풍성한 기록이자 그 안에는 뭇 생명들의 삶과 한(恨)에 대한 극진한 연민과 사랑의 감성이 담겨져 있다. 우리 근대사의 어두운 그늘 속에서 개인과 민족의 삶과 의지, 가치 추구가 제시되고 있다. 아울러 온갖 사상과 이념의 범주를 넘나들면서 세계와 생명에 대한 작가의 강렬한 소망이 피력되고 있다. 삶의 모든 에너지를 쏟아 부은 작가의 붓 끝에서 작가의 우주와 생명에 대한 깊은 사상이 제시되고 있다.

1. 박경리의 생애

고 박경리 작가

생전에 노벨 문학상 후보로 거론되었던 위대한 작가 박경리(朴景利, 1926~2008)는 1926년 10월 28일 경남 충무시 명정리에서 박수영의 장녀로 출생하였다.

1945년 19세 때, 해방과 함께 진주여자고보를 졸업한다. 이듬해 김행도와 결혼하여 딸 영주를 출산한다. 6 · 25 전쟁 중 남편이 납북된 뒤 사망했다는 소식을 접한다.

1955년 단편 「계산」, 「흑흑백백(黑黑白白)」 등으로 김동리(金東里)의 추천을 받고 《현대문학》에 등단하여 본격적으로 문인 활동을 시작한다.

1957년 31세 때, 사회에 만연한 부정과 악에 대하여 예리한 시각으로 고발한 『불신시대(不信時代)』를 발표하여 제3회 현대문학상 신인문학상을 수상한다. 이 신인문학상을 계기로 작가로서의 지위를 확보한다. 그의 초기 작품은 대부분 6 · 25 전쟁으로 일어난 사회 문제와 전쟁 미망인의 고단한 삶을 그리고 있다.

1958년 33세 때, 최초의 장편소설 『연가(戀歌)』를 ≪민주일보≫에 연재하였다. 이듬해 장편소설 『표류도』를 발표하여 내성문학상을 수상한다. 이것은 표류도와도 같은 고독한 인간 심리를 파헤친 것으로 역작이라는 평가를 받았다. 이 시기에 『어느 정오의 결정』 등을 비롯하여 활발한 저술 활동을 펼친다.

1960년 34세 때, 『성녀와 마녀』, 『내 마음은 호수』 등을 발표한다. 이어서 『노을진 들녘』을 ≪경향신문≫에 연재 발표하여 대중적 인기를 얻었다.

1962년 36세 때, 장편 『김약국의 딸들』과 『가을에 온 여인』, 『재혼의 조건』 등을 출판 연재하여 상당한 독자의 반응을 얻게 된다. 이 시기부터는 종래 전쟁 미망인의 자전적 작품 경향을 탈피하고 삶의 다양성을 객관적으로 그리게 된다. 운명 앞에 무너지거나 순응하는 인물이 아니라, 운명과 대결하여 적극적으로 살아가는 인물을 그리고 있다. 이때가 문학적 전환기를 마련한 시점이었다.

1964년 38세 때, 장편소설 『전장과 시장』을 발표한다. 이것은 전쟁으로 빚어지는 인간성의 상실, 빈곤, 군대의 메커니즘 등을 담은 것이다. 이 작품으로 제2회 여류문학상을 수상한다.

1969년 9월부터 『토지』 1부를 ≪현대문학≫에 연재하기 시작하여 1972년 9월에 1부 3권을 마친다.

1971년 45세 때, 『토지』 1부가 연재되는 중 암 진단을 받고 수술을 하게 된다.

1972년 10월부터 『토지』 2부를 ≪문학사상≫에 연재하기 시작하여 1975년 10월 2부 3권을 마친다. 이때 『토지』 1부로 제7회 월탄문학상을 수상한다.

1977년 51세 때, 『토지』 3부 3권을 ≪주부생활≫에 연재한다. 이즈음에 수필집 『Q씨에게』를 출간한다.

1983년 57세 때, 『토지』 4부를 ≪정경문화≫에 연재하기 시작하여 ≪월간경향≫에 옮겨 연재하여 1989년에 4부 3권을 마친다.

1989년에 지식산업사에서 『토지』 전 12권을 출간한다.

1990년 64세 때, 중국 기행문 『만리장성의 나라』를 동광출판사에서 출간하여 제4회 인촌상을 수상한다.

1992년부터 『토지』 5부를 ≪문화일보≫에 연재하기 시작하여 1994년에 5부 4권을 완성한다.

1994년 68세 때, 집필 26년 만에 『토지』 전 16권을 솔 출판사에서 완간한다.

이해에 이화여자대학교에서 명예 문학박사 학위를 수여받는다. 그 후 생활의 기반을 원주로 옮기고 생명사상 운동을 전개하며 집필 활동을 하였다. 1996년 토지문화재단을 창립하고 1999년 토지문화관을 개관하고 이사장으로 취임하였다.

2008년 5월 5일 타계한 후에 고향인 통영시에 안장되었다. 현재 통영시에는 박경리 기념관이 있다.

1971년 박경리는 암이라는 진단을 받고 죽음의 공포를 경험하면서, 모든 생명에 아름다움을 느끼고 인간의 생명과 우주의 본질에 대한 사유를 벼리게 된다. 수술을 마치고 15일 만에 퇴원한 그날부터 작가는 가슴에 붕대를 감은 채 통증을 감내하며 100매의 원고를 마치고 '빙벽(氷壁)에 걸린 자일처럼 팽팽한 문학의 길'을 언약한다. 작가의 자신에 대한 언약은, '포기함으로써 좌절할 것인가, 저항함으로써 방어할 것인가, 도전함으로써 비약할 것인가' 하는 문제였다. 그녀는 결국 도전함으로써 『토지』 전 16권을 완결한 것이다.

인간의 삶은 정해진 듯한 운명에 저항하는 것인가, 아니면 도전인가라는 문제 앞에서 작가는 악마의 간계에 시험당하는 구약성서의 「욥기」를 염두에 떠올리고 위안을 얻었다고 고백한 바가 있다. 정직한 사나이 욥(Job)은 전능한 하나님 손에 의하여 악마에게 넘겨져 불시에 모든 것을 잃어버리고 끝내는 발바닥에서 정수리까지 악창(惡瘡)에 시달리며 신음하게 된다.

그러나 그는 환부(患部)에서 흐르는 고름을 사금파리로 긁어내면서도 "결코 내 입술이 불의를 말하지 아니하며 내 혀가 궤휼(詭譎)을 발하지 아니하고, 단정코 너희를 옳다 하지 아니하겠고 죽기 전에는 나의 순진함을 버리지 않을 것이다." 하고 하나님을 원망하지 않음으로써 구원을 얻는다. 작가는 원망하지 않고 희망을 버리지 않고 살아가는 삶의 자세를 욥을 통하여 제시한 것이다.

『토지』는 운명에 좌절하지 않고 살아가는 민중들의 희망의 노정이다. 작가는 『토지』는 소설일 뿐 그 외에 아무것도 아니라고 말하고 있으나, 이는 독자들이 이 소설의 울부짖음과 통곡을 들을 수 없을 것이라는 전제에서 하는 말이다. 물론 소설은 허구일 뿐이다. 그러나 소설 속에 등장하는 인물들의 울부짖음과 통곡을 듣고 공감하는 과정에서 그들은 우리에게 허구의 인물이 아니라 실존 인물이 되는 것이다. 우리는 『토지』를 통하며 19세기 말부터 20세기 중반까지 우리의 근현대사 속에서 치열하게 살아간 우리 민족의 모습을 만날 수 있을 것이다.

2. 『토지』 개관

『토지』에서의 '토지'는 단순히 땅을 의미하는 것이 아니다. 그것은 한국인의 삶의 터전이자 전부인 대지를 의미하는 것이다. 그러므로 이 작품에 등장하는 다양한 인물을 통하여 우리 민족의 역사와 가치관과 인생관을 읽을 수 있다.

『토지』는 모두 5부로 구성되어 있다. 각 부의 내용을 간략히 정리하면 다음과 같다.

제1부는 모두 세 권으로 구성되었다. 여기에는 동학혁명이 좌절된 1897년부터 1905년 을사보호조약이 체결된 이후까지 약 10년 동안 경남 하동의 평사리라는 마을에서 5대째 대지주(大地主)로 군림하고 있는 최참판 댁을 중심으로 일어나는 사건들을 그

리고 있다. 최참판 댁의 비극적 내력, 최치수의 살해, 최참판 댁의 기둥인 윤씨 부인의 염병으로 인한 죽음, 최씨 집안의 재산을 탐내는 조준구(趙俊九)의 음모 등이 중심 사건의 축이다.

인물은 최씨 집안의 양반들과 그들의 하인들, 그리고 마을 농민들, 또 다른 양반과 주변인물들이 극적인 사건들을 겪으며 이야기를 이끌어간다. 특히 최씨 집안의 마지막 자손인 서희(西姬)가 중심인물로 등장하여 당당한 여성의 모습을 보여준다. 제1부는 평사리를 주 무대로 하여 당대 우리 민족의 삶 전체를 전망하고 있다. 그것은 전통적인 것과 신생하는 것들과의 대결의 현장인 것이다. 주인공 서희가 간도로 이주하는 것으로 끝이 난다.

제2부 역시 세 권으로 구성되어 있다. 그 내용은 제1부의 말미로부터 1910년 중반을 시대적 배경으로 한다. 주인공 서희가 경남 하동 평사리에서 광막한 불모의 고토(故土) 간도(間島)로 이주한 이후이다. 최참판 댁의 부활을 떠맡은 서희는 고향에서 준비한 재물을 밑천으로 토지와 식량에 투자하여 대부호가 된다. 그녀는 고향에서 조준구에게 잃어버린 토지를 찾을 목적으로 돈을 모으기 시작한 것이다.

서희는 자금이 마련되자 조준구로부터 잃어버린 땅을 다시 사들이기 시작한다. 이때 서희는 양반이며 독립투사인 이상현의 구애를 거절하고 일찍이 고아가 되어 최씨 집안에서 살아온 길상과 결혼한다. 그리고 두 아들을 낳고 귀향한다. 그러나 서희를 사랑하지만 그녀에게 예속되는 것을 두려워한 길상은 구천과 함께 만주에서 독립운동에 투신한다.

제3부 세 권은 3 · 1 운동의 소용돌이가 가라앉은 1919년 가을부터 광주학생운동의 발발 소식이 청년들을 흥분시키던 1929년 가을까지의 이야기이다. 제3부에는 우리 민족이 겪게 되는 일상 생활적, 가치관적 의식의 변화가 두드러지게 그려지고 있다. 격동하는 사회 상황 앞에서 자유로울 수 없는 등장인물들이 경험하는 변화하는 시대를 생동감 있고 풍요롭게 접할 수 있다.

3부의 무대는 평사리와 간도를 비롯하여 서울, 부산, 진주, 만주, 일본으로 확대되어 있다. 여기에는 1, 2부에서의 주요 등장인물들이 무대를 떠나가고 그들의 2세들이 등장하기 시작한다. 이념적으로는 사회주의운동과 독립운동에 가담하는 수많은 새로운 지식인 인물들과 동학혁명의 잔당이라 할 수 있는 뜨거운 의식과 덕성을 갖춘 민중적 인물들이 등장한다. 이들은 서로 인연을 맺으며 얽히고설키어 사건을 만들어 간다. 여기에는 당대의 윤리적 문제, 이념적 문제 그리고 인생의 진실을 그려지고 있다.

제4부도 세 권으로 구성되어 있다. 내용은 일본과의 관계사라고 할 수 있다. 그리하여 4부는 철저한 일본의 분석 없이 작품의 진행이 불가능하였다고 작가는 말한다. 민족주의의 한 측면인 에고이즘에서 벗어나 냉정한 자세로 바위를 뚫어가는 심정으로 1930년부터 1938년 일본의 남경대학살 사건까지를 그리고 있다. 여기에는 군국주의로 치닫고 있는 당시 일본의 정치적 상황으로부터 문화적 측면에서 건축, 의상, 풍속에 이르기까지 폭넓게 다루어지고 있다. 그 과정에서 해박한 작가의 정신세계를 엿볼 수 있다.

여기서 작가는 일본 민족은 센티멘털리즘이 주조를 이루어 창조력이 희소하고 허약하며, 반면 이러한 허약한 개체가 집단이 되면 맹수로 변신하는 민족성을 갖고 있다고 보고, 그들이 우리 민족에 대해 열등감에 가득 찬 잔인성을 발휘한 것이 일제 강점기의 잔학상이라고 보았다. 그에 비하여 우리 민족은 이전부터 리얼리스트였으며 그 리얼리즘은 진실에 접근하고자 하는 의지이고 이 의지가 신비주의이며 궁극적인 창조력으로 발현된다고 밝혔다. 이러한 관점에서 한국과 일본을 비교하고 있다.

4부는 서울 · 동경 · 만주를 무대로 하여 지식인들의 행적 그리고 하동 · 진주 · 지리산 · 만주를 연결하며 형평사 운동과 항일운동에 투신하는 크고 작은 인물들의 활약을 웅장하게 그려가고 있다. 이 시기는 항일 독립운동이 조직적으로 가열되고 일본 군국주의의 식민지 지배가 노골화되던 시기이다. 여기에서 우리는 민족적 정조와 덕성의 원형을 읽을 수 있다. 이것은 작가의 탁월한 혜안과 풍부한 지식 그리고 철저한 자료 검증의 결과인 것이다. 작가의 각고의 노력으로 생동적인 인물들이 등장하여 우리를 일제 강점기의 한복판으로 이끌고 있다.

제5부는 모두 네 권으로 이루어졌다. 여기에는 미일통상조약의 폐기와 영일회담(英日會談)의 결렬, 그리고 국제연맹 이사회의 중국 원조 결의안 가결 등 일련의 국제 정세에서 일본 패망의 조짐이 짙어 가는 1940년부터 1945년에 마침내 해방을 맞이하기까지의 이야기이다.

작품의 무대는 서울, 간도, 진주, 일본, 하동 등지이다. 일본은 패망을 예감하자 식민지 억압을 더욱 가혹하게 행한다. 이와 더불어 한국 내부의 현실은 점점 더 암담해지기만 한다. 독립자금 강탈사건이 실패로 돌아간 이후 허탈과 무위(無爲)에 빠진 길상은 갑작스럽게 송관수의 죽음을 맞는다. 송관수의 죽음 앞에서 지나간 파란만장한의 삶을 돌이켜보게 되고 뼈저린 통한에 젖어 든다. 이를 계기로 동학당 모임을 해체하기에 이르며, 자신은 도솔암에서 소원하는 바람을 모아 관음 탱화 한 점을 그리게 된다.

도솔암 관음 탱화의 완성으로 마침내 길상의 삶은 큰 종지부를 찍는다. 비극적 삶을 탱화의 청초한 선과 현란한 색채를 통하여 예술적으로 승화시킨 것이다. 탱화 자체의 의미가 무엇인가 하는 것이 길상에게 중요한 것은 아니다. 탱화의 완성은 길상의 고독한 삶의 완성을 의미하기 때문이다.

『토지』에는 수많은 인물이 등장한다. 이들은 각기 뚜렷한 개성을 지니고 다양한 삶을 살아간다. 소설의 성공 여부는 등장인물의 개성적인 성격 묘사와 가족사에 근거한다는 말이 있다. 이런 면에서 『토지』는 개성적인 인물로 가득 한 가족사에서 출발하여 민족사, 정치사, 경제사, 문화사를 총괄하는 작품이라고 할 수 있다. 이것은 작가의 문학세계의 오랜 주제인 한과 생명 사상, 휴머니즘과 도덕적 민족주의가 『토지』에 응축되어 마침내 민족 대서사시로 동화된 것이다. 다음은 『토지』에 등장하는 인물을 통하여 작품의 이해를 돕고자 한다.

최서희: 이 작품의 주인공으로 최치수와 별당 아씨의 유일한 소생이자 최씨 집안의

기둥이다. 어린 나이에 육친을 잃었으나 강인하게 살아가는 여인이다. 조준구의 간교한 모략에 의하여 모든 재신을 빼앗기고 길상 등과 함께 용정으로 이주한다. 이때 할머니 윤씨 부인이 비밀리에 남긴 금괴가 밑천이 되어 용정 대화재와 전쟁을 계기로 막대한 부를 이룩한다. 몰락한 가문의 부흥과 귀향을 유일한 삶의 목표로 삼고 용정에서 큰 상인으로 성장한다.

서희의 꿈인 귀향은 바로 조준구에의 복수를 의미한다. 그날을 위하여 이동진의 독립운동 자금 요청을 거절하고, 일본인이 지은 절에 시주하기도 하는 등 일본 유력자와 친밀한 관계를 유지한다. 이상현과의 은밀한 사랑을 냉정히 정리하고 자신의 집 더부살이 출신의 길상과 결혼하여 환국, 윤국 두 아들을 낳는다. 드디어 공노인과 임역관의 중개로 빼앗긴 대부분의 토지를 회수한 뒤, 길상과 헤어져 귀국을 감행하고 진주에 자리 잡는다. 몰락한 조준구에게서 평사리의 집문서를 넘겨받음으로써 가문의 재건과 복수를 마무리한다. 삶의 목표가 성취된 후 깊은 허무감에 빠지기도 하지만 다시 두 아들에 대한 기대를 갖고 이를 극복한다.

한편 용정에서 길상은 계명회 사건 이후 예비 검속으로 다시 투옥된다. 서울과 진주를 오가며 옥바라지를 하는 최서희는 되찾은 집과 토지를 지키는 데 전력을 다한다. 윤국과 양현을 혼인시키려고 하였으나 양현의 거부로 좌절되고, 윤국이 학병에 자원함으로써 서희는 어머니의 한을 품게 되면서 강인하고 철통같았던 성격이 변하기 시작한다. 작품 후반부에서 양현을 집으로 데려오고, 가문의 재건과 길상으로 인한 위험에 대비해 방어 수단으로 참여했던 친일 모임인 '부인회'에도 발길을 끊는다. 한마디로 방어를 위한 긴장의 연속이었던 그녀의 삶이 따뜻한 여성으로서의 삶으로 회귀하는 것이다.

김길상: 이 작품의 남자 주인공이다. 일찍이 고아가 되어 연곡사 우관스님의 보살핌으로 어린 시절을 보내고 평사리 최씨 집안의 심부름꾼으로 인연을 맺는다. 한때 침모의 딸 봉순과 연정을 느끼지만, 주인집 딸 최서희에 대한 동정과 연모의 정을 간직하게 된다. 최씨 집안의 몰락 과정에서 끝까지 서희를 지키고 보호한다. 용정에서 최

서희가 큰 부자가 되는 데 결정적인 역할을 수행한다. 길상은 회령에서 과부 옥이네와 관계를 갖지만 서희의 회령행을 계기로 두 사람은 결혼하게 된다. 길상은 서희의 귀국에 동행하지 않고 간도에서 독립운동에 투신한다.

독립운동은 시대의 요구이기도 하지만, 개인적으로는 신분에 대한 갈등이 표출된 것이기도 하다. 길상은 독립운동 단체인 계명회 사건으로 피검되어, 서울에서 2년간 옥살이를 한다. 석방되자 진주에 은둔하면서 친일 자산가를 목표로 독립자금 강탈사건을 배후에서 지휘한다. 또한 동학당 조직의 재건을 꾀하지만, 이 사건은 오히려 이후의 조직 활동에 치명적인 문제가 된다. 제국주의 몰락을 가까이한 일본인들은 더욱 악랄하게 식민정책을 펼친다. 동학당 모임을 해체하기에 이른 길상은 원하는 기운을 모아 관음탱화를 완성함으로써 자신의 삶을 정리한다. 그러나 일제의 예비 검속에 자유로울 수 없었던 길상은 다시 구금(拘禁)되는 몸이 된다.

윤씨 부인: 5대째 평사리에서 대지주로 군림하였던 최참판 댁의 안주인이다. 요절한 남편의 명복을 빌기 위하여 연곡사에 백일기도를 갔다가 동학의 장수 김개주에게 겁탈 당하고 사생아 김환을 낳는다. 이 사건은 윤씨 부인에게 평생의 죄업이 되어 고뇌의 나날을 보내게 된다. 호열자에 걸려 어린 손녀 서희를 남기고 운명을 달리한다.

최치수: 윤씨 부인의 적자(嫡子)이자 최씨 집안의 마지막 당주이다. 선대에서 이룩한 만석의 재산을 누리며 평사리의 지배자로 군림한다. 그러나 어머니인 윤씨 부인의 죄업은 자식에게 멍에가 되어 행복한 모자관계를 속박하게 된다. 어린 시절 스승 장암 선생으로부터 그 영민함을 인정받은 바가 있었으나 사회적인 활동을 포기하고 방탕한 생활로 남성으로서의 능력을 잃어버린다. 그 후 염세적이고 허무주의에 빠져버린다. 부인이었던 별당 아씨가 이복동생 구천(김환)과 도주하자 강포수와 수동이를 대동하고 이들을 찾아 지리산을 헤맨다. 한편 신분 상승의 기회를 노리고 유혹하기 시작하는 귀녀의 청을 무시하였다가 귀녀의 사주를 받은 김평산에 의해 교살 당한다. 귀녀 역시 윤씨 부인에게 발각되어 처형된다.

별당 아씨: 최치수의 부인으로 서희의 생모이다. 머슴살이로 들어온 시동생뻘인 구천이와 함께 도피 행각을 벌린다. 뒤를 쫓는 최치수를 피하여 전국을 헤매다가 묘향산 근처에서 죽는다.

김환(일명 구천): 최서희의 할머니인 윤씨 부인이 연곡사에 불공을 드리러 갔다가 우관스님의 동생이자 동학군의 장수인 김개주에게 겁탈당해 낳은 사생아이다. 김개주가 효수당한 뒤, 구천이라고 변성명하고 최참판 댁 머슴으로 들어가 형수뻘인 최서희의 어머니인 별당 아씨와 함께 사랑의 도피를 하는 인물이다. 전국을 헤매다가 묘향산 근처에서 별당 아씨가 죽은 후, 운봉 양재곤과의 인연을 매개로 윤도집, 지삼만 등 동학 잔당들은 규합하며 지리산을 중심으로 독립운동을 전개한다. 자신의 출생에 대한 비밀을 알게 된 후 삶의 의미를 독립운동에 걸어보지만 지삼만의 밀고로 체포된 뒤 진주경찰서 유치장에서 목을 매고 죽는다.

이용: 성실하고 내성적이며 과묵한 성격의 평사리 농민이다. 이 마을에서 가장 인물좋던 사나이로 월선과 평생을 애틋한 그리움으로 살았던 인물이다. 월선이 무당의 딸이라는 이유로 집안에서 반대하여 강청댁과 혼인한다. 강청댁의 투기에 시달리면서도 부모가 맺어준 인연을 어쩔 수 없어 가정을 유지한다. 호열자로 강청댁이 죽은 후 말없이 떠난 월선에 대한 그리움과 공허감을 이기지 못해 임이네와 관계하여 홍이를 낳는다. 월선과 다시 재회하나, 이번에는 아들을 낳아준 임이네와 월선이의 사이에서 또다시 괴로움을 겪는다. 간도로 이주한 뒤 통포슬로 들어가 중국인의 작인이 되어 농사를 짓고 겨울에는 산판에 벌목 노동을 나서기도 한다. 서희 일행을 따라 평사리로 귀향하여 그곳에서 죽는다.

공월선: 이용과 평생 동안 운명적인 사랑을 하는 무당의 딸이다. 이용이 강청댁과 결혼한 후 나이 많은 보부상에게 시집갔으나 살지 못하고 하동 읍내로 돌아와 윤씨 부인의 도움으로 주막집을 연다. 서희 일행과 함께 간도로 이주하여, 그곳에서 국밥집을 경영하게 된다. 이용에 대해서는 숭고한 사랑을, 연적인 강청댁과 임이네에 대해서는 인간적인 이해를, 용이의 아들인 이홍에게는 생모보다도 더한 헌신적인 애정을 발휘

한다. 암에 걸려 깊은 한을 남긴 채 이용의 품에 안겨 그들의 변치 않은 사랑을 확인하고 여한이 없다는 말을 남기고 숨을 거둔다.

최환국: 신중하고 사려 깊은 성품을 지닌 서희와 길상의 큰아들이다. 서울에서 중학을 마치고 와세다 대학 법과에 진학하였으나 동경 미술학교로 전학하여 화가의 길로 들어선다. 귀국 후 서울에서 미술교사로 일하며, 근화방직회사 황태수 사장의 딸 덕희(德姬)와 결혼한다. 아버지의 삶을 진정으로 이해하고자 하며 아버지 대신 어머니 서희를 지키고 최씨 문중을 지켜간다. 양현과 처 덕희 간의 갈등으로 괴로움을 겪기도 한다. 양현과의 사랑의 실패로 영광이 만주로 떠나자 영광에 대한 인간적인 신뢰와 동생 윤국에 대한 사랑으로 괴로움을 겪는다. 장인 황태수 소유인 근화방직이 만주로 진출하자 만주에 정착하여 그곳에서 활동하는 이홍, 정석 등과 관계하여 서울과 만주의 소식을 이어준다.

최윤국: 최서희의 둘째아들 윤국은 형 환국과는 달리 정열적이고 행동적인 인물이다. 진주고보 재학 중 광주학생 의거를 계기로 민족의식에 눈뜨게 된다. 청년의 혈기와 식민지화된 민족 현실로 고뇌하던 그는 집을 떠난다. 그 후 주막집 양녀 숙이에게 연민의 감정을 느끼기도 하지만 일본으로 건너가 농과대학을 마친 뒤 다시 경제학을 공부한다. 집안에서 남매로 커온 양현에게 이성으로서의 사랑을 느낀다. 그러나 양현의 거부 뒤에 송영광과의 사랑이 있음을 확인하고 사랑의 좌절감을 가슴에 묻고 학병에 자원한다.

이양현: 이상현과 최참판 댁 침모의 딸 봉순이와 사이에서 태어난 여자아이가 양현이다. 봉순은 어린 시절부터 서희와 고락을 함께 하며 길상과 서희와 함께 애증의 삼각관계를 경험한다. 그 과정에서 봉순이는 기화라는 이름의 기생이 되었고, 아편중독 끝에 투신자살하게 된다. 봉순이와 이상현과의 사이에서 태어난 양현은 서희가 양녀로 거두어들이고, 이상현은 간도로 떠나버린다. 훗날 양현은 자신의 출생의 비밀을 알게 되면서 내면의 그늘을 키운다. 그 후 백정의 후손이라는 자학의 삶을 살고 있던 송영광과 운명적 동류의식을 느끼며 격렬한 사랑에 빠진다. 이것은 올케 황덕희와의 갈

등 등에 대한 도피처가 된 것이다. 여자의전(女子醫專)을 졸업하게 된 양현은 서희의 그늘에서 독립할 것을 결심하고 인천의 개인병원에 취직한다. 이즈음 서희는 양현과 둘째 아들 윤국이 맺어질 것을 희망하고 양현의 호적을 이상현의 친가로 옮기기까지 한다. 그러나 양현은 영광에 대한 연민과 사랑으로 서희의 뜻을 받아들일 수 없었다. 시간이 흘러 양현과 영광은 운명의 시련을 겪고 영광은 떠나고 돌아오지 않는다. 서희는 양현을 찾아오고 양현은 서희와 함께 진주로 발길을 옮긴다.

김범석: 김훈장의 양자인 김한경의 아들로서 홍이의 처남이자 죽마고우 사이이다. 집안 형편이 어려워 보통학교만을 졸업했으나 꾸준히 독학하여 상당한 식견을 쌓아 새로운 사조나 독립운동의 방향에 대해 자기 견해가 확고한 인물이다. 도시 자본의 침투를 막고 농촌 공동체를 유지하는 것이 농민의 나아갈 길이라는 견해를 제시하였다.

김휘: 지리산 화전민 김강쇠의 외아들이다. 지리산 밖의 생활에 대한 강한 동경을 가진 청년이다. 송관수의 딸 영선과 결혼하면서 통영의 조병수에게 들어가 소목장(小木匠)으로 장인의 꿈을 키우지만, 일본의 강제징병의 회오리를 피하기 위해 다시 산으로 들어간다.

박재주: 몽치를 말한다. 아버지의 객사로 지리산의 험한 산중에 버려지고 해도사에게 거두어져 지리산 속을 누비는 산아이로 자라난다. 김강쇠의 아들 김휘와는 형제처럼 지내며 함께 자란다. 19살 되던 해 산을 내려와 통영에서 고깃배를 타게 된다. 성실성을 인정받아 여선주(呂船主)로부터 어장을 관리하는 일을 맡는다. 어장아비로의 꿈을 키우며 살던 중 모화를 알게 된다. 전 남편의 아이까지 있는 과부 모화를 사랑하는 것은 평탄한 것은 아니었다. 이즈음 징용에서 도망친 홍석기를 어장에 일꾼으로 숨겨주었다가, 발각되자 또 다시 은신처로 피신시킨다. 몽치는 잡혀가 고초를 겪은 후 모화네 가족과 자신의 딸아이와 산으로 들어가 해도사 일행과 합류한다.

소지감: 최범준의 외사촌형으로 의병에 가담한 형이 모살당하고 을사조약 체결로 부친이 자결했을 때, 가문의 존속을 위해 홀로 살아남아야 했던 비극적인 인물이다.

이후 삶의 의미를 상실하고 20년간 방외인의 정처 없는 삶을 살아간다. 그는 불교, 천주교 등 종교를 섭렵하고 도공이 되어 그릇을 굽기도 하는 등 기행을 일삼다 출가하여 도솔암의 주지가 된다. 최범준을 통해 송관수, 김강쇠 등과 친교를 맺는다. 해도사, 장연학 등과 함께 일본의 학병과 강제징집을 피해 산으로 은신한 청년들을 일제에 대한 대항 세력으로 규합하고자 하였다.

송관수: 장돌뱅이였던 아버지가 동학당으로 죽임을 당한 뒤, 은보를 따라서 의병이 된다. 그러나 의병운동이 실패하자 진주로 흘러들어 백정의 사위가 된다. 형평사운동에 관계하며 동학 잔당들의 중심인물로, 부산 부두노동자조직에도 일조하는 직업적 운동가가 된다. 형평사운동을 계기로 진보적인 젊은 세대와 접촉하면서 김환의 개인주의적 모험주의를 비판하는 안목을 갖게 된다. 동학의 종교적 차원을 뛰어넘어 더욱 보편적인 민중운동으로의 확대를 꿈꾸게 된다. 아들 송영광이 백정의 외손자라는 신분적인 한계로 인해 실연당한 뒤 떠돌이 악사로까지 전락하는 과정을 바라보게 된다.

김강쇠, 최범준, 손태산 등과 함께 진주의 친일 갑부 이도영과 김두만의 집을 습격하여 강탈한 뒤, 일경에서 쫓기는 몸이 되자 딸 영선을 강쇠의 아들 휘와 혼인시키고 만주로 탈출한다. 만주의 시골 지방을 떠돌며 행상을 하는 한편 독립운동에 참여한다. 그러나 호열자로 갑작스런 죽음을 맞는다.

송영광: 송관수의 장남으로 또 다른 이름은 나일성이다. 부산에서 P고보를 다니며 강혜숙과 사귀게 된다. 그러나 백정의 외손자라는 것이 탄로나 학교에서 퇴학을 당한다. 자신의 출신에 대한 증오심에 사로잡혀 가출한 뒤, 일본으로 건너가 강혜숙과 동거를 시작한다. 저돌적인 그의 성품은 일본에서도 잘 적응할 수 없었으며 그로 인하여 떠돌이 유랑극단의 일원이 되었다가, 신경에서 아버지 송관수와 극적으로 재회하지만 심리적 갈등을 해결하지 못하고 헤어진다. 그러던 중 아버지의 갑작스런 죽음으로 어머니 영선네와 함께 만주에서 돌아온 영광은 섬진강 가에 아버지의 유해를 뿌리며 깊은 자책과 회한에 빠진다. 양현과의 운명적인 만남과 사랑은 새로운 계기를 마련하는 듯도 하였으나 결국에는 자학과 방랑의 심성에서 벗어나지 못하고 양현과 이별하게 된다. 그 후 만주로 흘러 들어가 홍이의 도움으로 카바레에서 연주자로 일하게 된다.

강두메와 석이를 만나 기화의 얘기를 듣게 되고 폐인이 되어 버린 이상현을 만나자, 양현에 대한 그리움이 깊어진다. 그러나 양현이 불행한 원인이 자신에게 있다고 생각하고 양현을 잊기로 한다.

오가다 지로: 식민지 현실에 대하여 비판적이었으며 코스모폴리탄적인 의식이 확고한 일본 지식인이다. 조선에서 중학교 교사로 재직하면서 계명회에 관계하여 피검된 바 있다. 항일운동에 참여하는 유인실을 연모한다. 유인실이 자신의 아이를 낳은 사실을 알지 못한 채, 사촌누이와의 결혼을 거절하고 만주 일대를 전전하며 정신적 공허감을 달랜다. 조찬하로부터 유인실이 낳은 아이 쇼지에 대한 소식을 듣지만 쇼지의 행복을 위하여 조찬하에게 아들을 부탁한다. 훗날 쇼지가 중학생이 되자 모자 상봉을 위하여 만주로 여행을 떠난다.

우개동: 시대 앞에 비굴하였던 그는 동생을 학병 지원자로 제공할 정도로 일제 앞잡이의 전형이다. 면장에게 악담을 퍼붓고 최서희에게 대항하기도 하지만 윤국의 학병 지원을 계기로 면소에서 파면을 당하게 된다. 자신의 파면의 원인이 최참판 댁에 있다고 믿고 복수의 날을 꿈꾼다. 그러나 민심을 잃어버린 그는 산에 강제징병을 피해 은신한 이들을 염탐하러 갔다가 붙들려 죽임을 당한다.

유인실: 유인성의 동생이며 명희의 여학교 제자이다. 계명회 사건에서 집행유예로 출감한 후 야간 수예학교에서 교사 생활을 한다. 일본인 오가다와 사랑에 빠져 식민지 조국과 현실의 사랑 사이에서 고뇌하게 된다. 인실은 오가다에게 순결을 바침으로써 마음의 빚을 청산하고 갈등에서 벗어난다. 동경에서 남몰래 오가다의 아이를 낳고 조찬하에게 맡긴 후 만주로 건너가 독립운동조직에 가담한다. 12년 만에 우연히 만난 조찬하의 주선으로 하얼빈에서 오가다와 재회하게 되지만 인실은 조선 독립의 날을 기다리며 다시 이별을 고한다.

이범호: 이범준의 사촌동생으로 독립운동을 하다가 지리산으로 피신해 들어온다. 단순히 피신만을 목적으로 하지 않고 길상이 해체한 조직을 복원한 후 독립이 되는 날

사회주의 운동조직으로 키울 것을 다짐한다. 그러나 그의 지리산 생활은 해도사와 김강쇠 등의 조직원과 갈등을 초래한다.

이상의: 이홍의 첫째 딸이다. 어린 시절 부모를 따라 만주로 들어가 그곳에서 성장했다. 금붙이 밀수사건으로 압송되는 부모를 뒤쫓아 통영으로 돌아온다. 외갓집에서 동생들과 함께 맡겨진 뒤 진주의 ES여고에 입학, 학교 기숙사에서 생활한다. 이즈음 아버지 홍이는 다시 만주로 떠난다. 아버지의 뒷모습을 보고 민족적 현실을 자각한다. 조선학생과 일본학생 간의 문제로 갈등이 빚어지는 학내 사태를 바라보고 피식민지 조선인으로서 자신의 미래를 키워가는 젊은이로 성장해간다. 아버지 홍이의 뜻에 따라 졸업 후 만주로 떠날 것을 결심한다.

이상현: 이동진의 아들이다. 전통적 도덕관에 근거한 가부장적 아버지와 새로운 세대의 윤리 사이에서 방황하는 무기력한 지식인이다. 서희 일행을 따라 간도에까지 동행하였으나 서희가 길상과 결혼할 뜻을 밝히자 귀국한다. 이후 소설을 써보기도 하지만, 실연의 상처와 이국 땅에서 죽은 부친에 대한 회한과 자책감에 빠져 끝없는 여성편력과 폭음으로 세월을 보낸다. 애정이 없는 본처와의 사이에 두 아들을 두었으며, 기화(봉순)에게서 딸 양현을 낳는다. 서울 생활을 청산하고 서의돈과 함께 만주로 가서 독립군 조직에 가담하지만 이 조직이 사회주의 성향이 짙어지자 조직을 떠난다. 민족 앞에도 개인적 현실에서도 무기력한 낙오자가 된 그는 하얼빈 뒷골목을 배회한다. 석이와 홍이의 도움으로 살아가던 중 만주에 온 영광을 만나 동지적 동질성을 발견한다.

이홍: 평사리의 사나이 이용과 임이네 사이에서의 소생이다. 수려한 용모와 곧은 심지를 지닌 청년이지만, 생모 임이네를 떠나 용이의 연인이었던 무당의 딸, 월선이의 품에서 성장한다. 진주에서 염장 처녀와 사랑을 이루지 못하고 김훈장의 외손녀 허보연과 결혼한다. 화물회사 트럭 운전수로 생활하다가 아버지 용이의 임종을 지킨 후, 가족을 이끌고 자신이 자라난 용정으로 이주한다. 공노인의 유산을 기반으로 신경에서 자동차 서비스공장을 운영하며 독립운동조직을 지원한다. 아내 보연의 금붙이 밀

수사건으로 보연과 함께 조선으로 압송된다. 이를 계기로 상의, 상근, 상조 등 아이들은 통영 처가에 맡겨지고, 보연이 석방된 뒤 가족을 남겨 두고 다시 만주로 들어간다. 심재용과 함께 영화관을 운영하면서 독립운동에 관계한다.

임명희: 임역관의 외동딸이며 임명빈의 누이동생이다. 신교육을 받았으나 아직은 전통적 여성관에서 자유로울 수 없었던 일면도 있다. 전환기적 여성상으로 그려지는 인물이다. 이상현에게 연모의 정을 고백하지만 거절당한다. 자포자기의 심정으로 친일 귀족 조용하의 후취로 들어간다. 중인 출신의 며느리에 대한 시댁의 냉대와 조용하의 정신적인 학대로 불행한 결혼생활을 견디지 못하고 이혼을 결심하고 가출한다. 그녀의 이혼 선언에 불복하는 조용하에게 능욕을 당한 뒤, 통영에서 투신자살을 기도한다. 심한 자폐증과 무기력을 극복하지 못한 상태에서 여고 동창 길여옥의 주선으로 통영 근처의 벽촌 보통학교에서 교편을 잡게 된다. 조용하의 자살 후에도 벽촌 교사 생활로 6년을 보낸 뒤 서울로 돌아온다. 조찬하의 노력으로 조용하의 재산 중 상당한 액수를 상속받고 혜화동에 유치원을 열고 서울 생활을 한다. 양현에게 모정과 같은 사랑을 느낀다. 명빈을 통하여 해도사에게 산 속의 사람들을 위하여 5,000원의 거금을 전한다.

조준구: 최참판 댁의 외가 친척뻘이 되는 인물이다. 개화 바람을 타고 일본인의 역관 노릇을 하기도 했던 교활하고 소심한 성격의 악인이다. 최치수가 살해되고 윤씨 부인이 호열자로 쓰러지자 서울의 가족을 이끌고 평사리로 들어와 어린 서희를 몰아내고 최씨 집안의 모든 재산과 실권을 장악한다. 토지를 담보로 광산업에 진출했다가 실패하고 결국 서희에게 토지를 다시 빼앗기고 만다. 전당포와 고리대금업자로 전락하여 말년을 보내다 빈털터리가 되어 꼽추 아들 병수의 집으로 들어온다. 아들 조병수에게 잔인한 아버지였으나 중풍으로 쓰러져 비참한 최후를 맞는다.

그의 아들 병수는 처음 아버지의 죄업에 괴로워하며 유리걸식하다가 소목꾼이 되어 통영에 정착한다. 이후 나름의 학문적 교양과 예술적 감성으로 소목장으로 일가를 이루며 김휘를 제자로 기른다. 말년에 아버지의 온갖 횡포를 묵묵히 받아들이며 그의 임종을 거둠으로써 혹독한 업보를 씻으려 한다. 도솔암에서 길상이 그린 관음탱화를 보며 지난 삶의 악연과 그리고 회한을 정리한다.

이 밖에도 『토지』에는 강두메, 길여옥, 김강쇠, 마천알, 김두만, 임병민 등 수많은 인물들이 민족적 비극을 극복하기 위하여 악인의 모습으로 또는 선인의 모습으로 등장하고 사라진다. 그들은 각기 다양한 원인에 의하여 이념의 이름으로 지리산으로 모여들기도 하고, 각각의 명분에 따라 독립운동을 향해 만주로 흘러든다. 그들은 한결같이 역사적 질곡 앞에 자유로울 수 없는 우리 민족의 얼굴인 것이다. 그들은 우리의 할머니이고 할아버지이다. 그들이 흘린 피의 흔적을 통하여 우리는 생명력 넘치는 조국의 미래를 그려볼 수 있어야 할 것이다.

〈해설〉

문학의 본질은 언어를 매개체로 하여 자연과 인간의 이름다움을 추구하는 것이다. 궁극적으로는 사람이 살아가는 이야기를 통하여 진리와 진, 선, 미의 세계를 추구하는 것이다. 이것은 역사와 철학 그리고 문화인류학을 포괄한다.

『토지』는 조선 말기에서 1945년 해방까지 우리 민족의 긴 역사를 그린 것이다. 여기서 우리는 한국 근대 100여 년의 역사와 이 땅에서 살다간 사람들의 한 많은 구체적 삶을 읽을 수 있다. 이 작품은 주요인물이 104명에 이르고 700여 명의 인물이 등장하고 130여 건의 국내외 역사적 사건이 그려지고 있다. 이와 같이 우리 민족의 근대사를 그리고 있다는 점에서 역사서라고 할 수 있다. 더불어 다양한 등장인물들을 통하여 사람답게 사는 것이 무엇인가를 제시하고 있다는 점에서 철학서라고 할 수도 있다. 이 작품에는 역사와 인간의 실존이 세밀하고도 웅장하게 그려져 있다.

저자 박경리는 문학을 '생명과 그 발현인 삶에 대한 탐구'라고 피력한 바가 있다. 이 작품은 작가의 생명사상이 땅을 주제로 하여 문학적으로 구체화되고 있다. 땅은 우리 민족의 삶의 터전이요, '삶' 자체인 것이다. 이것은 토지가 사유재산(私有財産)으로 상징되면서 인간의 갈등이 거기서 시작된다는 의미가 된다. 이 작품에 등장하는 인물들은 식민지 시대라는 민족적 비극으로 인하여 땅을 잃어버리고, 또 개인적 한을 안고 경남 하동의 평사리에서 지리산으로 멀리 북간도로 러시아로 흘러간다.

이들은 작품의 주인공 최참판 댁의 주변 인물들이 결코 아니다. 이들은 비극적 식민지 산하에서 출생하여 비극적 운명과 대결하는 우리 민족이다. 결국 그들은 비극적 역사를 극복하고 오늘의 현실에 발판을 제공하였으며 나아가 생명력이 넘치는 미래를 제공한 것이다. 우리 민족의 끈질긴 생명력, 이것이 『토지』가 전하는 주요한 의미인 것이다.

특히 『토지』에는 지금은 일상에서 사라진 우리말의 묘미를 보여 주는 고유어, 토속어, 방언, 속담들이 풍부하게 수록되어 있다. 여기에 수록된 어휘와 사건, 일상 풍속 등을 해설한 『토지사전』도 출간되었다. 또한 작가 박경리씨가 이 작품을 집필하며 거주하였던 강원도 원주시 흥업면에는 '토지문화관'이 세워져 있다.

고전의 사전적 의미는 '학문이나 예술에 있어서 역사적으로 널리 모범이 될 만한 훌륭한 작품'이다. 그러므로 고전을 읽으면 지난 시대의 심오한 정신세계를 읽을 수 있는 것이다. 『토지』는 이미 여러 나라에 번역 소개되어 우리나라 근대의 고전으로 자리한 것이다.

『토지』는 최근 '21세기에 남을 한국의 소설' 가운데 1위로 선정이 되었다. 문인 작가들에 의하여 '21세기에 남을 한국의 소설'에 선정된 작품들은 근대 25년간의 한국 소설문학사를 대변하는 작품들이었다.

II부

중국 고전 강의

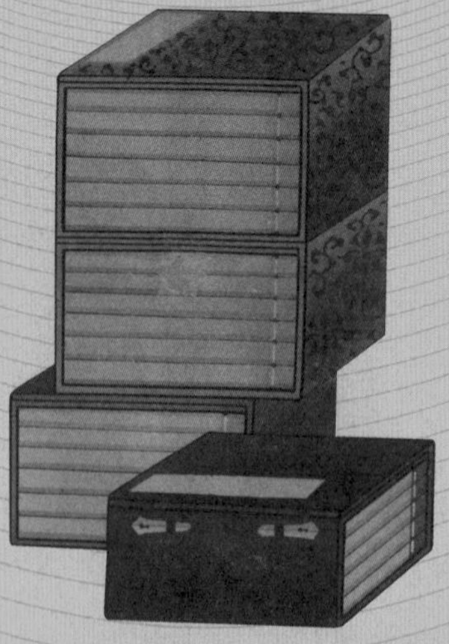

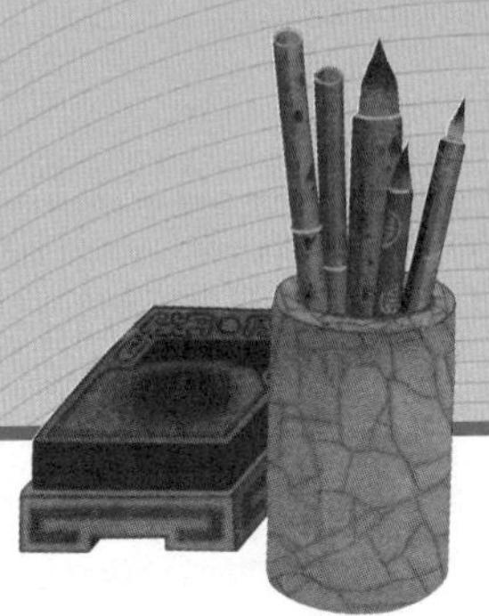

1장

사서오경

중국의 역사는 삼황오제(三皇五帝)의 시대를 거쳐 삼대(三代) 왕조의 시대로 이어졌다. 하나라와 은나라에 이어 기원전 1122년 주(周) 왕조가 건국되었다. 문왕의 아들 무왕이 건국한 주 왕조는 제후들에게 각 지역의 영토를 나누어 가지는 봉건제도를 채택했다. 하지만 주 왕조의 힘이 약화되자 봉건 제후들은 각자도생의 길을 찾게 되고 영토 분쟁과 전쟁에 휘말리게 된다.

기원전 771년에 서융의 침략으로 주 유왕이 죽고 낙양으로 천도하면서 서주 시대가 마감되고 동주 시대가 열린다. 동주 시대가 바로 패자들이 일어나는 춘추시대(春秋時代: 기원전 771~기원전 403)이다. 각 지역의 패권을 다투는 패자들에 의한 전쟁은 끊이지 않았고 무력이 정의처럼 통용되는 사회가 되었다. 전래의 종교와 윤리는 동요되었고, 국가와 개인 사이의 불신은 더욱 깊어만 갔다. 이러한 난세에 대응하여 등장한 지식인 그룹을 후대의 역사가들은 제자백가(諸子百家)라고 이른다.

춘추시대의 정치적 혼란은 전국시대(기원전 403~기원전 221)로 이어졌지만 철학적으로는 황금기를 맞이하게 된다. 이때의 주요 제자백가 사상은 공자를 개조(開祖)로 하는 유가(儒家)와 노자(老子)의 도가(道家), 묵적(墨翟)을 중심으로 하는 묵가(墨家)와 한비자(韓非子)를 중심으로 하는 법가(法家) 등을 들 수 있다.

한무제(漢武帝)가 기원전 136년에 오경박사 제도를 설치한 이후에 제자백가의 시대는 종언을 고하고 관학(官學)의 시대가 열렸다. 거대한 통일 제국의 이데올로기로 유가가 선택된 것이다. 오경(五經)은 『시경』, 『서경』, 『역경』,『춘추』, 『예기』를 말한다. 비록 위진남북조라는 제2 춘추시대는 있었지만 당나라 때까지는 오경을 중심으로 하는 학문 체계가 발전하였다. 당태종(唐太宗)은 공영달, 안사고와 같은 대학자에게 명하여 『오경정의五經正義』를 편찬하게 했는데, 과거를 준비하는 모든 학생들이 공부해야 하는 교재가 되었다.

『시경』은 기원전 10세기부터 황하와 양자가 일대의 민간 가요를 채록한 것을 공자가 시(詩) 300편으로 정리한 것이다. 『시경』은 풍, 아, 송으로 분류되어 있다. 풍의 내용은 남녀의 사랑, 버림 받은 여인, 전쟁의 고통 등 다양하다. 그러나 시경은 단순한 민요라기보다는 리듬과 운율을 다듬어 인위적으로 정리된 문학 작품이다.

『서경』은 요순부터 하은의 시대를 거쳐 주의 말기에 이르기까지 군주의 말을 기록한 '기언문(記言文)' 형식의 역사서이다. 군주의 통치 이념과 제도, 신하와 나눈 대화 등이 주를 이룬다. 진시황의 분서갱유 이후 한 대에 복원된 문헌을 금문상서(今文尙書)라 하고, 공자의 집 벽에서 나온 문헌을 고문상서(古文尙書)라 한다.

『주역(周易)』은 기원전 1,000년 무렵에 정리된 점서(占筮)이다. 이전의 거북점, 시초점의 자료가 축척되어 주초에 64괘가 되었다. 역(易)은 양(陽)과 음(陰)의 상호작용, 변화를 말한다. 『주역』에서는 사시와 하루의 변화로 하늘과 땅의 변화를 알 수 있듯이 인간의 삶과 세상도 그렇게 수시변역(隨時變易) 한다고 본다. 인간은 변화하는 세상 속에서 점괘의 도움으로 현명한 선택을 할 수 있다.

『주역』은 소성괘인 팔괘(八卦), 팔괘가 두 개씩 연결된 육십사괘로 구성되어 있다. 문왕과 주공이 지었다는 육십사괘의 괘사(卦辭), 효사(爻辭)가 있다. 『주역』을 풀이한 주석을 십익(十翼)이라 하는데, 특히 「계사전」이 유명하다. 팔괘의 '건(乾)'은 하늘, 부친, 건강을 뜻하며, '태(兌)'는 못, 소녀, 기쁨, '이(離)'는 화(火), 중녀(中女), 아름다움, '진(震)'은 우레, 장남, 움직임, '손(巽)'은 바람, 장녀, 겸손함, '감(坎)'은 물, 중남(中男), 함정, '간(艮)'은 산, 소남(少男), 그침, '곤(坤)'은 땅, 모친, 순(順)을 의미한다.

『춘추』는 공자가 편찬한 편년체(編年體), 연대순으로 기술한 역사서이다. '춘추'는 역사기록을 춘하추동(春夏秋冬)으로 구분하여 기록해서 책 이름이 되었다. 후대에는 연대기(年代記) 형식의 역사책을 통칭하는 말이 되었다. 『춘추』는 노(魯) 은공 1년(기원전 722)에서 시작하여 애공(哀公) 14년(기원전 481)까지 12명의 군주의 242년 역사를 기록하고 있다. 주나라가 낙양으로 동천한 이후의 역사를 춘추시대로 부르는 것은 이 책의 이름에서 유래하였다. 맹자는 공자가 『춘추』를 통하여 포폄(褒貶)의 역사 평가를 했다고 보았다.

『예기』는 한의 유학자 대성(戴聖)이 편찬한 것으로 그때까지 전해진 크고 작은 일상 예절부터부터 학문, 덕행, 정치에 이르기까지 광범위한 규범을 수록하고 있다. 고대 중국의 풍속, 습관 그리고 유가사상과 종교적 정신세계를 파악할 수 있으며, 총 49편이다. 별도로 대성의 숙부인 대덕(戴德)이 편찬한 85편 『대대기(大戴記)』가 있어 대성이 편찬한 것은 『소대기(小戴記)』라고 하기도 한다.

송대(宋代)에 주돈이, 소옹, 장재, 정명도, 정이천 형제의 '북송오자(北宋五子)'를 거치면서 성립된 '성리학(性理學)'은 유가에 대한 새로운 해석 체계였다. '성리학'은 남송 때 주자에 의해 집대성되어 주자학(朱子學)으로 발전하였다. '주자학'은 '사서(『대학』, 『논어』, 『맹자』, 『중용』)'를 새로운 관점에서 해석했기 때문에 '신유학'이라 부르는 학자도 있다. 이후 원대에 '사서'가 과거시험의 교과서가 되면서 오경보다 사서를 더 중요하게 여기고 집중적으로 공부하는 시대가 열리게 되었다.

사서(四書)는 『논어』, 『맹자』, 『대학』, 『중용』 네 가지 경서를 말한다. 사서 중에서 『대학』과 『중용』은 『예기』 가운데서 「대학」 편과 「중용」 편이었으나 남송 시대의 대학자 주자(朱子)가 '사서'를 묶는 과정에서 독립하여 『논어』, 『맹자』와 함께 사서로 편집되었다.

『논어』는 공자와 제자 사이의 문답집으로서 제자의 질문에 대해 공자가 자세히 답한 것을 공자 사후에 제자들이 정리한 것으로 공자의 사상이 가장 정확히 담겨져 있다.
『맹자』는 맹자의 어록을 정리한 것이다. 인간의 본성은 선(善)한 것이라고 밝히고 인의예지(仁義禮智)를 논하고 있다. 그 논설이 명쾌하여 후세인에게 문장의 모범이 되었다.

『대학』은 유교사상의 핵심이 '수신'에 있음을 밝힌 수신학 교과서이다. 『대학』은 지금의 대학에 해당되는 '태학(太學)'의 교재였다.

『중용』은 '천인합일(天人合一)의 도(道)'를 제시한 유교의 '철학서'이다. 그 핵심 사상은 '성(誠)'으로 모든 개인이 선천적으로 부여 받은 능력을 성실하게 발전시켜 위대한 인간, '성인(聖人)에 이를 수 있다고 주장하였다.

사서오경(四書五經) 중에 여기서는 『논어』, 『맹자』, 『대학』, 『중용』, 『시경』에 대하여 개관하기로 한다.

1. 『논어』 – 공자

『논어(論語)』는 유가의 경전 중 가장 대중적 영향력이 큰 책이다. 공자와 제자들의 대화로 이루어진 짧은 어록체(語錄體)로 되어 있다. 공자의 수업 방식은 일방적인 주입식이 아니라 묻고 대답하여 제자로 하여금 스스로 문제를 찾게 하는 문답식이다. 공자는 인(仁)과 예(禮)의 가치를 추구하였던 인물이다. 여기서 말하는 인은 중국에서 처음으로 인도주의(人道主義) 사상과 자각자율(自覺自律)의 도덕을 제시한 것이며, 예는 인간의 감정 표현이 사회적 규범으로 행해지는 것이다. 현재 전하는 『논어』는 「학이」편에서 「요왈」 편에 이르는 20편으로 이루어졌다.

(1) 공자의 생애

공자

공자(孔子, 기원전551~기원전479)의 생애는 사마천의 『사기』, 권47 「공자세가(孔子世家)」 편의 기록에서 그 생애를 가늠할 수 있다. 사마천은 노자, 맹자, 순자, 한비자 등의 생애는 「열전」으로 기록했지만 공자는 제후가 아니었음에도 불구하고 「세가」에 편입하였다. 공자의 제자들은 별도로 「중니제자열전(仲尼弟子列傳)」 편을 마련하여 그 행적을 남기고 있다.

공자는 기원전 551년, 춘추시대 말엽에 노나라 창평향 추읍에서 하급무사 출신의 숙량흘과 안징재(顔徵在) 사이에서 야합으로 태어났다. 이때 숙량흘은 이미 나이 70여 세의 고령이었으며 안징재는 아직 어린 나이였다고 한다. 본처 시씨(施氏)의 슬하에는 9녀가 있었고 아들도 있었다. 안징재는 잉태하자 이구산(尼丘山)에 올라 사내아이의 출생을 빌어 공자가 탄생한다.

공자의 이름은 구(丘), 자는 중니(仲尼)이다. 공자의 나이 3세에 아버지가 죽고, 어머니의 교육에 힘입어 예를 갖춘 인물로 성장할 수 있게 된다. 그러나 그의 어머니 역시 공자의 나이 19세에 사망한다. 공자는 아버지 무덤을 찾아 방산(防山)에 합장하기에 이른다. 공자는, "나는 3년까지 부모님의 품에 안겨 있었다. 적어도 사후 3년은 부모의 사랑을 그리워하고 싶다." 하고 3년 복상(服喪)을 입었다고 한다.

사마천의 기록에 의하면 "공자의 키는 9척 하고도 6촌, 사람들이 모두 그를 큰 사람이라 하여 기이하게 여겼다."고 한다. 공자는 아버지의 풍채를 닮아서 일찍이 키다리라는 별명을 얻었었다. 10대 후반에는 생계를 위해 창고지기와 가축 관리인으로 일하였다. 이때 곡물의 출납이 공정하였고 가축도 급속도로 번식하여 그 능력을 인정받게 된다. 그는 스승은 없었으나 독학으로 학문의 세계에 입문하였다. 그의 인품과 학문이 널리 알려지자 노나라 뿐만 아니라 이웃나라에서도 점차 제자들이 모여들게 된다.

공자 나이 53세 때 이르러 노의 정공 10년 여름, 정공이 제(齊)의 경공(景公)과 협곡이라는 곳에서 회합을 하였다. 이때 정공을 수행하였던 공자는 "문사(文事)에는 필히 무비(武備)가 있어야 하며, 무사(武事)에는 필히 문비(文備)가 있어야 합니다." 하고 좌우의 사마(司馬)를 데리고 갔다. 회견이 끝나자 제나라의 무력적 음모를 과감하게 물리치고 잃어버렸던 토지를 찾고 사죄를 받아낸다. 이로 인하여 공자는 나이 54세에 대사구(大司寇: 법무대신)가 된다. 다음 해 기득 세력이었던 삼환(三桓: 孟孫氏, 叔孫氏, 季孫氏)의 세력을 퇴치하고자 하였으나 성공하지는 못한다. 더불어 이때 노나라는 제나라의 미인계에 의하여 나라가 위태롭게 된다. 공자는 여러 차례 정공에게 경고를 하였으나 듣지 않자 때가 되었다고 하며 노나라를 떠나게 된다.

이로 인하여 공자는 위(衛), 송(宋), 정(鄭), 진(陳), 초(楚) 등의 여러 제후국을 주유(周遊)하면서 자신의 '이상 정치'를 실현하고자 했으나 그 뜻을 이룰 수가 없었다. 당시 춘추시대에는 제후들 간에 무력에 의한 영토 확장과 권모술수에 의한 권력 쟁탈전이 만연하였다. 공자는 제자들을 이끌고 떠돌아다니는 생활을 14년간 하였다. 그 동안 생명의 위기를 여러 번 넘기며 다시 노나라로 돌아와 후진 교육에 전념하였다. 공자는 제자들에게 고대의 역사, 정치, 문학, 음악 등을 가르쳤다. 이런 과정에서 공자는 『시경』과 『서경』을 정리하고 『주역』에 전을 붙이고, 『춘추』를 짓는 등 문헌 정비에 힘쓰게 되었다. 지금으로 말하면 고전 문헌을 학습 교재용으로 정리한 것이다.

공자는 귀향한 후에 인정(仁政)의 실현을 위한 활동을 접고 제자 교육과 문헌 정비에 전념하게 된다. 공자는 지식에 대하여, "많이 들으면서 그 중 옳은 것을 택하여 그것을 따르고, 많이 보면서 그 중 옳은 것을 기억한다."고 말하였다. 만년에는 공자의 제자가 1,000명에 이르렀으며 그 중 77명은 육예(六藝: 禮, 樂, 射, 御, 書, 數)에 통달한 인물들이었다.

유가에서는 덕행, 언어, 정사, 문학을 이른바 '공문사과(孔門四科)'라 하는데, 공자의 제자 중에서 안연(顔淵: 顔回), 민자건(閔子騫: 閔損), 염백우(冉伯牛: 冉耕), 염중궁(冉仲弓: 冉雍) 등은 덕행에 통달하였고, 재아(宰我), 자공(子貢: 端木賜) 등은 언어(言語)에 통달하였으며, 염유(冉有: 子旬), 계로(季路: 子路, 由) 등은 정사에 통달하였으며, 자유(子游), 자하(子夏) 등은 문학에 일가를 이루었다. 이들을 이른바 '공문십철(孔門十哲)'이라 말한다.

기원전 479년, 노의 애공 14년에 공자는 획린 사건으로 절필한다. 그때 공자 나이 73세였으며 자신의 마지막 떠나는 길을 예감하고 최후를 마친다. 제자들은 위대한 스승을 떠나지 못하고 시묘(侍墓)살이를 3년 동안 하는 '심상(心喪)'을 마쳤다고 한다.

(2) 공자의 사상

공자가 살았던 시기는 견융의 침입으로 주나라가 낙양으로 동천한 후, 각 지방의 제후들에 대한 천자의 통제권이 약화되었던 춘추시대이다. 이때 제(齊)나라의 환공, 진(晋)나라의 문공, 초(楚)나라의 장왕, 오(吳)나라의 합려, 월(越)나라의 구천을 '춘추오패(春秋五霸)'라고 하였다. 이어서 전국시대(기원전 403~기원전 221)에는 진(秦), 초(楚), 제(齊), 연(燕), 한(韓), 위(魏), 조(趙)나라의 칠웅(七雄)이 천하를 할거하고 힘을 겨루었다.

춘추전국시대는 정치적으로는 혼란기였으나, 사회적 · 사상적 측면에 있어서는 오히려 변화와 발전의 시기가 된다. 이 시기에 난세를 극복하기 위하여 등장하였던 많은 사상가를 이른바 제자백가(諸子百家)라고 말한다. 이후의 중국 사상은 제자백가 사상의 재해석에 불과하다고 할 수 있다.

제자백가 사상 가운데서도 중국과 동아시아 문화에 가장 큰 영향을 준 것은 유가사상이다. 유가는 춘추시대의 공자가 창시하고 전국시대의 맹자와 순자가 사상적 체계를 정립하였다. 유가는 한때 진시황(秦始皇, 재위기간 기원전 248~기원전 207)에 의하여 분서갱유(焚書坑儒)로 탄압받기도 했으나, 한무제 때 국교화되면서 동양사상의 주류로 발전하게 되었다. 유가사상은 '수기치인(修己治人)의 도(道)'와 '경국제세(經國濟世)'를 근본으로 민생을 안정시키고 군자를 양성하여 선정을 구현하고자 하는 것이 목적이었다.

공자 사상은, '인(仁)'을 그 근본으로 하고 있다. 인을 이상적인 도덕으로 삼고 인의 가장 순수한 상태가 '효(孝)'와 '제(悌)'로 실현된다고 보았다. 따라서 효와 제를 인간 행위의 가장 기본적인 덕목으로 삼고, 효를 바탕으로 '수신제가(修身齊家)'를 이룬 연후에 '치국평천하(治國平天下)'를 완성할 수 있다는 것이다.

공자는 군자의 교육으로 예와 악을 강조하였다. 한대(漢代)에 이르러 유교가 관학(官學)이 되면서 의식과 예법이 특히 중요시되었고 이 이후 동아시아의 유교 문화권에서는 의식과 예절이 강조되고 예와 악이 인간 교육의 중심이 되었다. 공자가 말하는 예(禮)는 자신의 감정을 언행으로 표현하는 형식이며, 그 방식은 사회적으로 다수에 의해 공감되고 용인되는 것이었다.

이와 같이 인간의 내면적인 덕과 외적인 예의를 균형 있게 갖추는 중용의 행동이 유가사상의 행동 지침이 되었으며, 중도를 추구하는 타협 정신은 이후 중국과 주변 동아시아 문화의 사상적 기반으로 정착되었다. 공자의 유가사상은 맹자와 순자(荀子)에 의해 계승되면서 '유가학파'로 발전하였고, 남송의 주자에 이르러 '신유가'로 재해석, 집대성 되었다.

〈공자성적도〉

(3) 『논어』의 내용

『논어』는 20편, 481장(508장), 15,919자로 구성되었다. 제1편 「학이」 편에서 10편을 상편, 후반 제11편에서 제20편 「요왈」 편까지를 하편이라고 말한다. 각 편의 제목은 첫 문장의 두세 글자를 따서 붙인 것이다. 즉 제1편인 「학이」 편은 '學而時習之 不亦悅乎(배우고 익히면 그 또한 즐겁지 아니한가)'의 첫머리 두 글자를 딴 것이다.

『논어』의 전반과 후반은 문체가 다르고 각 편이 서로 유기적으로 연결되어 있지 않지만 그러나 그 내면에는 인(仁) 사상이 전편에 흐르고 있다. 그러나 『논어』는 문장이 짧고, 그 대화의 배경에 대한 정보가 부족하기 때문에 해석에 많은 이견(異見)이 있다. 이러한 해석의 차이는 그것을 읽는 사람의 환경과 시대정신에 따라서 어쩔 수 없는 면이 있다. 하지만 2,500년 동안 동양 문화권에서 『논어』의 경전적 가치는 흔들린 적이 없었다. 북송 시대의 정자(程子)는 "만약 논어를 읽고 감동이 없다면 그것은 읽지 않은 것과 같다."고 말하였다. 그 깊은 뜻을 대신하는 말이다. 다음은 20편의 내용을 간략히 정리하기로 한다.

① 「학이」 편

「학이(學而)」 편은 모두 16장으로 이루어져 있으며 학업과 덕행에 대하여 기술하고 있다. 주자는 『논어』를 시작하는 이 편에 공자의 근본 사상이 담겨 있기 때문에 특별히 숙독해야 한다고 한다. 「학이」 편의 핵심은 공부 방법과 군자의 언행, 도리이다. 군자는 언행이 무겁지 아니하면 위엄이 없는 법이니 그런 사람은 배워도 견고하지 못하다는 것이다. 그러므로 군자는 성실과 신의를 중히 여기고 나만 못한 사람과 벗 삼지 않고, 자기의 허물을 발견하거든 주저하지 말고 바로 고쳐야 한다고 한다.

② 「위정」 편

「위정(爲政)」 편은 모두 공자의 말씀으로 이루어져 있으며 특히 정치(政治)와 효(孝)에 대한 내용이 중심을 이룬 편이다. 공자는 언행일치, 지행합일을 강조하였다. 아는 것과 행하는 것은 별개의 일이 아니다. 그렇기 때문에 특히 제대로 아는 것이 중요하다. 여기에서 공자는 "안다는 것을 안다고 하고 모르는 것을 모른다고 하는 것이 곧 아는 것이다.", "군자는 말에 앞서 먼저 행하고, 행한 연후에 말하여야 한다."고 하였다. "예 것을 배워 새로운 것을 익힌다."는 온고지신(溫故知新)의 공부법도 여기에 나온다.

공자는 자신의 일생을 요약했다.

"나이 15세에 학문에 뜻을 두고, 30세에 학문의 기초를 확립했으며, 40세에는 판단에 혼란이 없었고, 50세에 천명(天命)을 알았으며, 60세가 되어서는 귀로 들으면 그 뜻을 알았고, 70세가 되어서는 마음이 동하는 대로 움직여도 법도를 벗어나는 일이 없었다(子曰, 吾十五而有志于學, 三十而立, 四十而不惑, 五十而知天命, 六十而耳順, 七十而從心所慾不踰矩: 자왈, 오십오이유지우학, 삼십이립, 사십이불혹, 오십이지천명, 육십이이순, 칠십이종심소수불유거)."

이것은 공자의 짧은 자서전이라 불릴 만큼 회자되는 명문장이다. 이후 15살의 나이를 '지우학'이라 하고, 30을 '이립'이라 표현하게 되었다. 40대가 되면 '불혹'의 나이라

하고, 50은 '지천명', 60은 '이순'이 되었다.

③「팔일」편

「팔일(八佾)」편에는 당대의 사회규범, 예(禮)에 대한 내용이 중심을 이룬다. 당시 노(魯)나라는 신분 질서가 무너지면서 신분에 따른 규범이 지켜지지 않았다. 때문에 공자는 예를 통하여 사회규범, 질서를 회복하고자 하였다.

"예는 그 사치하기보다는 차라리 검소해야 하고, 부모의 초상을 치를 때에는 그 절차를 따지기 보다는 차라리 애통하여야 한다."

"제사를 모실 때 조상이 계시는 듯이 할 것이며, 신에 제사를 모실 때도 신이 계시는 듯이 해야 한다. 자신이 제사에 참여하지 않으면 제사를 모시지 않은 것과 같다."

④「이인」편

「이인(里仁)」편에는 인(仁)에 대한 내용이 집약적으로 수록되어 있다. 공자는, 어진 이를 보면 그를 본받고자 노력하고 어질지 못한 이를 보면 자신의 반성의 대상으로 삼아야 한다고 말하였다. 그리고 자식의 도리는, 부모가 살아 계시면 멀리 나가 놀아서는 아니 되며 부득이 한 사정으로 집을 멀리 떠나게 되면 부모님께 행선지를 알려야 한다고 하였다.

"아침에 도를 들으면 저녁에 죽어도 좋다(朝聞道 夕死 可矣)." 또한 "군자는 의리를 깨우치는 것에 노력하지만, 소인은 이익에만 전력을 다한다."

⑤「공야장」편

「공야장(公冶長)」편은 고금의 여러 역사 인물에 대한 인물평이 주된 내용이다. 공야장은 공자의 제자로 자(字)는 자장(子長)이다. 그는 일찍이 형벌을 받은 적이 있으나 공자가 사위로 삼을 정도로 사람됨을 인정받았다.

"약삭빠른 말, 좋은 듯이 꾸미는 얼굴, 환심을 사기 위하여 머리를 숙이는 것을, 좌구명(左丘明)도 부끄러워했거니와 나도 그것을 부끄러워한다(巧言令色足恭, 左丘明恥之, 丘亦恥之, 匿怨而友其人, 左丘明恥之, 丘亦恥之: 교언영색족공, 좌구명치지, 구역치지, 닉원이우기인, 좌구명치지, 구역치지)."

"처음에는 내가 사람들에 대하여 그 말을 듣고서 그 행위를 믿었는데, 지금에는 그 행위를 보고 그 말을 믿는다. 재아를 보고 고친 것이다(始吾於人也, 聽其言而信其行, 今吾於人也, 聽其言而觀其行, 於予與改是: 시오어인야, 청기언이신기행, 금오어인야, 청기언이관기행, 어여여개시)."

이것은 제자 재아(宰我)의 나태한 행동과 능란한 언술을 탓하여 평가한 말인데, 말보다 실천이 중요하다는 것을 강조하는 말이다.

⑥ 「옹야」 편

염옹(冉雍)은 공자의 제자로 자(字)는 중궁(仲弓)이라고 하였다. 염옹은 비천한 집안의 출신이었으나 덕행과 정치적 역량이 뛰어났던 인물이다. 공자는 중궁에 대하여 말하기를, "붉고 멋진 뿔을 가졌다면, 비록 얼룩소지만 산천의 신은 그것을 버리지 않을 것이다(子謂仲弓曰, 犁牛之子騂且角, 雖欲勿用, 山川其舍諸)."라고 하여, 출신보다는 노력의 결실을 중시하였다. 또한 "지자는 물을 좋아하고 인자는 산을 좋아하는 법이니, 지자는 동적이고 인자는 정적이며, 지자는 즐기고 인자는 장수를 누린다(知者樂水, 仁者樂山, 知者動, 仁者靜. 知者樂, 仁者壽: 지자요수, 인자요산, 지자동, 인자정, 지자락, 인자수)."라고 하였다. '요산요수'는 자연과 인간 미학을 표현한 명구이다.

「옹야(雍也)」 편에서는 이렇게 말한다.

"사람이 살아가는 것은 곧 정직함이니, 정직함이 없이 살아가는 것은 다행히 화를 모면하고 것일 뿐이다."

⑦ 「술이」 편

「술이(術而)」 편은 학문과 덕행에 관한 공자의 말과 행위를 제자들이 기록한 것이다. 공자의 덕행과 신념, 대인의 풍도(風度)를 읽을 수 있으며 『논어』 전편을 통하여 가장 뛰어난 구절이 많은 편이다.

고전의 중요성을 이야기하는 다음과 같은 구절이 있다.

"고전은 전승하지만 창작하지는 않는다. 믿고서 고전에 몰두하면서 가만히 나를 노팽에게 견주어 보노라(述而不作, 信而好古, 竊比我於老彭: 술이불작, 신이호고, 절비아어노팽)."

또한 자신의 학습법을 말하기도 한다.

"세 사람이 함께 가면 그 중에 반드시 내 스승이 있으니, 선한 이를 골라 그를 본받고 선하지 않은 이에게서는 내 몸의 그것을 고치라(三人行, 必有我師焉, 擇其善者而之, 其不善者而改之: 삼인행, 필유아사언, 택기선자이지, 기불선자이개지)."

"스스로 분발하지 않으면 깨우쳐 주지 아니하고, 표현하는 말에 애태우지 않으면 입을 틔워 주지 아니하며, 한 귀퉁이를 들어 보여 나머지 세 귀퉁이를 가지고 반응해 오지 아니하면 반복하지 않는다(不憤不啓, 不悱不發, 擧一隅 不以三隅反, 則不復也: 불분불개, 불배불발, 거일우불이삼우반, 즉불복야)."

⑧ 「태백」 편

「태백(泰伯)」 편에는 고대의 현인들과 군자에 대한 말과 학문과 덕행에 관한 교훈이 수록되어 있다. 주 왕조 문왕(文王)의 아버지는 계력(季歷)이다. 계력에게는 두 형, 태백(泰伯)과 중옹(仲雍)이 있었다. 태백은 아버지 태왕(太王)의 뜻에 따라 막내 동생 계력에게 후계자 자리를 양보하고 동생과 함께 남쪽으로 떠났다.

"태백은 최고의 덕을 지녔다고 말할 수 있다. 세 번이나 천하를 양보하였으나 백성은 그것을 칭송할 길이 없었다."

"공경하면서 예의가 없으면 헛수고로 끝나며, 신중하지만 예의가 없으면 두려워지고, 용기가 있지만 예의가 없으면 난폭해지며, 정직하지만 예의가 없으면 가혹해진다. 군자가 친척에게 후하게 하면 백성들 사이에 인이 일어나며, 옛 친구를 버리지 않으면 백성은 박정해지지 않는다)."

⑨「자한」편

「자한(子罕)」편의 '한언(罕言)'은 공자가 이(利)와 명(命)과 인(仁)에 대하여 좀처럼 말하지 않았다는 뜻이다. 여기에는 공자 만년의 언행이 수록되어 있어「술이」편의 속편이라고 할 수 있다. 특히 제자 안회(顏回)가 죽은 후의 충격과 슬픔을 표한 구절이 있다.

"날씨가 추워진 연후에야 비로소 소나무와 전나무가 홀로 푸르다는 것을 알게 될 것이다(歲寒然後, 知松柏之後彫也: 세한연후, 지송백지후조야)."

이 말은『사기』「백이열전」에도 변형되어 나타난다.

⑩「향당」편

「향당(鄕黨)」편에는 공자의 의식주(衣食住)를 포함한 일상생활과 조정에서의 공적인 생활에 대한 제자들의 기술이 수록되어 있다. 공자가 방석이 바르게 깔려 있지 않으면 앉지 않았다는 세세한 일상의 기록이 남아 있다.

"제자를 타국에 사신으로 보낼 때, 떠나는 이에게 반드시 재배하고 보내었다(問人於他邦, 再拜而送之: 문인어타방, 재배이송지)."

이는 예의를 외교 관계의 중요한 덕목으로 교육 하였던 공자의 면모를 확인할 수 있는 대목이다.

⑪ 「선진(先進)」 편

「선진」 편은 제자들에 대하여 평한 말을 주로 싣고 있다. '선진(先進)'이란 초기에 공자의 문하에 들어온 제자들을 말한다. 그들은 자로(子路), 민자건(閔子騫), 칠조개(漆雕開) 등이다. '후진(後進)'은 자하(子夏), 자유(子游), 자화(子華), 자장(子張) 등이다.

어느 날 공자의 제자 자로가 영(靈)과 사(死)에 대하여 물었다. 공자는 현실의 삶을 우위에 두었다.

"사람을 섬기지 못하고서야 어찌 귀신을 섬길 수 있겠느냐, 아직 삶도 모르는데 어찌 죽음을 말 할 수 있겠느냐(未能事人焉能事鬼, 未知生焉知死: 미능사인언능사귀, 미지생언지사)."

⑫ 「안연」 편

「안연(顔淵)」 편은 제자들과 제후들의 질문에 대답하였던 문장을 싣고 있어 당시 공자학당의 분위기를 읽을 수 있다. 특히 인(仁)과 정치(政治)에 대한 대화가 많이 수록되어 있다.

이 편은 안연이 공자에게 인에 대해 물은 것이 유명하다.

"자기를 극복하고, 예로 돌아가는 것이 인이다(克己復豊: 극기복풍)."

"정치란 바로잡는 것이다(政者正也: 정자정야)."

"임금은 임금다워야 하고, 신하는 신하다워야 하며, 아비는 아비다워야 하고, 자식은 자식다워야 한다(君君 臣臣 父父 子子: 군군 신신 부부 자자)."

공자는 스스로 느끼고 스스로 지키는, 자각자율(自覺自律)을 강조하였다.

⑬ **「자로」 편**

「자로(子路)」 편은 정치에 대한 문답 형식의 말과 인격 수양과 처세술에 관한 내용을 수록하고 있다.

"정치하는 사람 자신이 올바르면 명령을 내리지 않아도 백성이 그대로 따르나, 그 자신이 올바르지 않으면 비록 명령을 내릴지라도 백성이 복종하지 않는다(其身正, 不令而行, 其身不正, 雖令不從: 기신정, 불령이행, 기신부정, 수령부종)."

또한 "시 300편을 암송하고 있더라도, 정치를 위임받아 능숙하게 처신하지 못하고, 사방의 나라에 사자로 나아가 자주적으로 응답하지 못하면, 비록 시를 많이 암송할 수 있더라도 소용이 없는 것이다(誦詩三百, 授之以政, 不達, 使於四方, 不能專對, 雖多亦奚以爲: 송시삼백, 수지이정, 불달, 사어사방, 불능전대, 수다역해이위)."라고 하였다. 이것은 수신(修身)이 이루어진 연후에 치국(治國)할 수 있다는 말이며 시 300편이 외교관계의 수단으로 이용되었던 사정을 알 수 있게 하는 대목이다.

⑭ **「헌문」 편**

「헌문(憲問)」 편은 공자의 제자 원헌(原憲)이 물었다는 뜻이다. 이 편에는 개인과 정치상황에 대한 관계가 나와 있다.

"국가에 정도가 서 있을 때는 녹을 먹을 수 있지만, 만일 국가에 정도가 서 있지 않은데 녹을 먹는 것은 바로 그것이 수치이다(邦有道穀, 邦無道穀, 恥也: 방유도곡, 방무도곡, 치야)."라고

이와 같이 공자는 백성 다스리는 관리의 도, 목민관(牧民官)의 도리를 밝히고 있다.

⑮ **「위령공」 편**

「위령공(衛靈公)」 편에는 수양과 처세에 관한 내용이 폭넓게 수록되어 있다. 도의가 쇠퇴하는 당시를 개탄하는 내용과 단편적인 명언을 읽을 수 있는 편이다. 위령공은 공자가 만났던 위(衛)의 군주로 당시 고령이었기 때문에 젊은 아내 남자(南子)가 정치 일

선에서 움직였다. 남자는 공자와 손잡고 정치를 하려 시도했으나 자로를 비롯한 제자들의 반대로 이뤄지지 않았다.

"잘못을 저지르고도 고치지 않는 것은 그 자체가 잘못이다(過而不改 是謂過矣: 과이불개, 시위과의)."

"군자는 도를 도모하고 먹고 사는 것을 꾀하지 아니한다. 농사를 지어도 굶주림이 그 가운데 있고 공부를 하면 녹이 그 가운데 있다. 그러므로 군자는 도를 근심하지, 가난을 걱정하지 않은다(君子謀道不謀食, 耕也餒在其中矣, 學也祿在其中矣, 君子憂道不憂貧: 군자모도불모식, 경야뇌재기중의, 학야록재기중의, 군자우도불우빈)."

⑯「계씨」편

「계씨(季氏)」편은『논어』중에서도 긴 문장이 가장 많은 편이다. 계씨는 군주 애공보다 권력이 강했던 계손씨(季孫氏) 집안의 계강자(季康子)이다. 여기 나오는 '생이지지', '학이지지'의 문장은 유명하다.

"사람은 나면서부터 아는 이를 상등(上等)이라 하고, 배워서 아는 사람이 그 다음이고, 곤란해져서 배우는 사람은 또 그 다음이다. 그러나 곤란한 상황이 닥쳐도 배우지 아니하면 그 사람이 곧 하등(下等)이다(生而知之者, 上也, 學而知之者, 次也, 困而學之, 又其次也, 困而不學, 民斯爲下矣: 생이지자, 상야, 학이지자, 차야, 곤이학지, 우기차야, 민사의하의)."

대부분의 사람들은 공부를 통하여 발전할 수 있음을 말하고 있다.

⑰「양화」편

「양화(陽貨)」편의 양화는 양호(陽虎)라고도 한다. 계손씨 집안의 가신이었지만 세력을 키워 계환자(季桓子)를 감금하고 권력을 잡았다가 제나라로 망명한 인물이다.

공자는 약삭빠른 말과 좋은 듯이 꾸미는 얼굴에는 인(仁)이 드물다고 말하고, "나이가 마흔이 되어서도 미움을 받으면 더할 것이 없다(年四十而見惡焉, 其終也已).", "너희들은 어찌 시를 배우지 않느냐, 시는 감흥을 일으키며 사람들이 사는 모습을 볼 수 있고 사람과 어울리게 하며, 가까이는 어버이 섬김을 가르치고 나아가서는 임금 섬기는 바탕이 되며, 새와 짐승과 초목의 이름을 많이 알게 한다(小子, 何莫學不詩, 詩可以興, 可以觀, 可以群, 可以怨, 邇之事父, 遠之事君, 多識於鳥獸草木之名: 소자, 하막학불시, 가이관, 가이군, 가이원, 이지사부, 원지사군, 다식어조수초목지명)."고 하였다.

또한 아들 백어에게 다음과 같이 말하며, 왜 시를 배워야 하는지를 강조했다.

"사람이 되어 시경(詩經)의 주남(周南) 소남(召南)을 배우지 아니하면 참으로 담벼락 앞에 서 있는 것과 같을 것이다(子謂伯魚曰, 女爲周南召南矣乎, 人而不爲周南召南, 其猶正牆面而立也與: 자위백어왈, 여위주남소남의호, 인이불위주남소남, 기유정장면이립야여)."

⑱「미자」 편

「미자(微子)」 편에는 은말(殷末)의 백이(伯夷) · 숙제(叔弟)와 그 밖의 현인들의 처세에 대한 일화가 많이 수록되어 있다. 미자는 은의 마지막 군주인 주(紂)의 이복형이다. 주의 신하로 왕자비간, 미자, 기자, 세 명의 현인이 있었다. 왕자 비간은 충언을 하다 죽임을 당했고, 기자는 투옥되었고, 미자는 망명하였다. 나중에 무왕은 미자를 송(宋)에 봉하여 은의 유민을 다스리게 한다.

공자가 노나라를 떠나게 되는 원인에 대해 언급도 있다.

"제나라에서 여자 가무단을 보내 왔다. 계환자가 그것을 받고 사흘간 조정에 나가지 않자, 공자는 노나라를 떠났다(齊人歸女樂, 季桓子受之, 三日不朝, 孔子行: 제인귀여락, 계환자수지, 삼일불조, 공자행)."

제나라의 미인계에 말려들어 노나라 정공과 계환자가 조정 업무를 소홀히 하자 공자는 노나라를 떠난 것이다. 떠날 당시 공자 자신도 천하주유가 14년이나 계속될지는 예상하지 못했을 것이다.

⑲ 「자장」 편

「자장(子張)」 편은 자장(子張), 자하(子夏), 자유(子游), 자공(子貢) 등 문인의 언행을 기록한 것이다. 공자의 사후, 제자들의 활동과 내부의 갈등도 알 수 있다.

자장은 말했다.

"선비는 나라가 위태하면 목숨을 내놓고, 이득을 보면 의로움을 생각하며, 조상의 제사에는 공경을 다하고, 초상에는 슬픔을 생각한다. 이렇게 하면 좋은 선비라 할 수 있다(子張曰, 士見危致命, 見得思義, 祭思敬, 喪思哀, 其可已矣: 자장왈, 사견위치명, 견득사의, 제사경, 상사애, 기가기의)."

⑳ 「요왈」 편

「요왈(堯曰)」 편은 모두 세 장으로 되어 있다. 1장은 요순부터 이어지는 선양과 천명론이 나오고 2장에는 정치란 무엇이며, 어떤 사람이 종사해야 하는가에 대한 공자와 자장의 문답이 나온다. 마지막 3장에는 "하늘의 명을 알지 못하면 군자가 될 수 없으며, 예를 알지 못하면 설 수가 없으며 말을 알지 못하면 다른 사람을 알 수 없다(不知命, 無以爲君子也. 不知禮, 無以立也. 不知言, 無以知人也: 부지명, 무이위군자야. 부지예, 무이입야. 부지언, 무이지인야)."라는 말로 『논어』의 주제가 요약되어 있다.

『논어』 20편의 대부분의 문장은 짧지만 그 뜻은 깊고 넓다. 또한 그 서술 방법이 평이하나 논리적이기 때문에 누구나 공감할 수 있는 설득력을 지니고 있다. 공자는 지금으로부터 2,500년 전의 인물이다. 오래된 인물과 그의 사상이 21세기 과학기술의 시대에 어떤 의의를 가지는가 하는 의문을 가질 수 있다. 그러나 여전히 많은 사람들이 『논어』를 통해 공자를 만나고, 그의 사상에 감응하고 있다. 고전의 힘은 이런 것이다.

〈해설〉

『논어』는 이상적인 인간상으로는 '군자학(君子學)'을 강조하였으며 정치의식에 있어서는 '덕치주의(德治主義)'를 강조하였다. 다시 말하자면 당시 어지러운 세상에서 위정자는 덕으로 백성을 다스리고 백성은 충성된 마음으로 섬겨야 하며, 가정에서는 부모에게 공경하고 형제끼리 우애를 나누며 친척끼리 화목하기를 강조하였다. 공자는 이것을 실천하는 것이야말로 곧 사람다운 사람으로서의 도리라고 지적하고, '군자지도(君子之道)'를 제시하였다.

『논어』는 이전의 중국 문화를 정리하여 윤리, 도덕, 역사, 교육 등 거의 모든 부분에 걸쳐 확고한 원칙과 기준을 제시하여 미래의 방향을 잡아 주었다는 점에서도 그 의의와 가치가 부여된다.

그러나 공자사상은 인간관계에만 치중하여 인격을 완성하는 데는 적절한 이론이지만, 주(周)나라 제도로 돌아가야 한다는 것으로 극히 회고적인 복고사상으로 인해 미래지향성이 결여되어 있다고 지적받기도 한다. 또한 자본주의 사회에서 중요하게 인정되는 물질적인 측면을 경시한 것도 사실이다.

이러한 몇 가지 문제점에도 불구하고 그의 인(仁) 사상은 인간 대 인간 관계의 극치이며, 정치철학뿐만 아니라 윤리학에도 크게 기여하였던 것이다. 현대사회의 특징이 인간 부재와 자아 상실로 요약된다고 할 때, 이 처방에『논어』가 가지는 가치는 무한하다고 할 수 있다.

2. 『맹자』 – 맹자

맹자

『맹자(孟子)』는 전국시대 철학자 맹자의 사상을 기록한 것이다. 맹자가 만년에 고향으로 돌아가 제자들을 키우는 과정에서 집필했다고 한다.

맹자는 약육강식의 사회를 살면서도 모든 인간의 선한 마음, 선한 의지를 신뢰하였다. 그의 성선설(性善說)은 동양 인성론의 중심이 되었다. 그의 정치사상은 힘을 앞세운 '패도(覇道)'를 반대하는 '왕도(王道)'이다. 『맹자』에는 이와 같은 맹자사상의 전모가 주로 그의 제자, 또는 당시 군주들과의 대화 형식으로 남아 있다.

『맹자』는 남송에 이르러 주자(朱子)가 『대학』, 『중용』, 『논어』와 함께 '사서'의 하나로 묶으면서 널리 읽히게 되었다.

(1) 맹자의 생애

맹자(기원전 372~기원전 289?)는 전국시대의 사상가로, 공자 사후 100년 정도 지난 후에 태어났다. 그는 산동성의 추(鄒) 출신으로 어린 나이에 아버지를 여의고 어머니의 엄격한 교육에 의하여 유학적 수업을 받았다.

맹자의 어머니는 '맹모삼천지교(孟母三遷之敎)', '단기지계(斷機之戒)'의 일화를 남긴 인물이다. 맹자의 어머니는 아들의 교육 환경을 위하여 세 번 이사를 하였고, 공부가 부진한 아들에게 경각심을 주기 위해 짜고 있던 베를 끊었다고 전해진다.

맹자는 젊은 시절 노나라에 유학하여 공자의 손자인 자사(子思)의 문하에서 수업하였다. 그 후 제자들과 함께 위나라의 수도였던 대양으로 가서 혜왕을 만났지만 뜻을 이루지 못하자 제나라로 갔다. 그 곳에서 7년 동안 선왕(宣王)의 자문역을 하였다. 그 후 소국이었던 등나라의 문공 등에게 유세(遊說)를 하면서 약 15년 동안 각 나라를 떠다녔다. 맹자가 살았던 전국시대는 유력한 제후가 스스로 왕이라 칭하고 무력으로 천하 통일을 시도하던 시기였다.

그들의 목표는 제 환공이나 진 문공과 같은 패자(霸者)가 되는 것이었다. 이러한 시대적 흐름을 거부하고 맹자는 패도(霸道)가 아닌 왕도(王道)를 주장하였다. 맹자는 공자의 '인'의 정신을 계승한 진정한 후계자였다.

(2) 맹자의 사상

공자의 유가 사상은 맹자와 순자에 의해 계승되어 유가학파로 발전되었다. 그러나 이들은 각기 그 독자성이 인정되고 있으며 후세의 학문에 미친 영향 또한 각기 차별성이 있다. 인의(仁義)를 강조한 맹자는 공자의 손자인 자사(子思)의 학문적 전통을 계승하였고, 순자는 현실정치를 중시한 자하(子夏)의 학문을 계승하였다. 맹자의 사상은 인성론(人性論)과 정치론(政治論)으로 구분할 수 있다.

맹자의 인성론은 인간의 본성은 선천적으로 선하다는 '성선설'이다. 성선설의 핵심은 사람의 마음은 태어날 때부터 인의예지(仁義禮智)라는 사덕(四德)을 가지고 있다는 것이다. 맹자는 성선설을 '사단(四端)'으로 설명한다. 인간은 누구나 측은지심(惻隱之心), 수오지심(羞惡之心), 사양지심(辭讓之心), 시비지심(是非之心)을 가지고 있기 때문에 그 내면에 '선'을 지향하는 도덕심이 있는 것을 확신할 수 있다는 것이다. 어떻게 알 수 있는가? 맹자는 어린아이가 우물 가로 기어갈 때, 그 모습은 본 사람은 누구나 '불쌍하고 안타까운 마음'(측은지심)을 갖게 된다고 한다. 자신도 모르게 아이를 구하게 되는데, 이것은 특별한 보상을 바라고 하는 행동이 아니다. 사람에게는 누구나 이런 마음이 있고 만약 이것이 없다면 인간이라 할 수 없다(非人)는 것이다.

그는 사단설을 기반으로 하여 일상생활에서 '오륜(五倫)'을 실천해야 한다고 주장하였다.

부자유친(父子有親): 아버지와 아들은 항상 가까이 하고 마음을 나누어야 한다.
군신유의(君臣有義): 군주와 신하가 된 사람은 의리가 있어야 한다.
부부유별(夫婦有別): 부부의 연을 맺은 남녀는 집안에서 각자 맡은 역할을 수행해야 한다.
장유유서(長幼有序): 집안과 마을에서 어른과 젊은이는 나이에 따라 순서를 지켜야 한다.
붕우유신(朋友有信): 친구, 동년배 사이에는 신의, 약속을 지켜야 한다.

'오륜'은 『중용』에서는 '오달덕(五達德)'으로 나오면 동양 사회에서 가족, 사회, 국가 윤리의 기본 강령이 되었다.

맹자의 성선설은 약 50년 후배인 순자의 성악설(性惡說)과 아울러 동양 인성론의 두 전형이 되었다. 성선설에 근거를 둔 맹자의 윤리사상은 인간 내면의 선한 의지를 전제한 것으로 '주관적 윤리학'이라 할 수 있다. 반면에 성악설에 근거를 둔 순자의 윤리 사상은 인간내면의 선한 의지가 아닌 사회의 규약, 법률로 인간의 본성을 바꿀 수 있다는 입장이다. 이것은 '객관적 윤리학'이라 할 수 있다.

맹자는 정치론에 있어서 '덕치(德治)'를 바탕으로 한 '왕도정치'를 제창하였다. 이것은 힘을 앞세우는 '패도(覇道)'로는 인심을 얻을 수 없으며, 인애(仁愛)를 행하는 '왕도'로 민심을 얻고 천하를 통일할 수 있다는 입장이다. 그는 패도와 전쟁을 일삼는 군주는 하늘이 버려서 '천명(天命)'을 받을 수 없다고 주장하였다. 동양 정치사상에서 '천명'은 군주의 절대적 카리스마의 근거이다. 그렇기 때문에 포악한 군주는 천명과 민심을 잃을 수 있고, 이 경우 그는 천자가 아니라 하나의 평범한 사람[一夫]이 된다. 이것이 맹자가 왕조 교체를 천명의 이동으로 본 이유이다.

맹자의 정치철학 중에서 역성혁명론(易性革命論)이 후대에 끼친 영향은 막강했다. 왕조의 교체를 최고 지배자의 덕, 민심, 천명과 연계하여 분명하게 정리했기 때문이다. 그는 백성(民), 군주(君主), 사직(社稷)의 세 가지 중에서 백성의 존재가 가장 귀하다고 보았다. 백성과 그 백성이 살고 있는 땅만 있다면 군주와 그의 사직은 얼마든지 바뀔 수 있기 때문이다. 그러나 군주의 입장에서는 맹자의 역성혁명론은 불편하고 불쾌한 이론이었다. 명의 태조 주원장(1328~1398)은 황제가 된 후 『맹자』의 역성혁명론이 나오는 부분을 빼버려 읽지 못하게 하였다.

(3) 『맹자(孟子)』의 내용

『맹자』는 7편으로 이루어져 있다. 「양혜왕」 편, 「공손추」 편, 「등문공」 편, 「이루」 편, 「만장」 편, 「고자」 편, 「진심」 편으로 구성되어 있다. 각 편을 다시 상하로 나눈 14권 본이 되어 현재 통용되고 있다.

이들 중 「양혜왕」 편, 「공손추」 편, 「등문공」 편 3편은 주로 맹자가 각국의 제후들과 나눈 대화록이며 「이루」 이하는 만년에 고향에 돌아와서 제자들과 인성과 정치에 관해 토론한 내용을 정리한 것이다.

① 「양혜왕」 편

「양혜왕(梁惠王)」 상하편의 중심 사상은 천명(天命)을 대변하는 백성의 저항권은 인정된다는 것이다. 맹자는 전란으로 시달리는 백성의 안정을 위해서는 덕을 지닌 군주가 천하를 통일하여 새 시대를 열어야 한다고 주장하였다. 그는 천하의 유력한 군주들을 찾아가서 그 뜻을 피력하였는데, 당시 동쪽 강대국 제(齊)나라 선왕(宣王)에게 천하통일의 기대를 걸었지만 제나라에서도 뜻을 이루지 못하고 귀향하게 된다.

양혜왕(梁惠王)이 백성을 위하여 진심을 다하는 자신과 이웃 나라의 왕을 비교하여 자신의 백성이 더 불어나지 않는 까닭을 맹자에게 물었다. 맹자는, "왕이 전쟁을 좋아하시니, 전쟁으로 비유해서 답하겠습니다. 둥둥둥 하고 북을 울려 군사들의 칼날이 맞부딪치게 되면, 한쪽 군사가 패하여 갑옷을 버리고 병기를 끌고 달아나되, 어떤 자는 백 보를 달아난 뒤에 멈추고 어떤 자는 오십 보를 달아난 뒤에 멈추자, 오십 보 달아난 자가 백 보 달아난 자를 비웃는다면 어떻겠습니까?" 하고 말하였다.

양혜왕은, "오십 보 달아난 자가 백 보 달아난 자를 비웃는 것은 불가한 일입니다.

모두 달아난 것은 마찬가지입니다."라고 답하였다. 이에 맹자는 "왕께서 만일 이를 아신다면 백성이 이웃 나라보다 많아지기를 바라지 마십시오."라고 대답하였다. 양혜왕이 흉년에 백성을 위하여 진심을 다하는 것은 마땅히 해야 할 정책으로, 큰 왕도로 본다면 이웃 나라의 왕이나 오십보백보에 지나지 않는다는 것을 말한 것이다.

양혜왕은 전국(戰國)시대 칠웅(七雄: 秦, 楚, 燕, 齊, 韓, 魏, 趙: 진, 초, 연, 제, 한, 위, 조)의 하나인 위(魏)나라 혜왕을 말한다. 당시 위나라의 수도가 대량(大梁)에 있었기 때문에 위를 양으로 부르기도 했다. 위나라는 제후국이었으나 나라가 커지자 왕이라 분수에 넘치게 호칭하였다.

②「공손추」 편

제선왕에게 유세했던 내용을 담고 있다. 중요 내용은 왕도(王道), 양기(養氣), 사단(四端)에 관한 논설이다. 왕도론은 전편과 거의 같고, 양기론은 마음을 주재하는 '지(志)' 이외에 육체를 지배하는 '기(氣)'의 존재를 지적하고, 이것을 높이 키워서 도의(道義)와 합치시키는 것을 '호연지기(浩然之氣)'라고 하였다.

「공손추(公孫丑)」 편은 모두 23장으로 이루어져 있으며, 제14장에서 맹자는, "하늘이 주는 천시(天時)는, 지리적으로 유익한 점과 같지 않고, 지리적 이점은, 인간적 화합과 같지 않다(天時, 不如地利, 地利 不如人和: 천시, 불여지이, 지이, 불여인화)."고 하였다. 이것은 인화, 군주와 백성간의 합의, 상호존중이 하늘이 준 때나 지형적 이로움보다 중요하다고 본 것이다.

③「등문공」 편

「등문공(藤文公)」 편에는 맹자의 토지 정책인 '정전법(井田法)'이 나온다. 정전법이란 토지를 우물 정(井) 자 모양으로 나누어 중앙은 조세용 공전(公田)으로 하고, 그 주위 토지를 8가구가 균등하게 분배한다는 것이다. 이러한 토지제도는 후대의 정전제(井田制), 균전제(均田制) 등의 토지제도에 영향을 미친 것이다.

그리고 당시의 지식인을 매혹시킨 농가(農家)나 묵가(墨家) 사상의 논리적 모순을 지적 비판한 것으로 모두 15장으로 이루어져 있다. 이것은 자급자족의 근로생활을 제창하는 농가가 실제적으로는 교역경제에 의존할 수밖에 없는 맹점을 공박하고, 사회 발전 면에서 농가를 거부하고 분업의 필요성을 역설한 것이다. 또한 절약을 중히 여겨 박장(薄葬)을 권장하는 묵가의 주장이 인정에 어긋난다는 점을 비판하고, 이 세상에서 인륜을 행하기 위해서는 이단을 배척해야 한다고 역설하였다.

여기서 '대장부론(大丈夫論)'이 피력되고 있다.

"천하라는 넓은 집에 살고 천하의 올바른 자리에 서고 천하의 대도를 실천하며 뜻을 이루면 백성들과 더불어 함께 나아가고, 뜻을 이루지 못하면 혼자서 자기의 도를 실천한다. 부귀도 그의 마음을 어지럽히지 못하고 빈천도 그의 마음을 변하게 하지 못하고 무서운 무력도 그를 굴복시키지 못하는 것이 대장부이다."

④「이루」편

「이루(離婁)」 편은 정치, 윤리, 교육, 인물 평론 등에 관한 어록으로, 61장으로 되어 있다. 이전의 편과는 달리 주로 짧은 문장으로 이루어져 있으며 제자들과의 문답을 정리한 것이다.

맹자는, "근원이 있는 물은 졸졸 밤낮으로 흘러서 구덩이를 다 채운 뒤에는 사방의 바다에 도달한다. 모든 근본이 있는 것은 이와 같은 것이다. 만약에 근본이 없다면 칠팔 월 큰 비가 내릴 때 작은 도랑, 큰 도랑 할 것 없이 온통 채워 버리지만, 이윽고 비가 그치면 서서 기다릴 수 있을 정도로 금방 말라 버리는 것이다. 이것은 군자가 실제 이상의 좋은 평판을 듣는 것과 같아서 그 근원이 없는 물처럼 오래 지속하지 못하게 된다. 군자는 이것을 부끄러워해야 한다."고 말한다. 여기서 나온 '영과(盈科)'라는 단어는 부족한 것을 채우고 다음 단계로 나아가야 한다는 공부의 법칙을 말한 것이다.

⑤「만장」편

「만장(萬章)」 편은 모두 18장으로 상편은 제자인 만장(萬章)의 물음에 대답하고, 요(堯), 순(舜), 우(禹) 등의 전설을 통하여 이전의 역사와 정치를 논한 것이다. 하편 역시 만장과의 대화를 통하여 제자들에게 유가적 가치관을 설파하고 있다.

만장이 맹자에게 우도(友道)에 관하여 물었다. "나이 많은 것을 유세 말고 지위 높은 것을 유세 말고 벗을 사귀어야 하느니라. 벗을 사귐은 그 사람의 덕을 벗 삼는 것이므로 유세하는 것이 있어서는 아니된다(不挾長, 不挾貴, 不挾兄弟而友, 友也者, 友其德也, 不可以有挾也: 불협장, 불협귀, 불협형제이우, 우야자, 우기덕야, 불가이유협야)." 라고 친구와의 사귐에서 가장 중요한 것은 그 사람의 인격을 보는 것이라고 말하였다.

⑥「고자」편

「고자(告子)」편은 모두 36장으로 상편은 주로 인성론(人性論)을 피력하여, 고자와의 논쟁이 정리되어 있다. 상편의 후반은 왕도(王道), 양기(養氣), 사단(四端) 등과 관련되는 수양론(修養論)으로 밤낮으로 '양심(良心)'을 지키도록 노력하는 것을 '수신'의 출발점으로 보고 있다.

맹자는 학문과 인의의 관계에 대하여 말하였다.

"인은 사람의 본심이요, 의는 사람이 마땅히 행해야 할 정당한 길이다. 정당한 길을 버리고 행하지 않으며 본심을 놓아 버리고 찾아 들일 줄 모른다는 것은 실로 슬픈 일이다. 사람이란 자기가 기르는 개나 닭이 어디 가고 없으면 바로 찾아 들일 줄 알면서도, 자기 본심이 마음에서 떠나갔어도 찾아 들일 줄 모른다. 우리가 학문하는 길도 다른 것이 아니다. 학문은 잃어버린 본심을 되찾으려 하는 것뿐이다(仁人心也, 義人路也. 舍其路而不由, 放其心, 而不知求, 哀哉. 人有鷄犬, 放則知求之, 有放心而不知求. 學問之道, 無他. 求其放心而已矣: 인인심야, 의인로야, 사기로이불유, 방기심, 이불지구, 애재. 인유계견, 방즉지구지, 유방심이불지구, 학문지도, 무야. 구기방심이이의)."

⑦「진심」편

「진심(盡心)」편은 모두 84장의 짧은 문장으로 구성되어 있다. 여기서 맹자는 요순(堯舜) 이래 중국 역사가 500년을 주기로 '일치일란(一治一亂)'의 시대를 겪어왔다고 주장하였다. 한번 다스려진 평화의 시대가 오면 다음은 전쟁과 폭력의 난세가 온다는 것이다. 난세는 요와 순, 탕왕과 무왕 같은 위대한 군주의 등장으로 안정된다는 것이 맹자의 역사관이다. 그리고 널리 알려진 '군자삼락(君子三樂)'을 설파하고 있다.

맹자의 군자삼락은, "첫째는 부모 형제가 안녕한 것, 둘째는 하늘을 우러르고 땅을 굽어보아도 부끄러울 것이 없는 것, 셋째는 천하의 영재를 얻어 교육하는 기쁨이 그것이다. 그는 군자삼락에 천하를 얻는 것은 포함되지 않는다(君子有三樂而 … 父母俱存兄弟無故 一樂也, 仰不愧於天俯不 於人 二樂也, 得天下英才而敎育之三樂也. 君子有三樂而王天下 不與存焉: 군자유삼락이 … 부모구존 형제무고 일락야, 앙불괴어천부불어인 이락야, 득천자영재이교육지 삼락야. 군자유삼락이왕천하 불여존언)."고 하였다. 맹자는 세속적 부귀 영예에서 벗어난 인생의 진정한 즐거움을 추구할 것을 권하고 있다.

〈해설〉

맹자가 주장하는 '성선설'과 '왕도정치론'은 서로 표리 관계를 이룬다. 지도자가 선한 마음을 정치로 실현하면 왕도가 되기 때문이다. 모든 사람은 선한 본성을 가지고 태어났기 때문에 이것은 물론 누구나 할 수 있는 정치이다.

맹자는 그의 뛰어난 변론술과 도덕적 용기, 깊은 신념으로 공자의 가르침을 대중화시켰고, 또한 농가(農家)나 묵가(墨家) 등의 이단을 배격하여 전국시기(戰國時期)에 유학을 정착시킨 인물이다.

맹자는 공자의 학통을 계승하고 발전시켰다. 공자는 '인(仁)'과 '인정(仁政)'을 주장했는데, 맹자는 '인'과 '의'를 같이 강조하면서 왕도정치론으로 발전시켰다. 맹자는 인의(仁義)를 주장하여 "인은 사람의 마음이요, 의는 사람의 길이다(仁人心也, 義人路也: 인인심야, 의인로야)."라고 규정한 것이다.

공자의 '애민(愛民)'도 맹자에 의해 더 적극적으로 해석되었다. 공자가 지도자와 백성의 상호 신뢰, 믿음을 강조했다면, 맹자는 지도자는 백성의 신뢰를 얻기 위해 더 적극적으로 움직여야 한다고 주장한 것이다. 맹자는 군주와 국가는 백성의 생계와 안정을 보장해줘야지만 그 존재 의의가 있다고 한다. 만약 군주가 탐욕스럽고 무능하여 백성의 생활을 위험에 빠뜨리면 백성을 군주를 버릴 것이라 말하였다. 이러한 맹자의 정치론은 '역성혁명'의 논리로 발전하였다.

3. 『대학』 – 저자 미상

『대학(大學)』은 유가의 오경 가운데 하나인 『예기(禮記)』의 49편 중 제42편이었다. 주자가 '사서'를 구성하면서 별도의 책으로 분리하였다. 주자는 『대학장구(大學章句)』를 편집하면서 이전의 『대학』을 경문(經文) 1장과 전문(傳文) 10장으로 수정하였다. 그는 경문은 공자의 말씀을 제자 증자가 기록하고, 전문은 증자의 제자들이 부언 · 해설한 것으로 보았다. 이것은 주자가 유가의 학통이 공자(孔子)–증자(曾子)–자사(子思)–맹자(孟子)–정자(程子)로 이어져 왔다고 보았기 때문이다.

『대학』이란 명칭에 대하여 몇 가지 이설이 있으나 크게 두 가지 학설로 정리할 수 있다. 그 하나는 '치자(治者)의 학(學)'이라고 보는 학설과 다른 하나는 '대인(大人)의 학(學)'으로 보는 학설이다. 그것은 '자기 자신을 닦고 집안을 바르게 하고 나아가 나라를 다스릴 때 천하가 평안하다.'는 수신제가치국평천하(修身齊家治國平天下)를 실천 사항으로 하고 있는 것이다.

(1)『대학』의 내용

『대학』은 유교적 인간의 출발점인 '수신(修身)'의 중요성을 밝힌 책이다. '대학'이란 '대인(大人)의 교육(教育)'을 줄인 말로 그 핵심은 수기치인(修己治人)의 도(道)를 말한다. 다시 말하면 내성외왕(內聖外王)의 도이다. 이것은 바로 '대인지학(大人之學)'이요 '치자지학(治者之學)'인 동시에 더 나아가 '인간지학(人間之學)'이라고 볼 수 있다.

교육의 목적은 '삼강령(三綱領)'을 그 내용으로 하고 있고, 그 구체적인 실천방법을 제시한 것이 '팔조목(八條目)'이다. 삼강령은 명덕(明德), 신민(臣民), 지선(至善)을 말하고, 팔조목은 격물(格物), 치지(致知), 성의(誠意), 정심(正心), 수신(修身), 제가(齊家), 치국(治國), 평천하(平天下)를 말한다.

(2) 삼강령(三綱領)

'삼강령(三綱領)'은『대학』서두에 나오는, '大學之道 在明明德 在新民 在止於至善'을 말하는 것으로, '명명덕(明明德)', '신민(新民)', '지어지선(止於至善)'이라는 세 가지의 도를 완성하는 것을 말한다.

'명덕'은 덕을 닦아 자신을 수양하는 일이고, '신민'은 자기완성을 이룬 지도자가 백성을 지도하여 새로운 백성으로 만든다는 뜻이다. 명덕을 밝히는 것은 수기(修己)이고 백성을 새롭게 하는 것은 치인(治人)이다. '지어지선'은 마음의 심술(心術)을 지극한 경지에 둔다는 뜻이다. 삼강령을 송대 주자의 주(註)를 중심으로 정리하면 다음과 같다.

① 명명덕

'명명덕(明明德)'은 양심을 계발하고 덕성을 함양하는 것이며, 도덕적 지(知), 정(情), 의(意)를 닦는 일을 말한다. 이것은 천자로부터 서인에 이르기까지 모두가 하나 같이 수신(修身)으로 근본(根本)을 삼아야 한다는 것으로, 근본이 부족하면 말단이 제대로 다스려질 수는 없기 때문에 개인적 도덕의 완성이 우선해야 한다는 것을 말한다.

② 신민

'신민(新民)'은 백성을 새롭게 한다는 뜻이다. 여기서 새롭다는 말은 옛것을 바꾸는 것이다. 이것은 스스로의 명덕을 밝힌 후에는 마땅히 이웃도 그렇게 되도록 영향을 미쳐서 이웃으로 하여금 역시 묵은 때를 제거할 수 있도록 해야 한다는 것이다. 그러므로 명명덕과 신민은 불가분의 관계에 있는 것이다. 이것은 바로 중국 사상의 근본인 정교일치(政敎一致)를 가능하게 하는 근거가 된다.

③ 지어지선

'지어지선(止於至善)'은 지극한 선(善)에 머무른다는 뜻이다. 지극한 선에 머문다 함은 도덕적 부동불이(不動不移) 상태에 머무르는 일을 말한다. "지극한 선은 사물의 이치(理致)에 있어서 당연한 극치를 말한다. 밝은 덕을 밝히고 백성을 새롭게 하는 것은 다 지극히 선한 데에 머물러 변함이 없음을 말한다."는 것이다. 이것은 천성의 극을 다하고 한 치의 사욕도 없는 그런 경지를 말하는 것이다.

지어지선은 『대학』의 도의 도달점이요, 귀결점이다. 개인적으로 도덕적일 때 명덕을 밝힌 것이며, 명덕을 밝히고 보면 정치적으로 신민을 할 수 있으며, 이들의 결정체로서 지어지선의 경지에 도달하는 것을 말한다.

(3) 팔조목

'팔조목(八條目)'은 삼강령(三綱領)을 구체적으로 실천하는 방법이다. 팔조목은 '격물(格物)', '치지(致知)', '성의(誠意)', '정심(正心)', '수신(修身)', '제가(齊家)', '치국(治國)', '평천하(平天下)'이다.

팔조목 중에서 개인적 실천윤리는 격물, 치지, 성의, 정심, 수신이 다섯 조목을 말하고, 정치적 실천윤리는 제가, 치국, 평천하 세 조목이다. 이것은 정치윤리인 치국평천하를 성취하기 위하여, 개인윤리인 격물, 치지, 성의, 정심, 수신이 근본이 된다는 것이다.

다음은 송대의 학자, 주자와 왕양명(王陽明)의 이론을 중심으로 격물, 치지, 성의, 정심, 수신, 제가, 치국, 평천하를 정리하기로 한다.

① 격물

'격물(格物)'은 대학의 도에 있어서 중심이 되는 조목이다. 주자는 인간을 포함에서 천하의 모든 존재, 사물은 각각 본연의 이치를 갖추고 태어난다고 본다. 각자 인식능력을 발휘하여 이런 이치를 궁구해 나가는 것이 수신의 출발점이라고 하였다.

② 치지

'치지(致知)'란 앎을 다하는 것이며, 이것은 지식의 계발을 뜻하는 것이다. 주자는, "치(致)란 추극(推極)함이요, 지(知)란 지식(智識)을 말한다. 나의 앎을 끝까지 추구하는 것"이라고 하였다. 이것은 자기의 의식을 한없이 넓고 깊게 하여 천하 일체의 사물에까지 확장하는 것이다.

③ 성의

'성의(誠意)'에서 말하는 '의(意)'란 '의자심지소발(意者心之所發)'이라 하고, 사려(思慮), 정서(情緖), 욕망(慾望) 등의 총칭이라고 하였다. 그리고 심(心)은 의의 본체로서, 욕망을 의라 한다면 심은 마치 품성과 같은 것이다.

성의에서 '성(誠)'이란 참된 것을 말한다. 『대학』에 이르기를, "이른바 자기의 생각을 성실하게 한다는 것은 자기를 속이는 일이 없도록 하는 것이다."라고 하였다. 나쁜 냄새를 싫어하는 것과 같이 악을 미워하고, 잘생긴 여인을 좋아하는 것 같이 성을 좋아한다는 것이다. 이런 것을 두고 스스로 자족해 하는 것이라고 하였다. 스스로 속이지 않음은 소극적인 면이요, 스스로 마음에 흡족해 함은 적극적인 면이다. 그러나 이 두 가지는 서로 모순되는 것이 아니어서 스스로 속이지 아니하면 자연 스스로 흡족해지는 것이라는 설명이다.

여기서 스스로 속이는 것을 막고 마음에 흡족하게 되는 방법을 '신독(愼獨)'이라고 하였다. '신독'이란 독거(獨居), 혼자 있을 때 보는 사람이 없어도 불선(不善)을 저지르지 않는 것이다. 그리고 남이 알지 못하는 내면에 악이 싹트지 않게 긴장하고 경계하는 것이다.

④ 정심

'정심(正心)'은 마음이 정상적인 상태로 바르게 돌아감을 뜻한다. 무릇 사람의 마음에는 분노, 공포, 두려움, 즐거움, 우환 등의 정서가 있어 때때로 정심을 잃게 한다. 뜻을 지성으로 갖는 동시에 그 본체인 마음을 정한 위치에 두도록 힘써야 한다는 것이다.

만약 "마음이 정서와 감정에 지배되어 그 정상을 잃을 때, 보아도 보이지 않고 들어도 들리지 않으며 먹어도 그 맛을 분간하지 못한다(心不存焉 視而不見 聽而不聞 食而不知其味)."는 것이다.

⑤ 수신

'수신(修身)'은 몸을 닦는 것, 인격 수양을 말한다. 『대학』에서 수신은 곧 명명덕하는 것이라고 하였다. 수신의 방법은 지금까지 말한 격물, 치지, 성의, 정심을 바로 행하는 데 있으며, 수신은 또한 제가로 나아가기 위한 기본이라는 것이다.

⑥ 제가

'제가(齊家)'는 원만한 가족생활을 유지하기 위한 것이다. 그것은 효제(孝悌), 부모자식 사이의 상호존중에서 출발한다. 이른바 나라를 다스리려 하매 반드시 먼저 집안을 바로 잡는다는 것은, 집안을 교화(敎化)시키지도 못하면서 남들을 교화시킬 수 없기 때문이다. 그러므로 군자는 집을 나서지 않고서도 나라 전체에 교화를 이룰 수 있다. 부모에게 하는 진정한 효(孝)는 확장하면 임금을 섬기는 충(忠)이 되고, 집안의 형을 공경하는 제(悌)는 사회에서 윗사람을 받드는 경(敬)이 되기 때문이다. 집안에서 자식과 아랫사람을 사랑하는 자(慈)는 범위를 넓히면 대중에 대한 사랑(愛)이 될 것이다. 이렇게 유가는 가족의 윤리와 사회 윤리의 실천을 동심원적 확장으로 본다.

⑦ 치국

'치국(治國)'은 그 집안을 잘 다스릴 때 비로소 그 나라가 다스려질 수 있음을 말하는 것이다. 결국 치국의 근본은 제가에 있다는 것이다. 한 집이 원만하게 돌아가면 온 나라에 좋은 분위기가 흥기(興起)할 것이다. 반대로 탐욕한 사람이 있으면 자신의 집안을 어지럽히고 나라가 혼란해질 것이다.

⑧ 평천하

'평천하(平天下)'에서는 임금과 백성은 이(利)보다 의(義)를 중히 하여야 한다는 점을 강조하고 있다. 결국 평천하의 근본은 제가와 치국에 있다는 것이다. 임금이 노인 섬기는 도리를 다할 때 백성들이 이것을 본받아 자기의 부모에게 효도를 다하게 될 것이고, 또 임금이 장자(長者)를 대하는 도리를 다할 때 백성이 이것을 본받아 형제의 도를 다할 것이고, 또 임금이 불쌍한 사람들에게 선처를 베풀 때 백성들 역시 마음가짐이 중후하게 되어 감히 임금에게 배반하는 일이 없을 것이라고 서술하고 있다.

아울러 "임금은 백성의 부모와 같이 할 것이며, 백성이 좋아하는 것을 좋아할 것이며, 백성이 싫어하는 것을 싫어하여야 한다(君子民之父母, 民之所好好之, 民之所惡惡之)."라며 치자(治者)의 도리(道理)를 밝히는 조목이다. 이것은 오늘날의 민주주의의 기본 정신과도 같은 것이다.

〈해설〉

『대학』은 학문에 뜻을 둔 사람은 누구나 기본적으로 공부해야 하는 기본 경전의 하나였다. 송나라의 정이천은 "대학은 공자학파의 전통 속에 살아 있는 책이며, 초학자가 이곳을 지나 덕의 길로 나아가는 문이다."라고 말하였다.

『대학』에서는 학문의 방향이 인간과 사회의 활동을 위한 쪽으로 전개되어야 한다고 밝히고 있다. 이것은 학문을 하는 학자나 일반인이 학문을 하는 데 있어 지식도 중요하지만, 사물의 이치를 깨달아 실제 사회에 적용할 수 있어야 함을 강조하는 것이다.

결국 『대학』의 핵심은 '수기'와 '치인'의 밀접한 관계를 밝히는 데 있다. 먼저 자기 자신을 닦고 나아가 타인을 다스리는 도라 할 수 있다. 이는 개인생활의 수양과 사회생활과의 결합, 곧 윤리와 정치와의 결합을 논하는 학문이며 군자의 학문이라 말할 수 있다. 이것이 『대학』을 수신학 교과서라고 하는 이유이다.

4. 『중용』 – 자사

『중용(中庸)』은 『예기』의 「중용」 편을 독립하여 '사서'로 편입시킨 것이다. 『중용』은 공자의 손자 자사(子思)가 지은 책이다. 『사기(史記)』 「공자세가」를 보면, "공자가 아들 리(鯉)를 낳으니 자(字)는 백어(伯魚)이다. 백어는 나이 50에 공자보다 먼저 죽었다. 백어가 급(伋)을 낳았으며 그의 자가 자사(子思, 기원전 492~기원전 432?)이다. 『중용』을 지었다."라는 기록이 있다.

주자는 '사서'의 공부법을 언급하면서 『대학』–『논어』–『맹자』–『중용』 순서로 읽을 것을 권했다. 그만큼 '사서' 안에서도 '천인합일'의 철학적 사유가 깊은 책인 것이다.

(1) 『중용』의 내용

『중용』은 유가의 책 중에서 가장 철학적인 내용이 담겨져 있다. 주자의 '성리학'은 '사서'의 재해석 과정에서 성립하였다. 주자는 '수신'을 중심으로 하는 내면주의와 '천인합일'의 성인론(聖人論)을 통합하여 신유학의 길을 열었는데, '성인론'이 집약된 책이 『중용』이다.

당대는 선종(禪宗)의 전성기로 유가 지식인뿐 아니라 일반 대중도 마음 하나를 밝히면 그대로 부처가 된다는 선종의 교리에 경도되어 있었다. 주자는 이러한 상황을 유학의 위기로 판단하고 공자와 맹자의 윤리, 정치사상에 내면주의적 수양론을 결합시킨 것이다.

『중용』은 그 첫머리에 "하늘이 내려 준 것을 '성(性)'이라 하고, 성을 따르는 것을 '도(道)'라 하고, 도를 닦는 것을 '교(敎)'라 한다."고 하여 유가 철학의 출발점과 지향점을 제시하고 있다. 이것은 일상의 생활 윤리를 실천하는 개인의 도덕성이 선천적으로 부여된 것으로, 우리 모두는 그런 능력을 가지고 태어났다는 뜻이다.

『중용』은 모두 33장으로 구성되어 있으며 그 내용은 전후로 나누어볼 수 있다. 전반 부분은 '중용(中庸: 中和)'을 설명하고 후반 부분은 '성(誠)'을 설명하였다. 중화사상은 중용을 철학적 표현으로 말한 것이다. 이때의 중(中)은 희로애락의 감정이 발로되기 이전의 순수한 마음 상태를 말하는 것이고, 마음이 발하여 모두 절도에 맞는 것을 화(和)라 일컫는다고 하였다.

① 제1장

제1장에서는 전편의 핵심적 요지를 밝히고 있다. 그것은 천명(天命), 성(性), 도(道), 교(敎)로써 철학적 근거를 밝힌 뒤 사람이 중화를 이룩할 때 천지가 제자리에 위치함을 보게 되고 만물을 자라게 할 수 있다는 것이다.

② 제2~11장

공자의 말을 인용하여 '중용의 도'를 이루는 방법을 논함으로써 1장의 뜻을 완결시켰다. "군자(君子)는 중용을 수행하고 소인(小人)은 중용에 반(反)한다. 군자가 실행하는 중용은 군자로서 시간과 장소에 처(處)하여 임하는 것이요, 소인이 중용에 반함은 소인으로서 거리낌이 없음이다." 등의 내용이 담겨 있다.

③ 제12~19장

공자의 말과 『시경』의 구절들을 인용하여 중용지도의 원리와 작용을 밝히고 중용(中庸)과 중화(中和)의 관계를 '체(體)'와 '용(用)'으로 설명하였다.

주자는 중(中)이란 "한쪽으로 치우치지 않고 기울어지지 않으며, 지나침도 못함도 없는 것이라(不偏不倚 不過不及)."라고 하였고, "용(庸)이란 떳떳함(平常)을 뜻하는 것"이라고 설명하고 있다.

④ 제20~26장

먼저 '오도(五道: 君臣, 父子, 夫婦, 兄弟, 親舊)'를 설명하고, '삼덕(三德: 知, 仁, 勇)', 그리고 '구경[(九經): 수신(修身), 존현(尊賢), 친친(親親), 경대신(敬大臣), 체군신(體群臣), 자서민(子庶民), 래백공(來百工), 유원인(柔遠人), 회제의(懷諸侯)]'을 설명하고 있다.

『중용』의 근본인 '성(誠)'은 우주가 우주 되는 원리라고 설명하였다. "성은 하늘의 도(천도)요, 성이 되려는 것은 사람의 도(인도)이다."라고 하여 수양을 통해 성을 이루어 천성을 터득하여 행할 수 있다고 하였다. 성은 속임이 없음이요, 그침이 없음이다. 진실로 무망하고 영원불변하기 때문에 우주의 원리가 되는 것이며 성 없이는 만물이 존재할 수 없다는 것이다.

⑤ 제27~33장

지성(至誠)을 체득한 성인(成人)의 도덕 교화에 대해 설명하였다. 인간은 본래 도를 알고 성(誠)을 행하는 선천적 능력을 부여받고 태어났기 때문에 도를 실천할 수 있다고 주장한다. 인간은 자주적, 능동적으로 중용의 도를 걷고 그것을 배움으로써 '지(知)·인(仁)·용(勇)'의 덕을 갖추는 동시에 그 근본에서 '성(誠)'을 추구하여 '지성(至誠)'의 단계에 까지 이르러야 한다. 우리는 그런 사람을 '성인'(聖人)이라 부른다.

〈해설〉

주자는 사서(四書)에 대하여, 『논어』는 군자의 공부법과 생활태도를 익히게 하고, 『맹자』는 유학 원리의 정치적 적용을 알게 하며, 『대학』은 학문의 지향처를 알게 하고, 『중용(中庸)』은 학문의 궁극적 목표를 알게 한다고 하였다.

『중용』은 추상적이고 관념적인 내용으로 초학자에게는 어려운 책일 수 있다. 그래서 '사서' 중에서 맨 나중에 읽기를 권하고 있다.

『중용』에서 사람의 도리는 성(誠)의 원리를 깨닫고 이를 실천하는 데 있는 것이다. 이 성을 철저히 체험한 사람이 곧 성인(成人)이고, 성인의 최고 경지를 공자(孔子)라고 하였다. 인간은 공자를 목표로 하여 먼저 자기를 닦는 일에서 도를 걷고 지성(至誠)에 이르러야 한다는 내용으로 요약할 수 있겠다. 이처럼 『중용』은 천도(天道)와 인도(人道)와의 관계를 분명히 하고 있다. 그러나 그 이론이 너무 형이상학적(形而上學的)이며 현실적 기반을 고려하지 않았다는 비판적 견해도 있다.

그리스의 철학자 아리스토텔레스(Aristoteles, 기원전 384~ 기원전 322)는 『자연학(自然學)』, 『형이상학(形而上學)』, 『시학(詩學)』 등의 저술을 남겨 그의 예술론과 학문 세계를 전하고 있다. 특히 『니코마코스 윤리학』에서는 윤리학의 정의를 체계화하고 있다. 여기서 아리스토텔레스는 인간이 추구하여야 할 덕목 가운데 덕(德), 올바른 중간의 덕, 즉 중용(中庸)을 말하였다.

모든 덕에는 공통분모가 있으며 이것을 포용하는 것이 중용이라는 것이다. 극과 극의 중간 단계, 균형의 상태가 가장 최고의 경지가 되는 것이며 여기에 이르는 것은 신적(神的)인 단계라고 하였다. "덕은 신중한 선택을 가능하게 하는 장치이다. 즉 지혜로운 사람은 중간을 선택하는 것이다. 넘치는 것도 아닌, 부족한 것도 아닌, 올바른 중간을 선택할 수 있는 것이 중용이다."라고 하였다. 여기서 우리는 동서양의 철학적 개념을 비교할 수도 있다.

5. 『시경』 – 공자

『시경(詩經)』은 기원전 1000년 무렵부터 전해오던 민간 민요를 공자가 정리한 시가 모음집이다. 이것은 중국 황하와 양자강 일대에서 전해지던 백성의 일상생활을 읊은 노래, 조정의 연회에서 불리던 노래, 제사를 모시며 불리던 노래 등이다. 이 책에는 대체로 주(周)나라 초기(기원전 1122)에서 춘추시대 중기(기원전 570)에 이르는 약 500년 동안의 노래가 수록되어 있다.

원래는 『시(詩)』 혹은 『시삼백(詩三百)』이라고 했으나 한나라 사마천의 『사기』 「유림열전」에서 처음으로 『시경』이라 지칭한 후부터 『시경』으로 통칭되었다.

반고의 『한서』 「예문지」에 의하면, "제왕들은 채시관을 두어 수집된 시를 통하여 풍속을 살피고 정치의 성패(成敗)를 알아서 잘못된 것을 바로잡았다."고 한다. 『예기』 「왕제편」에는 "천자가 태사(太師)에게 시를 고하게 하여 민간의 생활 풍습을 살폈다."고 하였다. 춘추시대 역사책인 『국어』 「주어」에는 "천자가 정치 상황을 알고자 할 때, 공경대신과 대부들에게 시를 바치게 하였다."라는 기록이 있다. 이것은 모두 시를 당대 정치 현실을 반영하는 백성의 노래로 보았다는 사실을 알 수 있는 문헌들이다.

『사기』의 기록에 의하면 공자가 민간에서 채집된 고시(古詩) 3,000여 편을 311편으로 정리했다고 한다. 『논어』에 제자들에게 시를 교육했다는 언급이 있는 것으로 보아 공자는 시 교육을 중시하고, 중복된 내용이나 구절을 정리했을 것이다. 그러나 그 과정에서 공자의 문학에 대한 입장이 반영되었을 가능성도 충분하다.

공자는 시의 중요성을 거듭 강조하였다.

"우리 인간에게 용기를 북돋아주며, 조정에서 군왕을 어떻게 대할 것인가, 집안에서 부모를 어떻게 공경할 것인가, 정치를 어떻게 할 것인가, 그리고 사람들과의 관계를 가르쳐 주는 모든 것이 시로 인한다."

특히 외교에 종사하는 인물에게 반드시 시를 익혀 그 시가 의미하는 바를 정확하게 알게 해야 한다고 하였다. "너희가 시 삼백 편을 줄줄 왼다고 하자. 그러나 만약 사신 자격으로 다른 나라에 가서 회담을 할 때, 그 시들을 적당한 때와 장소를 가려 인용하지 못한다면 그 무슨 소용이 있겠느냐."라고 『시경』의 효용성을 말하였다. 당시 외교적 관례에서 시는 통상적으로 필수 교양의 덕목이었던 것이다.

그리고 공자는 아들인 이(鯉)에게도 시 공부를 강조하였으며, "만일 시경 가운데 주남(周南)과 소남(昭南)의 시들을 알지 못하는 사람이라면 그는 곧 담벼락을 마주 대하고 있는 것이나 다름없다."고 하였다.

사실 공자는 말년에는 시, 음악, 예절 그리고 교육을 필생의 임무로 삼아 전념하였던 인물이었다. 특히 그는 『시경』을 총평하여, "생각에 사악함이 없다(思無邪)"라고 하여 그 의미를 대신하였다.

(1) 『시경』의 내용

시경전. 송나라 주자가 『시경』에 대한 제반 주석을 모아 편찬한 시전을 청대에 간행한 것.(서울역사박물관 소장)

『시경』에는 서주 시대에 불려졌던 평온한 분위기의 서정시로부터 춘추전국시대의 혼란기를 반영하는 전쟁과 이산의 슬픈 노래까지 포괄적으로 담겨 있다. 현재 『시경』의 작품들은 「풍」, 「아」, 「송」으로 분류되어 있다.

⑵ 「풍」

「풍(風)」은 국풍(國風)이라고도 한다. 또한 당시 15개의 제후국에서 채록된 민요(民謠)로 십오국풍(十五國風)이라고도 한다. 「풍」에는 160편의 작품이 있는데, 후대의 기준으로 보면 속악(俗樂), 즉 세속의 대중음악이라고 할 수 있다.

160편은 각각 주남(周南) 11편, 소남(召南) 14편, 패풍(邶風) 18편, 용풍(鄘風) 10편, 위풍(衛風) 10편, 왕풍(王風) 10편, 정풍(鄭風) 21편, 제풍(齊風) 11편, 위풍(魏風) 7편, 당풍(唐風) 12편, 진풍(秦風) 10편, 진풍(陳風) 10편, 회풍(檜風) 4편, 조풍(曹風) 4편, 빈풍(豳風) 8편 등이 수록되어 있다.

「풍」에 수록된 시의 내용은, 노동하는 백성의 고달픈 생활을 반영한 작품도 있고, 상류층의 횡포에 대한 불만과 풍요로운 생활을 기원한 작품도 있다. 빈풍의 「칠월(七月)」과 위풍의 「벌단(伐檀)」, 「석서(碩鼠)」 등이 바로 그런 유형의 대표작이다. 막중한 부역과 연이은 병역으로 인해 백성들이 당하는 재난과 고통을 반영하고 있다. 부역의 고난을 읊은 것으로 「보우(鴇羽)」, 병역의 고난을 읊은 것으로 「동산(東山)」이 있다. 이와는 달리 진풍의 「무의(無衣)」는 초나라를 돕기 위해 원정하는 진나라 병사의 노래이다.

또한 결혼이나 연애에 대한 감정을 읊은 작품도 있다. 결혼 생활을 반영한 시가는 대부분 여성의 불행과 고통을 노래한 것으로, 패풍의 「곡풍(谷風)」과 위풍의 「맹(氓)」이 대표적이다. 연애 감정을 표현한 것에는 사랑의 기쁨과 슬픔의 감정을 진솔하고 대담하게 노래하였으며 패풍의 「정녀(靜女)」와 정풍의 「탁혜」, 「출기동문(出其東門)」 등이 그것이다.

또한 「풍」에는 통치자의 부도덕을 풍자하거나 추악한 스캔들을 폭로하고 있는 시가 수록되어 있다. 패풍의 「신대(新臺)」와 용풍의 「상서(相鼠)」 등이 바로 그런 유형의 작품이다. 대체로 「풍」에는 남녀 간의 연정시(戀情詩)와 사회의 불만을 노래한 사회시(社會詩), 그리고 전쟁터에 나간 남편을 그리워하는 아내의 시와 그 남편들이 아내를 그리워하는 전쟁시(戰爭詩)로 대별할 수 있다. 이러한 국풍의 작품을 통해 고대인들의 생활 정서와 인생관을 엿볼 수 있다.

『시경』의 첫 번째 작품이자 『시경』을 대표하는 작품은 「관저(關雎)」이다.

「관저(關雎, 징경이 우네)」

關關雎鳩 在河之洲(관관저구 재하지주)꾸룩꾸룩 우는 저구새 황하의 물가에 있네
窈窕淑女 君子好逑(요조숙녀 군자호구)정숙한 아가씨는 군자의 좋은 짝이라네

參差荇菜 左右流之(삼차행채 좌우유지)올망졸망 마름풀 이리저리 떠가네
窈窕淑女 寤寐求之(요조숙녀 오매구지)정숙한 아가씨를 자나깨나 구하네

求之不得 寤寐思服(구지불득 오매사복)구하여도 얻지 못하니 자나깨나 그리워하네
悠哉悠哉 輾轉反側(유재유재 전전반측)그리움은 끝이 없어라 잠 못 이루고 뒤척이네.

參差荇菜 左右采之(삼차행재 좌우채지)올망졸망 마름풀 이리저리 따네
窈窕淑女 琴瑟友之(요조숙녀 금비우지)정숙한 아가씨와 비파로써 벗하네.
參差荇菜 左右芼之(삼차행채 좌우필지)올망졸망 마름풀 이리저리 다듬네
窈窕淑女 鐘鼓樂之(요조숙녀 종고락지)정숙한 아가씨와 북을 치며 즐기네

이 시는 배필감으로 요조숙녀를 구하는 남자의 마음을 노래한 것으로, 결혼 축하곡으로 사용했을 것이다. 부부사이를 '금슬(琴瑟 : 거문고와 비파)'로 비유한 것도 여기서 유래한다. 공자는 「관저」에 대하여 "즐거워하나 지나치지 않고, 슬퍼하나 상심하지는 않는다(關雎, 樂而不淫, 哀而不傷: 관저, 작이불음, 애지불상)."고 하였다. 인간 본성의 하나인 남녀의 애락(愛樂)이 일정한 범위 안에서 행해지기를 바란 것이다.

(3) 「아」

「아(雅)」는 '소아(小雅)'와 '대아(大雅)'로 분류되어 있으며 모두 111편이다. 소아는 주

로 궁중의 군주와 신하 사이의 연회(宴會)에 사용되었고, 대아는 조정의 조회(朝會)에 사용되었다. 그 가운데 제목만 전하는 것이 6편이고, 가사가 전하는 것은 105편이다. 「아」는 「풍」의 토속성에 비해 비교적 내용이 정리되어 있고, 교훈적이다.

대아의 대부분과 소아의 일부는 서주 초기에 지어진 작품으로 주(周)의 흥성과 상(商)의 멸망 과정을 묘사하고 있다. 주나라 건국 과정에서 태왕(고공단보)과 문왕, 무왕으로 이어지는 위대한 인물들에 관한 전설과 사적을 담고 있기 때문에 이 시기 역사 자료로도 중요하다.

주왕조의 시조인 후직의 생애를 노래한 「생민(生民)」은 생동감 넘치는 표현으로 주 민족의 형성기 역사를 서술하고 있어, 신화와 역사가 결합된 훌륭한 사시(史詩)라 하겠다. 그리고 「공유(公劉)」에서는 후직의 증손인 공유가 백성들을 이끌고 태(邰)로부터 빈(豳) 땅으로 이주하는 과정을 묘사하였다. 태를 떠나기 이전의 준비 작업과 빈에 도착한 후의 지형 고찰, 농사짓는 법과 제사를 모시는 것 등을 매우 구체적으로 그려냄으로써, 비교적 완전한 서사시의 면모를 갖추고 있다. 후직이 세 번이나 버림받았다가 성장하는 과정은 고주몽 신화를 연상하게 한다.

이 밖에도 「면(綿)」에서는 주 문왕의 조부인 고공단보(古公亶父)의 사적을, 「황의(皇矣)」에서는 문왕의 사적을, 「대명(大明)」에서는 무왕(武王)이 상(商)을 멸망시킨 것을 칭송하고 있다. 이 밖에 「채미(采薇)」, 「황조(黃鳥)」, 「시월지교(十月之交)」, 「대동(大東)」, 「북산(北山)」, 「하초불황(何草不黃)」 등과 같이 강렬한 풍자성을 띠고 있는 작품이 있다. 이들은 모두 『시경』 중의 걸작으로 꼽힌다.

(4) 「송」

「송(頌)」은 주로 종묘제사 때 사용한 40편의 의식용 노래이다. 주송(周頌) 31편, 노송(魯頌) 4편, 상송(商頌) 5편 등 삼송(三頌)으로 나누어진다. 그 내용은 모두가 무가(舞歌)나 악가(樂歌) 혹은 제가(祭歌)로서, 천지신명의 공덕을 칭송한 것을 비롯하여 신에게 축복을 비는 것, 제사의 정경을 묘사한 것, 제물(祭物)을 서술한 것 등이다.

주송은 31편으로 가장 많으며 모두 서주 초기에 지어진 작품들이다. 주로 주 왕실의 종묘사직에 사용된 무곡(舞曲)과 그 공덕을 기리는 내용이다. 노송과 상송은 춘추 시대 전기에 노나라와 송나라의 조정에서 사용된 종묘의 악가이다. 이들 작품은 주송에 비해 비교적 느린 악조이고, 「아」의 영향을 받아 창작 기교가 좀 더 뛰어나다. 송의 서사시들은 「아」의 서사시와 더불어 중국 서사시의 효시라고 이른다.

〈해설〉

『시경』에 수록된 시들은 후대 문학에 지대한 영향을 끼치고 있다. 그것은 창작 기교에 있어서 '부(賦)', '비(比)', '흥(興)'의 수법을 운용하는 풍조를 남겼다. '부(賦)'란 일종의 직서법(直敍法)으로 어떤 사물을 직접적으로 묘사하는 표현법이다. 이것은 한부(漢賦)의 발전을 선도하였다.

비(比)란 일종의 비유법(比喩法)으로 간접적인 표현 방법을 말한다. 이것은 후대 풍자문학의 명맥을 열었다. 흥(興)이란 일종의 연상법(聯想法)으로 음률적인 흥취를 표현한 것이다. 이것은 중국의 문학이 음악성과 불가분의 관계를 갖게 하는 것이었다.

『시경』의 시들은 현실의 삶을 묘사하여 사회 현상을 노래하였으므로 진솔한 인간의 감정을 읽을 수 있다. 이러한 문학 정신은 허위적이고 신비적인 내용을 배격하게 하였다. 이것으로부터 악부시(樂府詩)를 비롯한 고전문학 전반에 걸쳐서 현실을 반영하여 사실주의 문학 정신을 고양하는 계기가 되었다. 그리고『시경』은 후세 문인들로 하여금 민요를 중시하는 풍조를 남겼다.

중국의 문학 형식이 변혁을 이룰 때마다 문인들은 민요에서 새로운 생명력을 발견하였다. 위진대(魏晋代) 오언시(五言詩)의 발전과 당시(唐詩)의 번영 등은 모두 고시(古詩)와 악부시의 영향이었고, 송사(宋詞)나 원곡(元曲)의 발전도 모두 민간에서 유래한 것이었다.

요컨대『시경』의 내용과 형식은 시간과 공간을 초월하여 수많은 문학 형식의 자양분이 되었다. 우리나라에서도 고려 이제현의「소악부(小樂府)」에서 그 흔적을 찾을 수 있다.「소악부」는 민요를 한역한 것으로 당대 고려 사회의 다양한 계층의 노래를 담아내고 있다. 백성의 일상생활과 지배층의 착취에 대한 풍자 등 동아시아 문학의 공통적인 주제와 연결되어 있다.

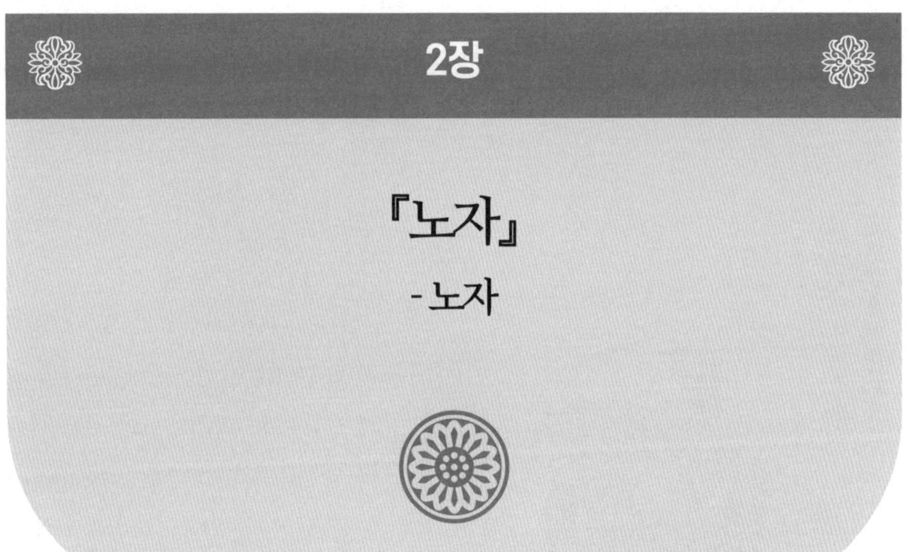

2장

『노자』

-노자

『노자(老子)』는 『도덕경(道德經)』이라 부르기도 한다. 도가사상(道家思想)의 경전이다. 현 통용본은 상편 37장과 하편 44장 합하여 81장으로 되어 있으며 5,000여 자의 잠언집(箴言集)이라 할 수 있다.

『노자』에는 지명이나 인명 같은 고유명사가 없다. 상징적이며 함축적인 문장으로 심오한 철학적 명제를 밝히고 있다. 후대 학자들은 '신비적인 경험을 통하여 도달한 높은 경지에서 나온 책'으로 보기도 한다.

1. 노자의 생애

노자

노자(老子, 기원전 510?~기원전 ?)는 기원전 510년경의 인물로 도가 사상의 시조이며 중국 사상사에서 가장 신비로운 인물이다. 노자의 생존 연대와 『노자(老子)』의 저술 연대와 그 내용에 관하여서도 아직도 다양한 입장이 있다. 노자의 생애는 사마천(司馬遷)의 『사기(史記)』 「노장신한열전(老莊申韓列傳)」에 근거한다.

노자는 초나라 고현[하남 녹읍] 여향 곡인리 사람으로 성은 이(李), 명은 이(耳), 자는 백양(伯陽), 세호(世號)는 담(聃)이라 일컫는다. 주나라 장서고의 기록관으로 있었다.

공자가 주나라에 갔을 때에 예(禮)에 관하여 노자에게 대답을 얻고자 하였다. 이에 노자는 말했다.

"그대가 말하는 옛날의 성인도 그 육신과 골육이 이미 썩어져서 지금은 다만 그가 남긴 말만이 남았을 뿐이다. 군자는 때를 얻으면 수레를 타는 귀한 몸이 되지만, 그렇지 못할 때는 떠돌이 신세가 되고 마는 것이다. 훌륭한 장사치는 물건을 깊이 간직하여 밖에서 보기에는 비어 있는 것 같이 보이지만 속이 실하다. 이와 같이 군자는 풍성한 덕을 몸에 깊이 갖추어 우선 보기에는 어리석은 것 같이 보이지만 사람됨이 풍성하다고 들었다. 그대는 몸에 지니고 있는 교만한 것과 욕심 많은 것과 근사하게 보이고

자 하는 것과 산만한 생각 따위를 모두 버려라. 그것들이 그대를 위하여 무슨 소용이 되겠는가. 내가 그대에게 하고자 하는 것은 다만 이것뿐이다."

공자는 이 말을 듣고 제자에게 말하였다.

"새는 날고 고기는 헤엄치고 짐승은 달리는 것이라는 것은 나도 알고 있다. 달리는 것은 그물을 쳐서 잡고, 헤엄치는 것은 낚시를 드리워서 낚고, 나는 것은 주살을 가지고 쏘아서 떨어뜨릴 수 있지만, 용(龍)은 바람과 구름을 타고 하늘에 오른다고 하니 나로서는 실체를 알 수 없다. 나는 오늘 노자를 만났으나 용 같다고나 할까 전혀 잡히는 것이 없더라."

노자는 허무(虛無)의 도덕(道德)을 닦아서, 그 학문은 스스로 재능을 숨겨 이름이 드러나지 않기를 힘썼다. 주나라가 쇠약해지자 마침내 주나라를 떠나기로 작정하고 함곡관에 이르렀는데, 관령 윤희(尹喜)가 "선생은 이제 은퇴를 하실 모양이니 이 사람을 위하여 가르침을 남겨주시오." 하고 청하였다는 이야기도 있다. 노자는 상(上), 하(下) 두 편의 글을 저술하여 도덕의 의미를 말한 5천여 글자를 남기고 관(關)을 떠났다. 그 후로 노자의 최후를 본 사람은 아무도 없었다.

어떤 사람은 말하기를, "노래자(老萊子)도 초(楚)나라 사람으로 15편의 저서가 있고, 도가(道家)의 깊은 뜻을 밝혔는데, 공자와 동시대 사람이었다."고 한다.

노자의 아들은 이름을 종(宗)이라 하며, 위나라 장군이 되어 단간(段干: 지명)에 봉해졌다. 종의 아들은 주(注)요, 주의 아들은 궁(宮), 궁의 현손은 가(假)인데, 가는 한나라 효문제에게 벼슬했고, 가의 아들 해(解)는 교서왕 공의 태부(太傅: 보좌관)가 되어 이로부터 제나라에 살게 되었다.

이상이 사마천의 『사기』 「노장신한열전」에 수록된 노자에 관한 기록이다. 노자의 자손의 이름을 명기한 부분에 의하여 노자의 생존 연대를 추정하기도 한다. 하지만 춘추전국시대에 활동한 제자백가의 인물들은 대부분 그 생존 연대가 명확하지 않다. 다만 묵가(墨家)의 묵자(墨子: 묵적)를 기원전 5세기, 맹자(孟子: 맹가)를 기원전 4세기 사람이라고 한다면, 노자는 이들보다는 조금 이른 시기의 사상가로 보아 대략 기원전 510년경으로 추정하고 있다. 노자의 무위자연(無爲自然) 사상은 그 후로 열자(列子)와 장자(莊子)에 의해 계승 · 발전되어 중국 중심 사상의 하나로 자리하였다.

2. 노자의 사상

『노자』는 도가사상의 원전으로, 우주 만상의 변화 발전 원리로서 '도(道)'의 개념과 개체의 원리인 '덕(德)'의 개념이 제시되어 있다. 여기서 도는 우주 만물을 생성시키는 근원이며 자연의 원리라고 하였다. 덕은 본래 득(得)과 동음동의(同音同意)의 말로서 무엇인가를 획득한다는 뜻이며, 그 획득한 물건에서 나오는 힘을 말한다. 도가 있은 다음에 덕이 얻어지는 것이라고 하였다.

이와 같이 도와 덕을 근거로 하여 무위자연(無爲自然)과 윤리사상(倫理思想)을 피력하는 것이 『노자』의 중심 사상이다. 무위자연이란 인간과 더불어 세상 만물을 자연의 일부로 파악하고, 인간이 자연에 순응하여야 한다는 것을 그 원리로 하고 있다.

『노자』는 윤리사상에 대해서, 선(善)하게 살아야 한다는 인위적인 윤리 규범의 체계가 사회적 혼란의 원인이라고 보았다. 인간은 선할 수도 있고 악할 수도 있다고 보아 인간의 자연스런 본성을 중시하였다.

사마천은 『사기』에서 말하기를, "노자가 귀하게 여긴 도(道)라는 것은 허무(虛無)하여 실체가 없고, 자연에 의하여 변화를 따르며 무위한 중에 천변만화(千變萬化)함을 중심 사상으로 한다."라고 하였다. 때문에 그의 저서의 문장은 이해하기 어려운 것이라고 하였다.

그리고 『노자』의 서술 방식이 대화체이거나 서술체인 일반적인 중국 고전과는 달리, 단 5천여 자의 짧은 철학 잠언집으로 「도경(道經)」과 「덕경(德經)」의 2부로 구성되어 있다. 『노자』는 유가 및 제자백가사상이 정치적인 측면으로 경도되었다는 것을 비판하고 있다는 점이 특징적이라고 할 수 있다.

흔히 동양사상의 두 축을 유가와 도가라고 한다. 그러나 이 두 철학은 미묘하게 엇갈리면서 사람들의 의식과 행동을 규제해 왔다. 이른바 유교는 천하의 국가를 통치하는 상류층의 사상인데 반해서 도교는 현실에 밀착된 서민의 사상으로서 존재하였다. 또 유교는 이상을 역설한 표면의 도덕을 제시하고 있다면 도교는 일반 민중이 살아가는 처세의 지혜를 제시하고 있는 것이다.

유가의 근본은 공자, 맹자의 가르침이다. 이에 대해서 도가는 뒤에 신선술, 장생술 등 여러 가지 민간 사상이 추가되었지만 그 근간이 되고 있는 것은 노장사상(老莊思想)이다. 그리고 노장사상의 원전은 『노자』, 『장자』 두 권의 책이다.

3. 『노자』의 내용

『노자(老子)』는 81장으로 구성되어 있으며, 1장에서 37장을 상편이라 하고 38장에서 81장을 하편이라고 한다. 상편은 '도경(道經)'이라 하여 도(道)에 관한 내용을 주로 실었으며, 하편은 '덕경(德經)'이라 하고 주로 덕(德)에 관한 내용을 수록하였다. 그러나 이러한 도와 덕의 분류는 후대인에 의한 것이며 실제로 『노자』의 내용은 도와 덕이 상호 불가분의 관계로서, 이 둘은 확연하게 분류하여 파악하기는 어렵다.

제1장인「체도(體道)」장은『노자』의 총론에 해당된다. 그 첫 구절은 다음과 같다.

“도가 말해질 수 있으면 영원한 도가 아니다. 이름이 이름 지어질 수 있으면 영원한 이름이 아니다(道可道 非常道: 名可名 非常名).”

이어서 천지는 ‘없음(無)’에서 시작하며 ‘있음(有)’은 만물의 어머니라 한다.『노자』에서 중요한 것은 ‘있음’에서 ‘없음’을 보는 것이고, ‘없음’으로 회귀하는 만물의 운동을 아는 것이다. ‘있음’의 세계는 도의 운동 원칙에 따라 움직여 변화하며 ‘없음’으로 돌아간다. 인간을 포함한 모든 만물은 이런 법칙에서 벗어날 수 없는 유한한 존재이다. 다음은 몇 개의 장을 중심으로 그 내용을 고찰하기로 한다.

(1) 제8장: 최고의 선은 물과 같다(上善若水)

최고의 선은 물과 같다. 노자는 말한다. “물은 만물을 아주 이롭게 하면서도 다투지 않고 모든 사람이 싫어하는 곳에 머물고 있으므로 도에 가깝다.”

『노자』에서 강조하는 처세술은 ‘부쟁(不爭)’, 다투지 않는 것이다. 백성들에게 다투지 않는 삶의 여건을 만들어 주는 지도자가 최고의 지도자이다.

‘부쟁’은 전쟁에 임하는 장수의 덕이기도 하다. 제68장에서 “장수 노릇을 잘하는 자는 무용을 뽐내지 않고, 싸움을 잘하는 자는 노여워하지 않으며, 적을 잘 이기는 자는 다투지 않고 사람을 잘 부리는 자는 상대방에게 자신을 낮춘다.”라고 하였다. 전쟁터에서 적과 대치하는 장군과 병사에게도 다투지 않으려는 마음가짐, 겸손함이 필요한 것이다.

『노자』가 말하는 “최고의 선은 물과 같다.”와 “부쟁의 덕”은 단순히 수동적인 자세가 아니다. 천지만물의 법칙을 따르면서 인간이 할 수 있는 최선의 적극적 선택인 것이다. 이것이 노자가 제시하는 이상적인 삶의 자세이며 역설적인 처세 철학이다.

⑵ 제9장: 공이 이루어지면 자신이 물러나는 것이 하늘의 이치이다 (功遂身退 天之道: 공수신퇴 철지도)

노자는 말한다. "금과 옥이 집안에 가득 차고 그것을 지킬 수 없고, 부귀하면서 교만하면 스스로 그 허물을 남긴다."

그래서 공을 이루면 겸손하게 물러나야 하는 것이 하늘의 이치를 따르는 인간의 도리이다. 노자에서 '인도(人道)', 인간의 길은 '천도'를 따르는 것이다. 인간뿐 아니라 천하의 모든 존재에 예외란 없다.

24장에서는 "스스로 드러내는 사람은 현명하지 못하고, 스스로를 옳다고 여기는 사람은 시비를 가리지 못한다."고 한다. 이 역시 자만과 과시가 가져오는 폐해를 지적한 것이다. 27장의 "길을 잘 가는 사람은 수레자국이 흔적을 남기지 않고, 말을 잘하는 사람은 흠을 남기지 않는다."라고 한다.

이것은 좋은 삶, 바람직한 삶은 자신을 비우고 겸손하게 사는 것이란 것을 말한 것이다. 노자는 인간은 마땅히 겸허(謙虛)해야 하며 조심스럽게 신중히 처신해야 한다고 한다. 약육강식의 전쟁 시대를 산 노자에게 자신의 생명을 유지하고 가족의 안녕을 보장한 것만큼 중요한 것은 없었을 것이다.

노자의 부쟁과 겸허의 철학은 '무위(無爲)'의 사상으로 후대에 끼친 영향이 크다. 과도한 경쟁과 탈진으로 병들어 가는 현대사회에서도 많은 사람들이 노자의 사상에 힘을 얻고 위안을 얻고 있다. 『노자』는 『논어』와 함께 동양 고전 중의 고전의 위상을 점하고 있다.

⑶ 제44장: 만족함을 알면 욕되지 않는다(知足不辱: 지족불욕)

"만족한 줄 알면 욕되지 않고, 그칠 줄 알면 위태롭지 않다 오래도록 지속될 수 있다.” 이것은 ‘지족(知足)의 계(戒)’라 할 수 있다. 무한한 물질적 욕망 앞에서 대부분의 인간은 멈출 줄 모른다. 마치 폭주 기관차처럼 돈과 명예를 위하여 내달린다. 그리고 대부분의 경우 탈진하고 절망하며 이미 가지고 있던 것조차 지키지 못한다. 노자는 그런 인간의 무분별한 삶이 얼마나 어리석을 것인가를 말하고 있다.

‘지족(知足)’과 ‘안분(安分)’은 19세기 이래 산업사회에서는 패자, 게으른 자의 변명으로 무시되었다. 신속한 세상의 변하 속도를 따라가기 위해서 전 세계 인류는 내달렸고, 속도의 쾌감에 도취하였다. 그러나 21세기가 되면서 광속의 피해, 부작용이 도처에서 나타나고 있다. 기후 변화가 초래한 위기와 신종 바이러스의 등장이 사람들의 생각과 삶의 모습을 바꾸고 있다. ‘지족’에서 삶의 진정한 가치를 찾은 노자의 철학은 21세기에 더 귀 기울이는 사람들이 많아질 것이다.

(4) 제63장: 무위를 행하고 무사를 일삼는다(爲無爲, 事無事)

“무위를 행하고 일거리를 없애는 것을 일로 삼고 맛을 없애는 것을 참맛으로 삼는다. 작은 것을 크게 여기고, 적은 것을 많게 여기며 원한을 덕으로 갚는다(爲無爲, 事無事, 味無味, 大小多少, 報怨以德: 위무위, 사무사, 미무미, 대소다소, 보원이덕).”

여기서 ‘무위’와 ‘무사’는 무엇인가? ‘무위’와 ‘무사’는 아무런 일도 하지 않고 그냥 가만히 있으라는 것이 아니다. 쓸데없는 일들은 만들지 말라는 것이다. 정부는 끊임없이 이런저런 정책, 행정 명령을 내고 있지만, 대부분은 일을 만들기 위한 일거리로, 할 필요가 없는 일이다. 그래서 『노자』에서는 ‘소국과민(小國寡民)’의 공동체를 이상적 사회 형태로 본다.

노자는 정부와 개인이 모두 ‘무위’, ‘무사’를 행한다면 이 세상은 조용해지고 안정될 거라고 주장한다. 사실 우리가 하는 일 중에 상당수는 하지 않아도 될 일들이다. 나라에서 하는 일들도 그렇다. 오히려 우리가 신경 써야 하는 것은 “천하의 어려운 일은 쉬운 데에서 일어나고, 천하의 큰일을 세세한 일에서 일어난다.”는 사실이다. 우리는 소소한 일에 집착하고 열중하기 때문에 나와 이 세상에 정말 중요한 일을 소홀이 하는 것이다.

“원한을 덕으로 갚는다.”는 말은 논란의 여지가 있을 것이다. ‘원한’까지 용서하고 덕을 갚으면 나에게 덕을 베푼 사람에게는 어떻게 보상할 수 있는가, 등등의 의문이 제기될 수 있다. 그러나 노자가 말하는 덕과 원한은 영원한 도의 규율에서 본다면 사소하고 작은 일이다. 개인적 원한, 은혜에 얽매여 물이 흐르는 것과 같은 삶을 살지 못한다면, 이것이야말로 ‘무위자연’의 사상에서 벗어나는 것이다. 노자의 대우주적 세계관으로 보면 개인과 국가 간의 은혜와 원한은 모두 일시적인 상황에서 만들어진 가변적인 것일 뿐, 그것이 존재의 본질을 바꿀 수는 없다.

(5) 제81장: 믿음직한 말은 아름답지 않고, 아름다운 말은 믿음직스럽지 않다(信言不美, 美言不信: 신언불미, 미언불신)

『노자』 전편에는 이렇게 우리의 상식을 벗어난 파격적인 표현이 많다. 우리는 듣기 좋은 말을 진실로 믿고 따른다. 그러나 노자는 말은 ‘도’를 표현할 수 없다고 본다. 물론 노자의 사상도 5,000자의 언어를 통해 표현되고 많은 사람들에게 전달되었지만, ‘도’는 언어의 영역을 초월한다고 주장한다.

특히 노자는 ‘아름다운 말(美言)’에 대해 매우 부정적이다. 아마도 지식인들이 각자 자기의 주장을 떠드는 유세의 시대를 살면서, 지식인의 말재주 속에 담긴 농간과 거짓을 보았기 때문일 것이다. 지금도 일부 지식인들의 행태가 그렇지만 노자가 살았던 시대의 지식인들은 출세와 부귀를 위하여 군주의 입맛에 맞는 말은 해주었다. 그들의 주장에 시비와 선악의 기준은 수시로 바뀌고 전복되었다.

노자는 당대의 유세가들과는 다른 길을 선택했다. 그는 “무위일 때 백성은 스스로 교화된다. 청정일 때 백성은 스스로 정도로 돌아간다.”고 말하였다. 모든 사람은 외부적인 압박과 강요가 없다면 스스로 태어난 모습대로 살 수 있다는 것이다. 이런 세상에서는 누구나 "자신들이 먹던 음식을 달게 여기고, 입던 옷을 아름답게 여기며, 자신이 사는 곳을 편안히 여기고, 그 생활방식을 즐겁게 여긴다.

이웃 나라가 서로 바라볼 정도로 가깝게 있어서 닭 울고 개 짖은 소리가 서로 들릴지라도 백성들은 늙어 죽을 때까지 서로 오고 가지 않는다."(80장) 이것이 『노자』에서 말하는 이상사회이다. 지배자의 강압과 과도한 세금, 빈부격차가 없는 공동체야 말로 지상의 유토피아인 것이다.

노자의 부쟁과 무위의 철학은 한의 건국 이후 '황노학(黃老學)'이 되었다. 노자의 철학과 신선술, 불노장생술과 같은 대중의 '황제술(黃帝術)'이 결합한 것이다. 이후 후한 때 장릉(34~156)의 오두미교를 거쳐 『노자』는 도교의 제1 경전이 되었다.

〈해설〉

동양사상은 '무위자연(無爲自然)'의 도가, '인의예지'의 유가, '자비(慈悲)'의 불가 사상으로 크게 들 수 있다. 이들은 각각 사상적 특성을 지니고 있다. 사마천은 세간에서 노자를 배우는 자는 유학을 멀리하고 유학의 무리는 도학을 배척한다고 말한 바가 있다. 같은 춘추전국시대의 사상이지만 서로 그 시각을 달리하고 있음은 이른 시기부터 인정된 사실이다. 노자는 유교의 인위적인 도덕 윤리를 비판하며, 전제군주의 절대권에 대한 일반 백성의 독립성을 옹호하였다.

유가사상이 다분히 상류층의 '치자(治者)의 도'를 논하는 정치적인 사상이라는 것은 이미 설명이 되었다. 그러나 노자사상 또한 장자에 비하여 신비주의와 함께 정치철학의 요소가 적지 않은 것을 파악할 수 있었다. 정치적인 측면에서 살아남는 처세술을 설파하고 있는 무위와 청정이 바로 그것이다. 이것은 자연은 필연의 법칙을 따라야 한다는 초월적이며 종교적인 장자와는 일정한 차별성이 인정되는 것이다.

그러나 노자 역시 타인의 자연을 범하지 않아야 한다는 기준을 갖고 있었다는 점에서 도가사상의 근본이 된다. 이러한 도가사상은 인간의 생활을 자연에 순응시키려는 자연관과 만물의 생성에 대한 숭배, 군주의 자세에 대한 제시 등은 중국인의 고전 철학의 전범이 되었다. 예로부터 중국인은 정치적 인간이라고 알려져 있는 것처럼 정치에 강한 관심을 나타내왔다.

그 결과 모든 고전이 정치를 중요한 주제로 논하고 있으며 『노자』도 예외는 아니다. 『노자』는 은둔자의 처세를 말하고 있으나 끊임없이 정치철학을 논하고 있다. 그러므로 신비주의와 함께 정치철학의 피력은 『노자』의 중요한 내용이라 하겠다.

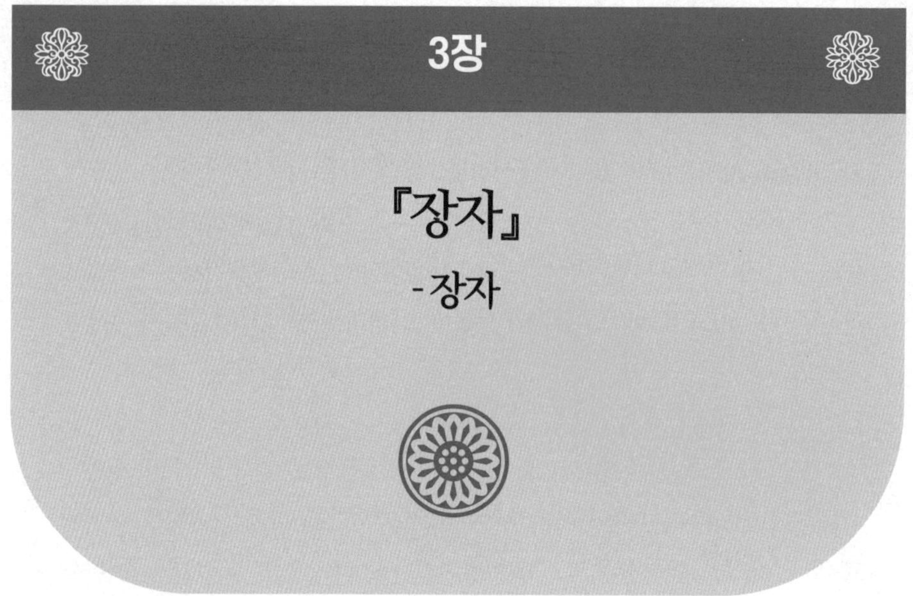

3장

『장자』

-장자

『장자(莊子)』는 『노자』와 함께 노장사상(老莊思想)의 원전이다. 그 중심 사상은 아무것에도 구애를 받지 않는 무위자연의 자유로운 삶을 설파한 것이다. 장자는 모든 기존 관념과 세상의 속박에서 벗어나 절대 자유의 경지인 '소요유(逍遙遊)'를 주장한 사상가이다.

당시의 시대적 혼미를 깨우기 위해 제창된, 만물의 근원으로 도(道)의 존재를 인정하고 이 도로 볼 때에 일체의 사물이 차별이 없다는 장자의 만물제동설(萬物齊同說)은 정치적으로나 사상적으로 이론적 대립을 해소시키고 철학적 한계를 극복하는 데 기여하였다고 할 수 있다.

당대인에게 제도적 인습과 인간사의 구속에서 벗어나 자연으로 돌아가 넓은 세계를 호흡할 것을 주장한 장자사상은 인간의 현실을 초월(超越)하여 해탈(解脫)의 경지를 추구하는 데 있다. 그러므로 우리는 『장자』를 읽으며 일체의 전제주의적 권위와 이념적 독단론을 부정하고, 더 나아가 인륜 도덕이나 문명의 발전보다는 무한한 우주의 변화 속에서 개성 해방과 자유 추구의 경지를 맛볼 수 있다.

1. 장자의 생애

장자(莊子, 기원전 365~기원전 290)는 사마천의 『사기』에 의하여 그 생애를 추정할 수 있다. 이름은 주(周)라 하고, 송나라 몽현 사람이다. 몽현은 지금의 하남성 동부인 상구현 근처이다. 이곳에는 송나라 왕실 소유의 옻나무 밭이 있었다고 한다. 장자는 이곳의 관리인으로 있었다.

장자는 대략 기원전 370년경부터 기원전 300년경에 출생한 사람으로 지금으로부터 2,300여 년 전이다. 그것은 전국시대 중반으로 유가의 맹자(孟子)와 동시대인이다. 장자가 교제하였던 인물은 논리학파인 명가(名家)의 혜시(惠施: 혜자)로 알려지고 있다. 혜자는 장자와 같은 고향 사람으로 뒷날 위나라 양혜왕의 재상을 지냈던 인물이다. 혜자의 논리적인 사고방식은 장자에게 적지 않은 영향을 주었으며, 『장자』 저술에도 배경적 역할을 하였다고 하겠다.

당대 전국시대 제후들은 출신 나라를 불문하고 재능 있는 인물을 등용하려고 하였다. 부국강병 정책을 행하기 위해서는 탁월한 식견을 가진 인재들이 필요했기 때문이다. 그 결과 소진, 장의로 대표되는 유세가의 시대가 열리게 되었다. 그러나 장자는 이러한 시대적 분위기에 등을 돌리고 재야의 은자로 생애를 마친다. 그는 오직 인간의 삶과 죽음의 영원한 문제에 대해 탐구하였다. 이러한 철학적이고 종교적인 측면은 불교사상과 융합하여 독자적인 중국식 불교사상을 정립하기에 이른다.

장자의 저서 『장자』는 10여만 자에 달한다. 대개가 우화(寓話)로 이루어져 있으며 그 중에서 「어부(漁父)」, 「도척(盜跖)」, 「거협(胠篋)」 등은 가공의 인물을 등장하는 우언(寓

言) 형식으로 되어 있다. 장자의 언설은 바다와 같아서 끝이 없고, 걸림이 없어 광대무변(廣大無邊)하다고 하였다. 또한 그의 예리하고도 능숙한 비유는 다른 석학들을 대상으로 하였으므로 그들로 하여금 장자를 회피하게 하였다고 한다. 그로 인하여 당대 석학들과 왕공대인들로부터 장자는 인정받을 수가 없었다. 다만 초(楚)나라 위왕(威王)은 장주가 능력이 있다는 소문을 듣고 사자를 보내 예물로써 후히 대우하고 재상을 삼고자 하였다고 한다. 이때 장자는 웃으며 초나라 사자에게 다음과 같이 말하였다.

"천 근이라는 돈은 큰돈이며 재상이라면 높은 벼슬이다. 그대는 아마 교제(交際: 하늘에 지내는 제사)에 재물로 바치는 희생(犧牲)의 소[牛]를 알고 있을 것이다. 몇 년을 잘 먹이고 아름다운 무늬 옷을 입히지만 결국은 제사에 바쳐지는 희생이 된다. 그때를 당해 하찮은 돼지를 부러워한들 소용이 없는 일이다. 그대는 빨리 돌아가라. 나를 욕되게 하지 말라. 정치를 하느니 나는 차라리 더러운 물에서 마음대로 놀면서 유쾌하게 살아가리라. 권력자에게 구속되고 싶지 않으며, 종신토록 벼슬에는 나아가지 않고 나 자신의 뜻대로 스스로 만족하며 살고 싶을 뿐이다."

이것은 사마천의 『사기』「열전」「노장신한열전」에 나오는 장자의 행적이다. 평생 벼슬에 나아가지 않고 스스로 유쾌하게 살았던 장자의 일생이 이와 같았다. 장자는 묘당에서 경륜을 펴는 것보다 일개 자연인으로서 느긋하게 살고자 하였던 것이다.

『장자』「외편」 제18「지락(至樂)」 편에는, 장자의 아내가 죽어 혜자가 문상을 간 기록이 있다. 이때 장자는 항아리를 두드리며 노래를 부르고 있었다. 혜자가 놀라서 물으니, "춘하추동 사계절의 순환은 자연스런 변화이네. 아내도 순리에 따라서 천지간에 큰 쉴 곳으로 돌아간 것이네." 하고 생사(生死)를 자연 변화의 일부분으로 해석하는 답변을 하였다. 이것은 장자의 생사관, 즉 삶과 죽음을 하나로 보는 만물제동설(萬物齊同說)을 대변하는 것이다.

당대(唐代)에 이르러 도교가 융성해지자 현종(玄宗)은 장자에게 남화진인(南華眞人)이라는 호를 추증하였고, 『장자』는 『남화진경(南華眞經)』이라는 이름으로 널리 읽히게 되었다.

2. 장자의 사상

『장자』 내편(內篇)은 장자가 직접 지었다고 전하며, 이 편에서 장자의 사상을 충실하게 읽을 수 있다. 외편(外篇)과 잡편(雜篇)은 후학들이 내편의 뜻을 연구 · 발전시킨 것으로, 이를 통해 노자와의 절충과 다른 사상과의 교류 등을 엿볼 수 있다.

장자는 만물의 근원으로 '도(道)'의 존재를 인정하고 이 도로써 볼 때에 일체의 사물에 차별이 없다고 하였다. 이것을 '만물제동설(萬物齊同說)'이라 하며 장자사상의 근본이다. 만물제동설은 인생에 있어서 대립과 모순이 존재한다는 것을 전제하고, 이 대립과 모순의 불행에서 해탈하고자 하는 것이다. 만물제동설은 인간을 우주 만물 안의 한 존재로 보았다. 인간사의 선악(善惡)도 미추(美醜)도 빈부(貧富)도 영욕(榮辱)도 생사(生死)도 우주 안에서는 동일하다는 상대적 논리이다.

장자는 인간이 만물제동의 경지에 이르면 무위자연의 세계에 이른다는 것이다. 인위적인 차별을 떠나 인간이 인간인 것을 포기할 때 인간 이상의 신선(神山)의 세계로 나아가는 것이다. 이러한 무위자연이 장자가 궁극적으로 추구하는 도달점인 것이다. 무위자연이란 쓸데없는 인위를 가하지 않은 자연의 본성을 말하는 것이다.

그리고 인간은 무질서에 적응하지 못하는 속성이 있으나 이것 역시 자기 욕심으로부터 출발되는 것으로 보고, 오는 것은 오는 대로 가는 것은 가는 대로 자연스럽게 받아들이는 지혜를 말하고 있다. 이 지혜를 터득하면 인간의 기쁨이나 슬픔, 죽음이나 삶도 차별이 없다는 것이다.

그리고 장자는 유가와 묵가의 사상이 정치적인 측면으로 경도되어 있음을 공격하기도 한다. 그것은 유교사상이 치국평천하(治國平天下)의 도(道)로서 박학다문(博學多聞)한 군자가 백성을 다스리고 예악에 의한 제도를 완비하고 백성의 위에서 군림하는 것과 장자가 말하는 천하에 평화를 유지하자는 것과는 대립되기 때문이다. 결론적으로 장자사상은 만물제동설에서 출발하여 무위자연의 세계를 도달점으로 하는 것이다.

3. 『장자』의 내용

『장자』는 모두 33편으로 이루어져 있으며, 내편(內篇) 7편, 외편(外篇) 15편, 잡편(雜篇) 11편으로 분류할 수 있다. 내편은 장자가 직접 저술하였다고 전하는 것으로 「소요유」, 「제물론」, 「양생주」, 「인간세」, 「덕충부」, 「대종사」, 「응제왕」 등이다. 특히 「소요유」와 「제물론」에는 그의 핵심 사상이 담겨 있다.

외편과 잡편은 장자의 사후 제자들이 편찬했을 것이라 추정된다. 장자의 만물제동설의 입장을 떠나 "안을 귀하게 여기고 밖을 천하게 본다."는 차별관이 나타나는 동시에 노자풍의 정치적 색채가 짙다. 그리고 유가와 법가의 입장이 수용되어 있는 것도 볼 수 있다. 이것은 후학들이 내편의 뜻을 연구 · 발전시키면서 다른 사상과의 교류와 시대에 따른 장자 사상의 해석 등을 수록하였기 때문이다.

장자는 『노자』의 5천 수백 자, 81장의 짧은 경구로 이루어진 잠언집을 6만 5천여 자로 확대, 발전시켜 도가사상을 집대성하였다. 사마천의 『사기』에 10여만 자의 저술을 남겼다는 기록으로 미루어 후대인들이 『장자』를 정리하면서 상당 부분을 없앴다는 것을 알 수 있다. 다음은 『장자』 내편 7편의 내용을 고찰하기로 한다.

(1)「소요유」편

「소요유(逍遙遊)」란 도를 터득한 초월자의 생활, 즉 절대 자유의 경지를 말하는 것이다.

제1장, 머나먼 북쪽 바다에 곤(鯤)이라는 물고기가 있다. 머리에서 꼬리까지 몇 천 리나 되는지 헤아릴 수 없는 거대한 물고기이다. 이 곤이 변신을 해서 붕(鵬)이라는 새가 되었다. 몇 천 리가 되는 지도 모를 몸체, 날개를 펴고 날기 시작하면 하늘은 검은 구름으로 뒤덮이는 것처럼 된다. 바람이 불고 파도가 거세지는 계절에 붕은 멀리 남쪽 바다를 향해 날아간다.

제3장에서 지상의 쓰르라미와 비둘기는 대붕(大鵬)의 모습을 보고 이렇게 비웃는다.

"우리들은 힘차게 날아올라 느릅나무와 참빗살나무를 향해 돌진하여도 때로는 그곳에 미치지 못하고 땅바닥에 나가떨어지는 경우가 있다. 그렇건만 구만 리를 날아서 남으로 간다고 하니 터무니없는 소리가 아닌가?"

위에서 인용한 문장이 『장자』에서 유명한 대붕의 이야기이다. 이와 같이 『장자』는 수많은 이야기 형식을 취하여 자신의 사상을 설파하고 있다. 대붕을 비웃는 쓰르라미와 비둘기는 세속적인 가치관을 지닌 지식인들을 말한다. 이에 비해 유유히 푸른 하늘을 나는 대붕의 소요유는 장자가 추구하는 인간의 이상적인 삶의 방식이다.

우주 안에 존재하는 모든 만물은 쓰르라미나 비둘기처럼 좁은 세상, 작은 식견에 갇혀 있다. 이와 마찬가지로 시야가 좁고 세상 물정을 모르는 것을 경계한 '와우각상지쟁(蝸牛角上之爭)'이 있다. 이 세상의 분란과 경쟁은 마치 두 나라가 달팽이 더듬이 위에서 싸우는 꼴인 것이다. 끝없이 장대하고 유구한 대우주에서 볼 때, 이 지구상에서 일어나는 사건은 모두 다 사소하다. 그런 작은 이해관계에 얽매이지 않는 태도, 그것이 장자가 말하는 현실을 추월한 '진인(眞人)'의 삶이다.

(2) 「제물론」 편

「제물론(齊物論)」은 『장자』 33편 전체 중에서 가장 난해하다고 알려진 글이다. 여기서 장자는 이 세상의 온갖 것에 구별이나 차별이 없고 모든 것이 똑같다는 뜻이다. 즉 만물제동, 절대 무차별이라는 장자의 근본적 인식론이다.

제11장, 찰흙을 이겨 그릇을 만들지만 그 그릇에 텅 빈 부분이 있어야 비로소 물건을 담을 수 있는, 쓸모 있는 그릇이 되는 것이다. 또한 창문이라는 무용(無用)의 부분을 만들어야 비로소 방으로서의 유용(有用)의 쓸모를 가질 수가 있는 것이다. 이와 같이 모두 유가 유로서의 쓸모를 가질 수 있는 것은, 그 이면에 무의 활용이 있기 때문이고 이것이 바로 '대용(大用)', 큰 쓰임이라고 말한다.

제12장, '조삼모사(朝三暮四)'의 이야기에 주목해야 한다. 어느 날 원숭이를 기르는 저공(猪公)이 원숭이들에게 도토리를 주면서 "아침에 세 개, 저녁에 네 개를 주겠다." 고 말하자, 원숭이들은 매우 화를 냈다. "그러면 아침에 네 개, 저녁에 세 개를 주기로 하지." 하였다. 그제야 원숭이들은 모두 기뻐하였다. 명(名)과 실(實)이 아무 변화가 없는데도 원숭이들은 기뻐하기도 하고, 성을 내기도 하였다.

이것이 바로 인간의 시시비비를 분별하려는 어리석음과 같다. 그러므로 고뇌에서 초탈한 성인은 시비를 화합시키고 '천균(天均: 天의 中心)'에서 만물의 관계를 관조한다. 이것을 다른 표현으로 '양행(兩行)', 또는 '도추(道樞: 道의 中心)'라고 일컫는다.

(3) 「양생주」 편

'양생주(養生主)'는 몸과 마음을 건강하게 유지하는 중심 내용이란 뜻이다.

제1장에는 '포정해우(庖丁解牛)'의 이야기가 나온다. 문혜군이 소를 잡는 포정의 신기에 가까운 기술에 감탄하자 포정은 자신의 솜씨는 기술 이상의 '도'라고 말하고 있다.

"지금은 제가 정신을 통해 소를 대하고 눈으로 보지 않습니다. 감각기관의 지각 능력이 활동을 멈추고 신묘한 작용이 움직이면 자연의 결을 따라 커다란 틈새를 치며 커다란 공간에서 칼을 움직입니다."

포정이 문혜군에게 말하는 것은 소를 잡은 최고 수준의 기술이지만 그것은 이 세상을 살아가는 최선의 도라는 것을 알 수 있다.

제3장, 공문헌(公文軒)이 한쪽 발을 잃어버려 외발이 된 우사(右師)와 나누는 대화를 우언 형식으로 썼다. 공문헌이 놀라며 다리를 다친 연유를 물었다. 우사는, "하늘의 뜻이지, 사람의 뜻이 아니다. 하늘이 나를 한쪽 발만 가지고 다시 태어나게 한 것이다. 사람의 모양은 하늘이 준다. 따라서 내가 한 발을 잃게 된 것은 하늘의 뜻일 뿐 사람의 뜻이 아님을 알리라. 들꿩은 열 번에 한 번 쪼아 먹고 백 걸음에 한 번 물을 마시지만, 새장 속에 갇혀서 길러지기를 바라지는 않는다. 기운은 비록 왕성해질지 모르지만 마음이 즐겁지 않기 때문이다."라고 자신의 불행을 초연하게 받아들인다.

위에서 말하는 우사는 어떤 죄가 있어 형벌을 받은 인물이다. 그를 외다리로 만든 것은 인간이다. 그러나 인간을 그렇게 만드는 배경에는 천명(天命)이 있다는 것이다. 운명론자인 장자는 이런 논리를 여러 곳에서 피력하고 있다. 장자의 '안명(安命)'은 인간에게 정해진 숙명에 절대적으로 복종하라는 것이 아니다. 모든 인간은 사회생활을 해가면서 어쩔 수 없는 상황에 직면하기도 하고, 불가항력적 자연의 힘에 휩쓸리기도 한다. 분명히 받아들여야 할 부분이 있다는 것을 인식하고 살아가야 한다는 것이다.

(4) 「인간세」 편

'인간세(人間世)'는 인간이 사는 세상을 말하며, 속세에서 '도'와의 일체화, 무심의 경지로 나아가기 위한 수양의 방법으로 심재(心齋), 즉 마음의 허무를 이야기하고 있다.

제13장, 장인(匠人)인 석(石)이 제나라를 여행하고 있을 때, 곡원이라는 지방에서는 거대한 상수리나무를 신목(神木)으로 떠받드는 것을 보게 된다. 그 거대함은 나무 그

늘에 몇 천 마리의 소가 쉴 수 있을 정도였다. 줄기의 굵기가 백 아름, 높이는 산을 내려다볼 정도, 지상에서 70~80자나 되는 곳까지 가지가 뻗어 있는데, 하나로 충분히 배를 만들 수 있을 정도의 커다란 가지가 몇십 개나 퍼져 있었다.

이 큰 나무를 한번 보려고 찾아오는 사람이 끊이지 않아 주변은 마치 시장과 같았다. 석의 제자들은 숨을 죽이고 그 큰 나무를 보고 있었다. 그런데 석은 쳐다보지도 않고 그대로 지나쳐버렸다. 석은 제자들에게 말하였다.

"저 나무는 아무 쓸모도 없다. 배를 만들면 가라앉아버리고, 관을 만들면 곧 썩어버린다. 가구를 만들면 바로 부서지고, 문짝을 만들면 송진 투성이가 된다. 기둥을 만들면 곧바로 벌레가 생기니, 전혀 쓸모가 없는 무용(無用)의 거목이다. 그리고 쓸모가 없기 때문에 거목이 될 수 있었다."

이것은 유명한 동량(棟梁)의 이야기이며, '무용(無用)의 용(用)'에서 설명된 이야기이다. 이 우언은 다시 이어져, 석의 꿈에 신목이 나타난다. 신목은 자신을 쓸모없는 나무로 말한 것을 비난하였다. 이에 석이 답하여, 신목이 오래 살아 고목이 된 것이 나무로서의 쓸모 때문이 아니라 다만 신목이었기 때문이라는 사실을 일깨워준다. 이것은 너 자신을 명확히 알고 불평을 해야 한다는 것이다. 동서양을 막론하고 많은 성인들은 '나는 무엇을 알고 있는가.'라는 명제로 고민하는 것을 상기할 수 있는 대목이다. 특히 소크라테스의 '너 자신을 알라.'는 것은, '너 자신의 무지(無知)를 알라.'는 의미임을 우리는 다시 되새기게 된다.

(5)「덕충부」편

'덕충부(德充符)'란 덕이 내면에 가득하여 밖으로 나타난다는 뜻이다. 이 편에는 많은 불구자가 등장하고 있다. 겉모양이 불구인 자야말로 안에 덕을 갖춘 증거라는 것이다.

제2장, 공자의 제자 상계가, 노나라 왕태에게 제자가 많이 모이는 것을 보고 어찌하여 스승님만큼 제자가 많이 모이는가 하고 물었다. 공자는 말하기를, 사람은 흐르는

물을 거울삼지 않고 고여 있는 물을 거울삼는다. 흐르는 물에는 참다운 그림자를 비추지 못하여 거울로 삼지 못하고, 고여 있는 물에 비로소 자신을 비추어 본다고 하였다.

사람도 겉모양을 떠나서 언제나 고여 있는 물처럼 조용한 마음을 가지고 있으면 세상의 참다운 모습을 볼 수가 있고 덕이 충만하여진다는 것이다.

(6)「대종사」 편

'대종사(大宗師)'란 크게 존중해야 할 스승이라는 뜻이다. 여기서 "죽음과 삶은 운명에 의해 정해진 것이다."라는 장자의 만물제동설이 설파되고 있다.

제6장, 인간의 죽음과 삶은 운명에 의해 정해진 것이다. 이것은 밤과 아침의 규칙적인 순환이 이루어지는 자연 현상과 같은 것이다. "인간들은 군주를 자기보다 뛰어난 존재로 공경하고 목숨을 바친다. 하물며 군주보다 뛰어난 진실한 것을 위해 어찌 몸을 바치지 않을 수 있겠는가." 하고 운명에 순응하여야 한다는 논리를 피력하고 있다.

제17장, 자기의 몸뚱이나 팔다리를 잊어버리고 눈이나 귀의 활동을 없애고 형체 있는 육체를 떠나며, 마음의 앎을 버리고서 온갖 차별을 초월한 대도(大道)에 동화되는 것이 좌망(坐忘)이다. 이것은 공자와 제자 안회가 나누는 대화 과정에서 나온다. 이렇게 『장자』에는 공자와 그 주변 인물이 등장하여 공자가 아닌 장자의 철학을 대변하는 내용들이 포함되어 있다. 세속적 윤리에 집착하는 공자의 철학을 비판하기 위해 공자의 목소리로 자신의 철학을 전달하게 하는 아이러니한 상황을 만든 것이다. 지금까지도 『장자』가 많이 읽히는 이유는 이런 글쓰기 방식의 묘미에 있다.

(7)「응제왕」 편

'응제왕(應帝王)'은 제왕이 되기에 알맞다는 뜻이다. 이것은 장자사상이지만 노자사상을 확대한 것으로 노자사상의 정치적 측면을 읽을 수 있는 편이다. 노자는 성인이란 말을 군주로 대신하지만 장자는 만물의 주인을 의미하였다.

제8장, 인간은 명예의 주인이 되지 말고, 주모자도 되지 말며, 책임자도 되지 말고,

지혜의 주인도 되지 말라고 말한다. 그리고 무궁을 남김없이 체득하고 자취 없는 데서 놀며, 그 하늘로부터 받은 바를 다하고 스스로 얻은 바 있다고 보지 말라고 하고 오로지 허심일 뿐이라고 말한다. 지인(知人)의 마음을 쓰는 것은 거울과 같아서 보내지도 맞아들이지도 않고, 응하지만 감추지도 않는다. 그리하여 능히 사물에 견뎌 몸을 상하지 않는다는 것이다.

〈해설〉

『장자』에서 이상적인 지도자상을 제시한 우언(寓言)으로, 유명한 목계(木鷄)의 이야기가 있다. 그것은 옛날 기성자라는 투계를 훈련시키는 명인이 닭을 훈련시키는 것도 '덕'으로 한다는 것이다. 여기서 덕이란 재능과 함께 권모술수도 포함된다는 논리이다. 이와 같이 『장자』는 비유와 우화가 많이 사용되고 있어 이론서라기보다는 재미있고 흥미로운 문학서이다. 『장자』는 우언(寓言), 중언(重言), 치언(癡言)의 세 가지 화술로 씌어졌다.

우언은 전달하고자 하는 뜻을 비유법이나 상징법을 이용하여 암시적으로 전달하는 방법이다. 중언은 전하고자 하는 말을 성인의 말처럼 가장하는 화법이다. 치언은 어리석은 말로 자연을 대변하는 소리이다. 장자(莊子)는 언어의 기능을 간파한 철학자라 할 수 있다. 이러한 장자풍의 문학은 조선 후기 박지원의 문학에서 공감할 수 있는 부분이다.

『장자』는 그 내용이, 다른 고전은 현실 속에서 어떻게 살아가느냐 하는 문제를 다루고 있는 데 비해 현실 그 자체에서의 초월(超越)을 역설하였으니 해탈(解脫)의 사상이라 할 수 있다. 이 세상의 상식에 얽매이지 않는 견해, 세속의 가치관을 초월한 삶의 방식, 그것을 말하고 있는 것이 장자의 사상이다. 장자는 우주만물(宇宙萬物)의 전체성을 토대로 모든 사물을 판단할 때 너와 나의 구별은 사라지고, 자연과 내가 하나가 되는 만물제동의 경지에 있을 때만 비로소 자유로울 수 있다고 하였다.

그리스의 철학자인 헤라클레이토스(HeRakleitos, 기원전 540?~기원전 480?)는『단편』에서, "싸움은 만물의 아버지요, 만물의 왕"이라고 하였다. 상호 대립되는 가운데 숨겨진 조화(調和)를 발견할 수 있으며 이것을 '반발조화(反撥調和)'라고 하고, 이것이 세계를 지배하는 로고스[理法]라고 하였다.

"영생을 가진 자와 죽은 자, 죽은 자와 영생을 가진 자, 사는 것과 죽은 것, 깨어 있는 것과 자는 것, 젊은이와 늙은이들, 이것은 모두 같은 것이다. 이들은 변화하면서 그들이 되고, 그들이 변화하여 다시 돌아오면 이들이 된다."

이러한 그의 만물 투쟁에 의한 조화의 이론인 반발조화는 장자의 만물제동설과 상통하는 일면이 있다.

4장

『한비자』

-한비자

한비자(韓非子)는 전국시대 법가사상(法家思想)을 종합하고 이를 체계화한 인물이다. 법가사상은 세 파로 나누어진다. 백성을 통치하기 위하여 '법(法)'이 필요하다는 법치주의(法治主義)와 관리를 다스리기 위하여 '술(術)'이 필요하다는 술치주의(術治主義)와 군주에게 필수적인 세치주의(勢治主義)가 그것이다. 이러한 이론은 한비자에 의하여 중앙집권적 봉건 전제정치 체제의 확립을 위하여 '형명(刑名)'과 '법술(法術)' 이론으로 집대성되었다.

한비자는 주관성이 개입될 수 있는 온정적 인물 정치를 배격하고 절대군주에 의한 관료의 통제술과 객관적이고 엄격한 법치를 통한 군주의 절대 공권력 확보를 설파하였다.

1. 한비자의 생애

한비자

사마천의 『사기』에 의하면 한비자(기원전 280~기원전 233)는 전국시대 말기에 한(韓)나라 안왕(安王)의 서자로 태어났다. 그의 어머니가 낮은 신분 출신이었기 때문에 비록 왕족이라 하여도 왕실에서 대우받지 못하는 불운한 처지였다. 이러한 현실적 불운으로 인하여 일찍부터 학문에 전진하여 일가를 이루었다고 할 수 있다.

한비자가 태어난 한나라는 전국 칠웅(七雄: 진, 초, 연, 제, 한, 위, 조) 중의 한 나라였으나 여러 나라 가운데 문화 수준이 비교적 낮은 작은 나라였다. 한비자는 당대의 석학인 순자(荀子)에게 수학하기 위하여 제나라의 수도 임치로 찾아간다. 순자는 원래 조나라 출신이었으나 제나라에서 학자의 태두(太頭)로 활약하고 있었다. 한비가 순자의 문하생으로 수업할 때 후일 진나라의 재상이 된 이사(李斯)와 동문수학하게 되어 불운한 인연을 맺는다. 이때 이사는 "재주에 있어서는 한비에게 미칠 수가 없다."고 자인하였다고 한다.

한비는 이곳에서 유가(儒家), 도가(道家), 명가(名家), 법가(法家), 묵가(墨家) 등 여러 학파의 학문을 두루 익히고 수용과 비판의 과정을 거치며 부국강병설을 체계화한다. 한비의 학설이 현실 정치에 적용되려면 먼저 국왕의 인정을 받아야 하였다. 그러나 한비는 어린 시절부터 심한 말더듬이였기에 더욱 그의 뜻을 펴기 위하여 뛰어난 문장력에 의존할 수밖에 없었다고 한다.

사마천의 『사기』에 의하면, 『한비자』에 수록된 「고분(孤憤)」, 「오두(五蠹)」의 문장을 본 진시황(秦始皇)이 "한비를 만나 서로 이야기를 나눌 수 있다면 죽어도 한이 없겠다."며 감탄을 아끼지 않았다고 한다. 이때 이사가 말하기를, "한비를 얻고자 한다면 한나라를 공격하시오. 그러면 화평을 위하며 한비가 사신으로 오게 될 것입니다."라고 하였다. 드디어 예상한 바와 같이 한비는 진에 당도하였고 그 후 한비는 진시황을 보필하며 진나라가 천하를 통일할 수 있는 이론적 기반을 제공하였다.

그러나 이사가 진시황이 한비를 중용할 것을 두려워하여 진시황에게 모함하여 투옥되기에 이른다. 이사는 옥에 갇힌 한비에게 독약을 보내 자살할 것을 강요하였다. 한비는 그의 결백을 입증하기 위하여 진시황을 만나볼 것을 간청하였으나 받아들여지지 않았다. 이때 진시황이 때 늦게 자신의 잘못을 깨닫고 석방 명령을 내렸으나 이미 한비는 자살한 후였다.

한비자가 죽은 지 15년 후에 전한(前漢)의 사가 사마천은 『사기』「열전」에, "한비는 '형명(刑名)', '법술(法術)'의 학(學)을 좋아하였으나, 학문의 근본은 황노사상(黃老思想)으로 귀결되었다. 이사와 더불어 순자를 섬기었다."라고 기록하였다.

2. 한비자의 사상

법가사상은 춘추전국시대의 전환기적 배경에서 생성 · 발전하였다. 절대 군주의 왕권 확립과 각 나라간의 패권주의에 절대적으로 적용되는 사상으로 부각되었다. 춘추전국시대에 법가사상이 발전 · 정착된 나라는 한, 위, 조의 삼진(三晋) 지역이었다. 다음은 한비자가 체계화하기 이전의 법가사상의 흐름을 살펴보겠다.

'법치주의(法治主義)'를 근거로 하며 정치를 시행한 인물은 이사(李斯)와 상앙(商鞅)이다. 이들은 엄격한 법률을 제정하여 엄한 형벌과 큰 상을 수단으로 하여 백성을 통제하고 군권을 강화하여 부국강병책을 시행하였다. 즉 신상필벌(信賞必罰) 정책이 그 것이다. 이사는 위나라의 문후(文侯)를 섬겨 병법을 추진하였고 상앙은 진나라 효공을 도와 2차에 걸친 개혁을 단행하여 진의 통일 기반을 마련하였다.

'술치주의(術治主義)'는 한나라 신불해(申不害)가 시행한 것으로 권모술수를 이용한 통치술을 말한다. 신하를 통솔하고 중신과 간신을 구분하여 상벌을 가하고 임금을 두렵게 여김으로써 견제하는 통치술이었다. 한비자의 설명에 따르면, "술(術)은 남에게 보이는 것이 아니다. 군주가 가슴속에 새겨 두고, 이것저것에 대비해서 은밀하게 신하를 조종하는 것이다."라고 말한다.

'세치주의(勢治主義)'를 실천한 인물은 조나라 출신의 신도(愼到)이다. 신도는 절대적 세력이 곧 군주 세력의 원천임을 강조하고, 신하가 군주에게 복종하는 것은 군주의 세력이지 결코 군주의 덕행이나 재능이 아니라고 주장하였다.

이상과 같은 전국시대 법가주의의 사상을 종합하여 이를 사상적으로 체계화한 인물이 바로 한비자이다. 한비자는 진시황 때 재상이 된 이사와 함께 순자의 성악설(性惡說)을 사상적 기반으로 하였다. 이들은 유가의 덕치주의(德治主義)나 예교주의(禮敎主義)를 배격하고 법치주의의 기본인 엄형주의(嚴刑主義)와 철저한 신상필벌을 원칙으로 하였다.

그리고 군왕에게 가장 필수적인 부강한 나라를 위하여 강력한 군대를 양성하였고, 부국을 위한 농업 생산의 발전에 주력하였으며 상업과 공업을 말업(末業)이라고 억제하였다. 백성을 통치하기 위하여 법(法)이 필요하고, 관리를 부리기 위하여 술(術)이 필수적이기 때문에 법, 술, 세(勢)는 제왕이 나라를 다스리는 기본이라고 하였다.

또한 한비자의 형명론(刑名論)은 형명동참(刑名同參)이라고 하기도 한다. 그것은 신하들이 하는 말[名]과 실제의 공로[刑]를 비교하여 그것이 적당하면 상을 주고 그렇지 않으면 가차 없이 벌을 주어 신하들의 망언이나 악행을 방지하고 그 책임을 분명히 하고자 하는 것이다. 한비자의 형명론은 명가(名家)의 실재론과 상통하는 일면이 있다.

이러한 통치자의 입장에 경도된 한비자의 법가는 진시황이 천하를 통일하는 기반이 되었다.

한비자의 사상은 엄격한 법 시행 그리고 속국의 경제적 자족 보장 등의 특색을 가지고 있다. 크고 작은 모든 사회적 갈등의 궁극적 해소를 위하여 한비자는 '절대 국가의 공권력' 창출과 유지를 주장하였다. 그는 현명한 군주는 고대사회를 모범으로 삼지 않고 현실을 직시하여 봉건제를 타파하고 관료제를 택하여야 한다고 하였다. 분명히 법제와 폭정을 구분하여 형벌의 형평성을 유지하고 부역의 경감을 제창한 것은 민중들에게도 유리한 점이 있었다. 그러나 상벌 만능을 고취하여 윤리 도덕의 역할을 무시한 것은 오류로 지적되고 있다. 그리고 통일된 법령에 의하여 학술의 발전을 저해하고 인심을 억압한 것은 반문명적인 소산이었으며 불평등을 초래한 것이다.

3.『한비자』의 내용

『한비자(韓非子)』는 기원전 230년경의 저서로 '법가(法家)'의 이론을 집대성한 저술이다.「고분」,「오두」,「내외저(內外儲)」,「설림(說林)」,「설난(說難)」등 모두 55편 20권, 10여만 자의 방대한 문장을 수록한 것이다.『한비자』는 내용과 형식면에 있어서 직접 자기의 주장을 기술한 논문체의 문장과 설화를 모은 것 등 두 부분으로 구성되어 있다.

법가의 중심 사상은 '법술(法術)'이다. 본래『한비자』에 선행하는 법가의 이론에는 '법'에 주안을 두는 파와 '술'을 중시하는 파, 두 파가 있었다. 법은 백성이 따라야 하는 절대적인 기준이었으며 아무리 평범한 군주도 법의 운영만 잘 터득하면 훌륭한 정치를 할 수 있다는 것이다. 술은 법을 운영하는 방법으로, 신하를 시험하기 위하여 모른 척하고 물어보거나 거짓과 술수를 사용하여 그 진실을 파악하는 것 등이다.

물론 이와 같은 한비자의 술에 의한 부하 조종법에 대해서는 무조건 긍정하기 어려운 부분도 있지만 배워야 할 점도 적지 않은 것이다. 다음은 『한비자』 55편 중에서 「이병(二柄)」 편, 「고분」 편, 「설난」 편, 「오두」 편, 「십과(十過)」 편의 내용을 살피기로 한다.

(1) 「이병」 편

「이병(二柄)」 편에서는 밝은 임금은 형(刑)과 덕(德), 두 기둥[柄]을 근본으로 신하를 다스려야 한다는 것을 주장하는 내용이다. 신하된 자는 벌을 두려워하고 상 받기를 기뻐한다는 것에 그 원리를 두는 것이다. 여기서 벌이란 형이요, 상이란 덕이다.

만약 군주가 상벌의 권한을 스스로 행사하지 않고 신하에게 맡기게 되면 백성은 그 신하를 두려워하고 군주는 만만히 본다. 이렇게 되면 백성의 인심은 군주에게서 신하로 향하게 된다. 그러므로 군주는 상과 벌을 함께 조종할 수 있어야 한다는 것이다. 그리고 호랑이가 개를 복종시킬 수 있는 것은 발톱이 있고 어금니가 있기 때문이라는 것을 강조하였다.

(2) 「고분」 편

「고분(孤憤)」 편에서는, 중신(重臣)이란 군주의 명령을 무시할 수 있으며 국가의 재산으로 자신의 배를 채우고 군주를 마음대로 움직일 수 있는 자라는 것을 설파하는 내용이다. 그러므로 임금은 중신의 마음을 꿰뚫어 보는 지혜를 가져야 한다. 이것이 바로 술(術)이다. 한비자는 계속하여 '군주여 눈을 떠라.'라고 강조하였고, 군주의 눈을 가리는 것은 바로 중신들일 수 있으니 그들을 뽑아 제거하여야 한다고 주장하였다. 군주의 길을 외로운 분투 과정으로 보았다. 고분은 한비자가 자신의 운명을 예감하고 외롭고 분한 마음을 기술한 것이다.

(3)「설난」 편

「설난(說難)」 편에서는 진언(進言)의 어려움을 내용으로 하고 있다. 진언할 때는 상대의 마음을 꿰뚫어낸 후 의견을 맞추어 나가야 한다는 것이다. 진언하는 자의 계획은 비밀스럽게 진행되어야 성공하며 그 비밀이 알려지면 실패의 원인이 된다는 것이다. 만약 군주가 비밀을 간직하고 있다면 그 의견을 말하는 자는 몸이 위태로워지는 것이다.

한비자는 군주에게 진언하는 것에 대해, '역린(逆鱗)의 진언'이라는 유명한 말을 남긴 바가 있다. 그것은 용의 목 밑에는 거꾸로 된 비늘이 있어서 그곳을 잘못 건드리면 용은 분노해서 날뛰게 되는데, 이러한 역린이 군주에게도 있다는 말이다.

또한 한비자는 진언이 상대적이라고 하였다. 예컨대 상대가 명성을 원하고 있는 인물인데, 그를 향해서 커다란 이익을 남길 수 있다고 말한다면 아랫사람에게 모욕을 당하였다고 할 것이다. 반대로 이익만 추구하는 상대에게 명성을 역설하면, 융통성 없고 세상 물정을 모르는 인간으로 경원당할 것이다. 다시 말하며 진언의 요령은 상대가 자랑하면 칭찬하고, 상대가 부끄럽게 여기고 있는 것은 잊게 하는 것이라고 하였다. 그리고 높은 이상을 무거운 짐으로 느끼고 있는 상대에게는 그 이상의 잘못된 것을 지적하고 실행하지 않는 편이 낫다는 것을 말할 수 있어야 한다는 것이다.

(4)「오두」 편

「오두(五蠹)」 편에서 말하는 오두란 다섯 마리의 해충을 말한다. 나라를 좀먹는 다섯 마리의 해충과 같은 부류의 인간을 다음과 같이 들고 있다.

첫째 옛 성현을 칭송하며 인의(仁義)를 차용해 쓰고 복장과 말을 꾸며 하는 자, 둘째 거짓말을 꾸며 외국의 힘을 빌려 제 욕심을 채우려고 하는 유세가, 셋째 사재를 모아서 유력자에게 아부하고 전사의 공로를 묵살하는 측근자, 넷째 무리를 모아 의협을 내

세우고 그것으로서 이름을 얻으려 하며 국법을 어기는 협객, 다섯째 변변치 못한 그릇을 만들어 팔아 사치품을 사 모았다가 때를 보아 폭리를 얻고 농민이 애써 얻는 이익을 힘들이지 않고 한순간 얻는 상인들을 오두라고 이름하였다.

(5) 「십과」 편

「십과(十過)」 편은 군주는 남을 믿어서는 아니 된다는 것을 내용으로 군주가 지켜야 할 10가지 덕목을 기술한 것이다. 군주가 남을 믿으면 바로 눌리게 되며, 신하는 위엄 있는 기세에 눌려 부득이 명령에 따를 뿐이다. 신하는 같은 핏줄로 연결된 인연이 아니기 때문에 언제나 군주에게 저항할 기회를 노리고 있으며 만일의 사태에 군주의 자리는 위태로워지고 죽임을 당하기도 한다는 것이다.

또한 만약 군주가 아내와 아들을 믿게 되면 이익을 추구하는 신하가 아들과 아내를 이용하게 되는 계기를 만드는 것이다. 예컨대 나라에서 조척으로 태자(太子)를 책봉하게 되면 그 태자를 옹립한 자들은 임금이 일찍 죽기를 원할지도 모른다. 아내도 사랑하면 가까워지고 사랑하지 않으면 멀어진다. 재난은 사랑하는 데서 생기며, 그러므로 군주의 자리는 외로운 것이라고 말한다.

그리고 의사가 환자의 상처를 빨아내는 것은 육친의 정이 아니라 치료비를 받기 때문이다. 수레를 만드는 사람은 수레를 팔아서 이익을 얻기를 원한다. 다른 사람들이 수레를 갖기를 원하는 것과는 다른 것이다.

「십과」 편에서는 임금이 과실로 인하여 몸을 망치는 열 가지 잘못을 열거하고 있다. 첫째 조그만 업적을 세우는 데 정신을 잃어버리는 것, 둘째 작은 이익에 얽매이는 것, 셋째 감정이 나는 대로 난폭한 행동을 하는 것, 넷째 오락으로서 음악과 가무를 즐겨 듣는 것, 다섯째 지나친 욕심을 추구하는 것, 여섯째 여락(女樂)에 빠지는 것, 일곱째 근거지를 비우는 것, 여덟째 충신의 의견을 듣지 않는 것, 아홉째 외적의 힘에만 의지하는 것, 열째 힘이 없으면서 남에게 무례하게 하는 것이 그것이다. 이 편의 핵심은 군주의 자리에서 스스로 무덤을 파서 자멸하는 것을 경계하는 것이다. 이것을 한비자는

'넘어지기 전의 지팡이'라고 하는 것이다.

그리고 지도자의 덕목으로는 타인의 진언에 너그러운 자세를 강조하였다. 이러한 한비자의 전제군주제도에 대한 구상은 민중에게 희망을 주는 점도 있었지만, 그 주된 목적은 군주 통치를 보호하고 유지하며 강화하는 데 있었다. 따라서 민중의 목숨은 완전히 군주에게 달려 있었다. 한비자는 옛날 순(舜)이라는 천자는 거문고를 타고 콧노래를 부르면서 천하를 잘 다스렸다는 예를 인용하면서, "내가 말하는 술(術)에 바탕을 두고 다스린다면 다만 집무실에 앉아 가만히 있기만 해도 잘 다스려진다. 술을 쓰지 않으면 쇠약해질 정도로 노력을 해도 좀처럼 성과가 오르지 않는다."고 말하였다

그리고 한비자는 군주에는 상, 중, 하 세 단계의 순위가 있다고 말한다. "하군(下君)은 자신의 능력을 다하고, 중군(中君)은 사람의 힘을 다하고, 상군(上君)은 사람의 능력을 다한다."라고 말하였다. "닭의 울음이 시간을 알리고 고양이가 쥐를 잡듯이, 부하 한 사람 한 사람에게 능력을 발휘하게 하면 윗자리에 있는 자는 스스로 손을 댈 필요가 없다."라는 것이다. 그것이 이상적인 국가 경영의 원칙이라고 설파하였다.

〈해설〉

법가사상은 유가사상과 도가사상과 함께 춘추전국시대에 생성 · 발전하였다. 공자가 창도한 중용(中庸)의 인도주의적 교리는 중국 중앙의 평야지대 사람들이 심취하였고, 비교적 성격이 온화한 중국 남부 지방에서는 노자와 장자의 낭만적 자유주의가 생성 · 발전하였다. 그리고 완고한 북방 사람들은 법가의 이론과 실천에 적응할 수 있었다.

한비자의 이론은 중국 전제군주들의 통치를 보호하고 강화하였다. 특히 진나라는 법가사상에 기초하여 천하 통일을 이룩하는 계기를 마련하였다. 그 후

역대 왕조는 기본적으로 이를 계승하여 제왕의 통치와 강화에 적용해 온 것이 사실이다. 『삼국지(三國志)』에서 촉한의 승상이었던 제갈공명(諸葛孔明)이 유비(劉備)가 죽은 뒤 2대째 황제인 유선(劉禪)에게 읽도록 권한 책이 『한비자』이다.

인간을 움직이는 근본 동력은 애정도 동정도 의리도 인정도 아니라고 보았다. 오직 하나, 인간은 이익에 따라서 움직이는 동물이라고 주장하였다. 이것이 『한비자』 전체를 꿰뚫는 냉철한 현실 인식이다.

결론적으로 한비자는 철저한 인간 불신의 바탕 위에서 지도자의 자세를 설파하고 군주의 권력 강화를 위하여 술치주의를 제창하여 권모술수(權謀術數)를 통치술로 이용하였다. 이것은 서양의 마키아벨리(Machiavelli)가 『군주론(君主論)』에서 도덕적 가치와 정치적 가치를 분리하여 정권 획득을 위해서는 반도덕적 권모술수도 인정될 수 있다고 한 것과 같은 이론이다. 시대와 공간을 뛰어넘는 동양과 서양의 정치적 이론의 만남이 여기에 있다.

5장

『사기』

-사마천

『사기(史記)』는 지금으로부터 약 2천여 년 전 중국 한 무제 시대의 태사령 사마천에 의해서 찬술된 중국 최초의 기전체(紀傳體) 통사이다. 『사기』는 청나라 건륭 연간에 중국의 정사로 정해진 『이십사(二十史)』 중에서 제일 첫 번째로 등록된 국가 공인 역사서이다.

『사기』의 본래 명칭은 『태사공서(太史公書)』였다. 이것은 사마천이 「태사공자서(太史公自序)」에 스스로 붙여 놓은 이름이었다. 그러던 것이 동한(東漢)의 반표(班彪), 반고(班固) 부자에 와서 임의로 『사기』라고 불리기 시작했으며, 그 후 동한 시대 말기의 순열(荀悅), 진의 진수(陳壽) 등 역사가들을 거처 당대에 이룩된 육서(六書)의 『경적지(經籍志)』에서부터 비로소 정식으로 『사기』라는 전용 명칭을 사용하게 되었다.

『사기』는 사마천이 '이능(李陵) 사건'과 관련하여 죽음보다 수치스런 궁형을 당하면서 완성한 불멸의 고전이다. 그러므로 이 작품은 자신의 운명을 극복하고 역사정신에 투철했던 한 인간이 빚어낸 인간 승리의 결정체이다. 특히 「열전」에는 사마천의 역사관, 세계관, 인간관이 잘 반영되어 있다. 인간과 인간을 둘러싸고 벌어지는 여러 상황에 대하여 깊은 이해를 바탕으로 한 인간의 이야기는 역사서이기 이전에 인간 연구서 혹은 철학서로 평가된다.

1. 사마천의 생애

사마천

사마천(司馬遷, 기원전 145?~기원전 86?)의 『사기(史記)』 「열전(列傳)」 70편 중에서 그 마지막인 제70편에는 「태사공자서(太史公自序)」가 자리하였다. 「태사공자서」에는 사마천의 조상들의 이야기를 비롯하여 아버지 사마담(司馬談)의 유언과 함께 『사기』를 저술하게 된 과정을 기술하고 있다. 사마천에 대한 기록은 대개 이 글에 근거하는 것이다.

동양 역사의 아버지라 할 수 있는 사마천은 중국 전한 시대 경제 5년, 기원전 145년에 태어났다. 혹은 무제 6년, 기원전 135년에 대대로 사관을 지낸 가문에서 태어났다고도 한다. 그의 아버지 사마담은 태사령이었다. 태사령은 천체를 관측하여 달력을 만들고 문헌이나 기록류를 관리하는 직책이었다. 사마담은 사관의 직책이 점차 기술직으로 천시되고 옛 기록이 사라져가는 것에 비애를 느끼고 역사서 편찬을 꿈꾸게 된다.

사마천의 나이 10세 때 이미 고문서에 통달하였고, 20세 때는 아버지와 함께 천하를 주유하며 주요 사적지를 답사하고 각지의 전승과 풍속, 중요 인물 등의 체험담을 채록하는 등 역사가로서 소양을 길렀다. 그 후 낭중의 벼슬에 올라 한 무제를 수행하며 사자(使者)로서 출장을 거듭하니, 전국 각지에 그의 발길이 미치지 않는 곳이 없었다.

사마천의 아버지 사마담은 태사의 직책에 있으면서도 한 무제가 거행하는 태산에서의, 하늘과 산천에 올리는 제사인 봉선(封禪)의식에 참석을 허락받지 못한 것을 괴롭게 여기다가 분사(憤死)하게 된다. 이때 사마담은 아들 사마천에게 역사서 저술을 유언으로 남긴다.

기원전 108년 아버지의 뒤를 이어 태사령에 임명된 사마천은 달력 개정에 착수하여, 기원전 104년 공손경(公孫卿), 호수(壺遂)와 함께 태초력(太初曆)을 완성하였다. 그리고 나서 역사서 집필을 결심하고 자료를 모으기 시작한다. 이때 사마천은 『시경』, 『상서』, 『춘추』, 『전국책』 등과 궁중에 비장된 자료를 참고하기 위하여 궁중 도서관에서 많은 시간을 보내게 된다.

이리하여 무제는 사마천을 굳게 신임하게 되었고, 국가의 중요한 결정에 그의 의견을 적극 수용하였다. 그 후 전한 2년(기원전 99) 흉노 토벌에 나섰던 이능(李陵)이 겨우 5,000명의 보병으로 기마부대를 주력으로 하는 8만의 흉노(匈奴)군과 싸우다가 패하고, 이능 자신도 적의 화살을 맞고 실신하여 포로가 된 사건이 있었다.

이때 한무제가 일가 멸족을 단죄하여 이능을 처벌하려 하자, 사마천이 홀로 "이능의 투항은 부득이한 일이었다(至於投降 他認爲是不得已的事: 지어투항 타인위시불득이적사)."라고 이능의 충절과 용감함을 변호하였다. 이에 격분한 무제는 역적을 변호한 죄로 사마천에게 사형을 선고한다. 사마천은 감옥에서 "용감하고 비겁하고 강하고 약한 것은 상황에 따라 좌우된다."는 손자의 말에 깊은 공감을 느끼고 인간과 세상을 보는 새로운 시각을 얻게 된다.

당시에는 사형을 면하는 대신에 50만 전을 내든지 아니면 생식기를 절단하는 '궁형(宮刑)'을 받아야 했다. 그러나 사마천은 금전적으로 여유가 없던 터라 궁형을 택하게 된다. 2년여의 감옥 생활을 끝내고 환관으로 복직하여 무제의 측근에서 중서랑이라는 벼슬을 하게 된다.

이어서 사마천은 자신의 일신상의 불행을 자기 발전의 계기로 삼고 역사서 저술에 분발한다. 마침내 13여 년 동안 각고의 노력으로 『사기』 130권, 52만 6,500자를 완성하게 된다. 이때가 기원전 97년, 사마천의 나이 55세였다. 「태사공자서」에는 사마천이 역사서를 저술하는 명분이 기록되어 있다.

대체로 『시(詩)』와 『서(書)』에서 뜻이 모호하고 문자가 간략했던 것은 작자가 심중에 있는 뜻을 이룩하려고 했던 때문이었다. 옛날에 서백(西伯: 주 문왕)은 유리에서 억류되자 『주역(周易)』을 부연하여 저술하였고 공자(孔子)는 진과 해에서 연금되어 고생할 때 『춘추(春秋)』를 지었다. 굴원(屈原)은 초나라에서 쫓겨나서 「이소(離騷)」를 지었으며, 좌구명(左丘明)은 실명하고 나서 『국어(國語)』를 이루었고, 손자는 다리를 잘리고 나서 『손자(孫子)』를 논술하였다.

여불위(呂不韋)가 촉으로 귀양 간 후에서야 세상에 『여씨춘추(呂氏春秋)』가 전해지게 되었고, 한비(韓非)는 진나라에 갇혀서 「설난」과 「고분」을 썼으며, 『시삼백(詩三百)』도 대체로 성현들이 발분하여 지은 것이다. 이 사람들은 모두 가슴에 응어리진 울분을 시원하게 풀어낼 방법이 따로 없어, 이에 지나간 일을 서술하여 미래에 희망을 걸어본 것이었다.

위의 문장으로 미루어, 사마천은 『사기』 저술을 계기로 가슴에 응어리진 울분을 시원하게 풀었다고 할 수 있다. 또한 그는 『사기』를 저술하여 지나간 일을 거울로 하여 미래에 희망을 걸어본다는 뜻을 밝히고 있다. 사마천은 처음 『태사공서』가 완성되자, 이것이 기휘(忌諱)에 저촉될까 하여 자신의 사위에게 부탁하여 은밀하게 숨겨 두게 하였다. 그 후 사마천 사후에 조금씩 세상에 나왔으며 선제 때 사마천의 외손인 평통후 양운이 조술하여 드디어 세상에 빛을 보게 된 것이다.

사마천의 졸년(卒年)은 정확히 상고할 수 없으나, 왕국유(王國維)의 「태사공행연고

(太史公行年考)」에서는 태사공 졸년을, 무제와 비슷한 시기로 보았다. 이것으로 미루어 무제가 세상을 떠난 기원전 87년에 세상을 마감하였다고 하겠다.

그때는 사마천의 나이 59세이다. 부형(腐刑)을 49세에 받았고 『사기』를 55세에 완성하였으니, 이 책의 저술을 마치고 4년 후에 세상을 마친 것이다.

2. 『사기』의 내용

『사기』는 중국 고대로부터 사마천이 살았던 그 당시까지 3,000년 동안의 역사적 인물을 중심으로 하여 저술한 기전체(紀傳體) 역사서이다. 『사기』는 전 시대의 전적(典籍), 즉 『춘추(春秋)』, 『상서(尙書)』, 『우(禹)』, 『하(夏)』, 『예기(禮記)』 등의 유례를 다소 참고하기는 하였지만 사마천의 풍부한 역사적 소양과 창의력이 발휘된 기념비적인 저술이다. 우리는 후한의 반고(班固)와 더불어 전한의 사마천을 중국 역사의 아버지라고 이름한다.

『사기』는 「서(書)」 8권, 「표(表)」 10권, 「본기(本紀)」 12권, 「세가(世家)」 30권, 「열전(列傳)」 70권으로 모두 130권으로 구성되었다. 「본기」란 제왕의 일대기, 「세가」란 제후의 일대기, 「열전」은 역사의 무대를 화려하게 장식하였던 인물들의 이야기, 「표」는 연대기, 「서」는 역법이나 경제 등의 제도사이다. 그 내용을 좀 더 구체적으로 살피면 다음과 같다.

「본기」는 연대 순서에 따라 역대 제왕들의 통치, 인사 등을 기록해 놓은 부분으로, 「오제본기(五帝本紀)」를 시작으로 하여 「하본기(夏本紀)」, 「은본기(殷本紀)」, 「주본기(周本紀)」, 「진본기(秦本紀)」, 「진시황본기(秦始皇本紀)」, 「항우본기(項羽本紀)」, 「고조본기(高祖本紀)」, 「여태후본기(呂太后本紀)」, 「효문본기(孝文本紀)」, 「효경본기(孝景本紀)」, 「효무본기(孝武本紀)」 등 12권으로 구성되어 있다. 여기서 「본기」라는 체제는 사마천

자신이 「대완열전(大宛列傳)」에서 「우본기(禹本紀)」를 인용하고 있으므로 그가 창안한 것이 아니라 그 전부터 이미 있었던 체제였음을 알 수 있다. 여기서 항우와 여태후는 황제가 아니었으나 본기에 수록하였다.

「표」는 도표 형식으로 사건을 기록해 놓은 것으로 「삼대세표(三代世表)」, 「십이제후년표(十二諸侯年表)」, 「육국년표(六國年表)」, 「진초지제월표(秦楚之際月表)」, 「한흥이래제후년표(漢興以來諸侯年表)」, 「고조공신후자년표(高祖功臣侯者年表)」, 「혜경간후자년표(惠景間侯者年表)」, 「건원이래후자년표(建元以來侯者年表)」, 「건원이래왕자후자년표(建元以來王子侯者年表)」, 「한흥이래장상명신년표(漢興以來將相名臣年表)」 등이 있다. 이 중에서 기사가 비교적 간략한 것은 세표로 만들었고 보통인 것은 연표로 만들었으며 비교적 상세한 것은 월표로 만들었다.

또 「한흥이래제후왕년표」와 같은 것은 연도를 세로(날줄)로 하고 나라를 가로(씨줄)로 해서 만들었는데 이것은 지방을 위주로 해서 천하의 대세를 보게 하기 위함이었다. 「고조공신후자년표」와 같은 것은 나라를 날줄로 하고 연도를 씨줄로 해서 만들었는데 이것은 대사건을 위주로 해서 군신의 직분을 볼 수 있게 하기 위함이었다.

그리고 사마천이 "내가 첩기를 읽으니, 그 기록은 황제들이 해마다 행하였던 오덕의 시말을 전하는 바이다. 그러나 모두가 다르고 동일하지는 않았다. 내가 읽은 기록은 『고문』의 「삼대세보(三代世譜)」와 『춘추』의 「십이제후년표(十二諸侯年表)」이다(余讀諜記, 黃帝以來, 皆有年數, 稽其歷譜諜, 終始五德之傳, 古文咸不同乖異)."라는 기록을 보면 이미 그 전 시대부터 있었던 것 같고 따라서 그의 「표」 체제는 물론 똑같지는 않지만 이들 보첩에서 영향을 받은 것으로 추측된다.

「서」는 그 당시 전장제도(田莊制度)를 기록해놓은 것으로, 즉 봉건사회의 사회적 규범과 제도적 법칙에 대해서 서술하고 논평한 전문 분야의 문제를 다룬 문장들이다. 따라서 이 부분은 가장 난해한 부분이기도 하지만 저자 사마천이 역사가로서의 소질을 훌륭하게 발휘해놓은 부분이기도 하다. 특히 한대의 정치, 경제, 학술 등에 관하여 은 연중 많은 관심을 나타낸 것이기도 하다. 따라서 이 부분은 한대 역사의 여러 분야에 관한 실상을 파악하는 데 중요한 자료를 제공한다.

「서」에는 「예서(禮書)」를 비롯해서 「악서(樂書)」, 「율서(律書)」, 「역서(曆書)」, 「천궁서(天宮書)」, 「봉선서(封禪書)」, 「하거서(河渠書)」, 「평준서(平準書)」 등 모두 8서로 구성되어 있다. 「예서」는 예의, 예속에 관한 내용이다.

「악서」는 음악에 관한 내용이며, 「율서」는 군사, 기상에 대하여 기술하였다.

「역서」는 역법에 대하여, 「천궁서」는 천문에 대하여, 「봉선서」는 종묘제사에 대하여, 「하거서」는 지리, 수리에 관한 내용이다. 「평준서」는 재정, 경제에 관한 내용이다.

「세가」 30권은 선진(先秦) 이후 한나라에 이르기까지 흥망성쇠를 거듭한 제후국의 역사 기록이다. 국가에 따라 나누어 기록해 놓은 부분으로 「오태백세가(吳太伯世家)」를 비롯하여 「제태공세가(齊太公世家)」, 「노주공세가(魯周公世家)」, 「연소공세가(燕召公世家)」, 「관채세가(管蔡世家)」, 「진기세가(陳杞世家)」, 「위강숙세가(衛康叔世家)」, 「송미자세가(宋微子世家)」, 「진세가(晉世家)」, 「초세가(楚世家)」, 「월왕구천세가(越王句踐世家)」, 「정세가(鄭世家)」, 「외척세가(外戚世家)」, 「초원왕세가(楚元王世家)」, 「형연세가(荊燕世家)」, 「제도혜왕세가(齊悼惠王世家)」, 「숙상국세가(蕭相國世家)」, 「조상국세가(曹相國世家)」, 「유후세가(留侯世家)」, 「진승상세가(陳丞相世家)」, 「강후주발세가(絳侯周勃世家)」, 「양효왕세가(梁孝王世家)」, 「오종세가(五宗世家)」, 「삼왕세가(三王世家)」 등 모두 30세가로 구성되어 있다. 이 가운데 다만 공자(孔子)와 진섭(陳涉) 두 세가는 제후나 왕이 아니었으나 수록되었다. 그것은 공자가 중국에 끼친 위상을 의미하는 것이라 하겠다.

「열전」은 모두 70편으로 구성되어 있으며, 특히 춘추전국시대의 제자백가의 기록을 수록하고 있어, 이를 통하여 공자, 노자, 장자, 한비자 등의 행적과 사상을 가름할 수가 있다. 「열전」에는 성공한 인물의 행적뿐만 아니라 시대를 잘못 만나 불우한 삶을 살았던 영웅호걸들의 기록도 수록하고 있어, 그의 객관적 저술 태도를 읽을 수 있다. 「열전」 중에서 제1편 「백이열전」을 살피기로 한다.

(1) 「백이열전」

말세(末世)에 사람들은 모두 이득을 다투었으나 오직 백이(伯夷)와 숙제(叔齊)만은 의(義)를 지켰다. 나라를 사양하고 굶주려 죽으니 천하가 모두 칭송했다. 그래서 「백이열전(伯夷列傳)」을 지었다.

대체로 말해서 학문하는 데 참고할 서적은 매우 많지만 믿을 만한 것은 육경(六經: 시, 서, 예, 악, 역, 춘추)을 중심으로 하는 것이 옳을 것이다. 그 중 『시경』과 『서경』은 잃어버린 부분이 있기는 하나 그런 대로 순 임금이나 우 임금의 사적은 이 두 책을 통해서 비로소 알 수 있는 것이다.

요는 나이가 많아지자 임금의 자리를 순에게 물려주었다. 순은 또 우에게 물려주었다. 이런 경우에는 악목(岳牧: 사악, 십이목)이라는 대관들이 모두 추천한 후 시험 삼아 수십 년 동안 관직을 맡아, 공적을 쌓은 연후에 비로소 임금의 자리를 물려주게 되는 것이다. 이야말로 천하는 막중한 것이며 임금은 대통이니, 천하를 전한다는 것이 이 얼마나 어려운가를 보여 주는 것이다.

한편 이런 이야기도 있다. 요가 나라를 허유(許由)에게 물려주려고 하자, 허유는 이것을 받지 않을 뿐만 아니라 그런 말을 귀로 들은 것까지 부끄럽다 하여 산으로 숨어버렸다. 또한 하 왕조 때에도 변수(卞隨)와 무광(務光)이라는 인물이 있었는데 그들도 허유와 같이 하였다.

이런 말들은 대체 어떤 근거에서 나온 말인가에 대하여 태사공(太史公)은 이렇게 말한다. "나는 기산(箕山: 하남성)에 올랐을 적에, 그곳 산상에 허유의 무덤이 있다는 말을 들었다. 하지만 공자는 옛 성현의 차례를 세워 말하면서 오태백, 백이와 같은 분들의 사적을 자세히 밝혀놓았으나 내가 들던 바의 허유와 무광의 고절(高節)에 대해서는 『시경』, 『서경』에서도 아무런 언급이 없다. 이것은 무슨 까닭인지 모르겠다."

공자는 『논어』에서 이렇게 말한다. "백이, 숙제는 사람의 잘못을 원망하였지 사람을 원망하진 않았다. 뿐만 아니라 인(仁)과 덕(德)을 추구해서 인덕을 얻었으니 무엇을 원망했겠는가."

그러나 백이가 지었다는 「채미가(采薇歌)」를 보면 백이가 죽을 때 아무도 원망하지 않았다고 하는 공자의 주장에 의혹을 금할 길이 없다.

그의 전기에 의하면 백이와 숙제는 고죽국의 군주의 아들로서 아버지는 숙제에게 뒤를 잇게 할 생각이었는데 아버지가 죽은 뒤에 숙제는 형인 백이에게 왕위를 양보하였다. 백이는 아버지의 명령을 따라야 한다고 거절하며 마침내 도망하여 숨어 버렸다.

숙제도 또한 자기 뜻을 고집하다가 마침내 도망하여 숨어버렸다. 이렇게 되자 나라의 백성들은 차자(次子)를 세워서 임금을 삼게 되었다. 그리하여 백이와 숙제는 서백(西伯: 주의 제후)이 늙은이들을 잘 돌본다는 말을 듣고서 주나라에 가서 살기로 작정하였다. 그러나 주나라에 당도하니 서백은 죽어 있었다. 그리고 뒤를 이은 무왕은 서백을 문왕이라 추존하고 그의 위패를 수레에 싣고 동쪽 끝에 있는 은나라 주왕을 치려고 하는 판국이었다.

백이와 숙제는 무왕이 탄 말을 멈추게 하고 "부왕이 돌아가시어 아직 장례도 끝나기 전에 무기를 손에 잡았으니, 효(孝)라고 할 수 있겠소. 또한 신하로서 임금을 죽이려고 하니 인(仁)이라고 할 수 있겠소."라고 충고하였다. 이때 무왕의 좌우에 있던 사람들이 두 사람을 죽이려고 하자. 태공(太公: 무왕의 군사 태공망)이 "이들은 의로운 사람이다." 하며 그들을 부축해 보내었다.

그 뒤 무왕은 은나라를 평정해, 천하는 주나라를 종국(宗國)으로 삼게 되었으니, 백이와 숙제는 이를 부끄러운 일이라 하여 신의를 지켜 주나라 곡식을 먹지 않고 수양산에 숨어 고사리를 캐어 먹으며 연명하였다. 그리하여 굶어 죽을 지경에 이르러, 「채미가」를 노래하였는데 그것은 다음과 같다.

지금 나는 서산에 올라 고사리를 캐노라.
무왕은 폭력으로 폭력을 바꾸되,

그 그릇됨을 알지 못하더라.
신농(神農), 우(虞), 하(夏)는 어느 사이엔가 이미 사라져 버렸으니,
내 어디로 돌아가리.
아, 돌아가리라, 목숨도 이미 지쳤거니와.

이 노래와 같이 백이와 숙제는 수양산에서 굶어 죽었다. 이 노래의 뜻을 생각건대 백이, 숙제는 과연 원망의 뜻이 전혀 없었다고 하겠는가? 누군가 말하였다.

"하늘의 도리(天道)는 사(私)가 없으며 언제나 착한 사람의 편이 된다."

그러나 어진 덕을 쌓고 품행이 덕성스러워도 마침내 굶어 죽었으니 하늘의 도리가 진정으로 있는 것인가 말이다.

그리고 공자의 70제자 중에서 공자가 유독 사랑하였던 안회(顔回)가 쌀겨와 지게미로 배를 채우다가 결국 일찍 세상을 떠났다는 것 등을 예로 들면서 과연 하늘의 도리가 옳은 것인가 하고 의문을 남긴다. 그리고 "세상이 다 혼탁해야만 청렴한 사람이 더욱 돋보이게 되는 것이다."라고 말하고, "추운 겨울을 당해서야 비로소 송백(松柏)이 푸름을 안다."고 하고, 백이와 숙제의 의로운 죽음은 헛되지 않은 것이라고 하였다.

이상의 「백이열전」은 백이라는 일개인의 전기라기보다는 역사철학적인 논의가 전개되어 있는 모든 열전의 총론이라고도 볼 수 있다. 사마천의 역사에 대한 가장 본질적인 말이 담겨 있는 열전이라고 할 수 있다.

3. 「열전」의 문학성

「열전(列傳)」은 고대로부터 한대 사회에 이르기까지 제왕과 제후를 제외한 각계각층

의 유명 인물들을 선별하여 그들의 사적을 차례대로 열거 기술하였다. 아울러 변방의 소수 민족에 관해서도 곁들여 개설해놓은 부분이다. 이것은 사마천의 문학적 천재성을 유감없이 발휘하기에 적절한 부분이었다.

「열전」 70편은 정의, 재주, 용맹, 명예를 내걸고 천하에 이름을 떨친 한 시대를 풍미한 영웅호걸들의 기록이다. 이들의 이야기가 성공 여부로만 선택된 것이 아니라, 시대를 잘못 만나 실패한 호걸들의 삶도 동시에 수록하고 있어 시대를 초월한 인물들의 양상을 파악할 수 있다. 「열전」의 마지막 편에는 「태사공자서」 편이 마련되어 사마천 자신의 가계와 사적을 서술하고, 『사기』의 편찬 과정과 의미 그리고 사마천의 역사의식을 피력하고 있어 전체의 총론이라고 할 수 있는 문장이다.

사실 역사상의 인물은 소설 속의 인물과는 다르다. 저자가 임의로 그 형상을 만들어낼 수 없기 때문이다. 그러나 사마천은 이미 형성되어 있는 인물의 개성을 정확히 파악하여 이를 생동적이고 극적인 대화를 통하여 훌륭히 작품화하였고, 여기에다 전해오는 전설이나 고사를 덧붙여서 무한한 흥미를 자아내게 한다. 이것이 바로 그의 문학적 역량이며 『사기』가 내포하고 있는 문학적인 요소이기도 하다.

사마천은 공자의 뜻을 따라, 공언(空言)을 늘어놓는 것보다는 역사적인 사실에 입각하여 제후나 대부의 비행을 바로잡고 이를 근거로 하여 왕도를 달성하고자 노력하였다. 또한 스스로 『사기』 저술에 대한 강한 책임감과 사명감을 강조하였다.

"선인께서 말씀하시기를, '주공이 돌아가신 지 500년 만에 공자가 태어나셨고, 공자가 돌아가신 지 다시 500년이 지났다. 이제는 밝은 세상을 계승하여 『역전』을 정정하고 『춘추』를 속편하고 『시경』, 『서경』, 『예서』, 『악기』의 근원을 탐구할 수 있겠지.'라고 하셨는데 아버님의 의도는 바로 여기에 있었다. 내가 어찌 감히 이 일을 사양할 수 있겠는가?"

그리하여 멀리 『춘추』의 필법을 계승하여 500년 만에 끝내 『사기』를 완성하고야 말았다. 역사적으로 당대 사회의 모순을 파악하고, 그 당대 학자가 '실록(實錄)'을 기술하기는 실로 어려운 일이다. 그러나 사마천은 한대(漢代)의 사람으로서 한대의 역사 사실을 수록하였다. 이것은 그의 진보적 역사의식을 엿볼 수 있는 대목이다. 후한의 역사가 반고(班固) 역시 『사기』의 실록으로서의 가치와 문학성에 대하여 칭송의 글을 남기고 있다. "사마천의 문장은 곧고 핵심적이며 공연히 칭찬하지도 않고 악을 숨기지도 않았으므로 실록이라 일컫는다."고 하였다.

사마천의 문학성을 열거한다면, 「국풍」의 서정과 「소아」의 풍자, 『춘추』의 근엄, 『좌전』의 과장, 『장자』의 자유로움, 「이소」의 비애 등 고전 문학의 훌륭한 전통을 계승하고 동시에 전국시대 이래 섬세하고 활달한 산문 경향을 흡수하였고 아울러 민간 언어를 취하여 간결하게 다듬어 스스로 문학상 일가를 이루어 중국 제일의 현실주의 문학자라고 할 수 있다. 사마천은 중국 문학사뿐만 아니라 세계적인 문학자라고 이름할 수 있을 것이다.

사마천의 『사기』는 과거와 현재의 역사사실을 기록하여 미래를 전망하였다. 문학의 개념이 '일종의 독특한 인류사회의 편년사(編年史)이며 인류가 가진 강력한 교육적 거울'이라고 할 때, 그 의미를 우리는 『사기』를 통하며 충분히 확인할 수 있다. 다시 말하여 『사기』는 역사서이기 이전에 인류의 교육적 거울이 되는 문학서라는 것이다.

이와 같이 『사기』는 역사적 자료에 의하여 객관적이고 세밀하게 문학적으로 역사 전개를 이루었고, 역사 인물의 형상화로 인해 후대 문학자의 전범이 되었다. 그것은 생동감 있는 문장력과 정제된 문체로 가능한 것이었다. 나아가 그는 당대 한 무제 시대의 정치 현실을 냉정하게 폭로하고 있어 문학의 사회적 기능을 실천하였다고 하겠다. 이러한 『사기』는 '육경(六經) 이후 오직 이 저작만이 있을 뿐이다.'라는 평가를 받은 바가 있다. 이것은 동양뿐만 아니라 서양에서도 인정되는 사실이다.

〈해설〉

사마천은 「열전」 70편에서 자신의 사적을 기술하여 이 역사서를 저술하는 동기와 배경을 밝히고 있다. 이것은 불행한 처지를 극복한 사마천이 『사기』 저술에 대한 당위성을 여러 사례를 들어 피력하고 있어 작가의 심정을 읽을 수 있는 대목이다. 사실 세상에 전하여지는 명작들은 작가의 참담한 불운을 대가로 저술되어 세상에 빛을 발하고 있다는 것을 확인할 수 있다.

또한 사마천이 『사기』를 저술하게 되는 직접적인 동기는 아버지의 유언을 받든 데 있었으나, 아버지의 분사(憤死)와 이능(李陵) 사건으로 그에게 인간의 운명에 대해 큰 의문을 품게 되는 계기가 되었기 때문이다. 사마천은 사실의 정확한 검토를 통하여 인간의 종합적인 가치를 결정하고, 하늘을 대신하여 인과관계(因果關係)의 불합리성을 수정하는 일에 역사학이 지니는 특별한 뜻을 발견하기에 이르렀다. 그리하여 「열전」에서 역사적 인물의 행적을 기록하여 인간의 가치 있는 삶과 인과관계를 열거하여 제시하고 있다.

『사기』의 자료적 가치는 1,000년 전의 은나라 계보가 갑골문자를 통해 정확히 확인된 바가 있다. 또한 대표적인 예로 1974년 진시황의 지하 궁전이라 하여 8대 불가사의로 알려지고 있는 진시황릉의 동쪽에서 발견된 대규모 병마용갱(兵馬俑坑)을 들 수 있다. 제6권의, "37년 9월 진시황을 여산에 묻었다. 시황은 즉위 초에 여신을 잘 다스려 천하를 통일하였다. 사형수 70만 명을 부려 지하 수맥 세 개를 끊고 그곳에 동(銅)을 흘려서 그 위에다 관을 설치하였다. 접근하는 자가 있을 경우 화살이 저절로 쏘아지게 하였다."라는 기록과 발견된 병마용갱은 상당 부분이 일치하고 있다. 거의 역사 속으로 망각되어 사라질 유물이 『사기』에 기록되어 그 실존적 의미를 더하는 것이다.

중국의 근대 최고의 작가인 루쉰(魯迅)은 『사기』를 말하여 "역사가들이 부른 만고에 빛날 노래이자 운(韻)이 없는 굴원(屈原)의 「이소(離騷)」"라고 찬사를 보냈다. 이것은 탁월한 문학성에 대한 평가이기도 한 것이다.

특히 「열전」 70편에는 시공을 초월하여 한 시대를 풍미한 영웅호걸들의 행적을 기록하고 있다. 이들의 이야기가 일종의 독특한 인류 사회의 편년사(編年史)이며 중국에 한정되는 것이 아니라 동서양을 넘어서는 교육적 거울이 되고 있다는 점에서 『사서』는 역사서이기 이전에 문학서라고 이름할 수 있는 것이다. 따라서 사마천은 기전체 문학의 새로운 장을 열었던 전기문학 작가라고 할 수 있다.

여기서 기억되는 또 다른 작품은 마르코 폴로(Marco Polo, 1254~1324)의 『동방견문록(東方見聞錄)』이다. 이 작품 역시 마르코 폴로가 제네바의 감옥에서 소설가 루스티첼로를 만나면서 1298년 저술하게 된다. 만약 마르코 폴로가 감옥에 갇히지 않았다면 그의 20여 년간의 중국 원(元)나라에서의 생활은 기록으로 남을 수 없었을 것이다. 그리고 동방을 서방에 알리는 것 또한 다음 기회를 기다렸어야 했을 것이다. 그리고 콜럼버스가 1492년 아메리카 대륙을 발견하였을 때도 이 책은 안내자의 역할을 할 수 없었을 것이다. 대개 고전의 저술과정이 이와 같은 것이다.

『사기』가 발견되었을 때는 이미 유실된 부분이 많았다. 일부는 후대인에 의해 보충되었으며 그중에는 서한의 문학가이며 사학자인 저소손(褚少孫)을 들 수 있다. 저소손은 일찍이 당대 저명한 유학자 왕식(王式)의 문하생으로 사마천의 『사기』에 누락된 부분을 발견하고 보충하였다고 한다. 저소손이 보충 추가한 작품은 본기(本紀) 중에는 효무 본기, 세가(世家) 중에는 삼왕세가, 외척세가 그리고 열전(列傳)에서는 구책열전, 일자열전 및 골계열전이다.

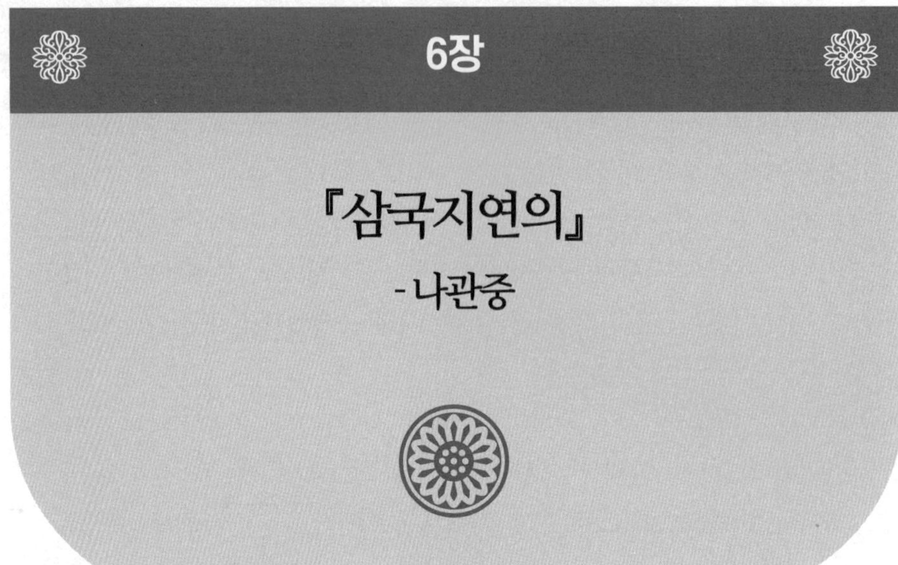

6장

『삼국지연의』

-나관중

『삼국지연의(三國志演義)』는 역사서인 진나라 진수(陳壽)가 지은 『삼국지(三國志)』와 민간의 전설을 근간으로 하여 명(明)나라 나관중이 엮은 중국 최초의 장편 통속소설이다. 그 명칭에 있어서 처음에는 『삼국지통속연의』라고 하였고, 위, 촉, 오 삼국의 정사를 기록한 것이라 하여 『삼국평화(三國平和)』라고도 하였다. '연의(演義)'란 역사 사실에 근거하여 일부 사설을 첨가한, 장회체(章回體) 소설을 말한다.

『삼국지연의』는 당나라 말기인 9세기경에는 이미 연극으로 꾸며진 흔적이 있으며 송대에는 직업적인 배우까지 등장하였다. 이것이 책으로 엮어진 것은 원(元)나라 지치(至治, 1321~1323) 연간에 그림을 붙여 간행한 『전상삼국지평화』 3권이며 이것이 현존하는 최고본이다.

1. 『삼국지연의』의 저술 배경

『삼국지연의(三國志演義)』는 역사서인 진나라 진수(陳壽, 233~297)의 『삼국지(三國志)』를 저본으로 저술된 것으로 저자 나관중(羅貫中, 1300?~1400?)의 작가적 역량에 의하여 소설적 성과를 이룩한 기념비적 통속소설이다.

진수의 『삼국지』는 중국의 위, 촉, 오 3국의 정사(正史)이다. 『사기(史記)』, 『한서(漢書)』, 『후한서(後漢書)』와 함께 중국 역사서(歷史書)의 하나로 일컬어진다. 이것은 위지(魏志) 30권, 촉지(蜀志) 15권, 오지(吳志) 20권, 합계 65권으로 되어 있으나 표(表)나 지(志)는 포함되지 않았다.

『삼국지』는 위나라를 정통의 왕조로 보고 위지에만 본기(本紀)를 세우고, 「촉지」와 「오지」는 열전(列傳)의 체제를 취한 까닭에 후세의 사가들로부터 비판의 대상이 되었다. 진수는 촉한에서 벼슬을 하였으나 촉한이 멸망한 후에는 위나라의 왕조를 이은 진(晋)나라로 가서 저작랑(著作郎)이 되었다. 그러므로 현실적 상황에서 위나라의 역사를 중시한 것이라고 해석할 수 있다. 이것으로 인하여 후에 촉한을 정통으로 한 사서도 편찬되기도 한다. 그러나 진수의 『삼국지』 「위지」에는 부여, 고구려, 옥저, 읍루, 예, 삼한 등이 수록되어 있어 우리나라 고대사와 국문학 연구에 중요한 자료가 되고 있다.

『삼국지』에 관하여는 후세에 많은 해설서가 저술되었으며, 그 중에서도 청나라 전대소(錢大昭)가 엮은 『삼국지변의(三國志辨疑)』 3권과 양장거(梁章鉅)의 『삼국지방증(三國志旁證)』 30권 및 항세준의 『삼국지보주(三國志補注)』 등이 저명하다. 최근의 것으로 1957년 베이징(北京)의 고적 출판사에서 발간된 노필(盧弼)의 『삼국지집해(三國志集解)』 65권이 삼국지의 해설서로는 가장 완벽한 것이라 할 수 있다.

원(元)나라 때에는 『전상삼국지평화』가 저술되었고 이것을 바탕으로 하여 많은 희곡이 만들어졌으며, 나관중은 이 『전상삼국지평화』를 근거로 하여 세상에 전하는 전쟁영웅 설화를 첨가하여 완벽하게 개작하여 소설『삼국지연의』를 완성시켰다. 나관중이 저술하였다는 원본은 전하지 않고, 현존하는 최고본은 1494년의 서문(序文)이 있는 홍치본이다. 청나라 때에는 모종강(毛宗崗)의 개정본이 출간되었으며 이것이 다른 책을 압도하고 정본이 되었다.

2. 나관중의 생애

나관중의 동상

『삼국지연의』의 저자 나관중(羅貫中, 1330?~1400?)의 이름은 본(本)이고, 자는 관중(貫中), 호는 호해산인(湖海山人)이며 산서 태원 사람이라고 추정하고 있다. 그의 생애는 정확한 문헌 기록이 전하지 않아 단편적인 기록으로 추정할 따름이다.

명대(明代)의 왕기(王圻)가 쓴『패사휘편』에는 나관중은 왕이 될 뜻이 있는 사람이라고 하였으며, 청대(淸代)의 서위인(徐渭仁)과 서병(徐鈵)이 그린「수호백팔장도제발(水滸百八將圖題跋)」에는 그가 원대 말엽 농민봉기 영수 중의 한 사람인 장사성과 관계있는 인물이라고 하였다.

명 태조 주원장이 정국을 통일한 후, 나관중은 '패사(稗史)'를 쓰는 사업에 종사하였다고 전하는데 『삼국지연의』는 그 시기에 탈고하였을 것으로 추정된다. 상술한 단편적인 자료와 나관중의 작품에 나타난 성군에 대한 숭배와 작품에 반영된 풍부한 투쟁 경험으로 보아, 그는 일반적인 봉건 사대부 문인이 아니라 야망과 이상을 겸비한 군사 전문가이거나 정치적 투쟁 경험이 있는 인물이었을 것으로 짐작된다.

나관중은 『삼국지연의』 외에도 적지 않은 작품을 저술한 것으로 전한다. 지금까지 전하는 소설로는 『수당지전(隋唐志傳)』, 『잔당오대사연의전(殘唐五大史演義傳)』, 『삼수평요전(三遂平妖傳)』 등이다. 잡극(雜劇)으로는 『조태조용운풍운회(趙太祖龍雲風雲會)』가 있다. 특히 시내암과 함께 『수호전』을 보완한 작가라고 전해지는데, 이는 그의 작가적 역량을 말해준다.

3. 『삼국지연의』 개관

『삼국지연의(三國志演義)』는 황건(黃巾) 봉기로부터 서진의 통일에 이르기까지, 즉 동한 영제 중평 원년(184)부터 진 무제 태강(太康) 원년(280)까지 근 100년의 사적을 소설화한 것이다. 이것은 촉의 삼걸(三傑)인 유비(劉備), 관우(關雨), 장비(張飛)가 도원(桃園)에서 형제의 결의(結義)를 맺는 것으로부터 오나라의 손권(孫權)이 항복하여 제2의 전국시대라고 일컫는 삼국시대를 마감하고 천하 통일을 이룰 때까지의 이야기이다.

중원 18만 리를 무대로 웅장한 스케일과 흥미로운 전개, 셀 수 없이 많은 캐릭터를 탄생시킨 『삼국지연의』가 동서양 고전소설 중의 백미로 추앙받을 수 있었던 가장 큰 특징은 등장인물의 성격 묘사에 있다. 중요 등장인물만도 400여 명에 이른다. 그중에서도 유비, 관우, 장비는 한 시대를 풍미하였던 영웅호걸로 형상화되고 있다. 무용과 뛰어난 지략(智略)을 갖춘 이들은 한실(漢室)에 대한 충성, 절개를 지키며 전쟁터에서 목숨을 다한다. 제갈공명은 인의예지를 갖춘 인물로 상징되어 전쟁을 승리로 이끈다. 위나라 조조는 치세(治世)에 있어서 능난한 사람이요, 난세(亂世)의 간웅(奸雄)으로 그려지고 있으며, 손책과 손권은 오늘날에도 문무(文武)를 겸비한 대표적 인물로 인정받고 있다.

『삼국지연의』의 내용은 대략 전반부와 후반부로 구분할 수 있다. 전반부에서는 유비, 관우, 장비 3인의 '도원결의'를 시작으로 그들의 의협심을 중심으로 전개되고 있으며 제갈공명이 등장하면서 신비에 가까운 전략의 대결로 이어진다. 그 절정은 유비와 손권의 연합군이 조조의 대군을 화공으로 무찌르는 적벽대전(赤壁大戰)이다. 이것으로 인하여 위, 오, 촉으로 3국이 분립하게 된다.

후반부에서는 관우, 유비, 장비가 연이어 죽은 다음 제갈공명의 독무대가 되고, 공명이 6차에 걸친 북정에서 병사하는 오장원(五丈原)에서의 전투 장면에 이르러 정점을 이루게 된다.

『삼국지연의』는 우리나라에서도 오랫동안 대중적인 인기 독서물로 널리 읽혀온 작품으로, 중국의 고전이라는 차원을 넘어서는 것이다. 특히 유비 현덕을 중심으로 한 한실(漢室)에 대한 충성과 공명의 지략(智略), 유비, 관우, 장비의 결의 등은 유교적 이념을 국시로 삼았던 조선 시대에 크게 환영을 받았다. 신문학 이전에는 한문으로 된 원본이 수입되어 읽혔으나 그 후 수많은 국역본이 판각되면서 대중의 인기를 얻게 되었다.

『삼국지연의』의 주요 등장인물은 물론 유비, 관우, 장비 그리고 제갈공명이다. 관우의 의협심과 장비의 순진하고 솔직한 성격은 중국 대중의 많은 사랑을 받았다.

무용(武勇)과 지모(智謀)로 이어지는 투쟁의 전장에서 이들의 특징적 성격은 소설적 흥미를 더하고 있다. 다음은『삼국지연의』에 등장하는 주요 인물의 특징을 통해 그 개관을 파악하고자 한다.

『삼국지연의』 삽화.
조조가 유비를 초대해 매실을 안주로 술을 마시며
천하에 영웅이라 할 만한 자가 누가 있는지에 대해 이야기하는 장면

(1) 조조

『삼국지연의』의 위대성은 등장인물의 특징적 성격 묘사에 있다. 특히 조조(曹操, 155~219)는 치밀하고 처절하도록 완벽한 전쟁 영웅의 표상이 되고 있다. 그러나 『삼국지연의』는 조조의 인간적 면모에는 인색한 입장을 취하였다. 조조는 '한나라 재상의 이름을 걸었으나 실은 한나라의 적(托名漢相, 實爲漢賊)'으로 그려지고 있으며 '나라의 권력을 절취(竊國弄權)' 하고 '위로 군주를 기만(欺君罔上)' 하는 간신으로 형상화되었다. 조조는 황실을 보호한다는 구실로 조정의 권력을 획득한 후 충신과 황후, 황비들을 살해하였고 한 황제를 폐하고, 황제에게 구석(九錫: 천자가 특히 공로가 있는 사람

에게 하사하는 아홉 가지 물품)을 내리게 하고 결국에는 위황(魏皇)으로 봉하게 하였다.

이 작품에서 조조 성격 가운데 또 하나 주요한 특징은 교활하고 간사하고 잔혹하다는 점이다. 보도를 들고 동탁을 죽이겠다고 그의 방으로 들어갔다가 보도는 동탁에게 예물로 주고 동탁이 주는 서량마를 타고 도망친 것도 그의 교활함을 보여 주는 대목이다. 또한 먼 길을 가던 중 여백사(呂伯奢)의 집에서 묵다가 그 집에서 자기를 대접하려고 돼지를 잡겠다는 소리를 자기를 잡으려는 것으로 잘못 듣고 그 집 식솔을 모조리 죽여버린 것은 욕심 많고 잔혹한 성격을 보여주는 대목이다.

나아가 조조가 여백사의 가족을 죽인 것은 오해에서 기인된 행동이라 하더라도 그들을 죽여놓고 도망치는 길에 자신을 대접하기 위하여 술을 사서 나귀를 타고 돌아오는 여백사까지 긴 칼을 휘둘러 죽인 것은 실로 더없이 의롭지 못한 행동이라 하겠다.

조조는 자기의 이 행동을 변호하면서 말했다.

"내가 천하 사람을 저버리는 일은 할 수 있어도 천하 사람이 나를 저버리게 하지는 않겠다(寧教我負天下人, 休教天下人負我: 영교아부전화인, 휴교천하인부아)."

여기서 조조의 교활하고 잔인한 성격은 극단적인 이기주의에 뿌리를 두고 있다는 것을 알 수 있다. 작자는 조조를 통하며, "사람이 자기를 위하지 않으면 하늘과 땅이 허용하지 않는다(不爲己, 天誅地滅: 부위기, 천모지명)."는 지배계급의 독단적인 이기주의를 부각시키고 있다.

조조는 전쟁의 승리를 위해서뿐만 아니라 개인적 감정에 의해서도 무구한 사람을 무참하게 살해한다. 자신의 아버지의 원수를 갚는다는 구실로, 서주를 칠 때 성 안의 백성을 모조리 죽이라고 명령하기도 하고, 군중(軍中)에 양식이 떨어졌을 때 왕후(王厚)를 죽임으로 군심을 안정시키고 위기를 모면하기도 한다. 허도에 불을 지른 경기(耿紀)의 여당을 조사하기 위해 붉은 기 아래에 서 있는 300여 명의 무고한 사람을 모조리 살해한 것, 미형(彌衡)을 죽이고 싶으나 제 손으로 죽이지 않고 황조(黃祖)의 손을 빌려 죽인 것 등을 예로 들 수 있다.

이와 같이 나관중은 조조의 인물 형상에 있어 도덕적인 일면은 극히 제한하고 있다. 그것은 조조가 중국 전통 왕조인 한나라의 역적이라는 점보다는 개인적 사리사욕, 권세욕에 눈이 어두운 간교하고 잔인한 통치자의 전형이기 때문이다. 이것은 포악한 군주를 반대하는 봉건시대 대다수 민중들의 염원을 일정하게 반영한 것이라고 하겠다. 이와 같이『삼국지연의』에는 유비를 옹호하고 조조를 난세의 간웅으로 그리고 있다.

그러나 역사상의 조조는 지주 계급의 걸출한 정치가이자 군사가였고 문학가였다. 그는 둔전(屯田)을 흥성시키고 북방을 통일하여 당시 사회 발전의 추세에 발맞춰나가는 등 일정한 진보적 역할을 하였던 것이 사실이다. 역사 사실에 비교적 충실하였던 나관중은 이러한 조조의 정치적 측면을 긍정적으로 부각시키기도 한다. 작품에는 조조의 냉철하고 진취성 있는 정치가로서의 풍모, 재능에 따른 인재 등용, '신상필벌(信賞必罰)'에 의한 상벌의 원칙, 다른 군벌들에 비해 높은 정치적 안목과 군사적 재능 등이 드러나고 있다. 그가 유비와 영웅을 담론하는 장면이나 7만의 병력으로 70만 대군을 전승한 관도의 싸움을 그 예로 들 수 있다. 결국에는 적벽대전에서 대패하였으나 다시 일어나 최후의 승리자가 된다. 이러한 점에서 조조는 치세의 능인으로 그 몫을 다하였다고 하겠다.

조조의 문장력은 그의 아들 조비(曹丕)와 조식(曹植)과 더불어 3조(三曹)라고 일컬어질 만큼 그 명성을 얻은 바가 있다. 특히 조식은 시론(詩論)과 사부(辭賦)에 뛰어나고 원만한 성품으로 조조의 사랑을 받게 되었으며 한때는 태자로 봉해질 뻔하기도 하였다. 그러나 조비가 즉위하자 형제간의 갈등은 심화되었다. 조식의 유명한「7보시(七步詩)」는 이런 갈등 양상에서 지어져 오늘날까지 전하고 있다.

"콩을 삶는 데 콩깍지를 떼니, 콩은 솥 안에서 우누나! 본래 같은 뿌리에서 생겼거늘, 서로 볶아대는 것이 어찌 이다지도 급한 것인가?(煮豆燃豆萁, 豆在釜中泣, 本是同根生, 相煎何太急: 자두연두기, 두재부중읍, 본시동근생, 상전하태급)"

권좌를 두고 갈등하는 형제간의 형상을 노래한 것이다. 당시에 전하기는 천하에 재주가 10말이라고 한다면 자건(子建: 조식의 자)이 8말을 차지한다고 하였다. 조조의 문학적 역량은 조식에게 이어져 수(隋)나라에 이르기까지 가장 위대한 작가로 인정되었으며 후세에도 그 영향이 지대하였다.

예컨대 북송 시대의 소식(蘇軾, 1036~1101)은 『적벽부(赤壁賦)』를 노래하여 조조를 회상하기도 하였다. 『적벽부』에는 조조가 적벽에서 노래하였던 「단가행(短歌行)」의 두 구절, "달이 밝아서 별이 드물게 보이고, 까막까치 남으로 날아간다(月明星稀, 烏鵲南飛: 월명성희, 오작남비)."는 문장이 수록되어 있다.

(2) 유비

나관중은 중산정왕(中山靖王)의 후대이고 당대 황제의 숙부뻘이 되는 유비(劉備, 161~223)를 정통의 지위에 내세우고 도덕적 군주로서 민중적 기대와 후원을 얻을 수 있는 인물로 그려가고 있다. 그것은 현실적으로 존재하였던 군주가 아니라 민중이 기대하는 이상적 군주이다.

그러므로 『삼국지연의』에서 유비는 조조나 제갈량의 형상보다는 역동적이지 못하고 우유부단한 군주가 되었다. 이러한 유비에 대하여 중국 근대 소설가인 루쉰(魯迅)은, 『삼국지연의』가 "유비를 지나치게 군자로 부각시키고 있어 거짓말과 같이 되었다(以治欲顯劉備之長厚而似僞: 이치욕현유비지장후이사위)."라고 하였다.

『삼국지연의』에서 유비의 형상이 독자들의 편에서 후원을 얻은 것은, 한(漢)나라 왕실의 정통성을 회복하려는 유씨(劉氏)라는 명분이 작용하였다. 나아가 백성을 사랑하고 현명한 인사들을 예(禮)로 대하며 어진 정치를 베푼 통치자의 전형이라는 점에 있다. 여기에는 또한 현명한 군주를 옹호하는 봉건시대 국민들의 염원도 반영되고 있다. 신야(新野)에서 조조에게 패하였을 때 뒤에서 적이 추격해 오고 있었으나 그는 위험을 무릅쓰고 자신을 따르는 10만 피난민을 보호하며 함께 퇴각하기도 한다.

그리고 여포(呂布)가 패하여 유비에게 투항하였을 때, 진중에서 많은 사람들이 "여포는 호랑이 무리이니 남겨둘 수 없소이다. 남겨 두면 사람을 해칠 것입니다."라고 만류함에도 불구하고, 그는 "그가 곤경에 빠져 나에게로 왔는데 어찌 다른 심보가 있겠느냐?" 하고 받아들였으나 결국 여포는 서주를 탈취하게 된다. 또한 제갈공명이 유표(劉表)가 병이 위급한 틈을 타서 형주(荊州)를 취하자고 하였을 때 유비는 말했다.

"죽어도 의에 어긋나는 일은 차마 하지 못하겠다(寧死不忍 作負義之事: 영사불인, 작부의지사)."

나관중은 유비를 유가적인 도덕군자로 그려서 독자의 요구를 충족시키지만 그 한계가 곳곳에 드러난다. 그것은 유비가 여러 차례 사천을 빼앗지 않겠다고 하였으나 결국에는 차지하지 않을 수 없었으며, 끊임없이 황제를 사양하였으나 결국에는 황제에 즉위하는 것이 그것이다. 유비는 일찍이 여포와 조조에게 얹혀살았었으나 후에는 그들과 적대 관계가 되었다. 이런 이유로 여포는 죽기 전에 유비를 가장 믿을 수 없는 자라고 하였고, 조조도 유비에 대해 "신의가 전혀 없는 이른바 군자의 겉모양은 갖추었으나 속은 소인에 불과한 자이다(全无信義, 所謂外君子而內小人者也: 전우신의, 소외외군자이내소인자야)."라고 하였다.

이러한 한계를 통치자 유비의 허위적 일면이라고 단정할 수는 없다. 그것은 오히려 유가적인 인물로 부각된 한계의 일면이라고 할 수 있다. 삼국이 군웅할거하는 난세에는 치국(治國)과 평천하(平天下)를 이룩할 통치자로서는 유가적인 군자보다는 한비자의 법가적인 인물이 요구되는 것이며, 그것은 조조의 엄격한 신상필벌의 원칙이 더욱 근접하는 것이다.

⑶ 관우

『삼국지연의』는 유비, 관우, 장비의 의협심(義俠心)을 전편에 걸쳐 선양하고 있다. 그들은 소설의 첫 장에서 도원결의를 맺고 맹세하였다.

"동심협력하여 곤란과 위협에 처한 사람을 구하며 위로 나라에 보답하고 아래로 백성을 안정시키며 동년 동월 동일에 나지는 못하였어도 동년 동월 동일에 죽겠노라."

이들의 의기(義氣)는 봉건군주 사회에서 질곡에 빠져 있는 민중을 대신하여 의로운 행위를 실천하고 목숨도 바치는 적극적인 덕목을 반영하고 있다. 유비, 관우, 장비는 도원결의에서 이룬 의기로 자기들 사이의 명의상으로는 군자와 신하의 관계이나 정의로 보면 친혈육과 같은 형제의 관계를 맺었다.

『삼국지연의』에서 의기의 화신으로 등장하는 인물이 관우(關羽, ?~219)이다. 그는 허전에서 사냥할 때 충의(忠義)에 격동되어 칼을 들어 조조를 베려하였고, 둔토산에 에워싸여 조조의 보호를 받지 않으면 안 되었을 때도 세 가지 조건을 내놓아 부귀에 이끌리지 않고 위험에 굴복하지 않는 의기를 실천하였다.

그러나 그들의 의기는 "자기를 알아준 사람에게 보답하고 자기를 알아준 사람을 위해 죽는다(報知己, 爲知己者死: 보지기, 위지기자사)."는 등 개인의 은원(恩怨)을 행동의 근거로 삼는 것이었다. 소위 이러한 의기를 위하여 적을 가리지 못한 경우도 있었다. 그것은 바로 지기자(知己者)를 위하여 관우가 화용도(華容道)에서 조조를 놓아주었던 일이다. 이 사실은 훗날 화근으로 남아 전세에 큰 영향을 끼치기도 하였다.

(4) 장비

『삼국지연의』에서 장비(張飛, ?~221)와 관우는 혈맹으로 맺어진 의형제로 언제나 함께 우리에게 인식되는 인물이다. 그러나 관우가 침착한 전사라면 장비는 혈기 왕성한 순진무구한 전사라고 구별할 수 있다. 장비는 악한 것을 원수처럼 증오하며 때로는 감정 때문에 일을 그르치기도 한다. 노하며 채찍으로 독우를 친 사건, 고성에서 관우와 만나기를 거절한 사건들이 그것이다. 그러나 장비는 거친 가운데도 섬세하고 용맹스러우면서도 모략을 갖추었다.

형주(荊州)에서 조조군에 포위된 유비를 구하기 위하여 장판교(長坂橋) 위에서 "내가 장익덕이다!" 하고 적진으로 몸을 날려 물리치는 장면은 한마디로 장비의 인물됨을 말해주는 대목이다. 그러나 장비는 자기 관리에 철저하지 못하여 관우의 복수를 위하여 동정(東征)을 준비하는 중에 부하에게 암살당하고 만다. 가까운 곳에 적이 있다는 교훈을 남기는 일례이다.

이와 같이 『삼국지연의』에는 인물의 주요한 성격적 특징을 유감없이 그려내고 있다. 또한 한 인물의 형상을 다각적으로 그려내기도 한다.

(5) 제갈량

『삼국지연의』는 위, 촉, 오 삼국의 정치, 군사, 외교 각 방면의 투쟁 역사를 역동적으로 그려 가고 있다. 여기에 제갈량(諸葛亮, 181~234)의 신비에 가까운 지혜는 이 작품 후반부의 중요한 핵심이 되고 있다. 나관중은 봉건적인 정통 관념에서 출발하여 제갈량이 한(漢) 왕실의 종친인 유비를 도와 한 왕조를 회복하려는 것을 극구 찬양하였다. 제갈량은 유비가 삼고모려(三顧茅廬)한 은혜에 보답하기 위해 유비에게 충성하였고, 유비가 죽은 후에는 유비의 아들 유선(劉禪)을 섬겼다. 그는 한 임금을 섬기는 충신(忠臣)이자 현상(賢相)으로서의 봉건적인 미덕을 갖추었다고 하겠다.

제갈량은 제38회에서 처음 등장할 때부터 천하가 셋으로 갈라질 것을 예견하고 그것에 따라서 형주를 점령하고 사천을 근거지로 삼아 오나라와 연합하여 위나라를 공격할 방침을 세웠다. 그는 모려에서 나오자 박망파(博望坡)에서 처음 몇 천 명밖에 안 되는 군사를 지휘하여 10만 적군을 격퇴함으로써 적장 조조에게 심리적 부담을 안겨준다. 아울러 아군에게는 전쟁의 승리를 예견할 수 있는 계기를 마련한다.

특히 적벽대전은 삼국정립(三國鼎立)의 국면을 열어 놓은 한 차례의 중대한 전쟁이었으며, 『삼국지연의』 전반부의 전반 전쟁 묘사에서 가장 정채롭고 전술력이 동원된 장면이다. 이때 삼국의 주요한 인물들이 각기 전술을 다하여 전쟁을 치러가는 장면은 가히 전쟁의 승리는 용맹보다는 지혜가 우선이라는 결론에 이르게 한다.

위나라를 공격하기 위하여 지휘한 것은 오의 주유(周瑜)였으나 옆에서 조종하고 사실상 주도적 지위를 점한 것은 촉의 제갈량이었다. 적벽전은 지혜로 조조의 83만 대군을 물리친 역사적인 전역이었다. 공명은 오나라에 들어가 군유(群儒)와 설전하여 손권을 동원시켰고 주유의 거듭되는 전술과 음모를 물리친다. 특히 "조조가 동작대(銅雀臺)를 새로 짓고 강남의 두 미인인 교씨(喬氏) 자매를 빼앗아 그곳에 두려고 하였으니 두 미인을 보내야 되지 않겠느냐." 하고 조조의 시(詩), 「동작대부(銅雀臺賦)」를 교묘히 해석하여 주유를 선동한다. 이교(二喬), 즉 두 미인 교씨(喬氏)는 손책과 주유의 부인이기 때문이다. 제갈량의 전술에 말려든 총대장 주유는 죽으면서 이렇게 통탄하였다고 한다.

"하늘은 이미 주유를 내셨으면, 왜 또다시 제갈량을 내리셨는가?" 이들은 서로가 그 재능을 서로가 인정하였던 것이다.

제갈량은 '짚 실은 배로 화살을 얻고(草船借箭: 초선차전)' 동남풍을 일으켜 조조의 함대를 불바다에 잠기게 하였다. 그 후에도 그는 '성지를 비우는 계책(空城計)'과 '여섯 번 기산(六出祁山)에 진출'하여 '맹적을 일곱 번 사로잡고(七孟获獲)', 오장원(五丈原)에서는 자신의 운명마저도 멈추게 하는 등의 지혜를 발휘한다.

제갈량의 지혜는 객관적 상황을 잘 분석하고, 지리적 이점과 과학적 기후 변화를 이용하고 군사 투쟁과 정치 투쟁을 결합시킨 데서 온 것이다. 한편 작자가 제갈량의 지혜에 대한 묘사에 있어서 지나치게 과장하고 신비화하는 선지선각적(先知先覺的)으로 인물 묘사를 하였기 때문에 오히려 인물 형상에 손상을 주었다는 평가도 있다. 그러나 역사적 사실을 전달하기 위한 수단으로 허구와 과장은 필연적인 요소가 될 수 있다.

상술한 인물 외에도 『삼국지연의』에는 뛰어난 인물들이 허다히 등장하고 사라진다. 그 중에서도 공명과의 첨예한 갈등과 투쟁 속에서 오나라를 지키고자 하는 노숙의 성실하고 충후함, 황개의 충성스러움, 감택의 기지스럽고 대담스러움, 장간의 우둔하면서도 처절한 자긍심, 그리고 유비의 아들을 품에 안고 백만 적군의 무리 속을 무인지경으로 내닫던 상산 땅 조자룡의 용맹스러움이 있다.

후반부에 등장하는 제갈공명의 측근에 선 수려한 용모의 강유 장군 등등의 개성적인 인물이 특징적으로 묘사되고 있다. 때로는 일정한 인물의 일정한 태도로 개성을 표현했고, 때로는 특수한 사건 가운데서 어느 한 인물의 개성적 특징을 나타내고 있기도 하다.

〈해설〉

중국 명대 나관중의 『삼국지연의』, 시내암(施耐庵)의 『수호전(水滸傳)』, 오승은(吳承恩)의 『서유기(西遊記)』, 소소생(笑笑生)의 『금병매(金瓶梅)』 이 네 작품을 이른바 중국의 사대기서(四大奇書)라고 말한다.

명대에 이르러 점차 발전하게 된 도시 상업자본의 사회는 종래의 와시(瓦市: 흥행장)에서의 이야기책 대신, 개인이 집에서 읽을 수 있는 장편소설을 요구하는 추세로 이행하였다. 그와 같은 요구에 따라 작중인물의 이미지도 명확해지고 주제도 선명한 일관성을 지니게 되었다.

사대기서 역시 이와 같은 시대적 요구를 배경으로 하여 나타나게 된 작품으로 작중 인물의 행동과 심리가 생동적으로 묘사되는 등 소설적 흥미를 더하여 여러 계층의 독자를 확보하고 애독되었던 독서물이다.

『삼국지연의』에는 삼국정립(三國鼎立)을 위하여 위나라가 천시(天時)를 얻었다 하였고, 오나라가 지리(地利)를 얻어 6군 81주를 통일하였고, 촉나라가 인화(人和)를 얻어 나라를 일으켰다고 구별하고 있다.

이것은 『맹자(孟子)』 「공손추(孔遜丑)」 편의 "천시는 지리(地利)에 미치지 못하고, 지리는 인화에 미치지 못한다."라는 문장에 기초한 것이다. 맹자의 이러한 논리는 일국을 통치하는 데 있어서 위정자는 무엇보다도 화(和)를 중시하여야 한다는 것을 강조하고 있을 뿐 기계적으로 천시, 지리, 인화라는 세 요소는 그 우열을 비교할 수 있는 것은 아니라고 하겠다.

『삼국지연의』에 담겨 있는 교훈은 1,500여 년이 지난 오늘날에도 모든 인류에게 사라지지 않는 웅장한 삶의 지침서가 되고 있다.

그리고 『삼국지연의』에는 작자의 봉건사상과 사실주의 정신이 투영되어 있어 일반 민중에게 봉건 통치자들의 실상을 인식하는 기회를 갖게 하는 작품이라고 하겠다. 특히 도원결의는 중국인의 의식에 깊이 뿌리를 내리고 의리지기의 민족성의 근원이 되었다고 한다.

반면에 봉건 통치자들은 그들의 입장에서 충의를 이용하며 봉건 황제에게 충성할 수 있는 사상을 고취하고자 하였으며 그것으로 민중투쟁 의식을 견제하기도 하였다. 청대의 통치자들이 도처에 관우의 묘를 세운 것도 바로 이런 고도한 정치적 통치 수단으로 『삼국지연의』의 인물들이 이용되는 한 예라 하겠다.

이와 같은 『삼국지연의』는 인물 묘사와 사건 전개에 있어서 뛰어난 문학 작품으로 평가될 수 있으며, 다양한 인물의 삶의 방식을 통해 인생을 읽을 수 있다는 점에서 철학서라고 말하기도 한다. 또한 많은 전쟁을 통하여 승리와 실패를 거듭하는 가운데 병술을 익힐 수도 있어서 병술서라고 할 수도 있다.

『삼국지연의』는 중국 문학사뿐만 아니라 한 문화권의 소설문학사 발전 과정에 있어서 기념비적인 의의가 인정되는 작품이다. 『삼국지연의』가 장편 역사소설의 길을 열어 놓은 후 역사소설이 대량 저술되어 유포되었다. 『개벽연의(開闢演義)』로부터 『청궁연의(清宮演義)』에 이르기까지 중국의 각 시대가 모두 역사소설에 반영되었다. 또한 희곡 작품에서도 그 소재가 다양하게 활용 ·

발전되어 왔다. 그 중에서 경극에서는 삼국 이야기를 제재로 한 희곡이 140여 편이 된다고 한다. 그 밖에 『삼국지연의』의 영향 하에 '반문어반백화(半文語半白話)'의 비교적 알기 쉬운 글로 쓰여진 역사연의 소설이 대량 출현하였다.

7장

『서유기』

- 오승은

『서유기(西遊記)』는 중국 명대에 형성된 장편 신괴(神怪)소설이다. 중국 사대기서(四大奇書)의 하나로서, 오랫동안 민간에서 전해지던 이야기를 명대에 이르러 오승은이 소설화한 작품으로 전해진다.

당나라 삼장법사(三藏法師)가 천축국에서 불경을 얻어 오기까지의 고난의 여정이 오승은의 빼어난 작가적 역량에 의하여 오늘의『서유기』로 찬술되게 된 것이다. 그 내용은 주인공 삼장법사 및 손오공 등이 81종의 고난을 겪으면서 불경을 가져오는 과정이다. 중국을 넘어 광활한 실크로드를 배경으로 작가의 상상력과 낭만적 정신이 투영되어 있는 소설이다.

이 작품은 인간이 지니고 있는 욕망과 이기심, 그리고 그런 욕망을 극복하는 이성의 힘을 문제적 인물들을 통하여 그린 여행소설이자 환상소설이라는 평가를 받고 있다. 모두 100회로 구성된 장회체 소설이다.

1. 『서유기』의 저술 배경

『서유기』는 당 태종 정관 3년(629)에 구법승(求法僧) 현장삼장(玄奘三藏, 600~664)이 실크로드의 나라들과 천축국(天竺國: 인도) 100여 곳을 탐방하고 돌아온 사실을 중심으로 소설화된 명대의 장편 신괴소설이다.

현장법사는 타클라마칸 사막을 지나 북인도 천축국에서 불교 교리를 배운 후 17년 만에 불경 657부를 얻어 돌아왔다. 당시 이 대단한 구법 여행은 장안의 화제가 되었고 현장의 제자 변기(辯機)가 현장의 구술을 기록하여 『대당서역기(大唐西域記)』 12권을 저술하게 된다. 이어서 현장의 또 다른 제자인 혜립(慧立)과 언종(彦琮)이 『대당자은사삼장법사전(大唐慈恩寺三藏法師傳)』을 저술하였다.

그 후 당말에 이르러 현장법사의 취경(取經) 사실은 다양한 무용담이 첨가된 이야기가 되어 민간에 널리 유전하였다. 그 과정에서 저자거리의 공연물로 창작되었고, 많은 사람들이 즐기게 되었다.

남송 시기에 간행된 『대당삼장취경시화(大唐三藏取經詩話)』 설경화본(說經話本)의 취경(取經) 이야기는 그 문학성이 인정되는 이른 시기의 작품이다. 이 작품에서 처음으로 후행자(猴行者), 즉 손오공의 형상이 나타날 뿐 아니라 중심인물이 현장으로부터 후행자로 바뀌게 되었다.

원대(元代)에 와서는 경전을 얻는 고난의 과정이 중심 내용으로 진행된다. 『영락대전(永樂大典)』과 조선의 『박통사언해(朴通事諺解)』에도 『서유기』가 인용되고 있다.

2. 오승은의 생애

오승은의 초상

『서유기』의 저자로 알려진 오승은(吳承恩, 1500?~1582?)의 자(字)는 여충(汝忠)이고 호는 사양산인(射陽山人)이라 불렀으며 강소성의 회안 산양 사람이었다. 그의 증조부와 조부는 낮은 벼슬인 학관을 지냈으며 부친 대에 와서는 소상인이 되었다. 그는 어려서부터 괴기소설 등 책을 가까이하여 붓을 들면 시문이 이루어졌으나, 과거에서는 뜻을 이루지 못하였다고 한다. 오승은의 시문은 청아 유려하면서도 품격이 있는 반면에 높은 해학성이 특징이라 한다.

그는 43세에 세공생(歲貢生)이 되고 나이 50세를 지나서야 겨우 장흥현승(長興縣丞)으로 임명되었다. 7년 동안의 관리 생활을 청산하고 시와 음주를 즐기고 노모를 봉양하며 청빈한 생활을 하였다.

그러나 사회적으로는 불우한 일생이 되었다. 작가의 이상을 실현할 수 없었던 불우한 현실적 상황으로 인하여 당시 민생들이 당하는 질곡의 편에서 저술 활동을 할 수 있었던 것으로 짐작이 된다. 오승은은 '민중의 불행은 모두 지배층이 조성한 것(民災蒜出衣冠中)'이라고 말하고 '사악한 것을 베는 칼(斬邪刀)'을 휘둘러 나라와 국민을 해치는 악당들을 물리쳐야 할 것을 피력하였다.

오승은은 민중의 편에서 칼 대신 붓을 들어 부패한 토호와 지배계층을 요마(妖魔)와 81가지의 고난(苦難)으로 형상화하였다. 그리고 목표는 있지만 유약한 지식인으로 삼장(三藏)을, 충직한 민중으로 저팔계(豬八戒)와 사오정(沙悟淨)을, 부패한 계층과 맞서 싸우는 영웅으로 손오공(孫悟空)을 등장시켜 영웅담을 부각시키고 있는 것이다.

3.『서유기』 개관

『서유기』 삽화. 왼쪽 위에는 사오정과 저팔계, 왼쪽 아래에는 백골요정, 오른쪽에는 손오공과 싸우는 현장이 있다.

『서유기』는 당나라 황제의 칙명을 받들어 불경을 구하러 인도로 가는 현장 일행이 고난의 과정을 통하여 진리를 깨우치는 내용이다.『서유기』의 주요 등장인물은 삼장법사, 손오공, 저팔계, 사오정이다.

삼장법사는 역사적 실존 인물인 당나라의 고승 현장을 형상화한 것이다. 그는 전생에는 석가여래(釋迦如來)의 제자인 금성장로였으나, 당 태종의 칙명으로 삼장법사의 호를 받고 천축으로 불경을 구하러 떠난다. 이 과정에서 길들이기 어려운 제자들을 거느리고 81난(難)을 극복하고 불경을 얻어 공덕불(功德佛)이 된다. 삼장법사는 불가의 자비와 유가의 인애 사상을 배우고 실천하는 인물이지만 요마(妖魔)가 나타난다는 기미만 느껴도 말안장에서 굴러 떨어지는 심약한 인물이다. 이것은 봉건 시대의 나약한 문인의 형상이다.

손오공은 화과산(花果山) 돌에서 태어난 돌원숭이[石猿]이다. 원숭이들을 이끌고 수렴동(水濂洞)에 들어가 스스로 미후왕(獮猴王)이라 칭한다. 수보리조사(須菩提祖師)로부터 '공(空)을 깨우친다[悟]'는 뜻의 손오공이라는 이름을 얻는다. 바로 우주와 인생의 근본을 깨우치는 존재가 된다는 의미이다. 손오공은 염라대왕(閻羅大王)의 명부를 찢고 천궁(天宮)을 부수는 등의 죄를 짓고, 석가여래에 의하여 오행산(五行山) 밑에 짓눌려지게 된다. 그 후 500년이 지나 당 태종 시대, 불경을 얻기 위하여 천축국으로 떠나는 삼장에 의하여 구출되어 그의 첫 번째 제자가 된다.

저팔계는 천궁에서 수병(水兵)을 통치하는 천봉원수(天蓬元帥)였으나 술에 취해 선녀를 희롱한 죄로 하계로 쫓겨난다. 이때 돼지의 태(胎)로 잘못 들어가 돼지 형상을 하고 태어난 단순하고 욕심 많은 낙천가이다. 오사장국, 즉 티벳에서 삼장 일행을 만나 손오공을 형님으로 삼고, 삼장에게 팔계라는 법명을 받고 두 번째 제자가 된다.

사오정은 천궁 용소전의 권렴대장이었다. 죄를 짓고 하계 하여 거위 털도 뜨지 못하는 유사하(流沙河)에서 귀양살이를 하고 있는 머리가 아홉 달린 물귀신이다. 저팔계를 상대로 수중에서 싸웠으나 승부가 나지 않아 보살의 명령으로 귀순하여 삼장의 세 번째 제자가 된다. 사오정은 말이 없고 잘 듣지 못하는 인물이지만 충직하게 여정에 함께한다. 사오정의 다른 이름은 사승(沙僧) 또는 사화상(沙和尙)이다.

『서유기』는 세 부분으로 나누어볼 수 있다. 제1회부터 제7회까지는 손오공의 출신과 그가 천궁을 부수는 이야기이다. 제8회부터 12회까지는 삼장법사가 불경을 얻기 위하여 천축으로 떠나게 된 전후의 사정이 나온다. 제13회부터 마지막까지는 온갖 고난을 겪으면서 서천(西天, 天竺)에 도착하기까지의 이야기이다. 여기서 손오공은 당승, 저팔계, 사오정 일행의 보호자가 되어 천신만고의 어려움을 극복하고 도착하는 곳마다 등장하는 각양각색의 요마와싸우게 된다. 삼장 일행의 고난은, 9를 아홉 번 곱한 81가지이다. 81개의 장애는 대부분 험산 준령에서 각종 요괴와 흥미진진하게 싸우면서 9개의 인간 국가를 지나는 과정에서 발생한다. 다음은 『서유기』 100회 본을 중심으로 그 내용을 개관하기로 한다.

(1) 제1회부터 제7회까지

옛적 화과산(花果山) 기슭에 하나의 선석(仙石)이 있었다. 천지개벽 이래의 천수를 누린 이 선석은 어느 날 둘로 깨어져서 석원(石猿)을 낳는다. 석원은 물이 비어 있는 곳 수렴동에 사는 원숭이들의 왕이 되어 자칭 미후왕이라고 하고 방탕한 삶을 보낸다. 그러던 어느 날 불로장수의 선술(仙術)을 찾아 여정에 올라, 선인(仙人) 수보리조사로부터 손오공이라는 이름을 얻고 도술 수업을 쌓는다. 72가지의 변화술을 비롯하여 자기 자신의 모양을 작은 원숭이로 바꿔치기 하는 변화술과 단숨에 10만 8천 리를 날아가는 근두운(筋斗雲)을 불러들이는 기술을 터득한다.

화과산에 돌아온 손오공은 동해의 용왕으로부터 요술방망이 여의봉(如意棒)을 얻게 된다. 300여 년의 세월이 흘러 수명이 다한 손오공이 저승으로 연행되어 가지만, 염라대왕의 저승 장부를 먹으로 지우는 등 여의봉을 휘둘러 난동을 부린다. 이 사실을 안 천계의 옥황상제(玉皇上帝)는 손오공을 포박할 것을 명하였으나, 태백장 경성의 진언으로 천계에 소환하여 마지기로 삼는다. 그러나 손오공은 신분이 낮은 마지기에 불만을 품고 하늘에 번개를 치게 하는 등 난동을 부려 제천대성(齊天大聖)의 이름으로 바꿔 불리게 된다. 그러나 여전히 난동을 부리자 드디어 옥황상제는 이천왕과 삼태자를 파견하지만 오히려 손오공에게 역공을 당하고 만다. 상제는 태백금성의 조언으로 손오공을 무위무관(武威武官)의 제천대성으로서 천계에 남겨 두기로 한다.

그 후 천계에서 놀고 있던 손오공은 반도원(蟠桃園)이라는 곳의 관리직에 임명된다. 그는 이 반도원의 불로장수(不老長壽)의 복숭아를 몰래 먹는 것을 시작으로 태상 노군(太上老君)의 금단(金丹)까지 가지고서 하계(下界)로 내려간다. 진노한 옥황상제는 10만의 천병(天兵)을 파견하여 화과산을 포위한다. 구요성(九曜星), 사대 천황 등을 내려보내 싸움을 걸었으나 손오공이 한 묶음의 털을 뿌려 둔갑시킨 손오공의 분신들에게 도리어 반격을 당한다.

드디어 둔갑술에 능한 천성이랑진군까지 등장하여 손오공과 새와 토지신 등의 둔갑술로 대결한다. 손오공은 금단을 다루는 팔괘로의 불화로에 갇혀 두 눈이 충혈되어 마치 '화안금정(火眼金睛)' 같이 되었다. 그러나 화로에서 탈출하여 다시금 천계는 대혼란에 빠진다. 할 수 없이 옥황상제께서 석가여래에게 손오공의 일을 의뢰하게 된다.

석가여래는 손오공을 보고 미소를 지으면서 말한다.

"그럼 그대와 내기를 하자. 그대가 나의 이 오른손 바닥에서 뛰어오를 수 있으면 그대가 이기는 것이다. 만약 나를 이기면 옥황상제에게 청하여 서방으로 거처를 옮기게 하고 천궤를 그대에게 주리라."

손오공은 자신이 재주를 넘으면 10만 8천 리를 뛸 수 있으니 이긴 것과 같다고 생각한다. 한 줄기 섬광이 번득이는 순간 이미 손오공은 그림자도 보이지 않았다. 그 후 손오공의 앞에 다섯 가지의 육색(肉色) 기둥이 보이기 시작하였다. '여기가 아무래도 막다른 곳인 듯하다. 돌아가면 석가여래의 보증으로 내가 영소전 그 자리에 앉게 되는 것이다.' 하고 기뻐한 손오공은 증거를 남기기 위하여 한 가닥의 깃털을 뽑더니 짙은 먹을 머금은 붓으로 둔갑시켰다. '제천대성 이곳을 다녀가다.' 하고 가운데 기둥에 크게 썼다. 다 쓰고 난 다음 붓을 거두어들이며 첫 번째 기둥뿌리에다 오줌을 내갈겼다.

손오공은 근두운을 집어타고 일순간 석가여래의 손바닥에 올라서서는 소리쳤다.

"나는 하늘 끝까지 갔다 왔다. 자 옥황상제에게 천궁을 물려주라고 전하라!"

그러자 석가여래가 고함쳤다. "이 오줌싸개 원숭이놈! 너는 나의 손바닥에서 더 나갈 수 없을 것이다! 아래를 보라."

손오공이 화안금정의 눈을 부릅뜨고 아래를 내려다본즉, 석가여래의 오른손 가운뎃손가락에 '제천대성 이곳을 다녀가다.'라고 쓰여져 있었으며 엄지손가락 아랫마디에는 원숭이 오줌 냄새가 남아 있었다. 놀란 손오공은 몸을 움츠리며 다시금 기어오르려고 하였으나 석가여래는 손바닥으로 손오공을 때려 사천문 밖으로 튕겨 나가게 하고서는 다섯 손가락을 금목수화토의 오행산(五行山)으로 바꾸어 어렵지 않게 그 아래에 손오공을 짓눌러버렸다.

(2) 제8회부터 12회까지

현장이 불경을 얻기 위하여 천축으로 떠나게 되기까지의 이야기이다. 이때까지 손오공은 500년 동안 오행산 밑에 깔려 있었다. 석가여래는 중생제도를 위하여 동토, 즉 중국에 삼장의 진경을 전하고 싶다고 생각하였다. 석가여래의 명을 받은 관음보살은 인재를 찾아 나서게 된다. 대당국 장안에 들어선 관음보살은 태종이 주최한 수륙 대회의 주최자로 선발된 유덕의 승려 현장선사와 만나게 된다. 현장은 태종의 칙명으로 삼장법사의 호를 받아 서토, 즉 인도에 가게 된다.

두 사람의 시종을 데리고 국경을 넘은 삼장법사는 능산군과 안장군에게 시종을 잡아 먹혀 버리고, 혼자서 초연히 오행산에 이르게 된다. 이때 오행산의 바위 밑에 짓눌려 있던 손오공이 "법사님 제발 나를 끌어내주세요. 저를 구해주시면 당신의 몸종이 되어 서천으로 함께 가겠습니다." 하고 소리쳤다. 그는 삼장으로 하여금 산 정상에 붙어 있는 금으로 된 부적을 떼게 하고서는 그의 제자가 되었다. 삼장을 따르게 된 손오공은 그들을 뒤쫓는 무리들을 타살하고 삼장법사를 위기로부터 구해낸다. 그러나 더 이상의 살생을 경계하기 위하여 삼장은 손오공의 머리에 금으로 만든 긴 고아 고리를 씌워버린다.

두 사람은 반산의 인수강이라는 산골에 이르러 한 마리의 용을 만난다. 일행은 용에게 말(馬)을 먹혀 버리는 일을 당하는데, 이 용은 관음보살의 명을 받아 그들을 기다리고 있었던 것이다. 용은 백마(白馬)로 둔갑하여 삼장을 태우고 천축으로 향하였다. 그 후 오사장국, 즉 티벳의 고로장까지 오자 도깨비를 사위로 삼아 혼란을 겪고 있는 집에 머물게 되었다. 이 요괴는 귀가 길고 코도 긴 것이 마치 돼지 같은 모습이었다. 전생은 천하의 천봉원수(天蓬元帥)였으나 벌을 받아 하계로 내려온 것이다. 이때 잘못하여 돼지 뱃속에 들어가 태어난 저팔계였다. 손오공을 상대로 하여 싸웠으나 이기지를 못하고 삼장의 두 번째 제자가 된다. 마침내 유사하까지 오자 머리가 아홉 개 달린 괴물이 횃불을 들고 일행을 공격하였다. 이 괴물이 용소전의 권렴대장이었으나 죄를 짓고 유사하에서 귀양살이를 하고 있었던 사오정이다. 저팔계를 상대로 하여 수중에서 크게 싸웠으나 승부가 나지 않자, 보살의 명령으로 귀순하여 삼장의 세 번째 제자가 된다.

(3) 제13회부터 마지막 부분

삼장 일행이 천산만수(千山萬水)를 지나며 천신만고의 어려움을 극복하고 그리고 각양각색의 요마와의 투쟁을 거쳐 불경을 얻고 목적 달성을 하는 과정의 이야기이다.

삼장 일행은 백호령이라는 산에 다다랐다. 손오공이 공양을 하러 간 사이에 미녀로 변신한 요정이 말솜씨를 부려 삼장 일행을 유혹하였다. 근두운을 타고 돌아온 손오공은 한눈에 요정의 정체를 알아보고 당장 공격을 하였다. 그러나 요정은 요술을 부려 가짜 시체를 눕혀 놓고 도망쳤다. 삼장은 놀랜 나머지 "까닭 없이 사람을 죽인다." 하고 손오공을 꾸중하였고 저팔계도 동조를 한다. 삼장은 주문을 외워 손오공의 머리에 있는 고아 고리를 조여 손오공을 괴롭혔다. 손오공이 용서를 빌어 화해를 하는데, 요정이 다시 노파로 둔갑하여 나타났다. 이번에도 손오공의 일격으로 요정은 노파의 시체를 남기고 도망하다가 언덕 아래에 이르러 노파로 다시 둔갑하였다.

손오공이 토지신을 불러 요정을 타도하자 요정의 환영은 흩어지고 한 무더기의 백골이 남아 있을 뿐이었다. 그 백골 위에는 백골 부인이라는 이름이 쓰여 있었다. 삼장은 역시 요괴였다고 감탄하였으나 저팔계가 여전히 "형님은 확실히 사람을 죽인 것입니다. 법사님의 눈을 속이려고 시체를 이런 모양으로 바꿨을 뿐입니다."라고 선동을 하자 삼장은 화가 나서 손오공을 파문시켜버렸다. 손오공은 삼장에게 엎드려 빌고서 눈물을 흘리며 화과산으로 돌아갔다.

한편 손오공이 떠난 삼장 일행은 숲 속에서 길을 잃었다. 일행은 보탑(寶塔)의 요사한 마귀 황포괴에게 붙잡혔으나, 귀인의 딸이었던 요괴 부인의 도움으로 도망쳐 보상국 왕을 만나게 된다. 요괴 사건을 이야기하자 국왕의 의뢰로 저팔계와 사오정은 요마 퇴치를 행하였으나 손오공 없이는 요마를 죽일 수 없었다. 그리하며 저팔계는 화과산으로 손오공을 맞이하러 간다. 저팔계의 노력으로 손오공은 일행과 합류하게 된다. 보탑에 돌아온 손오공은 먼저 사오정을 구출하고, 황포괴의 부인으로 둔갑하여 요마를 기다렸다. 요마는 육단(肉丹)을 손오공에게 맡긴다. 그러자 본래의 얼굴로 바꾼 손오공이 "바뀌어라!" 하고 소리치고 금방망이 세 개를 들어 대번에 요괴들을 모두 죽여버린다. 드디어 요마를 타도하고 귀인의 딸을 축지법으로 궁성으로 데리고 온다. 호랑이로 둔갑한 삼장에게 물을 퍼부으니, 정신을 차린 삼장이 연신 굽실거리며 "고맙다. 손오공아! 신세를 졌구나. 동토에 돌아가는 날 너의 공로를 첫째로 삼고 상을 주겠다."라고 말하여 손오공은 다시금 일행에 가담하게 된다.

삼장 일행은 다시 서쪽으로 여정을 계속하지만 고난은 끝이 없다. 요사한 괴물 우마왕의 아들 홍해아를 만난다. 홍해아는 일찍이 손오공과 의형제의 결의를 맺은 바가 있다. 홍해아는 삼장법사의 살점을 한 점이라도 먹으면 도술이 강해지고 장생할 수 있다는 것을 알고 일행을 기다리고 있었던 것이다. 이후로 요괴와 손오공 일행의 변화무쌍한 도술이 전개된다.

세월은 광음화살과 같이 지나서 일행은 불타오르는 화염산의 가장 어려운 처소에 당도하였다. 갈 길을 저지당한 일행은 불을 끄기 시작한다. 토지의 노인으로부터 파초선으로 부치면 불을 끌 수 있다는 말을 듣고 손오공은 철선 공주에게 파초선을 빌리러 간다. 그러나 공주는 우마왕의 아내이며 홍해아의 모친이었기 때문에 파초선을 선뜻 빌려주지를 않았고, 도리어 부채로 소수미산까지 불이 붙게 하였다. 손오공은 영광보살로부터 정풍단(定風丹)을 주고 바람에 견딜 수 있게끔 되자, 작은 벌레로 둔갑하여 공주가 마시는 찻잔에 기어 들어가 뱃속에서 야단을 부려 파초선을 빼앗았으나 알고 보니 그것은 가짜 파초선이었다. 손오공은 이번엔 우마왕으로 둔갑하여 진짜 부채를 빼앗고 황연산의 불을 끄게 된다. 이때 우마왕과 손오공의 도술은 산을 동요케 하고 하늘을 놀라게 하고 땅을 흔들 만한 것이었다.

서방으로의 여행을 계속하던 삼장 일행은 반사령에서 여요(女妖)를 격파하고 사타령에서는 청사자, 백상, 대붕의 삼대 마왕을 퇴치하였으며, 비구국에서는 원로로 둔갑한 요괴를 쳐부수는 등 차츰 난관을 돌파하여 결국 천축국에 도착했다. 일행은 폭음선사에서 하룻밤 묵어 갈 것을 청하였다. 그런데 그곳 주지스님이 삼장 일행에게 찾아와 "내가 천축국의 공주를 보호하고 있는데 어찌된 일인지 궁궐에도 똑같은 공주가 있습니다. 진짜 공주는 어느 쪽인지 높으신 불법으로 헤아려주십시오." 하고 부탁을 해왔다. 다음날 일행은 성내에 회동관역에 숙소를 정하고, 삼장과 손오공은 증빙이 되는 사증(査證)을 구하기 위하여 국왕을 면회하러 갔다. 국왕을 만나러 가던 도중 십자로에서 비단 누각 위의 공주가 던진 실꾸리를 맞은 남자를 사위로 삼는 동천혼 행사를 보게 된다. 그 아래를 천천히 지나던 삼장이 공주가 던진 실꾸리를 맞고 결혼을 해야 할 처지가 되었다. 이것은 요정이 가짜 공주가 되어 삼장과 부부의 인연을 맺어 그를 이용하여 태을상선이 되려고 전부터 준비하고 있던 계략에 빠진 것이다.

손오공이 가짜 공주의 계략을 간파하고 한나절 반이나 공중에서 싸우자 가짜 공주로 변신한 요정은 모영산 굴에 몸을 숨겼다. 또다시 공중전이 전개되었으나 태음성군(太陰星君)이 오색의 구름을 드리며 나타났다. 그는 "이 요정은 월궁의 옥토(玉兎)로서 천축국 공주에게 매맞은 것을 원한으로 삼은 끝에 저지른 일이니 너그러이 용서를 해다오." 하고 손오공에게 부탁하고, 옥토를 데리고 월궁으로 돌아갔다. 손오공도 궁중으로 돌아가 공주가 폭음선사에 있다는 것을 알리고 국왕과 공주를 대면케 하여 겨우 삼장은 어려운 처지에서 벗어났다.

천신만고 끝에 영산에 다다른 일행은 목적지인 회음사에 닿아 석가여래를 배알하게 된다. 석가여래로부터 부탁의 말씀을 받고 불경을 받은 삼장 일행은 기쁜 마음으로 귀로에 오른다. 그러나 도중에 그것이 백지라는 것을 알고 다시 영산으로 발길을 되돌렸다. 석가여래의 시종에게 선물을 건네지 않아 이 같은 낭패를 당한 것이다. 이번에는 자금(紫金)의 화분을 헌상하고 진경 오천사십팔 권을 받았다. 팔대금강과 어울리게 된 삼장 일행은 구름을 타고 날아오르게 된다.

한편, 일행을 수호해 온 오방일체 등은 관음보살에게 재난부(災難簿)를 보였다. 관음보살이 자세하게 살펴본즉 80가지의 재난이 적혀 있으나 한 가지의 재난이 모자랐다. 81가지의 재난을 물리쳐야 한다는 취지가 내려지고 팔대금강은 손오공 일행을 다시 동천하의 서쪽 기슭으로 추락시켰다. 나머지 한 가지 재난을 물리친 일행은 구름을 타고 장안성 상공에 이르러 만경루에서 태종을 배알하고 경전 오천사십팔 권을 헌상하였다. 그리고 지나온 여러 나라의 수공품을 보이자 태종은 전각에서 내려와 삼장의 손을 잡고 그 동안의 노고를 치하하였다.

드디어 일행은 팔대금강에 이끌려 구름을 타고 영산으로 돌아와서 석가여래 앞에 부복(仆伏)하였다. 여기서 81가지의 재난을 물리치는 데 걸린 시간을 헤아리니 13년(5,048일), 즉 경전(經典)의 수와 일치하는 세월이 흐른 것이다. 석가여래로부터 삼장법사는 선단공덕불, 손오공은 투전승불, 저팔계는 정단사자, 사오정은 금신라, 백마는 팔부천룡의 직책을 수여받아 부처로 성불(成佛)하게 되었다.

『서유기』는 7세기에 당나라의 현장법사가 북인도에서 대승(大乘) 불전을 구하고 돌아온 역정의 이야기이다. 오승은은 작품의 무대를 당나라 때로 설정하여 명나라의 실정을 폭로하고 있다. 이 작품에 등장하는 관직 제도 등은 명대의 명칭들이다. 등장인물을 형상화함에 있어서 옥황상제는 어리석은 임금으로 묘사하였고, 지지국의 호력대선이 소변으로 성수 금단을 만든 것도 명나라 세종이 어린아이의 소변으로 젊어지는 약을 만든 것을 반영한 것이다.

작가는 주인공 손오공을 통하여 반항자와 혁명적 영웅의식을 그리고 있다. 이것은 봉건통치 밑에서 고통받는 백성의 염원을 신화적이고 환상적인 형식으로 반영한 것이다. 그러나 손오공이 천궁을 부수는 투쟁은 결국 실패하고 만다는 묘사는 그 역시 환상적인 수법으로 봉건사회라는 역사적 조건하에서의 국민 투쟁의 비극적인 실패를 보여주고 있는 것이다. 그러나 결국에는 선한 것이 악을 몰아내는 내용으로 독자들의 갈채를 받게 된다. 이러한 불교적 인과응보(因果應報) 사상과 불로장생(不老長生)의 신선사상을 담아 낸 것은 당대의 시대적 산물이라 하겠다.

〈해설〉

문학은 인간이 꿈꾸는 바람직한 삶을 형상화, 구체화하는 실천적 행위이다. 오승은은 『서유기』를 통하여 자신이 살았던 명대의 현실을 비판하고 바람직한 사회를 염원하여 신이적 존재들이 등장하는 영웅담을 소설화하였다.

『서유기』는 인과응보와 더불어 대승불교(大乘佛敎)의 공(空) 사상을 담고 있는 것으로 평가되고 있다. 손오공(孫悟空)의 이름을 '공을 깨우친다'고 한 것은, 공 사상에서 우주와 인생의 근본을 깨우친다는 뜻으로 해석할 수 있다. 아울러 손오공의 머리에 긴 고아 고리가 벗겨지는 것은 지금까지 손오공을 구속하였던 아집(我執)에서 벗어나는 순간이다. 아집에서 벗어나 모든 것을 비우는 순간 보살의 경지에 이르는 것이다.

대승불교는 나의 집념에서 벗어나 이타행(利他行), 즉 다른 중생을 구제하는 것이 목적이다. 자비정신(慈悲精神)에 입각하여 생명이 있는 모든 것, 자기보다는 타인을 구원하는 것이다. 반면에 소승불교(小乘佛敎)는 깨달음을 얻어 성인(聖人)이 되는 것이 목적이다. 출가 수행자들의 성불에 중심이 놓인 종파로서, 남방과 태국 등지에서 수행하는 방법이다.

우리나라에서 대승불교는 신라 시대 원효(元曉, 617~686) 대사에 의하여 『대승기신론소(大乘起信論疏)』가 주석(註釋)되어 보급되면서 확산되었다. 『기신론소』라고도 하는 이 저술은 2세기경 인도의 시인이자 고승인 마명(馬鳴, ?~?) 대사가 대승불교의 근본 교리를 기록한 것이다.

결국 『서유기』의 주인공 손오공은 삼장법사의 구법 여행의 동반자로 민중이 역동적 에너지를 지닌 존재이다. 그의 신이한 능력과 돌출적 행동은 많은 사람들의 사랑을 받아 지금까지고 영화와 만화의 캐릭터로 재창조되고 있다.

8장

『아큐정전』

-루쉰

『아큐정전(阿Q正傳)』은 중국 문학자이자 사상가인 루쉰의 중편소설이다. 이 작품은 1921년에 백화문(白話文)으로 저술된 것이다. 당시는 중국의 근대화 과정에서 문학개혁운동이 전개되던 시기이다. 전통 인습의 굴레로 고민하였던 루쉰은 인습타파를 위해 문자개혁운동에 적극적으로 앞장서게 된다.

문자개혁운동의 실천 사항으로 루쉰은 국민 대다수가 읽고 느낄 수 있도록 구어체 문장과 백화문으로 저술 활동을 하게 된다. 그것은 가족제도와 형식적인 예교의 폐단을 폭로한 『광인일기』와 '정신승리법(精神勝理法)'에 길들여진 중국인을 희화화(戲畫化)한 『아큐정전』이다.

『아큐정전』은 '아큐'라는 전형적인 중국인을 주인공으로 신해혁명(1911년)을 전후하여 봉건 왕조의 몰락 과정에서 보여준 중국인의 무지(無知)를 폭로하여 민족적 각성을 촉구하는 계몽소설(啓蒙小說)이라고 할 수 있다.

1. 루쉰의 생애

루쉰의 초상

루쉰(魯迅, 1881~1936)은 1881년 중국 저장성(浙江省) 사오싱(紹興)에서 출생하였다. 본명은 저우수런(周樹人), 필명은 루쉰이다. 필명은 투르게네프의 장편소설『루딘(Rudin)』에서 차용한 것이라고 한다. 당시 명망 있는 대지주의 장남으로 태어나서 평온한 유년 시절을 보내며 삼미서옥(三味書屋)에서 유교적 교육을 받았다.

1893년 11세 때, 시대적 혼란기에 청왕조의 관료였던 조부(祖父)가 하옥되는 사건이 일어난다. 이어서 3년 후 부친이 36세의 젊은 나이로 사망하게 된다. 연이은 불행으로 가세가 기울어 생활고에 시달리게 된다.

1898년 17세 때, 난경수사학당(南京水師學堂)에 입학하여 학업을 계속하였다.

1901년 루쾅학당(路礦學堂) 채광과(採鑛科)에 입학하였다. 이때 당시 계몽적 성격의 새로운 학문에 크게 영향을 받았다.

1902년 21세 때, 노광학원을 졸업하고 일본으로 유학길에 오른다. 4월 고분학원(弘文學院)에 입학하여 1904년 졸업을 한 후, 9월에 센다이 의학전문학교에 입학을 한다. 루쉰의 고향 샤오싱은 태평천국의 난(1861)과 신해혁명(1911)의 중심 영향권에 위치하였고, 당시 중국 대륙을 유린한 외세 진출의 통로였다. 이러한 시대적 혼란을 목격한 루쉰은 급진 혁명사상에 눈뜨게 되었고 서양의 의학을 통한 의학구국(醫學救國)을 목표로 하게 된다.

그러나 1906년 환등(幻燈) 사건을 계기로 센다이 의학전문학교를 자퇴하게 된다. 이때 루쉰은 전통 인습에 젖어 있는 민중에게 육체적 질병을 고치는 일보다 민족적 자각을 깨우치는 일, 즉 정신적 질병을 고치는 것이 급선무라 여기고 자신의 진로를 문학의 길로 전환한다.

1909년 28세 때 동생 저우쭤런(周作人)과 함께 『성외소설집(城外小說集)』을 번역하였다. 성외소설이란 당시 외국소설을 의미한다. 이때 그는 유럽의 약소민족의 문학, 슬라브 민족의 저항시, 니체 철학에 심취하였다. 잠시 귀향하여 당시의 전통대로 집안에서 정해준 여인과 결혼을 하였다. 이것은 루쉰에게 평생의 굴레가 되었다.

1911년 신해혁명(辛亥革命)이 성공하자 채원배(1868~1940)가 북경으로 불러서 교육부에서 근무하게 된다.

1918년 37세 때, 그의 처녀작 『광인일기(狂人日記)』를 발표한다. 이 작품은 봉건 왕조를 청산하려는 중국 젊은이들에게 큰 자극제가 되었으며, 중국 신문학운동을 탄생시키는 출발점이 되었다. 이후 잡지 『신청년(新青年)』에서 활동하는 한편 백화문운동과 문학혁명(文學革命)에 동참하였다. 이 시기에 『공을기(孔乙己)』, 『약(藥)』, 『명일(明日)』, 『일건소사(一件小事)』『두발(頭髮)의 고사(故事)』, 『풍파(風波)』, 『고향(故鄉)』 등 많은 중편과 단편을 발표하였다.

1920년 38세 때, 베이징대학 사범대학에서 교편을 잡으면서 경사도서관장(經史圖書館長)을 역임한다. 이 시절의 강의안을 훗날 『중국소설사략(中國小說史略)』으로 정리하여 간행하였다.

1921년 39세 때, 『아큐정전』을 발표한다. 이 소설은 중국 국민성의 전형을 풍자한 소설로서, 자기만족으로 스스로를 기만하고 사는 '정신승리법'의 어리석음과 무기력성을 희화적으로 그린 것이다. 이 작품이 발표되자 찬반양론이 격렬하게 일어났지만 반봉건의 신문화운동을 전개하는 진보파들의 지지를 받았다. 루쉰은 5.4 운동, 비공운동(批孔運動)에 지도자적 입장이 된다.

1925년에는 외국 문화 연구를 주로 하는 청년지도기관인 '주명사(朱名社)'를 설립하여 계속 문학혁명에 앞장을 섰다. 1924년 동생 저우쭤런과 함께 '어사사(語絲社)'을 조직하였다. 또한 청년 문학가들과 '미명사(未名社)'를 조직하였으나 북양군벌(北洋軍閥: 1913~1928) 세력의 문화 탄압과 3 · 18 학생운동의 여파로 체포령이 떨어지자 북경을 탈출한다. 그 후 사먼대학(厦門大學)과 광둥중산대학(廣東中山大學)으로 교직을 옮긴다.

1927년 4월 국민당과 공산당의 분열 후 국민당으로부터 탄압이 시작되자 불안한 사회 정세를 피해 상해 조계에 숨어서 지하운동을 계속한다. 이 시절 문학적으로는 소비에트 문학 작품을 번역하며 프롤레타리아 문학을 중국에 소개하였다. 아울러 이 시절 발표한 사회단평(社會短評)을 총하여 강한 혁명의지를 표현하였다.

1930년 중국 좌익작가연맹이 성립되자 좌익계의 중심인물로 활동하면서 참된 프롤레타리아 문학 논쟁의 중심이 된다. 루쉰은 만주사변 뒤 민족주의 문학, 예술지상주의 문학 등 우익적 그룹에 대한 논쟁을 전개하였다. 이어서 뉴욕에서 열린 노동자 문화연합대회의 중국 측 명예 주석으로 추대되었다.

한편 그는 베이징대학 근무 당시의 제자 쉬광핑(許廣平, 1898~1968)과 동거하게 되는데, 이것은 여전히 보수적이었던 중국의 결혼 풍습의 관례를 깨뜨린 파격적 선택이었다. 이때부터 그의 문학은 초기의 소설 작품에서 그 장르를 평론(評論), 수필(隨筆)로 전환한다. 이른바 안주할 수 없는 절실한 상황에서 현장 체험의 시기를 맞은 것이다. 그 과정에서 한때 가깝게 지냈던 임어당(林語堂, 1895~1976) 등의 문인들에게 공격을 받기도 한다.

1936년 중일전쟁 일어나기 한 해 전, 폐결핵과 천식의 지병이 악화되어 향년 56세로 '민족혼(民族魂)'을 남기고 생애를 마친다. 그의 유해는 만국공묘에 안장되었다.

2.『아큐정전』 개관

『아큐정전』은 모두 9장으로 구성되어 있다. 제1장 「서(序)」에서는, 공자의 "이름이 바르지 않으면 말이 순조롭지 못하다(名不正 則言不順)."를 인용하며 이 소설의 이름을 정전(正傳)으로 붙이기까지의 그 명목(名目)을 말하고 있다. 그리고 호적(胡適, 1891~1962)의 역사벽과 고증벽을 언급하고 있다.

작가는 '아큐'의 일생을 통하여 1911년 신해혁명 전후시대의 중국 민중들의 삶을 그리고 있다. 그들은 오랜 중국 전통의 결과 무기력하고 무능력하면서도 실속 없이 자존심만 강했다. 그들은 약자에게는 무자비하면서도 강자에게는 비굴한, 사대적 노예근성을 갖고 있었다. 바로 '아큐'의 전형적인 성격이다. 이것은 국가적 위기가 도래하였으나 아직도 분열을 일삼는 지식인들의 의식세계도 풍자한 것이다.

중국 지식인들은 아편전쟁(阿片戰爭: 1840~1842) 이후 서구 열강들에게 영토를 앉아서 잠식당하고도 정신적 승리만을 고집하였다. 또한 2,000여 년 이상의 전제정치를 종식시키고 신해혁명을 승리로 이끌었으나, 여전히 국민당(國民黨)과 공산당(共産黨)의 대결이 계속되었다. 이 작품은 이러한 현실을 비판하는 것이다. 당시 이 소설이 발표되고, 아큐가 마침내 혁명의 소용돌이에 휘말려 의미도 모르고, 의미 없는 최후를 맞는 것을 읽고 난 독자들은 혹시 '아큐'가 자기 자신을 모델로 삼은 것이 아닌가 하는 느낌에 사로잡혀 모두들 몸서리를 쳤다고 한다. 루쉰은 정신승리법에 길들여진 하층민들 그리고 지식인들에게 정신적 각성을 일깨우고자 하는 의도로 만인이 읽을 수 있는 백화문(白話文)으로 이 작품을 저술한 것이다.

『아큐정전』의 주인공인 아큐는 이름도 성도 없이 웨이장(未莊)이라는 마을의 사당에서 사는 전형적으로 무지한 중국의 하층민인 쿨리(苦力)이다. 조(자오)씨 집안의 허드렛일을 거들기도 하고 마을 사람들이 부탁하는 잡일을 주로 하는 떠돌이패의 한 사람이다. 어느 누구도 아큐의 이름과 출신지, 그리고 행적에 관해서 모른다. 그의 머리가 벗겨져 '독(禿) 대머리'라고 사람들이 놀려 대지만, 노름판에서 돈을 빼앗기고 매를 맞아도 그는 별 반응을 보이지 않는다. 그는 "우리 집도 옛날에는 네놈들 보다 훨씬 더 잘살았어!" 하고 자존심을 달랠 뿐이다. 그는 중국인들이 전통적으로 자신만의 정신승리법으로 승리감을 얻는다고 보았다. 이러한 아큐의 정신승리법은 중국인의 전통정신인 것이다.

아큐는 항상 정신적으로 승리하고는 있었다지만 그래도 마을에서 제일가는 지체 집안의 조영감(조백안)에게 따귀를 맞기 전까지는 그다지 유명하지는 않았다. 아큐가 자신의 성씨가 조씨일 수도 있으며, 조영감보다 항열상으로 아버지뻘이나 할아버지뻘 정도로 높다는 듯이 말하였다. 그리고 얼마 후 그 소문을 들은 조영감에게 된통 얻어터진 것이다. 영문도 잘 모르고 맞고 난 아큐는 "요즘 세상은 너무 돼먹지 않았어. 자식이 아비를 치다니." 혼잣말을 하고는 위풍당당하게 갈 길로 가버렸다. 이 사건이 유명한 것은 조씨가 사람을 때린 사실 때문이다. 누구의 잘잘못은 문제가 아니었다. 때린 사람이 유명하니 맞은 사람도 또한 유명하게 된 것이다.

아큐는 요즘 비교적 유명해졌기 때문에 좀 뻐기고 다녔다. 그러다가 담장 밑에서 왕대머리털보를 보았다. 대머리에다 털보이기 때문에 모두들 그렇게 긴 이름을 부른다. 왕털보는 이를 잡고 있었다. 아큐는 자신도 이를 잡기 시작하지만 왕털보가 더 많이, 더 큰 놈으로 잡아서 입에 넣는 것이 질투가 났다. 느닷없이 "이 털북숭아! 멍청아!" 하고 욕을 하였다. 그리하여 아큐는 왕털보에게 변발을 잡히고는 담으로 끌려가서 머리를 부딪힌다. "군자는 말로 하지, 손을 대지 않는 거야!" 하였으나 왕털보는 군자가 아니었는지, 아큐는 여섯 자나 나가 떨어지도록 늘씬하게 맞았다.

아큐가 싫어하는 사람은 변발하지 않는 가짜 양놈들이다. 잠시 후 조영감과 지체 면으로 버금가는 전영감의 장남이 오고 있었다. 그는 성안에 있는 서양학교를 다니다가 일본으로 건너갔다가 반년 후에 돌아 왔다. 그러나 그는 변발마저 잘라버린 것이다. 아큐는 오늘 기분도 그렇지 않아서 평소와는 다르게 이 가짜 양놈에게 가까이 가서는

"중대가리 당나귀." 하고 소리를 내서 욕을 하였다. 조금 후 아큐는 니스 칠한 단장으로 머리를 맞았다. 그런데 잠시 후 정수암(靜修庵) 비구니가 오고 있었다. 또한 비구니를 희롱하여 욕을 바가지로 얻어먹었다.

한번은 조영감님 댁의 단 하나밖에 없는 여자 하녀 오마를 희롱하였다. 나이 30이 되어 여자 생각이 나자 기습적으로 자자고 말한다. 놀란 오마는 울면서 달려가고 아큐는 조영감의 아들인 수재에게 몽둥이세례를 받았다. 다행히 조영감의 몽둥이는 피할 수 있었다. 그러나 조영감네와 불평등한 다섯 가지 조약을 맺게 된다. 이것은 아편 전쟁으로 시작된 중국의 근대사(近代史)가 영국, 프랑스, 독일, 소련, 일본에게 영토를 분할해 주고 불평등 조약을 맺은 것과도 비견될 만한 사건이었다.

억울한 조약으로 생계가 막힌 아큐는 웨이장을 떠나 도둑이 된다. 얼마 후 도둑질한 물건을 마을로 가져와 마을사람들의 부러움을 사지만 도둑질한 물건이 떨어지고 그 물건들이 장물이라는 사실이 알려진 뒤 설 자리가 없어진다. 특히 아큐가 기이한 물건을 가져오자 그때까지 짐승처럼 아큐를 박대하던 조영감이 아큐를 초대하고 부산을 떠는 모습은 중국 사회 양반계급의 사치와 물욕의 일면을 드러내고 있다.

신해혁명이 일어나고 소용돌이에 휘말리지만 아큐는 혁명이 무엇인지도 모르면서 한몫 잡아 보려는 마음을 가지고 누군가가 그를 불러 혁명의 대오에 넣어줄 것을 꿈꾸지만 현실은 정반대 사건으로 몰고 간다. 이와 같이 혁명도 청왕조를 무너뜨리는 데는 성공했지만 그 실제 내용이 거의 변함이 없는 구태의연함을 드러냄으로써 혁명이 내면적으로는 실패했다는 것을 감지하도록 한다.

결국 그는 조영감집 약탈의 누명을 쓰고 총살을 당한다. 아큐는 자신이 무슨 죄목으로 죽는지도 확실히 알지 못한 채 죽음을 당하게 된다. 처형장으로 끌려가면서 군중 속에서 이리의 울부짖음 같은 소리를 듣는다. 그리고 오마를 보았으나 그녀는 조금도 그에게 신경을 쓰지 않고 그저 병사들이 메고 있는 총만 정신없이 바라보고 있었다. 사람이 살다보면 때로는 머리가 잘릴 수도 있다고 태연히 느끼는 아큐는 그렇게 '정신적 승리법'을 떠올리며 최후를 맞게 된다.

〈해설〉

신해혁명 전후의 무기력한 중국인을 희화화한 『아큐정전』은 루쉰의 작가적 지위를 세계문학사에 자리 잡게 하였다. 작가는 아무리 모욕을 당해도 저항할 줄 모르고 오히려 머릿속에서 자신의 승리로 소화해 버리는 주인공 아큐를 통해 중국인들이 반성의 계기를 마련할 것을 기대한 것이다.

그러므로 이 작품은 중국인을 계몽하기 위한 작가의 구국의 정신을 형상화된 것이며, 근대화 과정에 소용돌이치는 중국 민중의 일그러진 자화상을 그린 것이다. 루쉰은 "중국인은 누군가가 나서서 말해 주지 않으면 안 된다."는 말을 자주 하였다고 한다. 이것은 중화민국 건국의 아버지인 손문(孫文, 1866~1925) 선생의 건국이념이기도 한 것이다.

또한 『아큐정전』은 당대의 사회 문제를 신랄하게 풍자적으로 묘사하고 있어 풍자소설이라고 하기도 한다. 주인공 이름 역시 희화적으로 정해진다. 제9장 대단원에서 주인공 아큐는 약탈 사건에 연루되어 관군에 체포되어 유치장에 갇히게 된다. 그때 취조 서류에 이름을 써야 하지만 큐는 글자를 모르기 때문에 이름을 쓸 수가 없었다.

그는 동그라미라도 그리라는 말에 따라 동그랗게 그리려고 하였으나 붓이 솟구치는 바람에 수박씨 모양인 'Q' 자가 된 것이다. 여기서 루쉰은 둥근 것을 미완성으로 파악하는 중국 민족의 심리를 예리하게 그려내고 있는 것이다. 중국 문자인 한자에는 동그라미가 존재하지 않는다. 중국인들은 자신을 대신하는 도장으로 대체로 네모 모양을 선호하는 것도 이러한 의식의 일면이다. 이것은 우리 한글에 ㅇ과 같은 동그라미 형태의 글자가 있는 것이나 우리 민족이 둥근 것을 완전한 형태로 인식하는 것과는 다른 점이다.

루쉰의 작품은 대개 짧고도 명쾌하고 희극적이다. 『아큐정전』도 중편이라고 하지만 짧은 분량이다. 그러나 그의 작품은 깊은 의미를 담아내고 있어 짧은 에세이조차도 인생의 깊이를 느끼게 한다.

루쉰은 「현재의 우리들의 문학운동에 대하여」란 글에서 "작가란 그 어떤 인물을 그리든, 그 어떤 소재를 사용하든 자유로 할 수 있다. 그러나 그 모든 작품에 '민족적 혁명전쟁'이라는 기치를 내세워 가치로 삼아서는 안 된다. 왜냐하면 우리가 필요로 하고 있는 것은 작품 뒤에 붙인 슬로건이 아니라 그 작품 속에 깃들어 있는 진실한 생활, 눈부신 투쟁, 약동하는 맥박, 사상과 정열이기 때문이다."라고 강조하였다. 이것을 바꾸어 말하면 루쉰은 불행한 사람들의 정신 개조를 생각하고 소설을 썼지, 결코 정치를 위해 소설을 쓴 것은 아니라는 뜻이다. 인간이 바뀌지 않고는 사회도 바뀌지 않는다는 그 정신이 중국 민족의 전형으로서 이 소설을 저술한 것이다.

이와 같이 루쉰은 이념과 체제를 초월하는 문학성을 추구하였다. 사회 때문에 인간이 변하는 것이 아니라, 인간 스스로가 변함으로써 인간을 위한 사회를 만들 수 있다는 것은 매우 주목할 만한 지적이다.

III부

일본 고전 강의

1장 『일본서기』 – 토네리신노오 외

2장 『입당구법순례행기』 – 엔닌

3장 『겐지 이야기』 – 무라사키 시키부

4장 『토쿠가와 이에야스』 – 야마오카 소오하찌

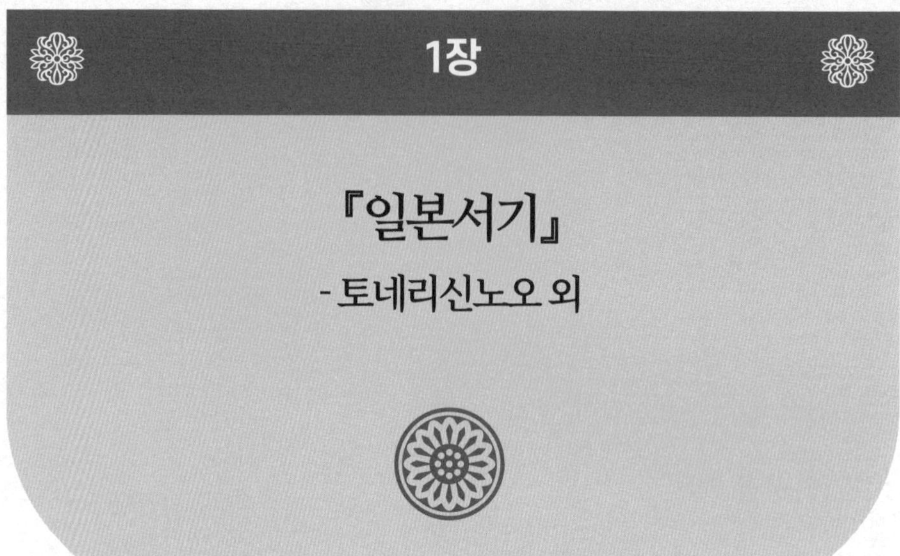

『일본서기(日本書紀)』는 720년에 편찬된 일본 최초의 관찬(官撰) 역사서이다. 명칭은 『일본기(日本紀)』, 『서기(書紀)』, 『기(紀)』라고도 한다. 또한 17세기 이후에는 『고사기(古事記)』와 합하여 『기기(記紀)』라고도 한다.

『고사기(古事記)』는 천황의 칙명을 받아 히에다노 아레(稗田阿禮)가 암송한 일본 고대의 전설과 사적을 오노 야스마로(太安萬侶, 660~723)가 712년에 한문과 일본어로 찬술한 것이다. 『고사기』는 『일본서기』 보다 8년 앞서 완성된 것으로, 오노 야스마로의 서문은 명문(名文)으로 알려져 있다. 저자인 오노 야스마로는 백제에서 건너간 도래인이라는 설도 있다. 이것은 백제가 나당연합군에 의하여 패함으로써 많은 귀족과 유민들이 바다를 건너 일본 오오미(近江) 지방에 백제인의 마을을 형성하고 살게 되면서, 백제 문화가 일본에 뿌리 내린 역사적 사실과 무관하지 않다.

『일본서기』는 헤이안(平安) 시대(794~1185)에 정사(正史)로서 매우 중요시되었는데,

편찬 된 다음해에 강연(講筵)이 열렸다. 강연이 끝나면 경연(竟宴)이 행하여졌으며 와카(和歌)를 부르며 시적(詩的) 분위기를 더하여 여흥을 즐겼다고 한다. 이때 불렸던 와카는 '일본서기경연와카(日本書紀竟宴和歌)'라는 이름으로 오늘날까지 전해진다.

1. 『일본서기』의 편찬 과정

『일본서기』는 제39대 텐무(天武: 재위 673~686) 천황의 칙명으로 토네리신노오(舎人親王)와 오노 야스마로(太安萬侶) 등 여러 학자들이 참여하여 720년에 완성한 일본 최초의 관찬(官撰) 역사서이다. 텐무 10년, 682년에 칙명에 의해 저술하기 시작하였으니, 그 저술 기간은 39년에 이른다. 오랜 자료 수집의 과정을 거쳐 여러 편찬자가 각 권을 분담하여 공동으로 집필한 것으로 짐작된다. 이 저술에 참여하였던 편찬자의 다수는 백제 멸망 후 일본으로 건너간 백제 지식인들로 추정된다.

『일본서기』는 전(傳)을 포함한 편년체(編年體)의 역사서이다. 편집의 방법, 체재 등은 그 후의 일본 역사서 저술에 큰 영향을 끼쳤다. 상고(上古)의 한일(韓日) 관계, 쇼오토쿠(聖德) 태자의 정치, 다이카(大化)의 개신(改新), 불교의 도래(渡來) 등을 밝혔으며, 고대사(古代史) 및 고대 언어의 연구에 귀중한 자료이다. 또한 『일본서기』에 수록된 가요는 『고사기(古事記)』의 가요와 더불어 '기기가요(記紀歌謠)'로서 문학사적 가치가 높다.

또한 『고사기』의 저자 오노 야스마로가 『일본서기』 편찬에 참여하여 『일본서기』에 상당한 영향을 끼친 것으로 추정되나 『일본서기』는 좀 더 역사적이고 합리적이라는 평가를 받도 있다.

『일본서기』는 신대(神代)로부터 지토오 천왕(持統天皇, 690~697)까지의 역대 황제와 상고(上古)의 여러 사실을 가능한 한 많은 사료(史料)와 한문 서적을 참고하여 저술하고 있다.

『일본서기』에서 참고한 서적은 『백제기(百濟記)』, 『백제신찬(百濟新撰)』, 『백제본기(百濟本記)』 등 백제 관계 서적이 가장 많고, 그 외에는 『위지(魏志)』, 『진기거주(晋起居住)』 등의 중국 역사 문헌이다. 그리고 『구사(舊辭)』, 『제씨(諸氏)』, 『가기(家記)』 등, 사원의 문서, 개인의 기록 등이 포괄되어 있다. 이와 같이 많은 자료를 참고하였기 때문에 서술에 있어 이설이 있을 경우 일서(一書), 이서(二書)라는 형태로 병기(併記)하기도 하고 주(註)를 달아 부기하기도 하였다.

『일본서기』가 편찬되기 시작한 7세기 말의 일본은 율령제도(律令制度)가 자리 잡은 시기였다. 때문에 역사서의 편찬에는 중앙집권적 천황국가의 권력 강화라는 목적이 있었다. 천황의 권력을 강화하기 위해서는 일본을 신성국(神聖國) 만들 필요가 있었기 때문에 신화(神話)와 전설(傳說)을 강조하였다.

오늘날 『일본서기』의 역사적 사실성에 대하여는 일본인들도 회의적이기는 하지만, 일부 학자들에 의해 '신공황후(神功皇后)의 삼한정벌설(三韓征伐說)'과 '임나일본부설(任那日本府說)' 등의 연구 결과가 끊임없이 나오고 있다. 이에 대하여 우리나라 학자들도 치밀한 반론을 제기하고 있어, 한일 간의 고대사 논쟁은 여전히 진행 중이다.

2. 『일본서기』 개관

『일본서기』의 인용 자료는 광범위하게 이설(異說), 이전(異傳)을 채취하여 황실의 계보, 역대의 사적(史蹟)을 기록한 제기(帝記)를 비롯하여 여러 씨족의 찬기와 사적인 개인 기록, 그리고 다양한 전승(傳承)을 포괄하고 있다. 그리하여 그 이설을, 일서왈(一

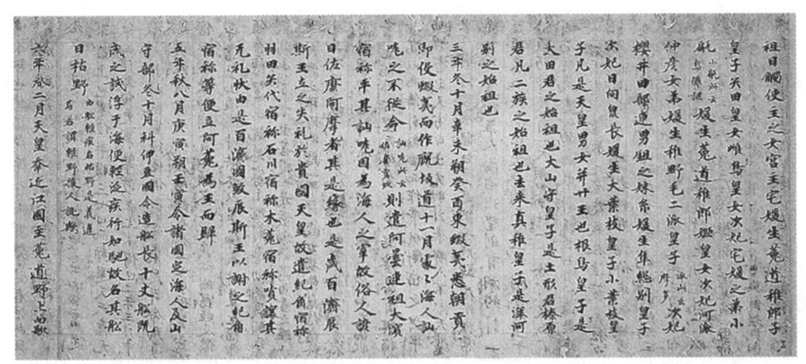

『일본서기』 다나카본(本)의 한 페이지

書曰), 일본운(一本云), 별본운(別本云), 혹본운(或本云), 일운(一云), 혹운(或云) 등으로 병기하였다. 이 책은 서문(序文)과 발문(跋文)이 없는 것이 특징적이다.

『일본서기』의 판본은 케이쵸오(慶長) 4년 판(勅板本, 神代記 2권)과 케이쵸오 15년 판(30권)을 비롯하여 그 후 여러 번 간행되었다.

『일본서기』는 모두 30권으로 구성되어 있다. 제1, 2권은 신대(神代)의 설화 또는 설화적 색채가 짙은 사건의 기록이나 국가의 기원에 관한 사항이 기록되어 있다. 제3권에서 30권까지는 진무(神武) 천황부터 지토오(持統) 천황까지의 『본기』를 정리하여 치세간(治世間)의 사실을 연대 순서에 따라 기록하였다.

『일본서기』 권 제1은 신대(神代)로부터 시작한다. '제1단 신대 칠대(七代)'는 건국신화를 기록하고 있다.

그 옛날 하늘과 땅이 서로 나누어지지 않았고 음양도 분리되지 않았으니 아직 어리고도 혼란스러운 시절이었다. 흐릿한 가운데 크고 맑은 양기(陽氣)가 있어 그것이 엷게 나부껴 올라가서 하늘이 되고, 무겁고 탁한 것은 서로 엉키어 땅이 되었다. 정묘(精妙)한 것은 합하기 쉬운 것이고, 무겁고 탁한 것은 굳어지기 어려운 것이다. 그러므로 하늘이 먼저 이루어지고 땅이 후에 정하여졌다. 연후에 신이 그 가운데 생겨났다. 개벽 초에 국토가 떠 움직이는 것이 마치 고기가 물위에서 노니는 듯하였다. 이때 하늘과 땅 가운데 한 물체가 보이는데 갈대의 싹 같은 모양이었다. 그것이 변하여 신(神)이 되었다. 그 신을 이름하여 국상립존(國常立尊)과 국협추존(國狹槌尊) 그리고 풍짐정존(豊斟亭尊)이라 하였다. 이들 삼신(三神)은, 하늘의 뜻에 의하여 성인 남자아이로 태어났다.

『일본서기』 첫 장은 창세기와 건국신화에 해당되는 부분이다. 어느 나라를 막론하고 건국시조를 신적 존재로 신성화하는 경향이 있다. 그러나 여기에 수록된 건국신화는 독창적인 것이 아니라 중국의 전적인 『회남자(淮南子)』와 『예문유취(藝文類聚)』 등에서 인용한 것이다.

이어서 신대의 최후에 나타난 신인 이자나기(伊耶那岐)와 이자나미(伊邪那美)라는 신이 국토를 만들고 태양의 신인 아마테라스 오오미카미(天照大神)를 낳는다. 이 아마테라스 오오미카미의 자손이 히무카(日向)에 강림하여 천황이 되었으며, 그가 텐무(天武) 천황이다. 이것은 '천손강림설화(天孫降臨說話)'의 전형이라 할 수 있다. 천무 천황은 동정(東征)하여 여러 호족들을 차례로 복속시키고 야마토(大和)로 이주한다. 그 후 8대에 걸친 천황에 대한 기록은 특히 한국 고대사를 왜곡하고 있어서 문제적 부분이라 할 수 있다.

제6권: 제11대 스이닌(垂仁) 천황에는 소위 임나(任那, 미마나)에 관한 기록이 수록되어 있다. 임나는 원래 가락국(駕洛國)이었으나 스이닌 천황의 이름인 미마키를 따서 국호(國號)를 미마나노구니(彌摩那國)로 하였다고 한다.

신라의 왕자 천일창(天日槍)이 일본을 찾아와 귀의하였다. 가지고 온 물건은 단마국(但馬國)에 거두고 신의 물건[神寶]으로 삼았다. 일서(一書)에 말하였다. 처음에 천일창이 배를 타고 파마국(播磨國)에 정박하여 육속읍(肉粟邑)에 있었다. 그때에 천황이 삼륜군(三輪君)의 선조 대우주(大友主)와 왜직(倭直)의 선조 장미시(長尾市)를 파마(播磨)에 보내었다. 그들은 천일창에게 "그대는 누구인가, 또 어느 나라 사람인가." 하고 물었다. 천일창은 "저는 신라국의 왕자입니다.

그러나 일본국에 성황이 계시다는 것을 듣고, 나라를 아우 지고(知古)에게 주고 찾아왔습니다."라고 하였다. 그가 바친 물건은 우태옥(羽太玉) 1개, 족고옥(足高玉) 1개, 제녹녹(鵜鹿鹿)의 적석옥(赤石玉) 1개, 출석(出石) 소도(小刀) 1개, 출석(出石)의 창(槍) 1지(枝), 일경(一鏡) 1면(面), 웅(熊)의 신리(神籬) 1구(具), 담협천(膽狹淺)의 대도(大刀) 등 모두 여덟 가지였다. 천황은 천일창에게 파마도의 육속읍과 담로도(淡路島)의 출천읍(出淺邑) 두 읍을 주었다. 그러나 천일창은 자신이 이곳저곳을 돌아보고 마음에 드는 곳에서 살겠다고 하였다. 그리하여 오오미(近江)에서 약협국(若狹國)을 거쳐 서쪽인 단마국에 거주지를 정하였다. 오오미국 경촌(鏡村) 골짜기의 도인(陶人)은 천일창을 따라온 자들이다.

여기서 천일창의 도래는, 우리의 입장에서 보면 신라인들이 일본열도로 집단 이주한 현상이다. 천일창 왕자가 가지고 간 물품은 일본에서 신보(神寶)가 되었는데, 이것은 당시 신라 문물 수준의 우수성을 입증하는 것이다. 또 다른 일본 사적의 기록에는, 752년 6월 23일 신라의 태자 김태신이 일본 동대사(東大寺) 대불개안식(大佛開眼式)에 참석하였을 때 양탄자와 유기 제품 등 100여 점을 선물하여 정창원(正倉院)에 소장하였다는 기록이 전한다. 또한 『매신라물해(買新羅物解)』라는 문서를 보면 일본인, 특히 귀족들이 신라의 수준 높은 물품들을 선호했다는 것을 알 수 있다.

일연의 『삼국유사』에는 "제8대 아달라왕(阿達羅王)이 즉위한 4년 정유년(158)에 동해 바닷가에 연오랑(延烏郎)과 세오녀(細烏女)가 살고 있었다. 어느 날 연오랑이 바위 하나, 혹은 물고기를 타고 일본으로 가서 왕이 되었다. 세오녀도 그 바위를 타고 일본으로 가서 귀비(貴妃)가 되었다."는 전설적인 기록이 있다. 이것으로 미루어 당시 신라인들이 일본과 활발히 교류했음을 추정할 수 있는 것이다.

제7권: 제12대 게이코(景行: 재위 71~130) 천황은 스이닌 천황의 셋째 아들이다. 게이코 천황은 쿠마소(熊襲)와 에조(蝦夷)를 정복하여 지배 영역을 확대하였다. 17년 춘3월 무술(戊戌) 삭(朔) 을유(乙酉, 12일) 자탕현(子湯縣) 단상소야(丹裳小野)에서 놀이를 하였다. 그때 동방을 바라보고 좌우에게, "이 나라는 똑바로 해가 돋는 쪽을 향하였다."라고 말하였다. 고로 그 나라를 '일향(日向)'이라 한다. 이날 들 가운데 큰 돌에 올라 경도(京都)를 생각하면서 다음과 같은 노래를 불렀다. "왜는 나라의 한가운데, 첩첩

한 푸른 울타리, 산에 들어 있는 왜는 아름답다."

이와 같이 『일본서기』와 『고사기』에는 대체로 군왕이 부른 호전적(好戰的)인 내용과 서정적인 단가(短歌)가 수록되어 있다. 처음 와시(倭詩)라고도 불렸던 와카(和歌) '일본 노래'라는 뜻으로 헤이안 시대에 한시(漢詩)와 구별하기 위해 생긴 명칭이다. 그 형식은 5·7·5·7·7의 31음으로 일본인의 감정을 표현하는 데 가장 적합한 서정시형이라 할 수 있다. 8세기 후반에 정리된 『만요오슈우(萬葉集)』에 집대성되어 전한다.

제8권: 제14대 츄우아이(仲哀) 천황은 13대 세이무(成務) 천황의 조카였으나 세이무 천황이 아들이 없어 후사를 이었다. 츄우아이 천황의 모후는 스이닌 천황의 딸이다. 다만 츄우아이 천황은 아버지가 죽은 후 36년이 지나서 태어나게 되므로 시간적으로 모순이 있다. 츄우아이 천황은 갑자기 몸이 아프더니 붕(崩)하였다(다른 기록에는 천황이 쿠마소를 쳤는데 적의 화살을 맞았다고도 한다). 츄우아이 천황의 아내인 진구우(神功) 황후는 만일 천황이 죽은 것을 백성이 알면 혼란이 일어날까 염려하여 몰래 시신을 거두었다. 이해 신라와의 전쟁으로 인하여 천황을 장사지내지 못하였다.

제9권: 진구우(神功) 황후는 쿠마소를 정복하기 위하여 그 배후에 있는 신라를 공격하였다. 특히 진구우 황후는 아무 저항도 받지 않고 단기간 내에 신라 정벌에 성공하였다고 한다.

제10권: 제15대 오오진(應神) 천황은 츄우아이 천황의 넷째 아들이다. 진구우 황후의 섭정 3년에 황태자가 되었다. 이 시대에 백제로부터 왕인(王仁), 아직기(阿直岐) 등이 와서 『천자문』과 『논어』를 전했다. 다음 천황인 닌토쿠(仁德)는 백성이 궁핍한 것을 알고서 세금을 감면하는 등의 인정(仁政)을 베풀어 이름을 얻었다.

제14권: 이 권에는 한반도 정세가 임나 문제와 관련하여 상세하게 기록되어 있다. 백제 개로왕(蓋鹵王)의 아들이 일본에서 태어나 본국으로 돌아갔으며 그가 바로 무녕왕(武寧王)이라고 기록하고 있다.

제15권: 제22대 세이네이(清寧) 천황에게는 후사가 없었다. 그리하여 제23대 켄조오(顯宗) 천황과 제24대 닌켄(仁賢) 천황은 다른 혈통이다. 제25대 부레쯔(武烈) 천황에게도 후사가 없어서 오오진 천황의 6세손인 케이타이(繼體) 천황이 즉위하였다. 제26대 케이타이 천황의 즉위 과정에는 왕위 계승권에 대한 상당한 투쟁이 있었다.

제19권: 제29대 킨메이(欽明) 천황은 고구려가 백제를 침공하자 적극적으로 구원병을 파견한다. 킨메이 천황 23년(진흥왕 22년, 562년)에는 임나가 신라에게 패망하였다는 것을 기록하고 있다. 또한 고구려의 대난 등 한반도에 대한 기록이 상당 부분 실려 있어 우리 삼국사 연구에도 중대한 의미를 지닌다. 이 시대에 백제로부터 불교가 전래되었다. 이때부터 지배층 내부에서 일본 안에서 배불(排佛)과 숭불(崇佛)의 대립 양상이 심화된다.

제20권: 제30대 빈다쯔(敏達) 천황, 제31대 요오메이(用明) 천황에 이어 즉위한 제32대 스순(崇峻) 천황은 많은 치적을 남겼으나 당시의 실력자인 소가노 우마코(蘇我馬子)와 충돌하여 살해되고, 처음으로 여성인 스이코(推古) 천황이 제33대 왕위를 계승하였다. 이 시기는 쇼오토쿠(聖德) 태자가 정치를 담당하였던 시기였다.

제22권: 제33대 스이코 천황 8년(600)에 신라가 임나와 전쟁을 하자 천황이 임나를 구하기 위하여 군대를 파견하였으나 패배하였다. 그러나 임나는 562년 킨메이 천황 시대에 이미 신라에 의해 멸망하였다(진흥왕 23년). 그러므로 600년에도 가야가 여전히 존속하고 있는 것으로 기록된 것은 고령의 대가야 멸망이후 가야 연맹의 몰락 과정을 말한 것이다. 『삼국유사』「가락국기(駕洛國記)」에는 532년에 김해의 금관국(남가라국)이 신라에 귀순한 것으로 기록되어 있다.

스이코 천황 때에는 관위(官位)가 12계, 헌법(憲法)이 17조로 제정되었고, 견수사(遣隋使)를 수나라에 파견하였다. 또 『천황기(天皇記)』, 『국기(國記)』 등의 국사 편찬을 시행하여 문화정책을 새롭게 하였다. 이때 불교가 융성하여 수많은 사찰이 건립되었고 한반도에서 많은 승려가 도일(渡日)하였다. 또한 중국과 한반도의 선진 문화가 유입되어 아스카(飛鳥) 문화의 기반을 형성한 시기였다.

第23권: 제34대 죠오메이(舒明) 천황이 스이코 천황의 뒤를 이어 즉위한다. 이때 견당사(遣唐使)가 파견되었다. 일본과 당나라의 활발한 교섭 관계를 파악할 수 있는 부분이다. 죠오메이 천황의 사후에는 황후가 즉위하여 제35대 코오교쿠(皇極) 천황이 된다. 이때는 소가노 에미시(蘇我蝦夷), 소가노 이루카(蘇我入鹿) 부자의 전성기라고 하겠다. 소가노 부자의 권력이 지나치게 확장되자 천황의 권력은 위협을 받게 된다. 이때 일부에서 이들의 권력을 제한하려는 운동이 시작되었고 그 중심에 후지와라노 카마타리(藤原鎌足)와 나카노오오에(中大兄) 황자가 있었다. 『일본서기』 645년 코오교쿠(皇極) 6월조에는 소가노 이루카를 주살하는 장면이 사실적으로 묘사되고 있으며, 이때 나카노오오에가 주동하는 궁정 쿠데타가 성공을 거둔다.

第25권: 제36대 코오토쿠(孝德) 천황이 즉위한 후 문화개신(文化改新)이 추진되었다. 한편 쿠데타 성공의 주역으로 소가노 씨를 멸망시켰던 나카노오오에 황자는 의식적으로 황제 즉위를 거부하여 코오토쿠 천황이 즉위하였다. 그리고 코오토쿠 천황의 사후에는 코오교쿠를 다시 즉위시키면서 나카노오오에 황자는 끝까지 황자로 남아 있었다.

이러한 상황이 전개된 내적 사정에 대하여 『일본서기』는 분명하게 밝히고 있지 않다. 하지만 당시 한반도 상황과 관련이 있을 것이라 추정이 가능하다. 당시 백제가 나당연합군의 공격으로 국가 존립이 위태로운 지경에 처하자 일본은 구원군을 보내는 등 적극적으로 대처하였다. 그때 백제 구원군의 지휘를 맡았던 인물이 나카노오오에 황자였다. 이것으로 우리는 나카노오오에 황자가 백제 출신이 아닌가 하는 추론을 하게 된다.

第26권: 제37대 사이메이(齊明) 천황의 사후 나카노오오에 황자는 드디어 668년에 즉위하게 된다. 바로 제38대 텐지(天智) 천황이다. 텐지 천황은 백제가 멸망한 후 일본으로 건너온 유민들을 오오미 지방에 안주하게 하고 우대하였다. 그 무렵 백제인들의 문화와 기술이 일본에 적극 수용되어 유입되는 계기가 되었고, 지금까지도 일본의 정치 · 경제 · 문화에 백제 문화는 커다란 영향을 끼치고 있다. 텐지 천황의 사후에는 후계자인 오오토모(大友) 황자와 실력자인 오아마(大海人) 황자 사이에 정권 쟁탈전이 일어난다. '임신(壬申)의 난'(672년)이 바로 그것이다. 결국에는 텐지 천황의 동생인 오아마가 승리하여 즉위하였다.

제28권: 오아마 황자가 제39대 텐무(天武) 천황이 되었다. '임신의 난'으로 인하여 정부의 많은 장서들이 소실되었다. 『일본서기』가 오아마를 기점으로 하여 그 이전의 기록이 시기가 맞지 않고 합리적이지 못하다는 평가를 받는 것은 이때의 자료 소실에서 연유한 것으로 추정된다.

텐무 천황은 재위 14년간 좌우 대신들을 한 사람도 등용시키지 않고 일인전제정치(一人專制政治)를 시행하였다. 이 시기에 관제와 율령이 정비되고 팔색(八色)의 성(姓)이 제정되는 등 천황의 신성성이 강화되어 천황을 정점으로 한 중앙집권적 율령체제가 확립되었다. 또한 텐무 천황은 역사서 편찬사업을 적극 추진하여 『고사기』와 『일본서기』가 편찬되었다. 텐무 천황의 사후에 황후가 뒤를 이었다. 바로 지토오(持統) 천황이며 그녀는 텐지 천황의 딸이기도 했다.

제30권: 지토오(持統) 천황은 아들인 쿠사카베(草壁) 황자가 나이가 어리고 병약하였기 때문에 제40대 천황으로 즉위하였던 것이다. 지토오 천황이 일정 기간 권력을 장악한 후에 왕위를 물려주려 하였으나 689년(持統 3)에 황자가 병으로 죽게 된다. 그 후 다시 쿠사카베의 아들이 성장하기까지 지토오 천황이 황제의 자리를 지키게 된다.

이 시기 텐무 천황의 또 다른 아들이며 태정대신(太政大臣)이었던 타케찌(高市) 황자의 세력이 강력하였기 때문에 지토오 황후는 타케찌를 견제하고 자신의 후사에 의한 왕위 계승을 위하여 손자의 성장을 기다린다.

696년(지통 10) 7월, 마침 타케찌 황자가 죽게 되자, 지토오 천황은 드디어 쿠사카베의 아들인 자신의 손자를 황태자로 삼는다. 그가 바로 몬무(文武) 천황이다. 그 후 지토오 천황은 왕위를 손자에게 양위하고도 어린 천황을 도와 대보율령(大寶律令)을 제정하는 등 율령체제 정비에 노력하였다. 지토오의 치세 기간에는 정어원령(淨御原令)

이 제정되었고, 『일본서기』를 비롯한 편찬 사업도 활발히 전개되었다. 또한 국가 최초의 도성인 등원경(藤原京)이 건설되었다. 지토오 천황은 신대에서 지토오 대까지 700여 년 동안 다섯 명의 여성 천왕 중 가장 많은 업적을 남긴 황제로 인정된다. 특히 지토오 천황의 혈통 계승에 대한 집념과 노력은 일본인의 모성애의 표상이 되었다. 『일본서기』는 지토오 천황이 세상을 떠나면서 대단원의 막을 내린다.

『일본서기』는 일본 고대사 연구에 훌륭한 자료 역할을 하고 있다. 뿐만 아니라 한국에 관한 역사적 사건이 기술되고 있기 때문에 그 진실 여부를 감안하더라도 한국 고대사 연구에 중요한 자료가 되고 있다. 특히 신라, 백제, 임나 관련 기록이 상당 부분을 차지하고 있어 주목되는 것이다.

3. 한국 역사와 『일본서기』

(1) 진구우 황후의 삼한정벌

삼한(三韓)이란 상고 시대에 한반도 남부에 자리 잡은 세 개의 국가, 마한(馬韓), 진한(辰韓), 변한(弁韓)을 말한다. 그러나 여기에서의 삼한은 신라(新羅)를 칭하는 것이다. 『일본서기』에서 츄우아이(仲哀) 천황과 그의 부인인 진구우(神功) 황후는 쿠마소(熊襲)를 정복하기 위하여 그 배후에 있는 신라를 공격하였다고 기록하고 있다. 특히 진구우 황후는 그 어떤 저항도 받지 않고 단기간에 신라 정벌에 성공하였다고 한다. 이것이 소위 '신공황후의 삼한정벌(三韓正伐)'이라고 하여 일본뿐만 아니라 한국에서도 많은 연구가 진행되었다.

다음은 역사학연구회(歷史學硏究會)가 엮은 『신판 일본사연표(新版日本史年表)』(東京: 岩波書店, 1984)에 기록된 진구우(神功) 황후에 관한 기록이다.

233년 6월, 왜(倭)의 여왕 히미코(卑彌呼)가 사신을 보냈다.

248년, 이즈음에 비미호가 죽었다(魏志 倭人傳 所引).

364년, 백제인 구씨(久氏) 등이 왜국과의 외교 관계를 원하였다.

369년, 신라를 쳐서 비자발(比自炑) 이하의 7국을 평정하고, 비리(比利) 이하의 4읍의 항복을 받았다(日本書紀 神功紀).

391년, 왜군이 바다를 건너 백제, 신라를 신민으로 하였다(高句麗廣開土王碑).

위에 인용한 사적의 연대를 고찰할 때, 최초로 기록에 나오는 히미코를 진구우 황후로 암시하고 있다. 여기서 히미코가 죽은 연대는 248년이고 진구우 황후가 신라에게 항복을 받는 연대는 369년이다. 황후가 죽은 지 1개년 후에 신라를 친 결과가 된다.

결국 『일본서기』를 근거로 한 '신공 황후의 삼한정벌' 설은 그 연대에서부터 착오가 있기 때문에, 그들 스스로 의문을 제기하는 단계에 이르렀다. 뿐만 아니라 진구우 황후의 남편인 제14대 츄우아이 천황은 아버지가 죽은 후 36년이 지나서 태어난 인물로 되어 있다. 이러한 모순점들을 들어서 우리나라 학자들은 『일본서기』가 침략적 근거를 마련하기 위해 상당부분 조작되었다고 보고 있다.

(2) 임나일본부설

'임나일본부설(任那日本府說)'은 『일본서기』에서, 야마토(大和) 정권이 4세기 후반에 한반도에 출병하여 2세기에 걸쳐 가야국 일대를 지배했다는 것을 말한다. 일본인들은 임나일본부설을 정설로 인정하기 위한 근거로 고구려 제19대 광개토대왕릉(廣開土大王陵)의 비문과, 칠지도명문(七支刀銘文) 자료를 들었다. 그러나 한국 학자들은 일본인들이 '출병과 지배'설을 위하여 광개토대왕릉 비문을 훼손, 조작하였다고 주장하고 있다.

'임나일본부설'에 관한 연구논문을 중심으로 그들의 주장과 한국 연구자들의 논문을 살피기로 한다.

이 논쟁은 1890년에 칸 마사토모(菅政友)의 『임나고(任那考)』로 시작되었다. 그는 이 글에서 광개토대왕 비문의 '추지임나가라(追至任那加羅)'와 『일본서기』의 기록을 처음으로 비교 · 고찰하고 있다. 하지만 그의 주장은 "한국의 대가야는 『일본서기』 상의 임나연방(任那聯邦)이다."라는 정도였다.

이러한 연구를 체계화한 것이 1949년에 발표된 스에마쯔 야스카즈(末松保和)의 『임나흥망사(任那興亡史)』이다. 그는 임나 강역은 경상남북도는 물론, 전라남북도 일원, 충남의 대부분을 포함하고 있다며 임나일본부를 적극적으로 피력하였다.

이상의 연구들에는 한결같이 서기 200년(혹은 320년)에 진구우 황후가 삼한을 정벌한 것으로 시작하여, 특히 가야에 임나일본부라는 기관을 설치하여 직할 지배한 것이 6세기 중엽까지 존속하였다는 소위 남한경영론(南韓經營論)을 입증하고자 하는 것이었다.

그러나 1978년 이노우에 히데오(井上秀雄)는 임나일본부를 새로운 시각으로 조명하기 시작한 학자이다. 그는 왜(倭)가 남한에 일본의 야마토 정권과는 전혀 관계없이 독자적으로 존재하였다고 주장하는 것이다.

이에 대한 연구는 먼저 북한의 김석형에 의하여 고고학적 자료를 근거로 하여 이루어졌다. 그것은 왜 왕국이 지배하였다는 백제, 신라, 가야 등은 한국에서 온 이주민이 세운 분국(分國)으로서, 임나일본부란 일본 열도 내에 여러 분국(分國)을 통치하는 기관에 불과하다는 것이다.

문정창(文定昌)은 해방 후 본격적으로 한일 상고사 연구에 몰두하였다. 임나는 대마도(對馬島)라는 관점 하에서 논의를 전개하였다. 그러나 그의 대마도설은 학계의 동의를 얻지는 못하였다.

이병선은 『임나국과 대마도』를 출간하고 임나는 대마도라는 것을 관계 지명을 연구하여 밝히고 있다.

김성호는 1982년 『비류백제(沸流百濟)와 일본의 국가 기원』을 출간하여 주목을 받았다. 그것은 백제는 비류 백제와 온조 백제가 존재하였으며, 광개토대왕이 비류 백제를 멸망시키고 온조 백제는 존속시켰다는 것이다. 그리고 비류 백제의 왕인 오오진(應神)이 일본으로 망명하여 제15대 오오진 천황이 되었다는 가설이다.

이기백은 『한국고대사론』에서, 백제의 직할령이 일본의 현읍이 된 것은, 백제가 그곳에 파견하였던 관리가 야마토 정권의 씨(氏)와 성(姓)을 갖고 있었기 때문이라고 하였다.

천관우는 1982년 『인물로 본 한국고대사』에서 임나일본부는 가야 방면에 파견된 백제군의 관리라고 규정하였다.

『일본서기』 제19권 에는, 제29대 킨메이(欽明) 천황 23년(562) 기록에, "신라가 임나의 관가를 쳐 없앴다."는 기록과 "신라가 임나를 멸(滅)하였다."는 기록이 있다. 한편 권 제22에는, 제33대 스이코(推古)하 천황 8년(600)에 "신라와 임나가 서로 공격하여 천황이 임나를 구하기 위하여 군대를 파견하였으나 패배하였다."는 기록이 있다. 『삼국유사』「가락국기」에는, "양(梁)의 무제 중대통(中大通) 4년 임자년(532)에 제10대 구형왕(九衡王)이 신라에 항복했다."고 기록되어 있다. 결국 『일본서기』의 해당 기록은 금관가야, 대가야가 신라에 복속된 이후의 가야 연맹체의 붕괴과정을 말해주는 것, 이상의 의미는 없다고 봐야 할 것이다.

(3) 광개토대왕릉 비문

광개토대왕릉비는 고구려 제19대 광개토대왕(廣開土大王, 391~413)의 치적을 기리기 위하여, 대왕이 죽자 그의 아들 장수왕이 다음 해인 414년에 건립한 것이다. 광개토대왕릉비는 당시 고구려의 수도였던 집안(輯安), 통구(通溝)에 세워진다. 광개토대왕은 재위 기간(391~412) 동안 신라, 백제를 공략하는 등 영토를 최대로 확장한 정복 군주였다.

광개토대왕 비문의 내용은 세 부분으로 구분할 수 있다. 첫째 고구려 건국에 관한 이야기이다. 둘째는 광개토왕이 즉위한 후 정복에 관한 구체적 내용이 기록되어 있다.

셋째는 수묘인(守墓人), 즉 묘를 관리하는 사람들에 대하여 기록하였다.

광개토왕릉비의 높이는 6m 30cm, 너비는 1m 50cm, 총 글자 수는 1,804자이다. 그러나 이 비는 장수왕이 427년, 200년 동안 고구려의 수도였던 통구에서 평양으로 천도(遷都)하고, 668년 고구려가 멸망하면서 오랫동안 우리의 기억에서 잊혀져갔다.

비록 세종 27년(1445)부터 『용비어천가(龍飛御天歌)』 등에 등장하기 시작하여 관심이 집중되기는 하지만 그 위치와 전말에 대해서는 상세히 밝혀지지 않았다. 그러다가 우리 역사에 그 모습을 드러낸 것이 1880년이었다. 실로 1,400여 년 동안 폐허 속에 방치되어 있었던 것이다.

광개토대왕릉비 탁본

광개토대왕릉비는 일본인 사카마가 카게노부(酒勾景信) 중위에 의하여 처음 발견되었다. 그리고 2년 뒤인 1882년 9월과 12월 사이에 비의 표면을 덮고 있던 이끼와 덩굴 풀을 불태운 이후에야 비문 판독이 가능하게 되었다. 이때 무리한 소각 작업 때문에 비 표면의 여러 곳이 깎이고 떨어져 비문이 손상을 입게 되었다고 한다.

1883년 처음으로 '쌍구본(雙鉤本)'이라고 부르는 탁본이 이루어졌으나 요철이 심하여 해독하기에 어려움이 있었다고 한다. 이 탁본이 1885년 북경의 금석학자에게 알려지게 된다. 이 탁본에서, '…而倭人辛卯年來渡海破百殘ㅁㅁㅁ羅以爲臣民'의 문구는 어떻게 끊어서 읽느냐에 따라서 해석이 달라지기 때문에 한국과 일본 학자 간에 논쟁이 계속되고 있다. 이것을 일본인 학자들은 "왜인이 신묘년에 바다를 건너와 백제, 신라를 깨뜨리고 신민으로 삼았다."고 해석하여 일본의 '신공황후 삼한정벌'을 증명하는 자료라고 단정하고 있다.

그러나 재일학자 이진희는 1887년경의 탁본 중에 일부가 변조된 비문임을 밝혀 이 문구를 부정하였다. 비문 변조의 핵심 인물은 사카마가 카게노부 중위라고 지적하였다. 여기서 '래도해파(來渡海破)'는 '불공 인파(不貢因破)'가 변조된 것이고, '왜(倭)' 자는 전혀 관계없는 글자로 이것은 '후(後)' 자가 변조된 것으로 보았다. 이 문제는 아직까지도 양국 학자들 간에 논란이 계속되고 있다.

〈해설〉

『일본서기』에 의하면 우리나라의 선진 문물이 일본으로 들어간 것은 명백한 사실임을 확인할 수 있다. 또한 일본의 고대 청동기, 철기 문화의 유입에 한반도가 통로가 되었다는 것도 학자들 간에 이론(異論)이 없다.

그러나 일본은 일제강점기부터 『일본서기』를 증거 자료로 삼아 한국을 조공국, 예속국으로 전락시키기 위하여 '신공황후의 삼한정벌설'과 '임나일본부설'을 주장하고 있다. 하지만 이미 살핀 바대로 일본이 주장한다.

그곳에는 모순되고 모호한 부분이 많다. 일본 궁정의 내란 와중에 기존의 많은 장서들이 소실되었고, 텐무(天武) 천황 시대에 『고사기』, 『일본서기』가 편찬되면서 그 이전의 기록은 황국사관(皇國史觀)과 침략사관(侵略史觀)에 의하여 재구성, 편집되었을 것이라는 추정이 가능한 것이다.

2장

『입당구법순례행기』

- 엔닌

1883년 일본의 동사 관지원에서 네 묶음의 필사 원고가 발견되었다. 이것이 바로 엔닌의 『입당구법순례행기(入唐求法巡禮行記)』이다.

『입당구법순례행기』는 현장(玄奘)의 『대당서역기(大唐西域記)』와 마르코 폴로의 『동방견문록(東方見聞錄)』, 혜초의 『왕오천축국전』과 함께 동양의 4대 기행문(紀行文)의 하나이다.

『입당구법순례행기』는 1955년 일본 대사를 역임하였던 미국인 라이샤워(Edwin O. Reischauer) 교수에 의해 출간되어 세상에 빛을 보게 되었다. 라이샤워는 이 여행기를 연구하여 하버드 대학에서 박사 학위를 취득하였다. 그는 『입당구법순례행기』를 '극동 역사에 있어서 가장 위대한 기행문'이라고 극찬하였다. 그것은 이 일기가 거대한 제국이었던 당나라와 그 주변 국가인 한국, 일본의 풍속뿐만 아니라 정치, 외교사까지 기록하고 있기 때문이다. 특히 『입당구법순례행기』에는 한국의 해상왕인 장보고(張保皐)에 대한 기록이 적지 않게 기술되어 있다. 더불어 신라인들이 당나라에서 집성촌을 이루고 살았던 신라방(新羅坊)과 신라원(新羅院, 赤山法華院)에 대한 기록도 남아 있어 당대 신라인의 국제적 교류를 알 수 있다.

1. 엔닌의 생애

엔닌(圓仁, 794~864)의 속성(俗姓)은 미부(壬生) 씨로 794년에 일본 시모스케국(下野國) 쯔가군(都賀郡)에서 출생하였다. 이때는 신라 원성왕 10년이고, 당 덕종 10년이다.

엔닌은 15세(808) 때 쿄오토부(京都府)에 있는 히에이산(比叡山)으로 들어가 일본 천태종(天台宗)의 창시자인 사이쵸오(最澄)의 문하에서 수행을 시작한다. 사이쵸오가 입적한 이후 엔닌은 천태종의 중심인물이 되었다. 엔닌은 이곳에서 『근본여법경(根本如法經)』을 사경(寫經)하고 근본여법당(根本如法堂)을 건립하는 등의 활약으로 일본 천태종의 일인자에 올랐다.

엔닌은 45세(838)라는 적지 않은 나이에 불경을 구하는 구법승이 되어 견당선(遣唐船)을 타고 입당(入唐)하기에 이른다. 이 여행에서 엔닌은 『천태교의(天台教義)』 완질을 수집하였고, 양주(揚州), 오대산(五臺山), 장인(長安) 등의 불교 관련 성지를 순례하고 그곳의 승려들에게서 불법과 범어, 한문을 배우게 된다. 이때 그는 법화현교(法華顯教)와 밀교(密教)에 심취하여 관정(灌頂)을 받기도 한다.

이때는 당나라 무종(武宗: 재위 840~846)의 불교 박해, 법난(法難)이 있었던 시기이다. 엔닌은 법난의 와중에서도 불경과 만다라(曼荼羅) 등 580부 794권의 자료를 수집하며 847년 귀국하게 된다. 그는 9년 6개월 동안 당에 있었는데, 이때의 체험이 『입당구법순례행기』로 남았다.

850년 일본으로 돌아온 엔닌은 히에이 산에 관정대(灌頂臺)와 근본관음당(根本觀音堂) 그리고 법화총지원(法華總持院)을 짓고 중국 오대산에서 가져 온 불경을 연구, 강독하며 불교 전교에 전력을 다하였다.

864년 엔닌은 나이 71세에 히에이 산에서 입적하였다. 이때 세이와(淸和) 천황은 그에게 자각대사(慈覺大師)라는 시호를 내리고 그의 스승인 사이쵸오에게는 전교대사(傳敎大師)라는 시호를 내렸다. 이것은 일본 불교사에 있어서 대사의 칭호가 처음 쓰이는 일이었다. 당시 일본의 승려로서 당나라에 건너가 수학한 사람이 많았지만, 그 중에서도 천태종의 사이쵸오와 그의 법통을 이어 받은 엔닌, 엔찐(圓珍)과 진언종(眞言宗)의 쿠우카이(空海)와 그의 법통을 이어 받은 죠오교오(常曉), 엔교오(圓行), 에운(惠運), 슈우에이(宗叡)를 헤이안 조(平安朝, 782~1192)의 입당팔가(入唐八家)라고 이름한다.

엔닌이 남긴 저술은 『입당구법순례행기』 외에도 『금강정경소(金剛頂經疏)』, 『소실지경략소(蘇悉地經略疏)』, 『현양대계론(顯揚大戒論)』, 『입당구법목록(入唐求法目錄)』, 『재당송진록(在唐送進錄)』, 『입당신구성교목록(入唐新求聖敎目錄)』 등 10여 편이 전한다.

2. 『입당구법순례행기』 개관

『입당구법순례행기』는 8만 여 자, 모두 4권으로 구성되어 있다. 이것은 편년체 형식의 일기로 838년 6월 13일에 시작하여 847년 12월 14일에 끝난다. 엔닌이 당나라에서 수행하였던 9년 6개월은 무종의 불교 박해 등으로 어려운 난관이 많았던 시기이다. 신변의 위험을 느껴 일기가 중단되기도 하지만, 그는 하루하루의 수행 체험과 여러 사찰을 탐방하고 견문(見聞)한 바를 충실하게 기록하였다.

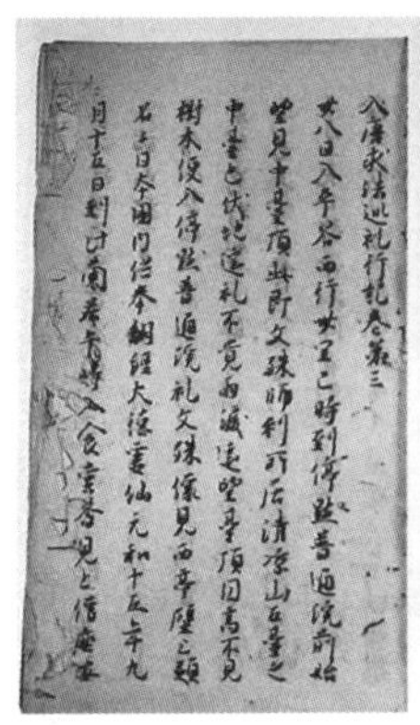

『입당구법순례행기』

1955년 라이샤워 교수는 『입당구법순례행기』에 1,600개의 각주를 달아 영어로 완역하였다. 이것을 『엔닌의 일기(Ennin's Diary—The record of a Pilgrimage to China in Search of the Law, 830~840)』라고 하는데, 서구의 학자들에게 널리 읽히고 있다.

또한 라이샤워 교수는 번역에 멈추지 않고, 엔닌의 일기를 연구, 분석하여 『엔닌의 당나라 여행기(Ennin's Travels in T'ang China)』라는 제목으로 사항별로 8장으로 분류하여 소개하였다. 이 책에서 라이샤워 교수는 엔닌의 일기가 불완전하게 남겨 둔 상황의 묘사를 완결하기 위하여 다른 자료를 이용하기도 하였다.

제1장은 「엔닌의 일기」라는 제목으로, 이 일기의 역사적 배경을 기술하고 있다.

제2장은 「순례자이자 교주」라는 제목으로, 엔닌의 삶 전체에 관하여 자세히 기술하고 있다. 이것은 9세기와 10세기 초에 쓰여진 엔닌에 관한 두 개의 전기에 근거하여 기술하고 있다.

제3장은 「중국에 가는 사절단」이라는 제목으로, 엔닌과 동행했던 일본 사절단의 이야기가 중심이 되고 있다. 이것은 당대 일본 왕실의 기록을 참조하여 기술하고 있다.

제4장에서 엔닌과 중국 관리들, 제5장에서 당나라에서의 생활, 제6장에서 대중적인 불교 현황에 대하여 기술하고 있다.

제7장은 「불교 박해」라는 제목으로, 그 첫 번째 부분에서는 당대 중국의 여러 저서를 참고하여, 중국에서 엔닌이 겪었던 불교 박해에 대하여 기술하였다.

제8장은 「중국에서의 한국인들」이라는 제목으로, 한국의 해상왕(海上王) 장보고(張保皐)에 대하여 한국 연대기(年代記)와 중국, 일본 자료를 참고하여 기술하고 있다.

다음은 당대 한국인들의 삶과 역사를 파악하기 위하여, 라이샤워 교수의 『엔닌의 당나라 여행기』의 제8장「중국에서의 한국인」을 개관하기로 한다.

(1) 9세기의 한국

엔닌은 불교 박해가 끝난 뒤에도 1년 이상 중국에 머물렀다. 이 기간 동안에 그는 중국인보다 한국인들과 더 잦은 접촉을 가졌다. 그의 일기는 중국을 여행하는 일본인의 기록이지만 여기 등장하는 한국인들의 숫자는 일본인들보다는 훨씬 많고 중국인들과 비슷하게 등장하고 있다.

엔닌은 그의 일기에서 한국을 총칭하는 이름으로 신라라는 국명을 사용하였다. 남동부에 위치했던 신라에 의해 한국은 처음으로 통일이 되었다. 당나라는 여러 번의 실패 후에 7세기에 다시 한국을 침략하였다. 신라와 당나라 연합군은 663년에는 백제를, 668년에는 고구려를 멸망시켰다. 이때 백제와 고구려를 위하여 일본이 구원병을 지원하였으나 패전하였던 것이다. 이때부터 신라는 짧은 혼란의 시기를 제외하고는 사실상 한반도를 통일하여 정치적으로나 문화적으로 통일된 나라를 유지한 것이다.

신라는 918년에서 935년 사이에 새로운 왕조, 고구려의 이름을 계승한 고려에 굴복하였다. 이 고려는 서구 세계에서 한국을 지칭하는 이름이 되었다. 1392년에 고려는 조선 왕조에 의해 계승되었고, 이 조선시대는 일본 제국의 침략에 의해 식민 시대까지 계속되었다. 한국은 668년부터 현재에 이르는 긴 기간에 주로 중국과 일본의 영향력 하에 있었다. 그러나 변화하는 왕조와 외국의 한국에 대한 종주권에도 불구하고, 한국은 1,200년 이상을 매우 동질적이고 안정적인 한 민족으로 유지해왔다.

고대 중국 문화는 처음에는 주로 한국을 통해서 일본으로 전해졌다. 일본인보다 중국과 한층 가깝고 직접적으로 연결되어 있던 한국인들은 일본보다 훨씬 더 일찍 문명이 발달하기 시작하였다. 이들 두 나라에 대한 중국의 영향은 문화의 발흥을 초래하였다. 이들 나라의 문화 발전은 지중해 문화의 영향 하에 있던 북유럽 국가들의 더딘 성장과 비교해볼 때 훨씬 빠르고 극적인 것이었다.

엔닌이 대륙에서 만난 한국인들은 세계사의 새롭고 매우 극적인 국면의 일부분을 차지하고 있었다. 한국인들은 세계 해상무역의 초기 단계에 해상 활동을 하였던 것이다. 기록에 의하면 로마 제국의 사절단이 한(漢)나라 시대에 중국 남쪽 국경까지 해로로 접근하기도 하였지만, 당나라 때에 이르러서야 세계의 해상무역이 본격적으로 발전하기 시작하였다고 한다.

이는 실질적으로 인류의 경제를 변동시키기 시작했고 궁극적으로는 경제적 변동을 통해 사회적, 정치적 생활까지도 변동시키게 되었다. 주로 페르시아인들과 아랍인들은 빠르게 성장하는 해상무역의 선봉에 섰던 것 같다. 그리고 수세기 후에는 바다를 지배하기 위하여 가장 중요한 발명품인 나침반을 처음으로 이용하였다. 이러한 초기 시대에 중국인의 바다 항해는 수세기를 지나면서 확대되었다.

그 후 십자군과 마르코 폴로를 통해, 상대적으로 가난하고 후진적이었던 유럽 민족들은 해상무역으로 번영한 아시아 여러 나라들의 부와 영광을 어느 정도 배우게 되었다. 상품 교류의 부수적 변화는 서양의 불안정한 봉건사회에 격렬한 변동을 초래하게 된다. 이러한 봉건사회의 동요는 일본에서도 마찬가지였다. 일본 역시 13세기에 와서 세계 무역에서 중요한 역할을 수행하기 시작하였다.

또한 엔닌의 기록에 따르면 중국의 동부와 한국, 그리고 일본 사이의 무역은 대부분 신라인들의 손을 거쳐 행해졌다고 한다. 이것은 상당한 의미가 있는 역사적 사실이다. 그러나 그 시대의 역사서나 이러한 문제에 관련된 현대의 서적 어디에서도 언급되지 않은 사실이다. 이 글을 통해 해상무역의 중심인물 장보고에 대하여 살펴볼 수 있다.

당시 당의 수도였던 장안(長安)에는 아시아 각지로부터 수많은 사절단이 해마다 이곳을 내왕하였다. 장안은 대륙 간의 교역에 있어서 동쪽 종착역의 역할을 하였다. 엔닌의 일기에는 한국인들이 외국인들 중 가장 많은 수를 차지했고, 더욱 철저히 중국인들의 생활 속으로 파고들어 갔었음을 보여주고 있다. 정복당한 백제와 고구려의 왕족과 신하들의 대다수가 중국으로 건너왔다. 또한 당의 원조 하에 신라가 한반도를 통일하게 되자 한국에서 장안으로 가는 사절단의 행렬은 또한 계속 이어지게 되었다. 때로는 한 해에 한 번 이상 사절단이 파견되기도 했으며, 903년에서 938년 사이의 36년 동안에는 45회나 사절단이 파견되었던 것이다.

(2) 중국에서의 고선지

당의 정사 『당서』에 실린 한국인들 중에서 가장 위대한 인물은 고선지(高仙芝, ?~755)이다. 고선지는 747년에 1만여 명의 중국 군대를 이끌고 파미르 고원과 힌두쿠시 산맥을 가로질러 인더스강 상류까지 진격하였다. 이것은 중앙아시아에 대한 중국의 종주권에 대항하는 티벳인들과 아랍인들이 세력을 연합하지 못하도록 하기 위한 것이었다.

중국에서 3,200km 이상 떨어져 있는 사막과 4,500~5,000m나 되는 산들을 가로지르는 이 원정은 역사상 가장 놀라운 군사적 위업 중의 하나이다. 결국 고선지는 투르키스탄에 해당되는 탈레스에서 751년 '탈라스 전투'에서 이슬람 연합군에게 패배하기에 이른다. 이 사건은 역사상 중요한 의미를 가진 것으로서, 중국의 실크로드 장악력의 쇠퇴를 의미하는 것이다. 아울러 이제까지는 중국 제국의 영토였고 불교의 정신적 영역이었던 중앙아시아 지역에 대한 이슬람교도들의 진출을 알리는 서곡이었다.

『구당서』와 『신당서』에는 「고선지전(高仙芝傳)」이 있다. 이 두 문헌에 의하면 고선지는 747년 1차 서역 원정에 성공한 후 좌금오위대장군이 되었다. 750년 2차 서역 원정에 성공한 후에는 개부의동삼사의 직위에까지 오른다. '탈라스 전투'에서 패한 후에는 하서절도사가 되었다. 안녹산의 난(755년)이 일어나자 토벌군의 부원수가 되었으나 낙양을 빼앗기고 퇴각했다는 죄명으로 참형되었다.

최근에 프랑스의 동양학자 샤반느(E. E. Chavannes)가 종래의 중국문헌 이외에 새로이 서방 · 아랍 등의 문헌을 섭렵하여 고선지가 세운 탁월한 사적을 발굴하였다. 그것은 『서돌궐사료(Documents Sur lbs Tou-Occidentaux)』이다. 또한 영국의 유명한 탐험가 스타인(M. A. Stein)은 고선지의 전적지를 직접 답사하였다. 이들은 모두 고선지를 세계에서 가장 우수한 천재 전략가로 평가하였다. 이와 함께 주목을 받은 것은 세계 최초의 섬유질 제지법이 고선지에 의하여 유럽에 전파된 사실이었다. 751년에 고선지가 제2차 탈레스 전투에서 패하였을 때 잡힌 포로 중에 제지장(製紙匠)이 있었던 것이다.

고선지는 중국에서 활약한 많은 한국인 출신 가운데 가장 출세한 사람으로 평가된다. 왜냐하면 그는 중국의 군사 1만 명을 거느리고 파미르 고원을 넘었을 뿐만 아니라 중국 정사의 열전에도 올라 있기 때문이다. 그러나 이민족이라는 한계 때문에 중국 민족의 영웅으로 내세워지지 않는다. 다만 그는 이방(異邦)에서 이름을 떨치다가 죽임을 당한 고구려 유민의 후예일 뿐이다.

(3)『왕오천축국전(往五天竺國傳)』과 혜초

불교를 공부하려고 중국으로 건너갔던 한국의 승려들 중 많은 사람이 중국에서 정착하였다. 중국 승려이자 불교 경전의 번역자인 의경(醫經)은 671년에 페르시아 배를 타고 양주(楊州)를 떠나 인도로 건너갔고, 24년 후에는 광주로 배를 타고 돌아왔다. 이때 그는 인도 여행 중에 만난 승려 56명에 대한 기록을 남겨 놓았다. 그 승려들 중 7명은 한국인들이었다. 이것은 1908년에 프랑스 학자인 펠리오(P. Pelliot)가 한국 출신의 승려였던 혜초(慧超, 704~787)의 여행 기록인『왕오천축국전(往五天竺國傳)』을 중국 감숙성(甘肅省) 돈황천불동(敦煌千佛洞)에서 발견하면서 확인된 사실이다.

이 저술은 세계적으로 역사학 연구에 중요한 자료가 되고 있으며 파리국립도서관에 보관중이다. 이 책은 처음 일본인에 의하여 주석이 이루어지고, 독일의 동양학자 푹스(W. Fuchs)가 독일어로 번역하였다. 우리나라에는 1943년 최남선이『삼국유사』부록으로 첨부하여 학계에 알려지기 시작하였다.

혜초는 723년경에 배로 중국에서 인도로 갔다가 6년 뒤에 육로로 중앙아시아를 경유하여 돌아왔던 것이다. 이에 비하여 일본 승려들 중에서는 단 1명만이 천축국 여행을 시도했다고 한다. 그가 바로 타카오카(高丘) 왕자로서, 법명은 신뇨(眞如)이다. 그는 젊었을 때 일본 왕좌를 물려받게 되어 있었으나 왕위에 오르지 못하자 결국 승려가 되었다. 그리고 엔닌의 전임자였던 고명한 쿠우카이의 제자가 되었던 인물이다. 그는 862년, 70대의 나이에 일본을 출발하여 3년 후에는 장안에 도착하고, 홀로 광주를 떠나 성지로 항해를 시작하였으나 말레이 반도의 어딘가에서 목적지에 도착하지 못하고 죽었다고 전해진다.

(4) 중국에서의 한국인

엔닌은 중국 왕실에서 종사하는 한국인도 만난 것으로 기록하고 있다. 사실상 그의 후견인이었던 궁정 관리자이자 좌신책군 장교인 이원좌(李元佐)만이 엔닌이 언급한 유일한 한국 출신의 관리였다. 엔닌은 장안이나 중국 북부의 곳곳에 있었던 여러 명의 다른 한국인 승려들을 만나기도 하였다. 치산(時山)에 있는 사찰의 주지인 법청(法淸)은 엔닌이 그를 만나기 전에 이미 중국의 수도에서 거의 30년을 살아왔었다. 사찰뿐 아니라 장안까지 여행하는 승려들도 있었다. 엔닌은 중국에 온 한국의 사절단들과 만나지는 못했지만 한국으로 가는 중국 사절단들과 간접적인 교제가 있었던 것으로 기록하고 있다. 839년 엔닌은 치산의 사찰에서 새로 옹립된 통일 신라의 신무왕(神武王)을 만나기 위해 신라로 떠나는 중국 사절단 30명도 만난다.

또한 9세기 한국의 해상무역에 대하여 기술하고 있다. 한국인 무역 집단은 산동 반도의 남쪽 해안과 한국과 당 제국의 심장부 사이의 자연스런 수로(水路)를 형성했던 회강의 낮은 지역에 집중되어 있었다. 치산에 있는 이 거류지는 흡사 중국 해안가로 옮겨놓은 작은 한국과도 같았다고 기록하고 있다. 예를 들면 8월 15일에 엔닌은 사찰에서 그곳의 모든 한국인들이 한국 고유의 축제를 열고 있는 것을 목격했던 것이다. 엔닌에 따르면 한국인들은 이때에 국수와 떡을 먹고 흥겹게 음악과 춤을 즐겼다고 한다. 그러한 광경에 자극되어 엔닌은 "그들은 온갖 음식과 마실 것을 준비하고 3일 동안을 아침부터 밤까지 쉼 없이 노래하고 춤추며 악기를 연주했다. 이제 이 사찰에서도 그들의 고국을 기억하기 위해 오늘 그들의 축일을 지키고 있다."라고 적고 있다. 엔닌은 이 축제를 발해(渤海)에 대항한 신라의 큰 승리를 기념하는 것으로 이해했다. 하지만 실상 그것은 한반도에서 신라의 마지막 경쟁국이었던 고구려의 멸망을 기념하는 날이었다. "신라로부터 도망쳐 나와 남아 있던 고구려 세력이 후에 발해 왕국에 융합되었기 때문에 엔닌의 말에도 일리(一理)는 있다."고 라이샤워 교수는 주석을 달았다.

중국 해안가에 있던 한국인 거류지의 몇 곳은 적어도 상당한 정도의 치외법권(治外法權)의 특권을 누렸던 것 같다. 중국의 남동 해안 도시에 있던 회교도(回敎徒) 거류지에서도 이런 권한이 있었다고 알려져 있다. 그곳에서는 그들 내부의 일을 자치적으로 자신의 관습에 따라 처리하는 것이 허용되어 있었다. 이것은 신라방이 사회적, 경제적 위상을 인정받았다는 것을 알 수 있는 대목이다.

(5) 해상왕 장보고

엔닌의 기록에 의하면, 극동에서 한국이 해상의 주도권을 갖고 있던 때는 사실 매우 짧은 기간이지만, 엔닌 시대에 신라인들은 당시 바다의 주인이었다. 그 주인공 장보고(張保皐, ?~846)를 라이샤워 교수는 '해상왕'이라고 표현하였다. 한국 상인이며 전설적인 모험가이자 해상왕인 장보고는 신라왕의 통제 밖에서 자유롭게 해상 활동을 하였다고 할 수 있다.

"극동의 역사책에 나오는 장보고에 대한 여러 언급은 다소 모순적이다."라고 라이샤워 교수는 말한다. 장보고는 미천한 출신이었으나 중국에 이주하여 부와 명성을 얻었다. 그는 회강(淮江) 저지(低地)에서 군대의 장교가 되어 한국 거류지 중 한 곳에서 지도자로 승인받았다. 그는 828년에 부유하고 강력한 힘을 지닌 성공한 사람으로서 신라에 돌아와서 당시 청해진(淸海鎭)이라고 불리던 완도(莞島)를 본거지로 삼아 활동하였다. 장보고는 중국에 있는 동안 많은 한국인들이 유괴되어 중국에 노예로 팔려오는 것을 보았고 이것을 막기 위해 자신이 해안을 지킬 수 있도록 해 달라고 신라왕에게 청했다. 이에 왕은 그를 청해진의 행정관으로 임명하고, 1만 명이나 되는 군대를 그에게 주었다고 한다.

장보고는 해상무역 활동에서 확보된 경제력을 바탕으로 신라의 중앙 정계에서도 영향력을 행사하게 된다. 837년에 왕위 경쟁에서 밀려난 김우징(金祐徵)이 그에게 보호를 요청하자, "옳은 것을 보고도 이를 행하지 않으면 용기가 없는 것이다."라는 공자 말씀을 인용하고 국정에 참여하였다. 드디어 839년에 김우징은 신라 45대 신무왕으로 왕위에 올랐다. 신무왕은 장보고에게 5,000명의 병사와 식읍을 봉토로 하사하였고, 청해진대사(淸海鎭大使)로 봉하여 감의군사로 임명하였다. 당시에 엔닌은 장보고를 만난 적은 없지만 일본 승려로서 그의 후의에 감사한다는 내용의 서찰을 남겼다.

『삼국사기』「열전」에는 장보고에 관한 기록이 있다. 기록에 의하면 신무왕은 왕좌에 오른 후 반년 만에 죽는다. 그 후 신무왕의 아들인 경응(慶應)이 46대 문성왕이 된다. 문성왕은 장보고를 계속 존경하며, "청해진 대사 궁복은 일찍이 그의 군사로써 과인의 아버지를 도와 강도와 다름없는 김명(金明, 열애왕) 일당을 무찔렀다. 과인이 어떻게 그 공적을 잊을 수 있겠는가? 과인은 그를 청해진의 장군으로 임명하고 그 직분에 걸맞는 의복을 하사하노라." 하고 명하였다. 그러나 845년에 문성왕이 장보고의 딸을 둘째 아내로 삼으려 하자 귀족 출신의 대신들이 신분이 미천하다고 반대하여 그 결혼은 이뤄지지 못했다. 중앙 귀족들의 보수성에 반감을 느낀 장보고는 반란을 도모하였고, 이에 조정은 장보고의 수하에 있던 염장(閻長)을 이용하여 장보고를 살해하였다. 이것은『삼국유사』에도 같은 내용으로 기록되어 있다.

〈해설〉

우리는 고전 작품을 통해 현재와는 멀리 떨어진 과거와 아득히 먼 장소를 여행할 수 있는 것이다. 특히 기행문을 통하여 작가의 여정을 따라가 보면, 사라진 지 오래된 정경들, 소리들, 그리고 삶의 숨결들을 느낄 수 있다. 엔닌은 9세기 일본인으로서 당나라와 신라에 대한 충실한 기록을 남겼다. 더구나 엔닌이 지녔던 예리한 관찰력은 공식 역사책에서는 얻을 수 없는 것들을 보완하고 있기 때문에 귀중한 고전이라 할 수 있다.

엔닌의 『입당구법순례행기』를 통하여 우리는 9세기 중국의 문화를 안내받을 수 있다. 특히 엔닌의 일기에서 장보고에 대한 기록은 우리나라 해상무역의 역사를 밝히고 있는 것으로 그 의미 또한 적지 않은 것이다.

이에 비하여 『동방견문록(東方見聞錄)』은, 몽고족이 중국을 정복하고 있을 때 중국을 방문한 베네치아 상인 마르코 폴로(Marco Polo, 1254~1324)의 구술을 루스티첼로라는 이야기꾼이 책으로 엮은 것이다. 이것으로 우리는 13세기 그 시절을 여행을 할 수 있다. 다만 마르코 폴로의 회상록(回想錄)이 큰 명성과 영향력을 누리고 있는 반면, 엔닌의 기록은 오랫동안 망각되어 있었다.

엔닌의 일기가 주목을 받아 오지 못한 이유는 대체로 두 가지로 볼 수 있다. 그 하나는 엔닌의 일기가 중세 중국어(漢文)으로 쓰여져 번역이 필요했기 때문이다. 또 다른 하나는 중국과 일본의 역사 연구가들이 개인의 일기보다는 관찬된 정사를 비중 있게 다루기 때문이다. 하지만 21세기 여행의 시대를 맞이하여 엔닌의 여행기가 여러 사람들에게 사랑받는 책이 되기를 기대한다.

『입당구법순례행기』에는 거의 7만 명의 인물이 등장하고 있다. 그 많은 인물들의 삶의 양상을 한 지식인 승려의 여행 기록을 통하여 체험할 수 있는 것이다. 대부분의 역사서가 정치적 사건을 중심으로 한 건조한 기록인 데 반하여, 여행기는 삶에 대한 풍부한 기록으로 마치 당대로 돌아간 듯한 감정을 불러일으킨다. 21세기는 여행기의 시대가 될 것이다.

3장

『겐지 이야기』
-무라사키 시키부

『겐지 이야기(源氏物語, 겐지 모노가타리)』는 11세기 초 헤이안(平安) 시대에 여성 작가 무라사키 시키부(紫式部, 970?~1016?)가 쓴 장편소설이다. 이 작품은 설화적인 요소를 배제하고 겐지라는 매혹적인 인물을 중심으로 70여 년 동안의 사랑 이야기를 다룬 54권의 장편소설이다. 이것은 서양 고전인 단테의 『신곡(神曲)』보다 300년 앞선 작품이고 중국의 『수호전(水滸傳)』보다 400년 앞선 작품으로, 그 분량이 200자 5,000매에 해당한다. 『겐지 이야기』의 작가 무라사키 시키부는 우리나라에는 잘 알려지지 않았지만 이미 세계 고전문학사에서 영국의 셰익스피어와 독일의 괴테와 비견되고 있으며, 이 작품 역시 세계 고전 가운데 명작으로 인정받고 있다.

일본의 현대문학 평론가인 나카무라 신이지로오(中村眞一郎)는 『겐지 이야기』 이전의 문학을 일본 문학의 준비 단계로, 그 이후의 문학을 일본 문학의 해체기로 구분하였다. 노벨 문학상을 수상한 『설국(雪國)』의 작가 카와바타 야스나리(川端康成)는 수상 연설에서 자신의 작품은 『겐지 이야기』에 비하면 하찮은 작품일 뿐이라고 한 바 있다.

1. 무라사키 시키부의 생애

일본 헤이안 시대의 여성 작가 무라사키 시키부(紫式部, 970~1016)는 1965년도에 발간된 유네스코 세계 문학 작가 리스트에 단테, 셰익스피어와 나란히 그 이름이 기록될 정도로 세계 문학사에서 그 지위가 확고한 작가이다.

무라사키 시키부는 궁중에서 부른 이름이며, 후지 시키부(藤式部)라고 하기도 한다. 그녀는 어린 시절 어머니를 여의고 한학자인 아버지 후지와라 타메토키(藤原爲時)로부터 문학적 소양을 키운다. 당시 여성에게는 교육의 기회가 적었으나 무라사키 시키부는 그의 오빠가 수업하는 등 뒤에서 한학을 공부하였다. 그 당시 아버지가 그녀의 총명함을 인정하여 아들이 아닌 것을 한탄하였다는 일화도 전해진다. 이들 가문은 일찍이 여류작가, 시인 등을 배출한 명문이었다.

999년 즈음에 당시로서는 과년한 29세의 나이에 무라사키는 일찍부터 사귀던 40대의, 여러 명의 첩을 거느린 후지와라 노부타키(藤原宣孝)와 결혼하게 된다. 그러나 결혼한 지 불과 2년 만에 남편과 사별하고 딸 게이지를 홀로 키우게 된다. 젊은 나이에 홀로 된 무라사키는 외로운 처지에서 발군의 문학적 재능을 발휘하여 저술 활동에 전념하게 된다. 그녀는 주로 이루지 못하는 사랑 이야기를 작품으로 남겼다.

무라사키 시키부의 재능이 알려지자 36세인 1005년부터 1013년까지 황후 쇼오시(彰子)의 가정교사로 선정되어 입궁하게 된다. 그녀의 궁중 생활은 일본 귀족 생활을 간접 체험하는 계기가 되었다. 이것이 궁중을 배경으로 하는『겐지 이야기』를 저술하게 되는 직접적인 계기가 되었다. 결국 무라사키 시키부는 개인적 불행을 뛰어넘어 인생의 허무를 문학으로 꽃피운 것이다. 그녀는 46세의 짧은 일생을 살았지만『겐지 이야기』를 통하여 우리에게 1,000년 전 일본을 전하고 있는 것이다.

『겐지 이야기』에는 인간의 죽음과 자연현상, 인간의 기쁨과 봄날의 생동감을 대비시키고 있으며, 무신 집권기 이전 헤이안 시대 귀족들의 삶과 성격을 탁월하게 묘사하고 있다. 이것이 무라사키 시키부가 세계적 작가 대열에 오르게 된 이유이기도 하다.

『겐지 이야기』 이외에 무라사키 시키부가 남긴 작품으로 『무라사키 시키부 일기(紫式部日記)』 2권과 『무라사키 시키부 집(紫式部集)』 등이 전한다. 특히 그녀는 와카(和歌)에도 재능이 있어 『고슈우이 와카 집(後拾遺和歌集)』을 비롯하여 『칙선집(勅選集)』에 그녀의 노래 60여 수가 수록되어 전한다.

2. 『겐지 이야기』 개관

『겐지 이야기』는 3부작 54권의 대하소설이다. 그 가운데 제1~2부는 고대의 전성기를 다룬 시대물이라고 할 수 있으며 제3부는 오늘날의 현대 소설과 유사한 내용과 구성을 갖추고 있다.

이 작품은 일본 헤이안 시대(794~894)의 궁정 생활을 소재로 하여 황자(皇子) 히카루 겐지(光源氏)를 중심으로 그의 여성 편력과 그의 아들 카오루(薫)의 반생을 그리고 있는 작품이다. 이 작품은 한 왕족의 다양한 삶을 그리고 있으나 그것이 정치적 갈등보다는 인간의 사랑하고 미워하는 정서적 갈등 양상을 그리고 있다는 점에서 그 문학성이 높이 평가되고 있다.

제1부는 키리쯔보(桐壺)에서 후지노우라하(藤裏葉)까지의 33권으로 주인공 겐지의 탄생에서부터 청년기까지를 그리고 있다. 우선 히카루 겐지의 부모에 대한 해설이 나온다. 어느 천황의 재위 시절이었다. 이 시기는 작가 무라사키 시키부가 살았던 11세기보다 100년 앞선 시기로서 작품의 무대가 되고 있다. 이때는 많은 여어(女御, 궁중에 사는 여인)와 갱의(更衣, 옷을 갈아입히는 궁녀)들이 후궁에 들어와 있었는데, 귀족

은 아니지만 총애가 지극했던 갱의 키리쯔보가 있었다.

천황의 총애가 지극하여 처음 입궐할 때부터 다른 여어들의 경계의 대상이 된다. 궁중에 사는 여인들은 모두가 천황의 총애를 갈망하면서 하늘의 별을 바라보듯 천황만을 바라보고 살아가는 존재들이다. 그런 그들에게 키리쯔보의 존재는 눈엣가시였다. 신분이 같거나 그보다 더 낮은 갱의들 역시 키리쯔보를 시기하고 질투하였다. 다른 여인들의 원망과 시기로 인한 스트레스로 키리쯔보는 점점 쇠약해지고 의지할 바 없는 모습으로 자주 친정에 가 있게 된다.

그러나 천황은 더욱 이 여인을 가련하게 생각하고 총애하였다. 고위 귀족들과 관료들이 난처하여 외면할 정도였다. 총애가 깊어질수록 당 현종의 양귀비(楊貴妃)가 국난을 불러온 것처럼 위험해질 수도 있다는 간언이 들어오기도 하였다. 이런 와중에서 키리쯔보는 위태한 궁중 생활을 하였다. 그리고 천황의 둘째 아들이자 소설의 주인공인 히카루 겐지를 출생하였다.

일본 궁중의 율령에는 황후(皇后) 1인, 비(妃) 2인, 부인(夫人) 3인, 빈(嬪) 4인을 둘 수 있었다. 다만 헤이안 시대에는 중궁(中宮) 1인, 후비(后妃) 1인과 많은 여어와 갱의를 가까이 할 수 있었다. 키리쯔보는 미모의 여인으로 아버지의 유언에 의해 궁중에 들어왔다. 하지만 낮은 신분이었기 때문에 그녀의 아들 겐지도 황태자(皇太子)로 인정받을 수 없었다. 그래서 신하의 신분으로 관직을 받고 겐지(氏)라는 성(姓)을 하사받게 된다. 겐지는 황태자의 자리를 얻지는 못하였으나, 천황과 키리쯔보의 지극한 사랑으로 성장하게 된다. 여기서 천황과 키리쯔보의 사랑은 신분의 장벽을 뛰어넘는 남녀의 애정과 신뢰를 보여준다. 그들의 아들 겐지도 신분이나 관직보다는 남녀 간의 진실한 사랑이 중요하다고 생각하고 행동한다. 작가 무라사키 시키부에게 가장 중요한 것은 사랑이었다.

이 작품에는 고려인(高麗人)이 등장하여 예언하는 장면이 있다. 그 무렵 천황은 고려인(발해인) 출신으로 뛰어난 관상가가 있다는 것을 듣게 된다. 그러나 궁중에서 관상가를 접견하는 것은 우다(宇多: 재위 기간 887~897) 천황 이래로 금지되어 있었다. 이에 천황은 아들 겐지를 은밀하게 외국 사신의 관저인 홍려관으로 보내어 발해인 관상가를 만나게 한다. 관상가는 놀라서 몇 번이고 고개를 갸우뚱거리고 의아해 하면서 말하였다.

"나라의 어버이가 되어 제왕이라는 무상의 자리에 올라야 할 분이지만 그렇게 되면 국난이 일어날지도 모르겠다. 조정의 초석이 되어 천하의 정치를 보좌할 사람으로 보면 또한 그렇지 않을 수도 있다."

이때 겐지 황자는 시를 지었고 관상가로부터 칭송을 받는다. 이것은 작가 시키부가 시적 재능을 발휘하는 장면이라고 할 수 있다.

관상가는 겐지에게 갖가지 훌륭한 선물을 바친다. 이어서 조정에서도 많은 선물을 관상가에게 주었다. 천황은 이 일을 아무에게도 말하지 않았지만, 자연히 세상에 알려져서 동궁의 조부 우대신 등은 '이것이 어떻게 될 일인가?' 하고 의문을 품는다. 이것은 겐지의 고뇌 어린 순탄치 않은 삶을 예고하는 복선과 같은 것이다.

겐지는 어려서 여읜 아름다운 어머니를 가슴에 간직한 채 성장하여 수많은 여인들과 사랑을 나눈다. 그는 한때는 신하의 처지에서 유배를 당하기도 하지만 시련을 극복하고 높은 벼슬에 오른다. 마침내 그는 생모(生母)와 닮은 부왕(父王)의 후궁인 후지쯔보(藤壺)와 관계하여 자식을 낳게 된다. 표면적으로는 천황의 아들이지만 사실은 겐지의 아들인 것이다. 이 아들은 후에 레이제이(冷泉: 재위기간 968~969) 천황으로 즉위하게 된다. 레이제이 천황은 나중에 자신의 친부가 겐지라는 사실을 알고 겐지에게 태상천황(太上天皇)에 준하는 예우를 하게 된다.

제2부는 와카나우에(若菜上)에서 마보로 시(幻)까지 제34권에서 41권에 이르는 이야기이다. 이것은 겐지가 40대의 나이에 본처를 두고 수족원의 셋째 공주와 결혼을 하면서 일어나는 것이다. 그러나 겐지의 젊은 아내인 수족원의 셋째 공주는 가시와기(柏木)라는 귀족과 관계하여 불륜의 씨앗인 아들 카오루(薰)를 낳게 된다. 이 비극적 과정

에서 겐지는 햄릿처럼 자신의 숙명을 고뇌하고 성찰하는 가운데 독자들과 공감대를 형성한다.

셋째 공주는 이 날 저녁 무렵부터 진통이 있었다. 경험이 있는 사람들이 산기가 있다는 것을 알고 서둘러 알리자 겐지가 놀라서 달려왔다. 마음속으로는 '아아, 안타깝도다. 아무런 의혹이 없이 출산을 도울 수가 있다면 얼마나 신기하고 기쁜 일일까.' 하고 생각했지만 다른 사람에게 그런 기색이 알려져서는 안 된다고 생각하여 승려를 불러 쉬지 않고 기도를 시킨다. 승려들 중에도 공력이 있는 사람은 모두 모여서 서둘러 안전한 출산을 기원하는 기도에 참여하였다. 셋째 공주는 밤새 진통을 겪은 끝에 아침 해가 돋을 무렵에야 해산하였다. 겐지는 남자아이라는 말을 듣고 생각한다.

'이 일은 세상에 숨기고 싶은 일인데, 가시와기와 닮은 얼굴로 태어났다면 곤란할 것이다. 여자아이라면 어떻게 얼버무리기도 쉽고 많은 사람의 눈에 띄지도 않아서 안심일 텐데….'

또 한편으로는 '이렇게 신경 쓰이고 의혹이 많으니 키우기 쉬운 남자아이인 것이 오히려 잘된 일이다.'라고 생각한다. 자신이 일생 동안 무섭게 고민하였던 지난날의 죄가 업보로 돌아온 것이다. 겐지는 겉으로는 득남 축하인사를 받지만 지난날 자신의 잘못에 대한 인과응보(因果應報)라고 여겨서 괴로워한다.

세월은 흘러 가시와기는 죄책감으로 병이 들게 된다. 죽음이 임박한 가시와기는 자기 아내인 오찌바노미야를 겐지의 큰아들인 유기리에게 부탁하고 숨을 거둔다. 그러나 유기리와 오찌바노미야는 사랑하는 사이가 되고 만다. 유기리의 본처는 아이들을 데리고 친정으로 떠나 가버린다.

겐지는 평생의 반려자였던 본처 무라사키가 죽자 그녀에 대해 "사물의 도리를 이해하는 사람이다."라고 말하고 그리워한다. 겐지는 아내가 죽은 후에도 삶에 집착을 버리지 못하고 결국 출가(出家)도 하지 못한 채 살아가게 된다. 이때의 출가는 불문(佛

門)에 귀의하는 것이 아니라 집안에서 처자를 거느리고 오계(五戒)를 지키고 관직에서 물러나는 것을 말한다.

제3부는 니오우노미야(匂宮)에서 유메노우키바시(夢浮橋)까지의 42권에서 54권까지의 이야기이다. 여기서는 겐지가 죽은 후 겐지의 자녀들이 겪는 인간관계와 사랑의 이야기가 이어진다. 특히 자신의 출생에 회의를 품고 있는, 겐지의 젊은 아내인 셋째 공주의 아들 카오루의 사랑과 고뇌가 처절하게 그려지고 있다. 카오루는 결혼도 뜻대로 이루지 못하고 현세를 등지고 결국 출가하여 종교적으로 구원을 얻게 된다.

이와 같이 『겐지 이야기』에는 미모와 재능을 겸비한 주인공 히카루 겐지(光源氏)의 일생과 그를 둘러싼 황족들의 삶이 그려지고 있다. 특히 한 인물의 여성 편력을 중심으로 전개되는 점에서 애정소설이라 할 수도 있다. 그러나 이 작품은 인간의 풍류나 개인의 심리와 정서를 충실하게 묘사했다는 점에서 소설사적 의의를 갖는다. 이 작품의 주인공 겐지는 풍류인의 요건인 와카(和歌)에 일가견이 있었으며 용모가 수려하기도 하였던 인물이다. 그런 의미에서 17세기 우리나라 김만중이 창작한 『구운몽』의 양소유(楊少游)와 비교할 수 있는 인물이다.

또한 『겐지 이야기』의 등장인물은 300여 명이며 주요 인물만도 30여 명이다. 이러한 많은 등장인물의 성격 묘사는 극치를 이루고 있다. 특히 이상적인 한 남성과 귀족 여성이 펼쳐 가는 연애 사건으로 고뇌하는 여성의 심리 묘사에 있어서는 근대소설의 인물 묘사를 넘어서는 뛰어난 작품이라고 평가할 수 있다. 그러므로 이 작품이 근대 소설의 요소를 갖춘 작품이라는 점에서 세계 문학상 그 의의가 인정되고 있는 것이다.

여성 문학은 실제 생활의 섬세한 감상을 그리고 있다는 점에서 좀 더 민족적인 문학이라고 평가할 수 있으며, 그것을 대표하는 일본의 대표적인 작품으로 바로 『겐지 이야기』를 들 수 있다.

〈해설〉

우리는 전근대 시대의 문학을 통하여 위대한 사상을 접할 수 있으며 시간 속으로 사라진 인간의 삶과 만날 수 있다. 이것이 고전을 읽는 재미이자 의미가 될 것이다. 이와 같이 『겐지 이야기』를 통하여 우리는 1,000년 전 일본을 살았던 인간의 모습을 읽을 수 있을 것이다. 사실 우리나라는 일본에 대하여 정치적 긴장 관계로 인해 편견을 지니고 있다는 것을 인정하여야 할 것이다. 『겐지 이야기』는 국가적 갈등 양상과 별도로 일본인의 보편적인 평상심의 세계를 이해할 수 있는 작품으로서 그 가치가 있다고 하겠다.

11세기 일본에서는 카타카나 문자와 히라가나 문자라는 독자적인 문자가 존재하였으며, 모노가타리(物語, 이야기)는 고소설이 등장하기 이전의 하나의 문학 양식이었다. 이들 모노가타리는 카타리테(이야기꾼)의 이야기를 작자가 기술하는 방식을 취한다. 작품 속에 필자가 등장하기도 하고, 이야기꾼이 등장하여 작품 해설과 비평을 하면서 주인공을 옹호하기도 한다.

이 시절 모노가타리는 여성 독자를 중심으로 크게 확산되었으며 일본의 설화집에 의하면 당시 모노가타리는 "바다의 모래알처럼, 숲 속의 초목만큼 많았다."고 기록하고 있다. 이것은 당시 일본 문화의 지형도를 읽을 수 있는 대목이기도 하다. 카타리테는 우리나라와 중국에서 성행하였던 전기수(傳奇叟), 전문 이야기꾼과 유사한 존재라고 할 수 있다.

이러한 모노가타리 문학 양식의 『겐지 이야기』는 일본의 문학사에서는 중고(中古) 시대인, 지금의 쿄오토(京都)가 수도였던 헤이안(平安) 시기에 해당되는 시대이다. 이때는 중국 성당(盛唐)의 화려한 국제 문화를 적극 수용하였던 시기로 동북아시아 최고의 문화 전성기였다.

『일본서기』에 의하면 그 이전 오오진(應神) 천황 시대에 백제에서 왕인(王仁), 아직기(阿直岐) 등이 『천자문』과 『논어』를 가지고 일본으로 건너가 태자에게 글을 가르치고 한문학을 일으켰다는 기록이 있다. 이런 과정을 거쳐 일본 고유의 문화인 국풍문화(國風文化)가 형성된 것이다.

이러한 일본의 국풍문화 시대에 활약한 작가 중에는 5 · 7 · 5 · 7 · 7의 31음의 와카(和歌)나 일기, 수필, 모노가타리 등을 저술하였던 많은 여성들이 있었다. 이것은 우리나라에서 훈민정음이 창제된 후 규방 문학과 여성 수필이 활발하게 저술되었던 것과 비견할 수 있을 것이다. 여성 문학은 실제 생활의 섬세한 감상을 그리고 있다는 점에서 남성 문학에 비하여 상대적으로 민족 문학적 성향이 강하다. 이런 경향을 대표하는 일본 문학이 바로 『겐지 이야기』이다. 흔히들 일본 문화의 상징을 무사도(武士道)로 말한다. 그러나 일본 문화의 미의식(美意識)의 원형은 『겐지 이야기』에 있다고 할 수 있다.

4장 

『토쿠가와 이에야스』

- 야마오카 소오하찌

『토쿠가와 이에야스(德川家康)』는 우리나라에서 『대망(大望)』이란 이름으로 번역된 대하소설(大河小說)이다. 소설의 제목이 말하고 있듯이 이 작품은 토쿠가와 이에야스(德川家康, 1542~1616)의 파란 만장한 생애를 그리고 있는 실록소설(實錄小說)이기도 하다. 주인공 토쿠가와 이에야스는 '두견새가 울 때까지 기다리자.'를 좌우명으로 삼고 인내한 후에 마침내 일본 천하를 통일하고 패자(霸者)가 된 인물이다. 이 책에는 그가 성공에 이르기까지의 인생철학과 통치철학이 담겨져 있다. 이 작품의 또 다른 주인공 조선을 침략한 임진왜란(壬辰倭亂)의 당사자, 토요토미 히데요시(豊臣秀吉)이다.

『토쿠가와 이에야스』는 26권에 이르는 단행본으로 400자 원고지 기준으로 1만 7,400매에 이르는 분량이다. 이 작품은 작가 야마오카 소오하찌가 무려 18년간이나 신문에 연재한 신문소설이기도 한데, 연재 과정에서 폭발적 인기를 얻어 일본인들뿐만 아니라 중국을 비롯하여 우리나라에서도 많은 독자층을 확보하였다. 이 소설은 현재까지 보급판, 장서판 등 다양한 형태의 단행본으로 출간되어 1,700만 부 이상이 판매된 놀라운 기록을 가진 작품이기도 하다. 일부 연구자들은 이 작품을 중국의 『삼국지』와 견주기도 한다.

1. 야마오카 소오하찌의 생애

야마오카 소오하찌(山岡莊八, 1908~1978)는 1908년 일본 니까다현(新潟縣)에서 태어났다. 야마오카 소오하찌는 그의 필명(筆名)이었고, 본명은 야마노우찌 쇼오조오(山內庄藏)이다. 그는 집안 형편상 고등 소학교를 중퇴한 것이 학력의 전부이다. 학교를 그만둔 뒤 상경하여 인쇄소에 취직을 한다. 이어서 체신 강습소에서 학습한 후 우편국의 직원으로 재직하다가 친구와 함께 인쇄 및 제본 회사를 경영하였다.

1933년 쇼와 8년, 그의 나이 25세 때에는 ≪대중구락부(大衆俱樂部)≫를 창간하고 편집장이 되었다. 이때 편집부 직원이었던 후지노 히데코(藤野秀子)와 결혼하였다.

26세 때부터 문학에 뜻을 두고 소설 작업을 시작한다. 그는 당대의 문인이었던 하세가와 신(長谷川伸)의 문하생이 되어 문학 수업을 받는다. 이들의 사제지간의 정은 평생 동안 유지되었으며 훗날 소오하찌는 『토쿠가와 이에야스』의 저술이 끝나자 이 작품을 돌아가신 스승에게 바친다는 뜻을 밝히기도 하였다.

그리고 1938년에는 『약속』으로 ≪선데이 매일≫이라는 대중 문예잡지의 공모전에서 입선 하였다. 이어서 1942년에는 태평양전쟁에 종군하며 『종군기(從軍記)』를 저술한다. 이해에 『종군기』와 다른 저서 『해저전기(海底戰記)』로 제2회 노마(野間) 문예상 장려상을 수상하였다.

소오하찌는 1946년에 『토쿠가와 이에야스』를 구상하였다고 한다. 이때는 태평양 전쟁이 막 끝나고 일본은 패전국이 되었고, 일본 본토에 미국이 주둔하고 있던 때로 국가적으로나 개인적으로 암울한 시기였다. 그는 패전의 허탈감을 바다낚시로 풀며 국가의 흥망성쇠와 전쟁과 평화에 대하여 깊게 사색하는 시간을 보낸다.

"역사라는 것이 이때만큼 나를 야릇하게 강한 힘으로 사로잡고 나를 매질한 적이 없었다. 평화는 어째서 그 편린(片鱗)조차도 지상에 모습을 나타내지 않는 것인가?"

이것은 그가 평화에 대하여 고민하였던 이 시기의 글이다.

그러나 평화는 평범한 사람들의 바람이었고 지배계층은 여전히 제국주의의 망상에 사로잡혀 있었다. 이런 상황 속에서 소오하찌는 자신이 종군하였던 특공대 기지인 카고시마 현의 비행장에서 허무하게 사라져간 카미카제 특공대 젊은이들의 영령에게 부끄러움을 느끼게 된다. 그리고 그들을 위하여 무엇인가 해야 한다는 임무를 느끼고 '토쿠가와 이에야스(德川家康)'를 구상하게 되었다고 한다.

카미카제 특공대로 희생된 조선인도 김상필(金尙弼), 탁경현(卓庚玄) 등 10여 명에 이른다는 기록이 있다. 이들은 식민지 출신이라는 이유로 일본에서 카미카제에게 바쳐지는 훈장도 받지 못했다. 일본 제국주의에 봉사했기 때문에 해방된 조국에서도 용납될 수 없었다. 타의에 의하여 끌려간 그들은 침략자의 나라에서 조국의 노래 아리랑을 부르며 최후를 맞았던 것이다. 그들은 나라 없는 민족의 희생물로써 아직도 떠도는 영혼으로 남아 있다.

우리는 『토쿠가와 이에야스』를 통하여 16세기에 그들은 무엇을 하였고, 우리는 또한 어떠하였는지를 되짚어보고 자기반성과 성찰의 계기로 삼아야 할 것이다. 적을 아는 것은 나를 아는 것이다. 내 나라의 정체성을 올바로 인식할 때 다른 나라를 적대적 감정을 넘어서 온전히 파악할 수 있을 것이다.

소오하찌는 1950년 3월부터 『토쿠가와 이에야스』를 저술하기 시작한다. 처음 이 작품은 ≪홋카이도 신문(北海道新聞)≫에 연재되어 공전의 인기를 얻는다. 아울러 그는 이 작품으로 제2회 요시카와 에이지(吉川英治) 문학상을 받았다. 그 후 18년이 지난 1967년 정월에 이 작품은 대단원의 막을 내린다. 소오하찌는 나이 40세에 저술을 시작하여 60세까지 오직 '평화'의 염원을 담아 저술에 임하였다고 말한다.

한편으로 소오하찌는 도덕적 재무장을 통해 일본 정신을 회복하고, 국가적 위기를 극복하고자 하는 의식에서 이 작품을 저술한 것으로 보인다. 그의 후속 작품 『명치유신(明治維新)』, 『태평양전쟁(太平洋戰爭)』에는 일본 민족의식이 강하게 드러나기 때문이다. 소오하찌는 10여 년 후인 1978년에 70여 년의 생을 마친다.

2. 『토쿠가와 이에야스』 개관

토쿠가와 이에야스의 초상

『토쿠가와 이에야스』는 16세기 일본의 전국난세(戰國亂世)의 시기를 배경으로 한다. 주요 등장인물은 통일의 기반을 마련한 오다 노부나가(織田信長, 1534~1582), 토요토미 히데요시(豊臣秀吉, 1536~1598)와 그리고 천하 통일을 완성한 토쿠가와 이에야스(德川家康, 1542~1616)이다.

1514년 시작 부분에서 다께다 신겐(武田信玄)은 21살, 우에스기 켄신(上杉謙信)은 12살, 오다 노부나가(織田信長)는 8살, 장래의 평민 영웅 토요토미 히데요시는 때 묻은 얼굴의 6살 개구쟁이다.

산슈우(三州) 오카사키성(岡崎城)의 젊은 성주 마쯔다이라 히로타디(松平廣忠)는 측실인 오히사(久)와 맏아들 간로쿠(勘六)와 함께 앞날을 고뇌한다. 그것은 오카사키 성의 마쓰다이라 히로타다와 가리야 성(刈谷城)의 성주 미즈노 타다마사(水野忠政)의 딸인 오다이(於大)의 결혼 문제 때문이다. 이것은 작은 성의 성주들이 동맹하여 힘을 키우고자 의도된 정략결혼이었다. 오다이는 바로 오카사키 성주 히로타다의 계모인 카야인(華陽院)의 딸이다. 카야인은 카리야 성주의 아내로 다섯 아이의 어머니였으나 히로타다의 선친(先親)과 혼인하여 오카사키 성으로 옮겨와서 살고 있는 것이다. 결국 오다이와 히로타티는 이복 오누이이기도 한 것이다. 히로타다와 오다이의 결혼은 성사되고, 이들이 이 작품의 주인공인 토쿠가와 이에야스의 부모가 된다.

토쿠가와 이에야스의 처음 이름은 타케지요(竹千代)이다. 사실 이에야스는 난세의 희생자이자 피해자라고 볼 수도 있다. 조부가 살해당하고, 아버지 히로타다는 근위무사 이와마쯔 하찌야(岩松八彌)에게 살해당했으며, 자기를 낳아 준 덴쯔인(오다이의 법명)과는 태어난 지 1년 반 만에 생이별한 것이다. 그리고 4살부터는 볼모의 몸이 되어 18살까지 아버지의 성인 오카사키 성에 들어갈 수도 없었다.

이에야스가 슨푸(駿府)의 이마가와(今川) 밑에서 볼모로 지낼 때는 '미카와이의 고아'라는 조롱을 견뎌야 했다. 당시 오카사키 성에는 이마가와 가문의 점령군이 들어와 있었다. 그 점령군의 '조달청 장관' 역을 맡고 있던 인물이 가신인토리이 타다키찌(鳥居忠吉)였다. 타다키찌는 점령군을 위하여 수세(收稅) 사무를 맡아보면서 은밀하게 이에야스에게 자금을 보낸다. 그는 공식적인 수입에 여유가 없을 때는 개인적으로 이에야스의 경제적 구원자가 된다. 또한 그는 자기의 아들 토리이 모토타다(鳥居元忠)를 슨푸로 데려가 이에야스의 곁에 둔다. 그때 모토타다는 13살, 이에야스가 10살 때이다. 어느 날 이에야스는 모토타다를 그의 아버지 앞에서 발길질하게 된다. 모두들 은인의 아들에 대한 잘못된 행위를 꾸짖었으나 타다키찌는 "이런 기질이 아니고는 싸움터에서 지휘를 할 수 없습니다." 하고 좌중을 안심시키기도 하였다.

옛 가신(家臣)들의 비호 아래 이에야스는 전쟁 영웅으로 자라나게 된다. 많은 전쟁을 겪으면서 그는 승전(勝戰)과 패전(敗戰)을 거듭하면서 '두견새가 울 때까지 기다리자.'는 유명한 말을 자신의 좌우명으로 삼는다. 이 과정에서 이에야스는 차츰 위대한 인물로 연마되어간다. 그리고 오오사카 성의 성주가 된 토요토미 히데요시와 상황에 따라 대결하기도 하고 협력도 하면서 바쿠후(江戶幕府) 시대를 열었다.

토요토미 히데요시는 오와리 국(尾張國)에서 하급무사인 키노시타 야우에몬(木下彌右衛門)의 아들로 태어났다. 그는 젊어서 키노시타 토오키찌로오(木下藤吉郎)라고 이름하다가 후에 하시바 히데요시(羽柴秀吉)라고 하였다. 그 후 태정대신(太政大臣) 관백(關白)이 되어 토요토미라는 성을 받는다.

토요토미는 1558년 오다 노부나가(織田信長)의 휘하에서 점차 두각을 나타내어 중용된다. 아케찌 미쯔히데(明智光秀)가 주도한 '혼노지(本能寺)의 변'(1582년)으로 오다 노부나가가 피살된 이후 토요토미는 노부나가의 위치를 대신한다. 노부나가의 원수를 갚는 것과 동시에 천하 통일의 웅지를 굳혀간다. 드디어 1590년 천하 통일의 대업을 완수한 토요토미는 그 여세를 몰아 조선에 명나라를 침략하기 위한 길을 빌려달라고 요구한다. 가도(假島)를 거절하자 토요토미는 출병을 명한다. 이것이 1592년 임진왜란(壬辰倭亂)과 1596년 정유재란(丁酉再亂)이다. 토요토미는 조선의 강한 반발에 부딪쳐 중국 침략의 뜻을 이루지 못하고 회군하게 된다. 이 전쟁은 우리나라뿐만 아니라 히데요시에게도 치명적인 결과가 되었다.

히데요시가 죽은 이후 이에야스는 1603년 세키가하라(關ケ原)의 전투에서 히데요시의 지지 세력을 쓸어버리고, 지방의 제후를 압도하여 천하의 실권을 장악한다. 이에야스는 1603년 정이대장군(征夷大將軍)에 임명되고 에도 바쿠후를 개설하여 그 패자의 자리에 오른다. 이에야스는 1614년과 1615년 두 차례에 걸쳐 오사카의 전투를 도발하여 히데요시의 아들 히데요리를 중심으로 한 토요토미의 잔당을 멸망시킴으로써 대망(大望)의 천하 통일을 완성한다.

결국 이에야스는 오다 노부나가와 토요토미 히데요시의 뒤를 이어 일본의 막부시대를 열게 되었다. 그의 정책은 노부나가와 히데요시의 뒤를 계승한 것이지만, 현실적으로는 이에야스의 금광(金鑛)과 무역(貿易)에 힘입은 막대한 경제력의 뒷받침이 있어서 가능했다. 이에야스는 만년에는 불교의 '무소유 사상'에 경도되었다. 인간은 태어날 때도 알몸, 죽을 때도 알몸이라는 의식을 2대 쇼군 도쿠가와 히데타다(1579~1632)에게 전했다. 400만 냥에 달하는 막대한 유산을 사적으로 사용하지 말 것을 당부하였다. 이에야스는 '소유'는 '잠시 맡은 것'에 불과한 것이기에 진정으로 만민(萬民)을 위하여 활용해야 한다고 생각했다. 그는 영지도 맡은 것, 백성들도 맡은 것, 재산도 맡은 것, 자연 산천도 맡은 것이라고 보았다. 그리고 이런 이에야스의 정신을 작가는 "무소유는 벌거숭이가 되는 것이 아니라, 현실적으로 자신을 잘 지키는 것이다."라고 표현하였다.

그리고 이에야스는 히데요시와는 달리 일본 민중에게 신앙의 자유를 허락하였다. 그는 불교를 배경으로 성장하였지만 기독교에 대한 지원도 아끼지 않았다. 그것은 기독교를 통하여 화약 등 서양 문물을 접하게 되었으며 무역의 발판이 되었기 때문이다. 그는 서양인의 신앙, 즉 기독교의 침략성은 이에 대응하는 정권이 든든하면 오히려 국력의 대약진에 도움이 된다는 것을 간파하고 있었다. 이에 반하여 히데요시는 한때는 "나도 일부일처(一夫一妻)의 법도만 없으면 기꺼이 세례를 받겠다."고 관심을 보였지만 말기에는 기독교 박해의 선봉장이 되었다.

이것은 두 인물의 비교되는 대목이다. 그러나 이에야스가 도덕적으로 완벽한 인물로 묘사되기만 하는 것은 아니다. 이에야스는 정책적으로 그의 부인인 쯔키야마를 살해하기도 하고, 장남인 노부야스에게 할복을 명하기도 한다. 이러한 가족적 비극은 이 작품『토쿠가와 이에야스』에서 끊임없이 등장한다.

또한 이에야스는 힘이 약할 때 둘째 아들 히데야스를 히데요시에게 양자로 주어 화친(和親)을 맺는다. 그러나 상황이 변하여 이에야스가 히데요시를 능가하는 힘을 갖게 되자 이번에는 히데요시가 자신의 누이동생 아사히히메를 이에야스에게 시집보낸다. 그때 아사히히메는 결혼한 이후였지만 오빠의 명으로 강제 이혼하고 다시 결혼한 것이다. 이에야스가 에도 바쿠후 시대를 열어가는 과정은 이와 같이 가족과 여인의 수난과 희생이 점철되는 것이었다.

토쿠가와 이에야스는 난세(亂世)에 태어나 인고하며 안정과 평화를 이룩한 인물이었다. 작가는 '평화가 있다면 어떤 조건에서 가능한 것인가, 또한 그 평화를 방해하는 것은 무엇인가.' 하는 것을 탐구하기 위하여 난세를 평정한 토쿠가와 이에야스의 일생을 소설화하기로 결심하였다고 한다. 그는 자신의 소설은 역사소설로 보는 것에 반대하고 이상소설로 봐주기를 바란다고 했다. 또한 소오하찌는 토쿠가와 이에야스를 통하여 인간 혁명의 가능성을 그리려 하였다고 저술의 배경을 술회한 바가 있다.

소설 속에서 이에야스는 천하가 모략이나 완력만으로 차지할 수 있는 것이 아니라는 사실을 잘 알고 있는 현명한 인물로 그려지고 있다. 그러나 『토쿠가와 이에야스』는 이야기의 중심이 이에야스에게만 집중되어 있지는 않다. '전국(戰國)'의 혼란기를 살게 된 다양한 인물들의 활동과 그 사회가 어떤 과정을 거쳐 질서가 잡혀가는가를 그리고 있다.

〈해설〉

『토쿠가와 이에야스』는 토쿠가와 이에야스를 중심으로 하여 16세기 일본 전국시대의 난세를 그리고 있다. 이때 우리나라는 선조(宣祖) 25년으로 조선 중기로 접어드는 시기이다. 이 작품에서 토쿠가와 이에야스는 지나치게 합리주의적 인물로 그려지고 또한 평화를 탐구하는 건설의 영웅으로 그려지고 있다.

그리하여 작가를 국수주의자(國粹主義者)의 한 사람으로 평가하는 일면도 있다. 그러나 소오하찌가 일종의 도덕재무장운동(MRA) 본부인 '일본회'의 간부로 총조화운동(總調和運動) 등에서 활동하였던 것으로 볼 때 다만 국수주의자이기만 했던 것은 아님을 알 수 있다. 그보다는 일본을 도덕적으로 재무장하고 흔들리는 민심의 구심점을 마련하고자 하였던 정신운동가라고 할 수 있다.

이 작품은 이에야스에게 초점을 두면서도 전국시대의 난세를 살아가는 일반 민중의 생활도 그리고 있다. 그것은 그 시대의 모순을 날카롭게 제시하는 장치가 되었다. 사실 사회적 모순은 권력을 지닌 상층민보다는 민중들의 삶에서 절실하게 읽을 수 있는 것이다. 다시 말해 이 작품은 그 시대의 사회 전반을 그리고 있으며, 그들의 삶에 방향을 제시하고 있다는 점에서 높이 평가되는 또 하나의 소설사적 의의를 갖는다고 할 수 있다.

또한『겐지 이야기』가 일본 전통문화의 미의식을 담고 있다면,『토쿠가와 이에야스』는 일본 전통문화의 상징인 무사도(武士道)를 유감없이 담아낸 작품이라 할 수 있다.

우리는 이 시점에서 이 작품을 일본의 역사소설이 아니라 한편의 뛰어난 대하소설이라는 관점에서 읽을 때 소설을 읽는 재미를 얻게 될 것이다. 아울러 우리에게도 민족 영웅을 주인공으로 하는 소설들이 많이 창작되고 많은 사람들에게 사랑받기를 기대한다.

인도 고전 강의

1장 『세계사편력』 – 자와할랄 네루

1장

『세계사편력』

- 자와할랄 네루

네루의 『세계사편력(世界史遍歷)』은 옥중에서 딸에게 보낸 편지 형식으로 세계사를 서술한 것이다. 원목은 『아버지가 자식에게 이야기하는 세계 역사』이다. 생애 마지막으로 네루가 옥중에서 쓴 저서 『인도(印度)의 발견』에는 조국에 대한 이해와 열정, 그리고 정치가로서 아시아 · 아프리카의 내셔널리즘에 대한 그의 신념이 피력되고 있다.

여기서 그는 평화적 공존에 대한 열의와 혁명을 이전과의 단절로서가 아니라 지속되는 이념이라고 보는 자신의 견해를 밝히고 있다. 그의 신념은 한마디로 "아무도 미워하지 않고 적도 친구이다."라는 휴머니티가 짙게 반영된 것이다. 이러한 네루의 정치 노선은 인도 내외에서 독자적으로 인도적 입장을 고수하는 독자적 민주 노선으로 인도 국민의 열렬한 지지를 얻는 데 성공하였다.

1. 네루의 생애

자와할랄 네루

자와할랄 네루(Jawaharlal Nehru, 1889~1964)는 인도의 정치가이다. 그는 1889년 북인도 카시미르에서 부유한 브라만 집안에서 변호사의 차남으로 출생하였다.

1905년 16세 때 영국으로 유학하여 케임브리지의 트리니티 칼리지를 졸업하였다. 그는 대학에서 러셀(B. A. W. Russell, 1872~1970)의 휴머니티 교육을 받고 심취한다. 아울러 자연과학과 법률을 공부하였고 변호사 자격을 취득하고, 1912년에 귀국하여 인도 독립운동에 가담하게 된다.

1916년 인도의 정신적 지도자인 마하트마 간디(M. K. Gandhi, 1869~1943)를 만나 국민회의파에 참가하게 된다. 이 시절 슈리마티 카마라와 결혼하여 인디라 간디(1917~1984)를 출산한다. 외동딸인 인디라 간디는 1966년 1월 인도 공화국의 제3대 총리가 되었다.

네루는 1920년 알라하바드에서 농민들과 직접 접촉한 후부터 농민의 입장을 대변하는 정치가가 된다. 이러한 정치적 안목은 간디와 그의 아버지로부터 비롯된 것이다. 네루는 간디의 비폭력(非暴力), 불복종(不服從)의 저항운동에 참여하였으며 간디를 '밑바닥을 흔드는 급소 중의 급소를 발견하는 천재'라고 높이 평가하였다.

1921년 네루는 식민지에서 벗어나기 위한 시민불복종운동을 적극적으로 전개하여 처음으로 체포된다. 이후 1945년까지 아홉 번의 투옥을 거듭하면서 약 10년 동안을 옥중 생활을 하게 된다. 이때 외국에서 수입한 직물 불매운동을 전개하면서 간디 지도하의 독립투쟁에 사회주의적 강령을 도입하기 시작한다. 1927년 러시아를 방문한 이후 사회주의적 강령을 도입하였다.

1929년 국민회의파 라호르대회의 의장으로 선출되었고, 이 대회에서 처음으로 인도의 완전 독립을 결의하였다. 1937년 영국 통치하에서 처음으로 주(州) 선거가 실시되자, 그는 인도 전국을 유세하여, 마침내 8개의 자치 주에서 국민회의파 내각의 조각에 성공하였다. 대외적으로는 스페인의 인민전선, 중국의 항일 국민정부에 동조하였다. 그러나 제2차 세계대전이 일어난 이후 국민회의파 내각은 총사직하게 된다. 그 후 1942년 8월 영국에 대항하여 인도의 즉각적 독립을 결의하고, 이 사건으로 인하여 네루와 간디는 함께 체포되고, 인도 전국은 혼란에 빠졌다. 1945년 제2차 세계 대전이 끝나면서 인도는 독립한다.

1946년 네루는 인도 임시정부의 부수상으로 선출되었고, 1947년 8월 25일 인도는 파키스탄과 분리 독립하게 된다. 이것은 영국의 인도 지배가 인도의 여러 개의 주가 영국과 개별적인 계약 관계를 통해 이루어졌기 때문이었다. 완전 독립이 아니라 분리 독립이라는 점에 네루는 정치적으로 좌절하게 된다. 이때 네루는 수상 겸 외상(外相)의 자리에 올랐고, 독립 2개월 후인 10월에는 카시미르로 출병하게 된다.

이듬해인 1948년 1월에 간디가 암살되고, 8월에는 하이다라바드 출병 등의 어려운 국제적 사건이 잇달았다. 아시아 여러 나라의 연대 강화, 미국과 소련 양 진영에 가담하지 않는, 인도의 비동맹주의는 독립 이래의 외교 정책이 되었다. 네루는 한국전쟁이나 인도지나 전쟁에 중도주의 입장에서 조정자 역할을 담당하였다. 평화공존 5원칙을 고수하는 네루의 외교 주의는 평화지역의 확대에 공헌하고 세계적 명성을 얻게 한다. 네루는 수상이 된 후 대내적으로는 국가개발계획을 시도한다.

1956년 네루는 언어별로 주를 재편성하는 과정을 거쳐 인도에서 사회주의형 국민국가를 실현하고자 하였다. 우선 1951년에서 1956년까지를 제1차 5개년 계획 기간으로 삼고 농업 개발과 식량 증산에 중점을 두어 성공하게 된다.

1956년부터 1961년까지의 제2차 5개년 계획은 중공업 건설에 중점을 둔다. 그러나 이 계획은 국제 경제의 변동과 인도 자체의 요인에 의한 자본 및 자재난이라는 중대한 난관에 봉착하게 된다. 이때 미국의 원조를 받아들이게 되면서 그의 독자적 외교 정책 노선은 새로운 전기를 마련하게 된다.

1964년 76세로 일생을 마감하고 갠지스 강에 그의 유해가 뿌려진다. 그의 저술로 『마하트마 간디』, 『자서전』, 『인도의 발견』 등이 있다.

2. 『세계사편력』 개관

네루는 강대국의 제국주의(帝國主義)를 '인류의 악'이라고 단정하였다. 그는 제국주의의 몰락은 독점자본을 배제시키는 것이 지름길이라고 생각했다. 그래서 사회주의 경제 정책을 택하고 정치 구조는 민주주의를 택했다. 이것이 네루가 신생 독립군 인도의 재건을 위해 택한 제도였다.

네루는 식민지 시기에 아홉 차례의 수감과 투옥을 포함하여 23여 년 동안 10여 년의 감옥 생활을 하였다. 이 기간 중 그가 외동딸 간디에게 서간문(書簡文) 형식으로 전한 세계사를 을 엮은 것이 『세계사편력』이다.

『세계사편력』에 기록된 역사적 사건은 독자적인 별개의 것이 아니라 그 원인과 과정, 그리고 해설과 함께 다루어진 것이 특징이다. 예를 들어 산업혁명(産業革命)에 대한 기록에서는 네루는 이 혁명이 발생하는 사회 상황을 함께 설명하고 있다. 즉 기계 발달에 따른 과학 문명과 자본주의의 등장, 그리고 부의 편중과 노동자 계층의 착취가야기한 사회 문제를 기술하고 있다. 이런 거시적 시각과 심화된 내용으로 우리는 이 책을 통하여 객관적이고 폭넓은 역사적 시야를 지닐 수 있다. 특히 이 책은 기존의 서구 중심적 세계사에서 벗어나 제3세계의 시각으로 조명하고 있다. 이 과정에서 지배층과 기득권층뿐 아니라 역사의 수레바퀴를 움직이는 기층 민중의 역할도 강조하였다. 당시 13세였던 딸에게 올바른 역사적 안목과 가치관을 심어주기 위한 아버지의 진심이 담겨 있는 것이다.

이 책은 196통의 편지글을 엮었기 때문에 기존 역사서와 같은 체계를 갖추고 있지는 않다. 그러나 1, 2차 세계대전을 경험한 식민지 지식인의 열정과 미래에 대한 기대를 읽을 수 있다. 이 책을 통해 당대 급변하는 유럽과 아시아 정치, 경제적 지형도를 알 수 있는데, 변화 속에서 역사의 방향을 제시하고 있다. 그는 역사의 진정한 주체는 지배층이 아니라 노예, 농민, 자유민, 시민, 노동자층이라고 보고, 그들을 존경했다.

1931년 1월 5일과 7일의 편지로 시작으로 마지막 편지는 1933년 8월 9일로 끝났다. 다음은 중요한 편지를 살피기로 한다.

(1) 「역사의 교훈」

언젠가 나는 너에게 역사를 통해서 이 세상이 얼마나 중단 없이 진보해왔는지를 말하려고 하였다. 최초의 단순한 동물이 어떻게 지금처럼 복잡하고 다양한 기능을 가진 동물로 진화했는지, 어떻게 인간이 동물의 단계에서 만물의 영장이라는 할 만한 지능을 갖추게 되었는지를 알아야 하기 때문이다. 그리고 나는 그 과정에서 협력(協力) 또는 협업(協業)이라는 개념이 어떻게 발달해왔는지, 우리의 앞날은 힘을 합하여 여러 사람의 행복을 위해 일해야 한다는 것을 말하고자 한다.

인간의 역사는 야만(野蠻)에서 문명(文明)의 상태로 발전해왔다. 그런데 때때로 역사를 되돌아보면 우리가 정말로 문명인이 되었거나 발전해왔다고 믿기 어려운 경우가 있다. 오늘날에도 곳곳에서 사람들 사이에서 협동정신이 결여된 경우가 많으며, 자기 이익만을 생각하는 이기적인 사람들도 많다. 국제 관계에서도 여전히 다른 나라를 공격하거나 압박하여 식민지로 만드는 나라가 있으며, 다른 나라의 자원과 인력을 착취하는 것을 당연하게 여기는 나라들도 있다.

인류가 수백만 년 동안 진보해왔으면서도 여전히 이렇게 이기적으로 불완전하다면, 앞으로 우리에게 희망이 있을까? 인류가 지각 있고 분별 있는 인간으로 생각하고 행동하려면 어떤 규범을 배워야 하며, 그것을 배우려면 얼마나 많은 시간이 필요할까? 우리들은 때때로 지난 역사 속에서 우리들의 시대보다 훨씬 뛰어나고 교양도 깊으며 훌륭한 문명을 가졌던 시대에 대하여 읽을 때가 있다. 그러나 많은 경우에는 역사란 도대체 발전하고 있는 것인지, 퇴보하고 있는 것인지 의심하게 된다.

인도는 확실히 모든 점에서 지금보다 뛰어났던 찬란한 영광의 과거가 있었다. 고대 문명의 발상지인 나라들, 즉 인도, 이집트, 중국, 그리스 그리고 그 밖의 여러 나라들에서도 과거의 찬란한 문명, 문화의 시대가 있었다. 그러나 현재 이 나라들은 거의 쇠퇴하여 몰락하고 말았다. 하지만 현재의 비참한 상태가 우리의 용기를 꺾지는 못한다. 세계 역사의 거대한 흐름 속에서 보면, 지구 한편의 어떤 나라가 일시에 흥하고 망한 것도 대수롭지 않은 일이다.

'역사(歷史)'란 변화를 기록한 것일 뿐이다. 그리고 만약 과거에 변화가 조금밖에 없었다면 역사 또한 조금밖에 쓸 수 없을 것이다. 우리는 대개 학교나 대학에서 역사를 그리 깊이 배우지는 않는다. 내가 제대로 역사를 읽게 된 것은 대학을 나온 후이다. 다행히 감옥에 갇힌 덕분에 나는 모자라는 지식을 보충할 귀중한 기회를 얻게 된 것이다.

유럽과 아시아를 자세히 살펴보자. 지도를 펴고 커다란 아시아 대륙에 조그만 유럽이 붙어 있는 것을 보려무나. 그것은 마치 아시아에서 조금 튀어나온 것처럼 보이지 않니? 대륙의 크기만이 아니다. 역사를 살펴보면 장구한 세월 동안 아시아가 훨씬 우세했다는 것을 알 수 있을 것이다. 아시아 사람들은 커다란 파도가 밀어닥치듯 몇 번이나 유럽을 정복한 적이 있다. 그들은 유럽을 휩쓸고 다녔으며, 유럽에 문화의 빛을 전파했다.

스키타이인, 훈족, 아라비아인, 몽골인, 투르크인 그들은 저마다 중앙유라시아 대륙을 넘나들며 아시아와 유럽 전역으로 퍼져나갔다. 아시아는 이 민족들을 마치 메뚜기 떼를 낳듯이 잇달아 키워냈다. 사실 유럽은 오랫동안 아시아의 식민지와 같은 존재였다. 그리고 현대 유럽의 많은 민족은 아시아에서 침입해 이주한 사람들의 후손이다.

아시아는 지도 전체에 걸쳐 크고 육중한 거인처럼 네 활개를 펴고 드러누워 있지만, 유럽은 왜소하다. 그러나 아시아가 크기 때문에 위대하다거나 유럽이 보잘 것 없다는 말은 아니다. 크기란 사람이나 국가의 위대함을 재는 데 있어 가장 뒤떨어지는 기준일 뿐이다. 유럽이 대륙 가운데서는 제일 작아도 위대하다는 것을 누구나 알고 있다.

또 우리는 유럽의 많은 나라들이 역사적으로 찬란한 문명화 과정을 지나왔다는 것도 알고 있다. 이 나라들은 발명이나 발견을 통하여 인간의 문명을 헤아릴 수 없을 만큼 높은 수준으로 발전시켰다. 수백만에 달하는 인간의 생활을 안락하게 해준 위대한 과학자들을 낳았다. 또한 이 나라들은 위대한 작가, 사상가, 미술가, 음악가 그리고 적극적인 사회 활동가들을 배출했다. 유럽의 위대성을 전면적으로 부인하는 것은 어리석은 일이다.

그러나 아시아의 위대성을 인정하지 않는 것도 이에 못지않게 어리석은 일이다. 우리는 자칫 유럽이 발하는 광채에 눈이 멀어 과거를 잊기 쉽다. 그 어느 누구보다도 그리고 그 무엇보다도 크게 세계를 움직인 위대한 사상적 지도자, 즉 여러 주요 종교의 창시자들을 낳은 곳이 바로 아시아라는 사실을 명심해야 할 것이다.

현존하는 큰 종교 가운데 가장 오래된 힌두교는 인도에서 창시되었다. 힌두교의 자매 종교이자 지금 중국, 일본, 미얀마, 티벳 그리고 실론에서 성행하고 있는 불교 역시 마찬가지다. 유대교나 기독교도 그 기원을 따져 보면 아시아 서쪽에 위치한 팔레스타인에서 비롯되었으니 이 역시 아시아의 종교라고 할 수 있다.

조로아스터교, 즉 배화교는 페르시아(현재의 이란)에서 시작되었고, 너도 알다시피 이슬람교의 예언자 마호메트는 아라비아의 메카에서 태어났다. 크리슈나, 석가모니, 마호메트 그리고 중국의 대철학자인 공자, 노자 등 아시아에서 태어난 대사상가들의 이름을 들자면 책 몇 페이지가 금방 메워질 것이다. 아시아의 위대한 활동적인 인물들의 이름도 결코 이것보다 적지 않다. 또한 나는 다른 많은 방면에서 우리의 이 노쇠한 대륙이 지난날 얼마나 위대하고 활기에 넘치고 있었는지를 네게 보여줄 수 있다.

어쩌면 이렇게 아시아가 초라해졌는가! 어찌 이런 시대가 왔는가! 이런 생각이 들 수도 있을 것이다. 그러나 시대는 우리 눈앞에서도 끊임없이 변화하고 있다. 역사는 때때로 급박함과 폭발적 징후를 보이면서도 대체로 몇 세기에 걸쳐 서서히 변해가는 것이다. 그런데 오늘날 아시아에서는 그 변화가 어지러울 정도다. 이 노쇠한 대륙은 기나긴 잠에서 깨어나 소생하고 있다. 세계의 눈길은 아시아로 쏠리고 있고 아시아가 위대한 역할을 할 것이라는 것은 자명한 것이다. (1931년 1월 5일~7일)

(2) 「중국의 천년, 한국, 일본」

5천 년 전, 혹은 그보다 훨씬 전에 서쪽에 사는 유목 부족이 동쪽으로 이주했다. 토착민에게는 침략자였던 그들은 중앙아시아에서 집단 이주한 부족인데 문화 수준도 상당히 높았다. 그들은 농사를 지을 줄도 알고, 많은 가축도 기르고 있었다. 훌륭한 집들도 갖고 있었고, 사회 조직도 꽤 발달되어 있었다. 그들은 '누런 강'이라고 부르던 황하 근처에 정착하여 나라를 세웠다. 수백 년에 걸쳐 온 중국으로 퍼져나가면서 기술과 예술을 발달시켰다. 이 당시 중국인은 대부분 농민이었으며, 들의 우두머리는 족장(族長)이었다.

그로부터 600~700년 후, 그러니까 지금부터 4,000년 전에 요(堯)라는 위대한 인물이 나타나 황제(皇帝)가 되었다. 그는 명색은 황제의 자리에 올랐으나 이집트나 메소

포타미아를 다스린 그런 위엄 있는 황제라기보다는 족장에 가까웠다. 중국인들은 여전히 농민이었고, 중앙 정부라고 할 만한 것도 없었다. 족장은 보통 부족민들의 추천, 선거로 뽑히지만 나중에는 세습(世襲)되었다. 요는 자식에게 자리를 물려주지 않고 제일 유능하다고 생각했던 농민 순(舜)에게 선양하였다. 그리고 순은 치수에 성공한 유능한 부족장 우(禹)에게 선양하였다.

하지만 우 황제 이후 제위는 세습되었고, 하(夏) 왕조는 400년 이상 중국을 지배하였다고 한다. 하의 마지막 임금 걸(桀)은 대단히 잔인한 사람이어서, 그를 쫓아내기 위한 혁명이 일어났다. 유력한 부족연맹체의 대표였던 탕(湯)이 왕조 교체에 성공했다. 그는 상(商) 또는 은(殷)이라 하는 왕조를 세웠고, 그가 세운 왕조는 약 650년 동안 지배했다.

은 왕조는 640년 후에 제후였던 무왕(武王)의 혁명으로 쓰러지고 주(周) 왕조가 권력을 잡았다. 주나라는 은나라보다도 더 오랫동안 정권을 잡아 867년 동안 존속했다. 운영 체제를 갖춘 국가가 중국에 출현한 것은 이 주나라가 처음이다. 또한 중국의 위대한 철학자인 공자(孔子)와 노자(老子)가 살았던 것도 이 시대였다.

은 왕조가 멸망할 때 현자였던 기자(箕子)는 새로운 왕조를 섬기는 대신 망명의 길을 택했다. 그는 부하 5,000명을 거느리고 중국을 떠나 동쪽, 한국으로 갔다. 그는 이 나라를 '고요한 아침의 나라'라는 뜻의 '조선(朝鮮)'이라는 이름으로 불렀다고 한다. 조선은 중국의 동쪽에 있는 나라이므로, 기자는 해가 뜨는 방향을 향해 부하들을 거느리고 이동한 셈이다. 아마도 그는 동쪽 끝에 도착했다고 생각하고 이 이름을 붙였던 듯하다. 기자는 한국에 중국의 예술과 기술, 집짓기, 농사, 비단 짜기 등의 신기술을 전하였다. 왕조 교체기에 지배층뿐 아니라 농민들의 집단 이주는 항상 있어 왔다.

우리는 기자가 조선으로 이동했을 당시 일본에서 어떤 일들이 일어났는지 전혀 아는 바가 없다. 일본의 역사는 중국이나 한국의 역사처럼 오래되지 않았다. 일본인의 말에 따르면 그들의 첫 황제는 신무(神武) 천황이라고 하며, 기원전 600년이나 700년쯤에 즉위했다고 한다. 그들은 그가 태양의 자손이라고 생각한단다. 왜냐하면 일본에서는 태양을 일종의 여신으로 생각하기 때문이다. 지금의 일본 천왕도 신무 천황의 직계 자손이라고 하는데, 그래서 많은 일본인들은 그를 태양의 후손이라고 믿고 있다. (1931년 1월 16일)

(3)「예수와 기독교」

이제부터는 기원후의 시대(A.D. 또는 A.C.)의 시대로 접어든다. 이 시대는 그 기호가 의미하는 것처럼 '그리스도로부터', 즉 그리스도가 태어났다는 해부터 시작된다. 사실 예수는 이보다 4년 전에 태어났지만 이는 중요한 문제가 아니다. 연호를 A.D.(Anno Domini: 주님의 해)로 계산하는 것이 일반적인 관례이기 때문이다. 다만 우리는 여태까지 기원전을 B. C. (Before Christ)라는 기호를 사용해 왔으니 기원후를 A.C.(After Christ)라고 하는 것이 보다 더 과학적이라고 생각한다. 그래서 나는 그렇게 할 것을 제안한다.

예수는 나사렛에서 태어나 갈릴리에서 설교를 하고, 나이 서른이 지나서 예루살렘에 왔다. 이윽고 그는 로마의 총독 빌라도에게 민중을 선동했다는 죄목으로 재판을 받고 십자가에 못 박혔다. 그가 설교를 시작하기 전에는 어디서 무엇을 했는지 확실하지 않다. 예수는 유대인이었다.

유대인은 옛날부터 유달리 끈기 있는 민족이다. 다윗과 솔로몬이 영화를 누린 짧은 시기가 지난 뒤 그들은 불행한 시대에 접어들었다. 사실 그들이 누린 영화도 그리 대단한 것은 아니었다. 다만 유대인들은 과거를 그리워하며 황금시대로 채색하였고, 유대인이 다시 강대해 질 약속의 날이 오리라고 믿고 있었다. 그들은 로마 제국을 비롯하여 여러 지방에 흩어져 살았지만 언제나 민족적 정체성을 유지하였고, 머지않아 한 사람의 구세주가 나타나 영광스러운 시대로 이끌어주리라는 굳은 신앙을 가지고 있었다. 그들이 의지할 조국도 피난처도 없이 모진 박해와 학대를 참아가며, 때로는 목숨까지 잃어가면서 2,000년이 넘도록 계속 정체성을 계승해왔다는 것은 역사상 불가사의한 일의 하나다.

구세주를 손꼽아 기다리던 유대인들은 나사렛 예수에게 희망을 걸었다. 그러나 그들은 곧 실망하고 말았다. 예수는 당시의 환경이나 사회 질서에 어긋나는 귀에 거슬리는 말을 쏟아냈다. 특히 그는 종교를 일정한 의식이나 행사의 문제로 왜곡하는 부자나 위선자들을 반대하였다. 그는 현세의 부귀와 영화를 약속하기보다는 미래의 불확실한 천국에 가기 위해서 그들이 현재 지니고 있는 재물까지도 버려야 한다고 요구하였다. 그는 우화나 설화의 형식을 빌려 부드럽게 이야기하였지만 그 내용은 파격적이고 개혁적이었다. 그러나 이는 로마의 핍박 아래 있던 유대인들이 바라는 것이 아니었다. 대다수의 유대인들은 그를 사회 안정을 해치는 선동가로 생각했기 때문에 그를 식민지 총독이었던 빌라도에게 넘긴 것이다.

유대인이 볼 때 예수는 정치적인 반역자(反逆者), 사회적인 반역자였던 것이다. 이리하여 예수는 재판을 받고 죄인이 되어 골고다 언덕에서 십자가에 못 박혔다. 이렇게 고통스러울 때 그가 가장 아끼던 제자들조차 그를 버리고 떠나버렸다. 예수가 사랑하던 제자들도 위협을 느끼자 스승을 외면했던 것이다. 그러나 나중에 예수를 만나본 적도 없는 바울이 스스로 기독교의 교의(敎義)라고 생각한 바를 널리 전도하기 시작하였다. 바울이 전도한 기독교가 예수의 가르침과는 매우 다르다는 것이 여러 사람들의 의견이다. 바울은 박식하고 유능한 사람이었지만 예수와 같은 반항아는 아니었다. 어쨌든 바울은 성공을 거두어 기독교는 점점 널리 퍼져나갔다. 당초에 로마 사람들은 기독교를 그다지 주목하지 않았다. 그들은 기독교도들을 유대인의 일파라고 생각하고 있었다. 그러나 기독교도들은 사뭇 전투적이었다. 그들은 다른 모든 종교를 적대시하고, 황제의 초상에 대하여 절하기를 한사코 거부하였다.

종교적으로는 그들을 관대하게 대할 수도 있었지만, 황제의 초상에 절하기를 거부한다면 정치적인 범죄자이며 사형에 처해야 마땅하였다. 기독교도들은 또한 검투사 노예들이 혈투를 즐기는 것을 몹시 비난하였다. 이리하여 기독교도에 대한 박해가 시작되었다. 어떤 인간이 커다란 목적을 위해 죽음을 각오하고 나면 아무도 그의 뜻, 혹은 그가 대표하는 목적을 꺾을 수 없는 것이다. 그리하여 기독교도에 대한 로마 제국의 탄압은 완전히 실패로 돌아갔다. 무려 4세기에 걸친 항쟁 끝에 승리는 결국 기독교도에게 돌아갔다. 한 로마 황제는 스스로 기독교도가 되어 기독교는 제국의 국교가 되었다. 이 사람이 바로 콘스탄티노플을 건설한 콘스탄티누스(Constantinus, 274?~337)이다.(1932년 4월 12일)

(4)「종교개혁과 농민전쟁」

십자군(十字軍) 전쟁은 점점 쇠퇴해가고 있었다. 그들은 처음에는 희망과 정열에 불타서 출발했으나 결국은 아무것도 이룰 수 없었다. 이런 경우 반작용은 더욱 쉽게 생기는 것이다. 현실의 교회에 만족할 수 없게 되어 막연하게, 그리고 희미하게나마 사람들은 다른 장소에서 빛을 찾기 시작하였다. 교회는 폭력을 써서 사람들의 정신을 계속 지배하려 했으나, 폭력적인 방법은 결국 아무 힘도 없는 무기에 불과하다는 것을 잊고 있었던 소치였다. 그리하여 그들은 개인이나 집단의 양심적 각성을 마구 억압하고, 종교적 회의에 대해서도 논증과 설득이 아닌 몽둥이와 화형으로 대처해나갔다.

교회(敎會)는 1233년에 종교재판(宗敎裁判)을 개시함으로써 더욱더 대규모로 종교에서의 폭력적 지배를 강화하고 나섰다. 이것은 신앙의 정통성 여부를 심문하는 일종의 법정으로서, 만일 그들이 책정한 기준에 맞지 않을 때는 화형(火刑)에 처해지는 것이 보통이었다. 그들은 쉴 새 없이 '이단자 사냥'을 해서 수백 명이나 되는 사람을 형틀에 매달아 태워 죽였다. 이보다 더 심했던 것은 전향(轉向)을 강요하기 위하여 그들에게 가해진 고문이었다. 불쌍하고 불행한 수많은 여인들이 마녀로 고발되어 화형을 당하기도 했다. 그러나 이것은 때때로, 특히 영국이나 스코틀랜드에서는 종교재판에 의해서가 아니라 폭도들에 의하여 행해진 적도 있었다.

교회에 대한 비판을 상당히 자유롭게 했던 사람 중의 하나가 영국인 존 위클리프(Wycliffe, 1320~1384)였다. 그는 성직자로 있으면서 옥스퍼드 대학의 교수를 겸하고 있었다. 그는 처음으로『성서(聖書)』를 영어로 번역한 사람으로 알려져 있다. 그는 살아 있는 동안에는 간신히 로마의 파문을 면할 수 있다. 그러나 죽은 지 31년째인 1415년에 교회 공의회는 그의 뼈를 파내어 화형에 처하도록 명령하였으며, 그 명령은 그대로 시행되었다.

위클리프의 뼈는 모독당하고 불태워졌으나, 그의 학설은 걷잡을 수 없이 퍼져나갔다. 그 영향은 지금의 체코슬로바키아인 보헤미아에까지 미치고, 프라하 대학의 총장이 된 요하네스 후스(Johannes Huss, 1369?~1415)에게 전달되었다. 그는 자신의 견해 때문에 교황에게 파문당했으나, 그의 고향에서는 인기가 대단했기 때문에 어떻게 더 이상 손을 댈 수가 없었다. 그래서 그들은 함정을 만들어놓고 그에게 황제의 보증서를 주어 마침 교회 공의회가 개최되고 있던 스위스의 콘스탄스로 초대하였다. 교회 공의회는 그가 출두하자 그 자리에서 그의 잘못을 고백하라고 강요했다. 그는 마음에도 없는 일을 고백할 수는 없다고 거부했다. 그러자 그들은 약속을 위반하고 황제의 보증서에도 불구하고 그를 산 채로 화형시켰다. 이것은 1415년의 일이었다.

후스는 진실로 강직하고 굳센 사람이었다. 그는 자신이 사악하다고 생각하는 것을 말하기보다는 스스로 죽음을 택한 것이다. 그는 양심(良心)의 자유와 언론(言論)의 자유를 위하여 죽었다. 그는 체코인들 사이에서 영웅이 되어 그에 관한 이야기는 오늘날까지 체코슬로바키아에 전해지고 있다.

16세기 초, 독일에서 로마 교회에 대한 종교개혁의 지도자가 된 마틴 루터(Martin Luther, 1483~1546)가 나타났다. 그는 로마를 방문하여 교회의 타락과 호사스러움을 보고 교회에 대한 회의를 가지게 된다. 젊은 성직자로서 그가 실천하였던 종교적 항쟁은 확대일로로 나아갔으며 다시 서구를 종교적으로, 정치적으로 두 개의 진영으로 분열시키기에 이르렀다. 러시아의 그리스정교회와 동유럽은 이 분쟁에 참가하지 않았다. 로마 교회에 관한 한 그 자체가 참된 신앙과는 거리가 매우 멀어졌음이 폭로되고 말았다.

이렇게 해서 프로테스탄트들의 반란이 시작되었다. 이들은 로마 교회의 여러 가지 교조에 항의했기(protested) 때문에 '프로테스탄트(Protestant)'라고 불린다. 이때를 기점으로 하여 서구의 기독교는 두 개의 종파, 즉 로마 가톨릭과 프로테스탄트로 양분

마틴 루터의 초상.
루카스 크라나흐(Lucas Cranach the Elder) 작

되었다. 그리고 프로테스탄트는 다시 많은 분파로 갈라졌다.

이 반로마 교회운동을 종교개혁이라고 한다. 그것은 대체로 교회의 부패와 권위주의(權威主義)에 대한 민중 폭동이었다. 또한 정부에 대한 교황의 간섭에 심한 분노를 느끼고 있던 많은 군주들도 그들을 지배하려 드는 교회의 의도를 분쇄하고 싶어 했다. 마지막으로 종교개혁에는 제3의 측면이 있었다. 그것은 충실한 교회인이 교회의 부패를 내부로부터 수술하려고 한 것이었다.

너는 아마도 로마 교회 내에 프란체스코파와 도미니크파라는 두 개의 교단이 있었던 것을 기억하고 있을 것이다. 루터가 세력을 확립해나가고 있을 무렵인 16세기에 스페인 사람 이그나티우스 로욜라(Ignatius Loyola, 1491?~1556)에 의해 로마 가톨릭에 속하는 또 하나의 새로운 교단이 세워졌다. 그는 그 교단에 '예수회'라는 이름을 붙였으며, 단원을 '제수이트'라고 불렀다. 이 '예수회'는 아주 색다른 단체였다. 그것은 사람들을 교회나 교황을 위한 봉사에 전념하도록 단련하는 것을 목표로 한 교단이었다. 엄격한 훈련의 결과 상당한 성과를 올려 놀랄 만큼 유능하고 신앙심이 두터운 교회의 종복이 양성되었다. 그들은 교회를 진심으로 믿고 맹목적으로 복종하며, 조금도 의문을 품지 않고 자신의 모든 것을 버렸다. 교회의 이익이 되는 일이라면 생명까지도 아낌없이 바친다고 한다. 그들은 교회에 대해 멸사봉공함으로써 칭찬을 받았다. 교회의 선이 모든 것을 합리화하고 모든 것을 변호했다.

영국에서는 여섯 번이나 결혼한 헨리 8세(Henry Ⅷ, 1491~1549)가 교황에 반대하였지만, 프로테스탄트에게보다는 오히려 자기 자신에게 호의를 보였다. 그는 교회 재산에 눈독을 들이고 교황과 인연을 끊은 다음 사원(寺院), 수도원(修道院), 교회(教會)가 가지고 있던 막대한 소유지를 전부 몰수했다. 교황과 인연을 끊은 개인적인 이유는 그가 그의 아내와 이혼하고 다른 여자와 결혼하려고 한 데서부터 비롯되었다.

프랑스는 특수한 정세에 처해 있었다. 당시는 루이 13세(Louis XⅢ, 1601~1643)의 재위 기간이었고, 재상은 추기경 리슬리외였으며, 사실상 그가 왕국을 통치하고 있었다. 리슬리외는 프랑스를 교황에 동조하도록 하는 한편 신교(新教)를 일소했다. 반면에 리슬리외는 고도로 정치적인 권모술수를 부렸다. 즉 독일에 내란을 일으켜 세력을 약화시키고, 분열 상태로 두기 위해 독일의 신교를 뒤에서 밀어주었던 것이다. 프랑스와 독일의 상호 적대관계는 한 올의 실처럼 유럽 역사의 일면을 이어가고 있다.

루터나 프로테스탄트들은 민중의 지지에 큰 힘을 얻었다. 그것은 당시 민중이 로마 교회에 대해 강한 반감을 갖고 있었기 때문이다. 또한 이미 말한 바와 같이 농민은 비참하기 짝이 없는 상태에 있었기 때문에 자주 폭동을 일으켰다. 독일에서 일어난 소규모 농민 폭동이 확대되어 본격적인 농민전쟁으로까지 발전했다. 가난한 농민들은 그들을 짓누르고 있던 나쁜 제도에 대해 들고 일어났으며, '농노제(農奴制)의 철폐'와 '어획 수렵권(狩獵權)의 부여'라는 지극히 평범하고 간단한 요구를 내걸었다. 그러나 그것조차도 여지없이 거절당했으며, 독일의 군주들은 온갖 야만성을 다 발휘하여 농민 탄압을 시도했다.

그런데 개혁가인 루터는 어떤 태도를 취했던 것일까? 그는 가난한 농민들의 입장에 서서 그들의 공정한 요구를 지지했던 것일까? 아니다! '농노제의 철폐'라는 농민의 요구를 보고 루터는 다음과 같이 말했다. "이 조항은 모든 사람을 평등하게 만들며, 그리하여 그리스도의 정신적 왕국을 표면적인 현세의 왕국으로 개조하려고 하는 것이다. 그런 것은 불가능한 일이다. 지상(地上)의 왕국은 인간의 불평등(不平等) 없이는 존재할 수 없다. 어떤 사람은 지주이고 나머지 사람은 농노이며, 또 어떤 사람은 군주이고 나머지 사람은 신하가 되지 않으면 안 된다." 그는 농민들을 저주하고 농민 반란군을 죽일 것을 호소했다.

"그러므로 공공연하게 또는 은밀하게 그들을 죽일 수 있는 사람이면 누구를 막론하고 그것을 할 수 있다. 대체로 유해 유독하며 자신이 악마의 화신이라는 점에서 반도들보다 더한 것은 이 세상에 존재하지 않는다는 것을 명심하라. 그대는 농민 반도들을 죽이기를 마치 미친 개를 그렇게 하듯이 해야 한다. 만약 그대가 그들을 공격하지 않으면 그들이 그대를 공격할 것이며, 그리고 그대의 토지를 모두 빼앗아갈 것이다."

이것이 바로 종교 지도자이며 특히 개혁가라는 루터의 말이었다. 그러므로 자유(自由)니 자율(自律)이니 하는 것들은 모두 상류 계급에게만 관계되는 것이지 일반 대중을 위한 것은 아니었음을 알 수 있다.

신흥(新興) 부르주아의 힘이 강했던 곳에서는 신교(新教)가 득세했다. 캘빈파는 부르주아의 성장과 상응하는 바가 있었기 때문에 세력이 강해졌다. 캘빈(Calvin, 1509~1564)은 종교적인 일에 있어서는 지극히 편협하여 이단자들을 고문하거나 불에 태워 죽이기도 했으며, 신자에게는 엄격하기 이를 데 없는 규율을 강요했다. 그러나 세속의 업무에 관한 그의 설교는 로마의 그것과는 반대로, 당시 발달해 가고 있던 상공업(商工業)에 아주 적합한 것이었다. 업무상의 이윤은 축복되고 신용은 장려되었다.

이리하여 신흥 부르주아는 이 낡은 신앙의 새로운 해석을 채택했으며, 엉터리 같은 양심으로써 돈벌이에 분주했다. 그들은 봉건귀족(封建貴族)에 대한 자기들의 투쟁에 대중을 이용했다. 귀족과의 싸움에서 개가를 올린 지금, 그들은 대중을 무시하고 그들 위에 군림하게 되었다.(1932년 6월 28일~8월 8일)

(5)「대공황과 세계의 위기」

자본주의(資本主義) 세계의 일반적인 관측으로는 경제공황(經濟恐慌)은 과거의 불황(不況)과 마찬가지로 언젠가는 지나가고, 세계는 서서히 다음 단계인 호경기로 안정되어갈 것이라고 생각되고 있었다. 사실 자본주의의 생명은 번영과 공황을 주기적으로 반복하면서 오늘까지 이어져 내려온 것으로 보인다. 이것은 무계획적이고 비과학적인 자본주의 사회에 내재하는 본성으로서 이미 오래 전부터 지적되어오던 바였다. 산업의 호황은 갑작스럽게 활기에 찬 경기를 초래하여, 누구든지 거기에서 이익(利益)을 올리기 위해 가능한 최대한 생산하려고 했다.

그 결과 과잉 생산, 즉 판매될 수 있는 한도 이상의 양이 생산되게 되었다. 재화(財貨)는 누적되고 공황이 밀어닥쳐 산업은 또다시 내리막길을 걷기 시작했다. 침체 기간 중에 쌓였던 재화가 조금씩 팔려 나가면, 산업은 또다시 활발해져서 곧 다음의 호경기가 되돌아왔다. 이렇게 흔히 볼 수 있던 순환(循環)에 비추어 많은 사람들은 어느 정도 시간이 지나면 틀림없이 호황기 또는 번영이 돌아올 것이라 기대하고 있었다.

그러나 1929년에 이르러 형세가 갑자기 역전되어 사태는 더욱 심각해졌다. 미국이 독일과 남아메리카 여러 나라들에 대한 금융차관(金融借款)을 중지하자, 이전까지 대차 지불의 인위적인 구조가 한꺼번에 무너지고 말았다. 미국 자본가들이 계속 해서 돈을 빌려 주지는 않으리라는 것은 명약관화한 사실이었다. 왜냐하면 이것은 오직 채무자(債務者)의 부채(負債)를 증가시키기만 할 것이고, 기존의 부채마저도 완화될 가망이 없게 만들 것이기 때문이다. 그들은 쓸 데가 없는 현금이 남아돌았기 때문에 돈을 빌려준 것뿐이었다. 또한 유휴 자금의 범람은 그들을 주식 거래에 뛰어들게 했다. 투기(投機) 열기가 일반화되어 사람들은 누구나 일확천금의 벼락부자를 꿈꾸게 되었다.

독일에 대한 차관의 중지는 극심한 공황을 불러일으켜서 몇몇 독일 은행이 완전히 파산했고, 배상과 채무의 지불 순환이 차츰 정지되었다. 대부분의 남아메리카 국가들이나 다른 소국들은 채무 이행을 거절하기 시작했다. 이러한 신용 조직의 붕괴를 보고 놀란 미국 대통령 후버는 1931년 7월에 1년간의 지불 유예를 선언했다. 이것은 채무자를 일률적으로 구제하기 위해 정부 간의 모든 전쟁 채무나 배상 지불을 1년간 정지하는 것을 의미한다.

1929년 11월에 미국에서 대단한 일이 벌어졌다. 투기로 인하여 주식이나 그 밖의 것이 터무니없이 값이 올랐다가 급격히 폭락한 것이다. 이로 인해 뉴욕의 금융계는 대공황에 직면하게 되었고, 그날로 미국의 번영은 끝나버렸다. 이리하여 미국은 불황으로 고통받고 있던 다른 나라와 같은 처지에 놓이게 되었다. 무역과 산업의 불황은 이제 전 세계를 뒤덮은 대공황으로 변해버렸다. 그렇지만 주식 투기나 뉴욕의 금융 공황이 미국의 몰락 또는 불경기를 초래했다고 해서는 안 된다. 다만 그것은 낙타 등에 남은 마지막 한 개의 지푸라기에 지나지 않았고, 참된 원인은 더욱 깊은 곳에 자리 잡고 있었다.

전 세계의 무역은 위축되고, 물가 특히 농산물 가격이 급락했다. 거의 모든 상품이 생산 과잉 상태였다고 하지만 사실 이것은 상품이 많이 생산되어서가 아니라 사람들이 생산된 상품을 살 수 없다는 것을 의미하는 것이었다. 즉 구매력(購買力) 부족으로 상품이 팔리지 않았기 때문에 쓸데없이 쌓여만 갔고, 이에 따라 이 상품을 제조하는 공장은 폐쇄되어야만 했던 것이다. 공장 측에서는 팔리지 않는 물건을 만들 수는 없었다. 이 때문에 유럽이나 미국에서 또 다른 나라들에서도 실업자의 수는 헤아릴 수 없을 정도로 증가하였고, 여러 공업국은 나라마다 심한 타격을 입었다.

한편 세계 시장에 식량과 공업 원료를 공급하고 있던 농업국도 마찬가지였다. 따라서 물가의 폭락에 의한 농민층의 고통은 한층 더 심했다. 평소에 이처럼 식료품 가격이 떨어졌다면 사람들은 식량을 싸게 구입할 수 있어 뜻밖의 요행에 기뻐 날뛰었겠지만, 아무튼 아무리 애써보아도 자본주의 세계의 일인지라 요행이 둔갑해서 오히려 불행이 되었던 것이다. 농민은 지주에게는 소작료를, 또 정부에는 세금을 현금으로 지불해야 했기 때문에 현금을 손에 넣기 위해서는 그들이 생산한 것을 팔아야만 했다.

그런데 그 가격이 터무니없이 싸고 보니, 때로는 그들의 생산물을 모두 팔아도 세금을 낼 만큼의 현금도 손에 쥐기 어려운 형편이었다. 그들은 토지에서 쫓겨났으며, 그들의 허술한 집과 얼마 안 되는 가재도구까지도 소작료를 조달하기 위한 경매에 붙여졌다. 그리고 이 같은 처지에서는 식량의 가격이 아무리 싸다 해도 정작 그것을 생산하는 장본인인 농민들은 굶주려야만 했으며, 또 유랑인(流浪人)으로 전락하지 않으면 안 되는 형편이었다.

세계의 상호 의존관계는 이 불경기를 전 세계로 파급시켰다. 아마 이것을 면할 수 있었던 곳은 세계에서 격리되어 생활하고 있던 티벳의 오지 같은 곳뿐이 아니었을까 생각된다. 시간이 흐를수록 불황은 점점 널리 확대되고, 무역은 더욱 침체되어갔다. 그것은 마치 마비 현상처럼 차츰 번져나가 사회 구조 전체를 무기력하게 만들어버렸다. 엄청난 수의 남녀 실업자가 부랑인으로 전락하여 도시에서 도시로 일자리를 찾아 이리저리 헤매었다.

한편 미국이나 그 밖의 나라에 식량이나 공업 제품이 부족했던 것은 절대 아니라는 생각을 늘 잊어서는 안 된다. 다만 곤란한 것은 그것들이 너무 많다는 것, 즉 과잉 생산이 문제였다.

공황의 원인은 무엇일까? 유형이 다르기는 하지만 세계 대전을 방불케 할 만큼 무서웠던 세계 공황의 원인은 대체 무엇이었을까? 방대하고 복잡한 자본주의 기구가 공황으로 파탄에 이르렀기 때문에 이것은 자본주의의 위기로 일컬어졌다. 왜 자본주의는 이렇게 붕괴해가고 있었을까? 그리고 그것은 자본주의가 아직 살아남을 수 있는 일시적인 위기에 불과한 것일까, 아니면 오랫동안 세계를 지배해온 이 거대한 체제가 죽기 직전에 마지막으로 몸부림치기 시작한 것일까? 이러한 갖가지 의문이 제기되고 있어 우리의 관심을 끈다. 왜냐하면 그 해답이야말로 인류의 장래가 걸려 있는 문제이기 때문이다.

1932년 12월, 영국 정부는 미국 정부에 각서를 보내 전쟁 채무 지불을 면제해줄 것을 호소했다. 이 각서에서 그들은 종래 사용했던 치료 요법이 도리어 병을 무겁게 했을 뿐이라고 지적하고 있다. "도처에서 과세는 가차 없이 증액되고, 세출은 대폭 절감되었습니다. 그러나 혼란을 구제할 의도에서 나온 통제조치는 오히려 그것을 더욱 격화시켰을 뿐입니다."라고 했다. 더 나아가 그들은 "이러한 손실과 고통은 자연의 인색함에 기인하는 것이 아닙니다."라고 지적했다.

"자연과학의 승리는 더욱더 현저하여, 참된 부의 방대한 잠재력은 하등 훼손됨이 없이 잘 보존되어 있습니다."

죄는 자연에 있는 것이 아니라, 인간과 인간이 낳은 제도 속에 있었던 것이다.

일반적으로 독일인은 공황의 진짜 원인은 배상에 있다고 생각하고 있었다. 대내외를 막론하고 지탱할 수 없을 정도로 무거운 부담이 되어 모든 산업에 타격을 주었던 전쟁 채무가 불황의 원인이라고 생각하는 사람이 많았다. 이와 같이 세계의 혼란은 대부분 전쟁의 책임으로 돌려진다. 어떤 경제학자들의 의견에 따르면 진짜 혼란은 화폐의 이상한 흐름과 가격의 대폭락에 의한 것이라고 한다.

게다가 또 원인이 된 것은 금(金)의 결핍이며, 금의 결핍은 어느 선까지는 세계의 수요에 채굴량이 미치지 못했다는 점에도 기인하지만, 주로 여러 나라의 정부가 금을 퇴장시켰기 때문에 야기된 것이라고도 했다. 그런데 아직도 다른 모든 혼란은 고율(高率)의 관세(關稅)를 부과함으로써 국제 무역을 저해하는 경제민족주의(經濟民族主義)에서 비롯된 것이라는 경제학자도 있다. 또 어떤 사람은 과학기술의 발전이 노동자의 수요를 감소시킨 결과, 실업이 중대한 것이 진정한 원인이라고 설명하기도 한다.

자본주의가 발달하고 제국주의가 확대되는 동안 서양에는 많은 공황이 있었다. 어떤 나라는 너무 많이 축적했기 때문에 일어났고, 또 다른 어떤 나라는 쓸 수 있는 돈이 거의 없게 되어 일어났다. 그러나 이러한 공황은 자본가들이 잉여(剩餘) 자금을 가지고 계속 후진 지역을 개발하고 착취했기 때문에 모면할 수 있었다. 즉 새로운 시장이 개척되고, 상품의 소비가 증가했기 때문에 공황을 모면할 수 있었던 것이다.

제국주의는 자본주의의 최후의 단계라고들 한다. 원래 이러한 착취 과정은 전 세계가 공업화될 때까지 계속되었을지도 모른다. 그런데 곤란한 장벽이 딱 버티고 서 있었다. 제각기 최대의 몫을 노리는 제국주의 열강의 치열한 경쟁이었다. 또 하나는 여러 식민지 국가들에서 일어나고 있던 민족주의와 자기 나라 시장의 수요에 부응하기 시작한 식민지 공업의 성장이었다.

이 모든 과정들이 뒤얽혀 전쟁으로 치달았다. 그러나 전쟁은 자본주의의 곤란을 해결하지도 못했고, 또 해결할 수도 없었다. 한 개의 거대한 지역, 소비에트 연방은 완전히 자본주의 세계에서 이탈하여 이제는 착취의 대상이 될 수 있는 시장이 아니었다. 동양에서는 민족주의의 물결이 더욱 거세어지고, 공업화가 진척되었다. 전쟁 중에, 그리고 전후에 과학기술은 놀라울 정도로 발전하였다. 이것 또한 부의 분배의 불평등과 실업 발생에 일조를 했다. 전쟁 채무 또한 강력한 요인이었다.

공황은 근본적으로 볼 때, 자본주의에 의해 생겨나는 잉여 소득의 불평등한 분배에 기인한 것이다. 이것을 뒤집어 보면 대중은 그들 자신이 생산한 상품을 사들일 만큼의 돈을 임금이나 급여로서 받지 못했다는 것이며, 생산된 상품의 가치가 그들의 총수입을 웃돌았다는 것을 의미한다. 만약 대중의 손에 건너갔더라면 상품을 사는 데 쓰였을 돈이, 바른 용도를 모르는 소수의 가장 유복한 자들의 손에 집중되었다. 미국에서 독일로, 중부유럽으로, 또 남아메리카로 쏟아진 차관들은 다름 아닌 이러한 과잉 자금이었다. 그리고 최종적으로 타격을 준 것은 이 대외차관(對外借款)을 중지한 것이었다.

만약 자본주의의 위기에 대한 진단이 정확했다면, 치료의 방법은 소득을 평등화하거나 적어도 그런 방향으로 돌리는 것 외에는 없을 것이다. 그것을 철저히 시행하려면 사회주의를 채용해야 하는데, 자본가들은 환경이 그것을 강제할 때까지는 그것을 실행하려고 하지 않는다. 계획된 자본주의라든가, 후진지역 개발을 위한 국제 협력 따위가 논의되고 있다. 그러나 이런 논의의 배후에서는 국가 간의 대립과 세계 시장을 차지하기 위한 제국주의 열강의 상쟁이 더욱더 치열해지고 있는 것이다.(1933년 7월 19일~21일)

〈해설〉

『세계사편력』은 1931년 1월 5일 시작하여, 1933년 8월 9일의 「마지막 편지」로 마무리 된다. 여기에는 네루의 역사관, 정치관, 종교관 등이 피력되고 있다. 이 작품은 13세의 딸에게 보내는 아버지의 편지이기 때문에 개인적인 감정이 곳곳에서 보인다, 이것은 객관적 서술을 중시하는 역사서의 한계점이자 또한 감정 이입의 강도가 높다는 점에서는 강점이라고 할 수 있다.

이 책은 1980년대까지 청소년과 일반인의 역사 교양서로 많이 읽혔다. 지금은 다양한 입장의 많은 세계사 관련 책이 출판되어, 그 인기는 예전만은 못하다. 하지만 이야기 형식으로 아버지가 사랑하는 딸에게 전하는 따뜻한 마음이 담긴 이 책은 여전히 세계사의 고전이라 할 수 있다.

네루는 식민지 상황 속에서 신생 독립국의 미래를 준비하였다. 그는 근현사의 농업혁명(農業革命)−산업혁명(産業革命)−공황(恐慌)−자본주의(資本主義)로 이어지는 변화를 주체적 입장에서 분석하였다. 특히 1929년의 미증유의 대공황을 통하여 자본주의의 위험을 간파하였다. 또한 네루는 딸에게 말하였다.

"역사책을 읽는 것도 매력적이지만 역사에 직접 참여하는 것도 의미와 중요성이 있다."

네루가 읽었던 역사와 네루가 현실적으로 참여하였던 역사를 함께 읽을 수 있다는 것이 이 책의 매력일 것이다.

현재 우리는 강대국으로 부상하고 있는 13억 인구의 인도에서 네루의 정치철학의 영향력을 읽을 수 있다. 네루와 딸 인다라 간디, 손자 라지브 간디는 3대에 걸쳐 인도의 총리가 되었지만, 딸과 손자는 암살당했다. 하지만 신분과 종파의 갈등을 넘어 세계 평화를 추구했던 네루의 정신은 여전히 살아 있다.

추천사 1

박지선 박사의 『동양 고전의 이해』가 출간하게 되었다. 요사이 대학 입시에 논술고사가 필수 과목이 되어, 동서양의 고전을 꼭 읽어야 할 시기에 때맞추어 본 편저가 출간되니 편자에게도 보람찬 일이지만 대학 입시생에게도 매우 다행한 일이다.

한국 고전문학자로서 나와는 사제(師弟)의 관계에 있는 편자가 『동양 고전의 이해』를 출간하게 되니 나로서도 매우 흐뭇하다. 본 편저는 박지선 박사가 수년 동안 대학의 교양강단에서 동서양의 고전을 강의하는 가운데 이루어진 것이다.

본 편저에 수록된 고전의 내용을 일별하면, 동양의 고전에서 한국의 고전으로서는 『삼국사기(三國史記)』, 『삼국유사(三國遺事)』 등의 사서(史書)를 비롯하여 『동문선(東文選)』 등의 문집과 『구운몽』, 『춘향전』 등의 소설 내지는 『목민심서(牧民心書)』, 『열하일기(熱河日記)』 등의 에세이류 등 16편이다. 중국의 고전으로서는 누구나 필히 읽어야 할 사서오경(四書五經)을 필두로 제자백가(諸子百家)와 『삼국지(三國志)』 그리고 『수호전(水滸傳)』 등 사대기서(四大奇書) 내지는 루쉰의 『아Q정전』 등 13종이다. 일본 고전의 백미인 『겐지 이야기(源氏物語)』 등과 인도의 '현대적 고전'인 『세계사편력(世界史遍歷)』을 합하면 총 40여 편에 이른다.

위에 열거한 동양의 고전은 역사와 문화가 진행되는 과정에서 여과되어 전해져 온 주옥같은 작품들이기 때문에 이를 등한히 하고는 우리가 문화인으로서 이 땅에 설 하등의 뜻을 지니지 못하는 것이다.

눈으로만 보고 문화를 받아들이는 영상매체의 부작용과 읽고 받아들이는 독서의 고갈로 인하여 사색과 창조의 원동력이 마비되어 가는 이즈음, 본 편저를 비롯한 각종 동서양의 고전에 대한 편서의 출간은 매우 시의성 있는 일이라고 하지 않을 수 없다. 또한 앞으로도 독자들의 필요에 맞춘 수정과 보완 작업이 계속 이루어지기를 편자에게 기대한다.

– 고려대학교 명예교수 정규복(1999년 2월)

추천사 2

문학(文學)의 본질(本質)은 언어를 매개체로 하여 자연과 인간의 아름다움을 추구하는 것이다. 궁극적으로는 사람이 살아가는 이야기를 통하여 진, 선, 미의 세계를 추구하는 것이다. 이것은 역사와 철학 그리고 문화인류학을 포용하는 것이다. 본 편저 『동양 고전의 이해』는 동양의 고전을 선별하여 감상한 것이다. 이것은 우리가 꼭 읽어야 할 고전들이다. 이 편저에 수록된 고전들은 대체로 오랫동안 비평의 과정을 겪으며 오늘의 명작으로 자리한 것들이다. 여기에서 우리는 한 시대를 살았던 작가의 문학 세계를 통하여 그 시대의 역사와 사회상을 읽을 수 있으며 철학을 이해할 수 있다.

본 편저에 정리된 고전은 치열하게 한 시대를 살았던 작가의 진실한 삶의 체험들이다. 작가의 생애를 통하여 각 작품이 필연적으로 저술될 수밖에 없었던 시대 상황을 읽을 수 있다. 또한 각 나라의 중요 작품들을 시대적으로 선별하였기 때문에 작가론뿐만 아니라 그 나라의 문학사를 조명할 수 있도록 편집되어 있다.

고전(古典)은 전통 문화의 보고(寶庫)이자 산실(産室)이다. 새로운 창조(創造) 역시 고전에 대한 이해 없이는 불가능할 것이다. 그러므로 고전을 읽는 것은 지나간 지식을 얻기 위해서가 아니라 현재의 새로운 나를 창조하기 위하여 역사의식(歷史意識)을 깨닫기 위한 것이다. 여기에 수록된 고전들은 우리의 미래에 대한 안내서 구실을 할 것이다.

이 편저는 대학(大學)의 교양강의 교재에 수정과 보완을 더하여 좀 더 새로운 차원의 충실한 해설서가 되었다고 하겠다. 이것은 대학생뿐만 아니라 문학 전공자와 교양인이 읽어야 할 필독서들이다. 특히 수능을 준비하는 입시생들은 꼭 읽어야 할 내용이라 하겠다.

우리 교육계(教育界)가 지금 시행하고 있는 교육 개혁도 학생들로 하여금 고전을 통하여 바람직한 인격 형성을 기대하는 면도 있을 것이다. 이 편저는 그러한 길잡이 역할을 충분히 해낼 것이다.

– 경희대학교 명예교수 서정범(1999년 2월)

옛머리말

우리가 이 세상을 지혜롭게 살아가기 위해서는 알아야 할 명제(命題)들이 너무도 많다. 또한 무엇을 어떻게 얼마나 알고 있는가 하는 의문을 가지게 된다. 그것은 흔히 잘 알고 있다는 것들도 실은 그 진실을 모르고 지나치고 만다는 반성의 소리이다. 이와 같은 의문의 해답을 고전 작품에서 찾을 수 있을 것이다.

'고전적(classical)'이란 원래 '일류의', '최고급의'라는 뜻이었다. 최고급의 고전(古典)은 오랜 시간 비평의 과정을 거치며 그 가치가 인정되어 오늘의 명작으로 정착된 것이다. 우리의 육체가 떠나고 나면 그 정신은 전적(典籍)으로 영원한 삶을 영위한다. 그러므로 고전 작품에서는 그 시대와 장소를 넘어서는 인류의 보편적 가치와 그 시대의 역사와 철학 및 삶의 양상을 읽을 수 있다.

우리는 흔히 역사는 정치사와 인접한 것이라는 고정관념을 가지고 있다. 그러나 지난 수세기 동안 세계사를 움직여 온 주역들은 정치가도 정복자도 아니었다. 창의적이고 학문적이고 문화적인 인물, 고전을 남긴 인물이었다. 세계사는 문명사이고 문화사이기 때문이다. 중세의 스콜라 철학자 베르나르(Bernard)는 "우리가 옛 사람보다 멀리 볼 수 있는 것은 고전 위에 서 있기 때문이다."라고 하였다. 이것은 우리가 미래를 보기 위하며 고전을 읽어야 한다는 뜻이다.

동양의 고전은 한국, 중국, 일본을 비롯하여 몽고, 베트남, 인도까지도 포괄해야 할 것이다. 특히 한국과 중국은 한자문화권(漢字文化圈)의 전통과 유교적(儒教的) 색채가 농후하여 이들 고전 작품에 등장하는 인물들의 삶에서 우리의 의식구조의 면면을 살펴볼 수 있을 것이다. 말하자면 동양의 고전 속에는 어디에서나 현실주의적 낙천성이 드러날 뿐 아니라, 정의 실현을 이상으로 하는 유교적 인생관을 쉽게 만날 수 있을 것이다.

본 편저에서 한국의 고전으로는 『삼국사기(三國史記)』와 『삼국유사(三國遺事)』 및 『동국이상국집(東國李相國集)』과 『동문선(東文選)』 등에 수록된 몇 편의 작품과 조선 시대의 고전을 선별 정리하였다. 여기에는 위로는 단군신화(檀君神話)와 혁거세(赫居世), 동명성왕(東明聖王), 온조왕(溫祚王), 수로왕(首露王) 등의 건국신화(建國神話)를 비롯하여, 아래로는 이름 없는 일반 민중들의 삶의 진면목이 드러난 글들이 수록되어 있다. 필자는 특히 한국 고전 문학의 원전(原典)이라는 측면을 감안하여, 『삼국사기』와 『삼국유사』에 많은 지면을 할애하였다. 『삼국유사』에 대하여 일찍이 육당 최남선은 "삼국유사를 출발점으로 하지 않고서는 우리나라의 신학을 말할 수 없으며, 고대신화와 우리나라의 사회 발달사 그리고 고어학, 지명학, 민족학, 문학사, 사상사, 종교사를 말할 수 없을 것이다."라고 그 가치와 의미를 높이 평가하였다. 더욱이 『삼국유사』에는 가락국의 역사 사실을 실어 고대 우리나라를 사국시대로 기록하고 있어 또 하나의 의의로 지적될 수 있다.

중국의 고전으로는 사서오경(四書五經)인 『대학(大學)』, 『논어(論語)』, 『맹자(孟子)』, 『중용(中庸)』과 『시경(詩經)』, 『서경(書經)』, 『주역(周易)』, 『예기(禮記)』, 『춘추(春秋)』를 빼놓을 수 없을 것이다. 이들은 중국의 고전일 뿐 아니라 한국의 고전이기도 하다. 조선 시대까지 이들 사서오경은 문인 사대부들에게 필수적인 교과서였기 때문이다. 그리고 동양인의 정신적 지주로 현대까지 애독되고 있는 『노자(老子)』, 『장자(莊子)』, 『한비자(韓非子)』 및 사마천의 『사기(史記)』와 중국 명대의 소설을 개관하였다. 전국시대(戰國時代)와 삼국시대(三國時代)를 풍미한 영웅호걸들이 등장하고 사라지는 과정을 읽으면서 우리는 "용감하고 비겁하고 강하고 약한 것은 상황에 따라 좌우된다."는 손자(孫子)의 말에 새삼 공감하게 될 것이다.

본 편저에서는 문학 작품과 역사서 그리고 사상서를 포괄하여 고전으로 편성하였다. 문학은 당대인의 바람직한 삶을 형상화하는 실천적 행위이다. 그러므로 문학은 역사, 철학, 정치, 종교, 문화인류학 등을 포용할 때 진리에 이르게 되는 것이다. 본 편저에 수록된 작품들은 작가 개개인의 인간 승리의 결정체이다. 각각 그 작품이 저술되는 과정이 다양하지만, 대개는 역사와 정치 상황에서 자유로울 수 없었던 작가들이 자신의 다양한 감정들을 최선의 힘을 다해 담아낸 글쓰기의 산물들이다. 엘리엇(T. S. Eliot)은 '문학적으로는 고전주의자, 정치적으로는 왕정주의자, 종교적으로는 영국 국교도'임을 선언하였다. 문학적으로는 고전주의, 즉 이성적이고 조화, 균정, 명석 등을 추구하며 고대 그리스와 로마 고전을 존중한다는 것이다. 아울러 문학자는 정치권력과 종교적 입장에 무관할 수 없다는 것을 대신하는 말이기도 하다.

소크라테스(Socrates)는 자신의 무지(無知)를 깨닫도록 촉구하였다. '나는 도대체 누구이며 무엇인가.'라는 물음은 모든 사람이 자기 자신의 존재의 의미로부터 진리의 근원을 찾아야 한다는 것이다. 이것은 자연과 사회 및 역사 속에서 자신의 위치와 역할, 사명을 깨닫는 것이라고 할 수 있다. 그러므로 자기 자신을 알기 위하여 우리는 먼저 자연 세계와 인간 사회 그리고 역사를 알아야 한다. 이것은 모두 고전 작품에서 해답을 얻을 수 있는 것이다.

공자(孔子)는 "고전을 전승하지만 창작하지 않으며 고전을 읽고서 몰두하며, 나를 지난 시대의 현인 노팽(老彭)에게 비하고자 하노라."고 하였다. 자신은 태어나면서 모두 알고 있는 것이 아니라 고전을 탐구하여 자신의 가치 판단의 지혜를 얻었다는 것이다. 우리는 우주 현상과 사물, 학문에 대한 의문뿐만 아니라 사람답게 사는 것이 무엇인가, 삶의 끝은 어디인가 하는 것도 동서양의 고전에서 얻을 수가 있을 것이다. '온고지신(溫故知新)', 이것이 우리가 고전을 읽어야 하는 가장 중요한 이유이다.

우리는 현실에서 체험한 만큼의 인생을 향유하고 체험한 만큼의 세계를 소유한다. 우리들의 인생은 유한하기 때문에 낭비할 시간이 없다. 동서양의 고전을 읽는 것으로 간접 체험을 통하여 당대의 역사와 문화 그리고 그들의 삶을 읽을 수 있는 것이다. 그것을 거울삼아 우리 자신의 정체성(正體性)을 세울 수 있으며, 인생관을 확립하고 세계관을 정립할 수 있을 것이다.

뿐만 아니라 우리가 고전 작품을 읽는 또 하나의 목적은 나의 생각과 견해를 논리적으로 그리고 효과적으로 표현하여 상대방과의 소통을 증진하는 것에 있다고 하겠다. 중국 송대(宋代)의 구양수(歐陽脩)는, "많이 읽고 많이 생각하고 많이 써 보는 것만이 효과적인 문장력을 기르는 방법이다."라고 하였다. 고전의 문장을 읽고 작가의 사상을 자기 사상으로 흡수하여 재창조하는 과정을 통해 사고력과 문장력이 향상될 것이다.

주제를 설정하고 글쓰기를 설계할 때 고전을 전거(典據)로 할 때 자신의 뜻을 확고히 할 수 있을 것이다. 이것은 마치 송사(訟事)하는 사람은 물증을 가지고 있어야 하며, 행상하는 장사꾼이 제 물건 이름을 외치는 것과 같은 것이다. 아무리 그의 진술이 명백하고 정직하다고 해도 객관적인 물증이 없으면 송사에서 이길 수 없는 것과 같은 이치이다. 그러므로 논술 작성에 있어서도 두루 고전을 인용하여 자신의 뜻을 밝혀야 할 것이다. 물론 인용의 전거가 분명하게 자신의 논지와 뜻이 같아야 한다는 것은 기본 요건일 것이다. 이러한 전거의 역할을 본 편저가 충분히 할 수 있을 것이라고 믿는다. 뿐만 아니라 본 편저를 모두 소화한다면 해설서의 차원을 넘어 넓은 고전의 세계와 만날 수 있을 것이다. 이것이 필자의 변(辯)이다.

본 편저는 동양과 서양의 고전(古典) 강의를 위한 현실적 필요성에 의해 한 편, 한 편 엮어지기 시작하였다. 처음에는 한 학기 수업을 위한 내용이었으나 강의를 하면서 수정과 보완을 더하였다. 한 단원 한 단원이 엮어지기까지 역사서를 비롯하여 문집과 고전 작품 그리고 고전 해설서가 참고되었다. 사실 본인의 짧은 실력으로 이 책을 엮을 수 있었던 것도 모두가 방대한 인용 자료의 덕분이었다. 이 자리를 통해 인용 저서의 저자 여러분께 양해를 구하고 깊은 감사를 표하는 바이다. 물론 이러한 인용과 요약 발췌는 필자의 시각과 식견으로 정리된 것이므로 착오로 인한 문맥의 오류는 모두 필자의 책임이다.

아울러 서양의 고전도 엮어 내어 동서양의 고전을 읽는 가운데 서로 다른 문화권의 사상과 정신세계를 접할 수 있는 기회를 만들고자 한다. 서양의 고전은 유럽편, 영국편, 독일편, 프랑스편, 러시아편, 미국편으로 편의상 구별할 예정이다. 그리스 신화인『일리아드』와『오디세이아』, 그리고 셰익스피어의 4대 비극을 비롯하여 프루스트의『잃어버린 시간을 찾아서』와 도스토예프스키, 톨스토이 등의 작품 세계와 미국의 명작을 개관하고자 한다.

아울러 항상 책상에서 바쁜 엄마를 이해하고 건강하고 멋지게 자라는 우리 아들 상원이, 예쁜 딸 정민이 그리고 남편에게 무한한 감사를 드린다. 이 편저를 엮어 낼 수 있었던 데에는 우리 가족의 인내심이 큰 몫을 하였기 때문이다. 아무쪼록 많은 독자들이 이 편저를 안내서로 하여 고전을 가까이 하는 계기가 되고 깊은 삶의 지혜를 얻기를 바란다.

– 박지선(1999년 2월)